La loi de la mère

Collection « Psychanalyse »
dirigée par Michel Gardaz

Geneviève Morel

La loi de la mère

Essai sur le sinthome sexuel

ECONOMICA Anthropos
49, rue Héricart, 75015 Paris

REMERCIEMENTS

À mes collègues et aux participants de « Savoirs et clinique » et d'ALEPH (Association Lilloise pour l'Étude de la Psychanalyse et de son Histoire) de Paris et de Lille, qui m'ont patiemment écoutée en séminaire de recherche ou en privé, j'exprime ici ma profonde gratitude. J'ai longuement discuté des thèmes figurant dans ce livre avec Franz Kaltenbeck, Brigitte Lemonnier, Lucile Charliac, Darian Leader, Emmanuel Fleury, Carine Decool, Jean-Paul Kornobis, Marie-Ange Baudot, Monique David-Ménard, Daisuke Fukuda, Sadi Lakhdari, Sophie Mendelssohn, Érik Porge et bien d'autres encore. J'ai beaucoup appris dans le service de M. le Docteur Lavoisy à l'hôpital d'Armentières et le présent travail en porte la marque clinique.

J'adresse mes remerciements les plus vifs à M. le Professeur Paul-Laurent Assoun qui a élégamment dirigé à Paris VII la thèse à partir de laquelle cet ouvrage a été écrit, ainsi qu'aux Professeurs Marie-Jean Sauret, Christian Hoffmann et Markos Zafiropoulos, membres du jury, qui m'ont lue et dont les remarques, critiques et questions m'ont vivement interpellée.

Pierre-Henri Castel m'a relue, commentée et corrigée avec générosité et érudition, et Lucile Charliac n'a ménagé ni son temps ni sa peine pour m'interroger à nouveau de façon extrêmement pertinente et m'aider à réécrire des passages délicats de ce livre. Franz Kaltenbeck m'a vivement encouragée à finir ce livre.

Les discussions avec les Professeurs Jean Bollack et Jacques Aubert m'ont ouvert bien des horizons que je ne soupçonnais pas.

Michel Gardaz m'a aimablement accueillie à nouveau dans sa collection de psychanalyse et je lui en sais gré, ainsi que de ses conseils attentifs sur le manuscrit.

Enfin, ma sincère reconnaissance va à Diane Watteau, Parveen Adams et tout particulièrement à Régis Michel qui m'ont inspirée pour l'iconographie de la couverture.

INTRODUCTION

> « *Je rêvais que notre vieux curé allait me tirer par mes boucles, ce qui avait été la terreur, la dure Loi de mon enfance. La chute de Kronos, la découverte de Prométhée, la naissance du Christ n'avaient pas pu soulever aussi haut le ciel au-dessus de l'humanité jusque-là écrasée, que n'avait fait la coupe de mes boucles, qui avait entraîné avec elle à jamais l'affreuse appréhension. À vrai dire d'autres souffrances et d'autres craintes l'avaient peut-être remplacée mais l'axe du monde avait été déplacé. Ce monde de l'ancienne loi j'y rentrais aisément en dormant, je ne m'éveillais qu'au moment où ayant vainement essayé d'échapper au pauvre curé, mort après tant d'années, je sentais mes boucles vivement tirées derrière ma tête. Et avant de me rendormir, me rappelant bien que le curé était mort et que j'avais les cheveux courts, j'avais tout de même soin de me cimenter avec l'oreiller, la couverture, mon mouchoir et le mur un nid protecteur, avant de rentrer dans ce monde bizarre où tout de même le curé vivait et j'avais des boucles.* »
>
> Marcel Proust[1]

C'est un monde bien ambigu que le narrateur de *La Recherche* aspire à retrouver dans l'intranquillité de son sommeil ! Certes, le rêveur y possèdera à nouveau ses boucles d'enfant, mais comme il sait d'expérience qu'il peut les perdre, il y vivra dans la terreur. Angoisse de castration fort banale, dira le blasé. Non, pas banale du tout. Et il y a aussi bien autre chose dans ce passage : la nostalgie de la jouissance à jamais perdue et devenue mythique, recherchée au prix de revivre « l'affreuse appréhension » entraînée par la coupe des boucles. Tragique compulsion de répétition, donc.

1. Proust M., « Esquisse III », *À la recherche du temps perdu*, I, Paris, Gallimard, La Pléiade, 1987, p. 645.

Avant la « dure Loi » du père, l'enfant a vécu dans un monde dont il a une nostalgie lancinante : celui de « l'ancienne loi », qui est comparé à celui de « l'humanité jusque-là écrasée », le règne de la mère. Après la mort de celle-ci, Proust écrit dans une lettre poignante :

> « Toute notre vie n'avait été qu'un entraînement, elle à m'apprendre à me passer d'elle pour le jour où elle me quitterait, et cela depuis mon enfance, quand elle refusait de venir dix fois me dire bonsoir avant d'aller en soirée, quand je voyais le train l'emporter quand elle me laissait à la campagne, quand plus tard à Fontainebleau et cet été même où elle était allée à Saint-Cloud sous tous les prétextes je lui téléphonais à chaque heure. Ces anxiétés qui finissaient par quelques mots dits au téléphone, ou sa visite à Paris, ou un baiser, avec quelle force je les éprouve maintenant que je sais que rien ne pourra plus les calmer[2].»

S'agit-il vraiment d'un entraînement ou plutôt de la répétition infinie d'une séparation à chaque fois ratée parce qu'elle est impossible ? On connaît en effet la scène du baiser du soir avec la plongée dans

> « l'horrible souffrance indéfinissable qui peu à peu devenait grande comme la solitude, comme le silence et comme la nuit[3] ».

Comment un enfant échappe-t-il à une telle angoisse ? Par l'assomption du complexe de castration qui permet de dissoudre le complexe d'Œdipe, répondra-t-on, non sans automatisme. Or cette réponse, classique et normative, ne vaut pas toujours, et certainement pas dans le cas du jeune Marcel. Heureusement, il existe d'autres solutions.

Dans cet ouvrage, je veux étudier comment un enfant peut se séparer *autrement* de sa mère et se soustraire à sa loi qui l'enchaîne parfois pour la vie et, en tout cas, le marque décisivement. Ma première hypothèse est que le sinthome – cette ultime définition sophistiquée du symptôme par Lacan[4] – peut séparer l'enfant de sa mère, éventuellement sans le père, et mieux que lui parfois. L'axe

---

2. Lettre à Barrès, janvier 1906, citée dans Tadié J.-Y., *Marcel Proust*, Paris, Gallimard, Folio, 1999, p. 95.
3. Proust M., *Jean Santeuil*, Paris, Gallimard, La Pléiade, 1972, p. 205.
4. Le sinthome est ce qui noue et fait tenir ensemble le réel (la jouissance, soit la distribution du plaisir dans le corps), l'imaginaire (les images, le sens) et le symbolique (le langage, la parole), soutenant ainsi la réalité.

du monde est alors déplacé, comme le dit Proust. Ainsi la théorie du sinthome se substituerait ou, du moins, élargirait la théorie freudienne de l'œdipe.

La loi de la mère, je le montrerai par de nombreux exemples cliniques, est faite de mots noués au plaisir et à la souffrance, bref à la jouissance maternelle, qui sont transmis à l'enfant dès son plus jeune âge et s'impriment à jamais dans son inconscient, modelant fantasmes et symptômes. Cette loi est constituée d'équivoques, comme la langue maternelle (« lalangue » selon le mot de Lacan), qui font le lit d'une certaine ambiguïté sexuelle, bien présente chez Proust. Or le sinthome, dont lalangue est la matière première, plonge ses racines dans cette « civilisation minoé-mycénienne» où règne la loi de la mère, dont Freud parlait à propos de la sexualité énigmatique de la petite fille (mais celle du garçon ne l'est peut-être pas moins sous le nouvel angle d'approche que je propose). En effet, les interprétations incertaines que le jeune enfant fait de l'obscure loi maternelle gonflent d'ambiguïté ses symptômes sexuels primaires, qui forment la souche du futur sinthome. Dès lors, le sinthome – et cette seconde hypothèse s'articule à la précédente – est une réponse possible à l'ambiguïté sexuelle, si celle-ci se formule comme une question subjective dans une analyse, voire une solution stable et suffisante lorsque, envahissante, elle est devenue un problème très réel. C'est l'une des raisons de mon sous-titre : « Essai sur le sinthome *sexuel* ».

Il s'agit en effet de savoir s'il est possible (et comment ?) de sortir de cet assujettissement tant à la loi maternelle qu'à l'ambiguïté sexuelle qu'elle secrète à l'envi, pour parvenir à ce que l'on appelle identité sexuelle – expression complexe en psychanalyse sur laquelle je reviendrai.

Dans un ouvrage précédent, *Ambiguïtés sexuelles*[5], j'ai développé une théorie de la sexuation, soit de la façon dont on devient, ou non, homme ou femme, en trois temps, trois moments logiques dont chacun a son importance. À côté de ce qui est imposé, l'anatomie d'une part (premier temps) et, d'autre part, la place de l'enfant dans le discours qui l'a précédé au monde, dont fait aussi partie l'assignation du sexe à l'état civil (deuxième moment[6]), il faut laisser une place essentielle au choix inconscient du sujet,

5. Morel G., *Ambiguïtés sexuelles. Sexuation et psychose*, Paris, Anthropos, 2000.
6. C'est, pour sa part consciente, l'objet d'étude du constructivisme social et des théories du genre.

enraciné dans ses modes de jouissance et lié en symptômes (troisième temps).

Un passage de *La bâtarde* de Violette Leduc démontre l'existence d'un tel choix. Elle y parle de sa relation ravageante à sa mère.

> « Elle m'offrait chaque matin un terrible cadeau : celui de la méfiance et de la suspicion. Tous les hommes étaient des salauds, tous les hommes étaient des sans-cœur. Elle me fixait avec tant d'intensité pendant sa déclaration que je me demandais si j'étais un homme ou non[7]. »

Voilà bien, dès la seconde phrase, l'énonciation d'une loi de la mère qui a l'air sans appel ! Et pourtant, comme tout ce qui ressortit au langage, elle reste équivoque et induit la plus grande ambiguïté. Prisonnière du discours maternel, Violette a le choix entre deux positions : être la victime potentielle des hommes qui abusent des femmes (position assumée par sa mère) ou une autre plus improbable, qu'elle adopte cependant face au regard intense de sa mère, celle du tourmenteur masculin. Il s'agit certes d'une décision, d'un jugement ou d'un choix qu'on peut dire forcé puisque les deux positions possibles sont strictement cadrées par l'interprétation que le sujet fait du désir maternel, et qu'il ne semble pas y avoir de troisième voie. Une des questions qui se posent est évidemment de savoir ce qui, dans un choix forcé comme celui de Violette par exemple, est modifiable ultérieurement, éventuellement dans une psychanalyse. J'ai étudié ce problème précédemment, notamment à propos de sujets dits transsexuels, voulant changer de sexe, mais aussi dans d'autres cas où le sujet était l'objet d'un « pousse-à-la-femme[8] ». J'étends donc ici aux autres structures cliniques – névroses et perversions –, cette recherche, entreprise d'abord sur les psychoses.

Ce « choix » du sujet, Freud y fait allusion en 1905 dans ses *Trois essais* lorsqu'il refuse à juste titre de trancher entre les caractères innés et acquis de l'inversion (querelle qu'on retrouve dans la discussion contemporaine sur l'homosexualité entre les tenants du tout-biologique et les constructivistes, voire, pour de tristes raisons, dans le débat politique récent). Il est nécessaire, affirme Freud, que

7. Leduc V., *La Bâtarde*, Paris, Gallimard, L'Imaginaire, 1999, p. 39.
8. Cf. Morel G., *Ambiguïtés sexuelles, op. cit.*, ch. 7, cf. les cas de Ven et d'Yves, p. 200 *sq.* et d'autres cas cliniques dans les chapitres 8 et 9.

quelque chose dans l'individu vienne soutenir ce qui apparaît comme acquis grâce à de multiples influences accidentelles[9]. Il est donc difficile de suivre Michel Foucault lorsqu'il affirme que le sexe est un élément idéal, spéculatif ou imaginaire fixé par le dispositif de sexualité[10]. Du point de vue de la psychanalyse, le sexe est plutôt le lieu réel où quelqu'un se débat avec des choix de jouissance et des symptômes qui, contrairement à ce qui lui est imposé par des dispositifs divers, comportent une part de décision et donc de responsabilité. C'est précisément ce réel que j'ai tenté de cerner théoriquement et cliniquement dans la suite de cet ouvrage en recourant à la notion de sinthome sexuel.

La première partie opère un aller-retour rapide entre la clinique et la théorie afin de donner au lecteur un premier aperçu, très concret, des enjeux de ce livre. Je suis partie de la constatation que l'enfant doit nécessairement se séparer de la mère pour survivre psychiquement. Or cette soustraction à « la loi de la mère » – que j'explicite – ne se fait pas toujours sur le modèle de l'œdipe freudien. Dans certains cas de psychoses mais aussi de névroses, un symptôme est l'agent de cette séparation, et il s'apparente à ce que Lacan, revenant dans les dernières années de son enseignement sur sa théorie du Nom-du-Père de 1958, a appelé le sinthome. De plus, ce symptôme, noué à une équivoque maternelle, et souvent teinté d'ambiguïté sexuelle, est le vecteur d'une question vitale sur la position sexuée du sujet. J'interroge aussi la pertinence du « fantasme fondamental » par rapport au sinthome, à partir de l'analyse d'une femme.

Il s'en déduit la nécessité d'explorer minutieusement – et c'est l'objet de la deuxième partie – la difficile théorie du sinthome et son insertion tardive dans l'enseignement de Lacan. Cette théorie présente des différences profondes avec celle de l'œdipe freudien et avec la première théorie du symbolique et du Nom-du-Père, comme avec la seconde étape de l'œuvre de Lacan, marquée par l'insistance sur le fantasme et l'objet *a*. Un détour détaillé par l'art de Joyce, dont Lacan a fait le paradigme du sinthome, s'imposait dès lors.

Il en ressort, dans la troisième partie, un certain nombre d'éléments concrets et nouveaux pour une clinique du sinthome :

---

9. Freud S., *Trois essais sur la théorie sexuelle*, *op. cit.*, p. 45.
10. Foucault M., *La volonté de savoir*, Paris, Gallimard, NRF, 1978, p. 205.

l'enfant prolonge le symptôme de ses parents, trouvant ainsi une alternative à son identification à ceux-ci, d'où résulte un moyen de transmission entre les générations, dans la famille, mais aussi dans la psychanalyse ; le sinthome est un savoir-faire avec la répétition ; il constitue une réponse à la nomination équivoque de la jouissance de l'enfant par la mère ; il fonctionne comme séparation ; il implique l'invention d'un nouveau rapport à l'Autre ; enfin il est une création.

Relisant Freud, je réinterroge, dans la quatrième partie, la notion controversée de perversion. Sa fréquence clinique est, on le sait, attestée chez l'homme et je laisse à un prochain ouvrage l'étude détaillée du sinthome féminin, amorcée cependant dès ce livre par l'étude de quelques cas. Du sinthome comme création, Gide et ses tristes *Schaudern* transformés en énergie dionysiaque fournissent un exemple éminent. Sous les masques chatoyants du désir, l'écrivain montre la présence d'un sinthome où la création littéraire se noue à l'ambiguïté sexuelle, à l'amitié et à la recherche de Dieu. Cette dernière partie se termine avec trois cas d'hommes analysés, aux choix d'objet divers – hétérosexuel, homosexuel et indécidable –, que j'ai choisis à cause de la prédominance de l'ambiguïté sexuelle. Ces cas confirment l'intérêt du concept de sinthome dans la névrose et la perversion pour fournir un point d'appui théorique là où le rapport au phallus, profondément intriqué dans ces cas à la volonté maternelle et à sa loi, ne suffit à subsumer ni le destin clinique du sujet ni l'issue de la cure.

L'enjeu de mon travail est aussi politique. D'abord, le fait d'interroger non pas l'identité sexuelle mais l'ambiguïté sexuelle considérée comme phénomène « normal » réitère le geste freudien de mise en continuité du normal et du pathologique. Par ailleurs, le sinthome lacanien est une structure au croisement de l'universel et du singulier. D'une part, il est universel dans la mesure où tout être parlant accuse réception de sa rencontre traumatique avec le langage[11] en produisant un symptôme qui enveloppe sa jouissance et sa souffrance. De ce symptôme, il pourra, avec quelques apports supplémentaires, faire son sinthome. Ainsi, il n'existe pas de sujet sans sinthome potentiel. D'autre part, le sinthome est singulier parce que sa forme est tributaire de la contingence du trauma

11. Le sujet est « réponse du réel », dit Lacan.

sexuel et de l'histoire de chacun, insérée dans le désir de ses parents.

Avec le sinthome, Lacan voulait « coiffer » son Nom-du-Père, soit un signifiant transcendant normatif à l'égard de la névrose, héritier de l'œdipe freudien, qu'il avait mis en place dans sa rencontre avec le structuralisme et qui devait durablement orienter la réflexion ouverte par le champ psychanalytique. Avec la diffusion de la doctrine lacanienne, le Nom-du-Père est devenu une norme pour la famille, la différence des sexes et la santé mentale : on a prétendu avec ce seul signifiant, et la signification phallique qui l'accompagne, définir de façon définitive la psychose dans sa différence avec la névrose, répartir les « vrais » hommes et les « vraies » femmes et, enfin, dire ce qu'étaient les formes psychanalytiquement acceptables de famille et de mariage. Des « experts » de la doctrine psychanalytique ont proposé leurs services dans ce sens au législateur. Une grande incertitude s'est manifestée dans le champ de la psychanalyse contemporaine à l'égard des questions d'identité sexuelle et d'homoparentalité[12]. Ce flottement a donné lieu à divers discours militants ou idéologiques qui, si utiles soient-ils pour le débat démocratique, ne pallient pas le vide conceptuel et clinique ainsi mis en évidence. Or la psychanalyse a les moyens de tenir un autre discours, issu de sa pratique, laquelle est, par le biais des analysants en souffrance, en prise directe sur les grands problèmes de l'actualité et ouverte sur ce que Freud appelait le malaise dans la civilisation.

D'où l'importance du virage lacanien dans les années 1970 du Nom-du-Père vers le sinthome.

12. Dans un article qui tente d'interpréter le débat contemporain en France, Éric Fassin distingue trois « postures ». La première serait celle de Michel Tort qui met en cause « l'ordre symbolique », la seconde celle de Michel Schneider qui annonce le règne des mères et la perte du père, la troisième celle d'Élisabeth Roudinesco qui, dit-il, voudrait banaliser la remise en cause de la psychanalyse par les mouvements homosexuels et présenter Lacan comme un extrémiste. Pour Fassin, il y a une inversion contemporaine de la question homosexuelle : c'est elle qui remettrait maintenant en cause la psychanalyse et plus l'inverse. C'est aussi la position de Jean Allouch. Même si c'est politiquement exact, cela ne devrait-il pas inciter les psychanalystes à repenser à nouveaux frais la sexualité, en tenant compte des changements socio-historiques de la clinique ? Cf. Fassin É., « L'inversion de la question homosexuelle », *Homosexualités, Revue française de psychanalyse*, livre LXVII, 1/2003, PUF, p. 263-284.

Lacan substitue alors à un signifiant transcendant et universel une structure de l'être parlant, certes universelle, mais qui n'a plus aucune transcendance ni aucune connotation religieuse, et qui n'est abordable qu'au cas par cas, singulièrement. Dès lors, la thèse du sinthome sexuel s'articule à la question cruciale de savoir si la psychanalyse peut proposer à la réflexion contemporaine, pour penser la filiation et le sexe, une alternative sérieuse à la référence au Nom-du-Père.

PREMIÈRE PARTIE

LE SYMPTÔME, LE FANTASME ET LES PATHOLOGIES DE LA LOI

CHAPITRE I

La loi de la mère et le symptôme séparateur

> « *La loi de la mère, c'est bien entendu, le fait que la mère est un être parlant, et cela suffit à légitimer que je dise la loi de la mère. Néanmoins, cette loi est, si je puis dire, une loi incontrôlée.* »
>
> Jacques Lacan[1]

Dans *Gangs of New York*[2], les gangs rivaux de la ville se regroupent et fomentent une émeute sanglante contre la police parce qu'ils refusent que les pauvres soient enrôlés pour la guerre de Sécession où ils mourront à coup sûr dans un combat au seul profit de la classe dominante. Pendant ce temps le héros, Amsterdam, cherche « le boucher », Will Cunning, qui a assassiné son père sous ses yeux alors qu'il était enfant. « Le boucher » l'a aussi gravement mutilé lui-même, mais ce n'est pas ce qui anime sa vengeance : « il règle les comptes de son père ». Voilà un exemple de *pathologie de la loi* : se détourner des problèmes de la cité, du politique pour se vouer à la loi héritée de sa famille, de sa lignée maternelle ou paternelle. C'est ce que nous montrent les tragédies grecques. Freud aurait vu dans ce repli héroïque une victoire, à l'échelle de l'individu, de *Thanatos* sur *Éros*, dans leur combat incertain dont la civilisation est l'enjeu.

1. Lacan J., *Le séminaire, livre V, Les formations de l'inconscient* (1957-1958), texte établi par J.-A. Miller, Paris, Le Seuil, 1998. Référencié dorénavant S V, p. 188.
2. Film de Martin Scorcese (USA, 2003) avec Leonardo di Caprio et Daniel Day Levis.

J'introduirai dans ce chapitre un certain nombre de fonctions du symptôme qui concernent la loi et la séparation de la mère, ainsi qu'une première approche clinique du nœud de l'ambiguïté sexuelle et du symptôme. Je donnerai aussi un premier aperçu concret de la notion de sinthome qui sera précisée théoriquement dans les chapitres suivants.

Ma thèse est la suivante : encore *infans*, nous sommes confrontés à la jouissance de notre mère. Pour ne pas nous y perdre, nous devons nous séparer de ce qui s'en impose à nous avec la force d'une loi, d'une loi singulière et folle qui fait de nous des « assujets ». De ce premier assujettissement notre inconscient gardera des traces toute notre vie. Or, se séparer de « la loi de la mère » est coûteux : nous fabriquons des symptômes séparateurs qui sont en fait l'enveloppe de la seule loi universelle que reconnaît la psychanalyse, l'interdit de l'inceste. Si ne pas se séparer de sa mère constituerait certes une pathologie gravissime de la loi, le symptôme qui nous en sépare en est une autre, mais nécessaire et inévitable.

Les pathologies de la loi sont engendrées par la première confrontation du sujet à la loi. Je ne parle pas ici *des* lois dans un sens institutionnel et juridique, mais de l'existence *d'une* loi primordiale liée au langage. Est-ce nécessairement la loi du père ? Non, c'est d'abord celle de la mère ou de son substitut et ce sera parfois la seule. En effet, nous sommes plongés dans le langage bien avant de venir au monde. C'est pourquoi Lacan nous appelait des « parlêtres[3] », soit avant tout des êtres « parlés » par les désirs de ceux qui nous ont engendrés. Cependant, nous sommes aussi des êtres parlants et nous apprenons à parler dans notre langue maternelle[4]. Mais comment ce fait, dans sa banalité universelle, peut-il être conçu comme une loi qu'on reçoit ou qui s'impose ? C'est que, façonnés à notre insu par ce bain de langage, en même temps que notre mère nous parlait (et que nous lui parlions, dès que nous étions en âge de le faire) nous avons plongé les racines de notre désir dans le sien. Toute notre vie, nous portons, jusque dans notre façon de parler, dans notre style, la marque de son désir et les

---

3. Lacan J., *Le séminaire, livre XXIII, Le sinthome* (1975-1976), texte établi par J.-A. Miller, Paris, Le Seuil, 2005, référencé dorénavant S XXIII, p. 56.
4. L'« être » parlant « tient son être de la parole », Lacan J., « Introduction à l'édition allemande des *Écrits* » (1973), *Autres écrits*, Paris, Le Seuil, 2001, p. 554.

stigmates de sa jouissance. Ce sont ces traces qui peuvent déjà, à elles seules, conditionner une vie entière voire être destinales : elles constituent, si elles ne sont pas relayées par un autre principe, la sorte de loi singulière dont je veux parler ici[5].

Deux exemples en donneront déjà un aperçu. Le premier est celui d'une femme psychotique qui a tenté de se suicider avec ses trois enfants. Le second, très bref, est celui d'une femme névrosée.

La cause d'un infanticide : la citation maternelle en acte

Certains cas mettent en évidence à quel point l'enfant qui vient au monde est un objet, laissé pour compte, aimé, indifférent ou encore haï. Lacan en a fait un opérateur logique, l'objet *a*. L'enfant est d'abord un objet dans le désir de ses parents. De l'objet réel qu'il a été pour eux, il ne sait rien et eux pas grand-chose. Mais de ce savoir insu subsistent des traces : l'objet laisse des marques dans l'inconscient. Par la suite, l'enfant construit un fantasme autour du réseau d'interprétations inconscientes qu'il tisse autour de cet objet réel. L'objet *a* de Lacan est une écriture qui, suivant le contexte, peut désigner l'un ou l'autre de ces deux objets, l'objet du désir des parents ou l'objet cause du désir dans le fantasme du sujet. Or, la transformation de l'objet réel du désir des parents en objet du fantasme du sujet ne peut avoir lieu sans une délimitation et une séparation préalables de cet objet primordial et du corps maternel (ou de son substitut). Parfois, cette première séparation ne s'est pas faite et c'est par un passage à l'acte que le sujet essaie de récupérer sur le corps de l'autre cet objet auquel il équivaut dans le désir maternel.

L'infanticide n'est-il pas ce qui met le mieux en évidence l'obscur statut de « l'enfant-objet[6] » dans le désir maternel ? J'ai rencontré Mme M. à l'hôpital psychiatrique ; vingt ans auparavant, elle avait tenté de se suicider après avoir administré des toxiques à

---

5. Cf. Lacan J., *Le séminaire, livre XVII, L'envers de la psychanalyse* (1970-1971), texte établi par J.-A. Miller, Paris, Le Seuil, 1991, dorénavant référencé S XVII, p. 89. Lacan avait déjà théorisé cette loi primordiale à laquelle est assujetti l'enfant par le concept de demande. Cf. S V, p. 342.
6. Cf. *Savoirs et clinique. Revue de psychanalyse*, n° 1, « L'enfant-objet », éditions Érès, mars 2002.

ses deux jumelles de deux ans et demi et à sa troisième fille, N., un bébé de 6 mois. Les quatre, gravement intoxiquées, en réchappèrent de justesse ; N., particulièrement touchée, dut subir une longue réanimation. Les psychiatres qui examinèrent Mme M. à l'époque décidèrent de ne pas donner de suite judiciaire à l'affaire. On la renvoya chez elle avec un traitement chimiothérapique et un suivi psychiatrique qui n'empêchèrent pas des rechutes délirantes nécessitant l'hospitalisation. Un diagnostic un peu hâtif d'hystérie avait alors été porté, parce que Mme M. se plaignait de l'impuissance de son mari alcoolique et désirait la naissance d'un fils. Elle avait, disait-elle, empoisonné ses enfants après une dispute conjugale pour qu'elles ne vivent pas sans protection, livrées à un père aussi alcoolique que le sien.

Comment Mme M. en était-elle arrivée à un geste aussi tragique ? Notre unique entretien reprenait quasi à l'identique les termes de celui qui avait été réalisé juste après l'acte, vingt ans auparavant, dont j'ai pu lire la transcription. Mme M. cita à plusieurs reprises les paroles de sa mère au moment de sa naissance difficile avec un frère jumeau. Elle adhérait totalement à ces phrases et on avait l'impression que si elle avait dû les écrire, elle l'aurait fait sans guillemets : « On ne l'attendait pas » ; « Elle n'était pas prévue » ; « Elle n'aurait pas dû être là » ; « Elle n'aurait pas *dû* vivre », avait dit sa mère. Cette dernière phrase est équivoque puisqu'on ne sait pas si le « n'aurait pas dû » est une simple constatation liée aux circonstances dangereuses de sa naissance ou bien plutôt un terrible vœu de mort maternel. Cette phrase a scellé le destin de Mme M. Du moins lui a-t-elle donné cette fonction en interprétant cette phrase en actes dans sa vie. C'est visiblement la signification d'une condamnation à mort maternelle qui a prévalu sur la première signification, plus factuelle, de la phrase.

Lorsque Mme M. avait 3 ans naquit une petite sœur : « elle est tombée de son piédestal », commenta alors sa mère. En effet, le père la laissa tomber pour cette jolie sœur. À 12 ans, elle perdit le seul être qu'elle aimait, sa marraine. Elle s'en remit mal : « *mater dolorosa* », l'appelait par dérision sa mère. Elle avait 14 ans lorsque sa mère l'arracha à l'école pour la prendre comme domestique à la maison ; elle perdit alors toute vie sociale et fut en butte à la persécution maternelle qui l'empêcha d'avoir un amoureux. Enfin, à 17 ans, elle rencontra son futur mari. Son mariage fut immédiatement raté, se plaint-elle. Un mois avant, elle avait été opérée d'une appendicite à la suite de laquelle elle commença à grossir : elle était devenue boulimique. Relayant sa mère et faisant couple avec son mari contre elle, sa belle-mère devint sa nouvelle persécutrice. Mme M. les hait tous deux. Sa première grossesse, gémellaire, fut difficile et suivie d'une dépression sévère ; l'année d'après, elle donnait naissance à N. Elle se souvient avoir eu alors une pensée vengeresse digne d'une Médée : que la petite meure pour faire souffrir son mari ! Cette naissance qui répétait la naissance de sa petite sœur après celle de deux jumeaux (dont elle-même) fut la cause déclenchante du passage à l'acte : six mois après, c'était le suicide-infanticide. N'a-t-elle pas accompli alors sur ses enfants le vœu maternel qui avait accompagné sa propre naissance : elles n'auraient pas dû vivre ? Ne s'est-elle pas alors conformée au nom jadis donné par sa mère, *mater dolorosa* ? C'est en effet le personnage qu'incarnait désormais, repliée dans sa douleur, celle que ses voisins et sa famille traitaient d'empoisonneuse.

Comme sa mère, la petite N. semble s'être identifiée, elle aussi, aux paroles prophétiques de sa grand-mère maternelle : dès qu'elle sut marcher, avant même que de parler, elle se jeta répétitivement du haut en bas des escaliers, tombant elle aussi de son piédestal et répétant aveuglément en un nouveau geste suicidaire le destin mortel qui l'avait si précocement frappée. Ainsi la parole équivoque d'une mère ricochait de mère en fille sur les deux générations suivantes et s'accomplissait comme une malédiction mortelle. L'objet *a*, ce qu'est l'enfant dans le désir de l'Autre (Mme M. pour sa mère, puis N. pour Mme M.) est la signification incarnée dans le réel par cette phrase mortelle. L'agent de l'acte est cet objet *a*. Aucun sujet, même vingt ans après, pour assumer ce passage à l'acte : Mme M. n'avait rien de plus à en dire. Elle était restée un « assujet » : dépassée par un destin qu'elle n'entrevoyait pas, aliénée par un délire de persécution, elle ne pouvait que *citer sa mère*, encore et toujours.

Or, son passage à l'acte était, on l'a vu, la réalisation après-coup d'une parole ambiguë de sa mère à sa naissance qu'elle citait toujours, vingt ans après l'acte et qui avait force de loi : « Elle n'aurait pas dû vivre ». Elle avait interprété l'équivoque du désir maternel en sa défaveur et, mère à son tour, perpétua la malédiction mortelle sur la génération d'après.

Insatisfaction de la mère, névrose de la fille

Mon second exemple, plus bref, montre comment la névrose maternelle a sur le sujet un effet précoce qui peut avoir force de loi pour l'avenir. Je l'ai choisi parce que cet effet destinal y est lié à l'apprentissage de la parole. Il est beaucoup moins dramatique que celui de Mme M. et me vient d'une analysante névrosée qui m'a raconté comment sa mère lui avait appris à parler (c'est évidemment de celle-ci qu'elle en tenait le récit). Sa mère, qu'un mariage précoce avait empêchée de faire des études littéraires et que l'accueil réservé de sa belle-famille avaient rendue dépressive, s'enfermait tous les jours avec elle dans le placard de la cuisine et, ainsi isolée du monde avec son bébé, lui nommait les aliments un par un. La jeune femme attribuait à cette entrée singulière dans le langage les graves problèmes de boulimie dont elle souffrit plus tard ainsi que la difficile vie d'écrivain qu'elle s'était choisie.

Mais, objectera-t-on, il ne s'agit pas là de ce que l'on appelle « la loi » dans la psychanalyse. En fait, ce ne sont que des paroles que le sujet a en quelque sorte bues avec le lait maternel et qui l'ont ensuite aliéné en produisant des règles de vie, ou en devenant un fantasme logé dans un symptôme contraignant. En effet. Mais ce que je voudrais soutenir ici est justement qu'il n'existe pas, dans l'inconscient, quelque chose d'universel qu'on puisse appeler « *La* loi » ; qu'il y a seulement eu des paroles légiférantes dont certaines se sont inscrites pour façonner un symptôme. Cela exige de préciser ce que l'on entend par symptôme et quel est le rapport de celui-ci à la loi.

Symptôme et loi

La doctrine analytique met l'œdipe au centre de la réalité psychique. Pour Freud, il s'agissait de poser le meurtre mythique du père jouisseur comme principe de la loi. Mais, à suivre Lacan, l'œdipe n'est plus qu'un cadre mythique de référence pour mettre en place les limites de l'opération analytique[7], à savoir le rôle qu'y

7. Lacan J., « L'acte psychanalytique », séminaire inédit, référencé S 15, séance du 21 février 1968 : « Pourquoi les psychanalystes n'ont jamais formulé explicitement que l'œdipe n'est qu'un mythe grâce à quoi ils mettent en place les limites de leur opération ? »

joue un certain nombre de concepts : le père, la mère, la division du sujet, l'objet cause du désir, etc. Il s'agit d'un point de vue structuraliste sur l'expérience et non d'une norme morale que les psychanalystes, transformés en justiciers ou en missionnaires, doivent remettre en place dans la cure ou dans la société lorsqu'ils jugent que quelque chose n'y est pas conforme.

L'évolution de la lecture de l'œdipe par Lacan indique un décentrement par rapport à Freud.

En effet, sa lecture de l'œdipe dans les années 1950 – qui est souvent la seule que connaissent ses détracteurs les plus paresseux – est celle d'une substitution, dite « métaphore paternelle[8] », du signifiant du « Nom-du-Père » (qui représente la loi dans l'inconscient structuré comme un langage) à un autre signifiant, qu'il appelle « le Désir de la mère ». Celui-ci, le premier terme de la symbolisation pour l'enfant, est produit par l'absence de la mère : en quelque sorte, lorsqu'elle va et vient, laissant l'enfant seul pour un moment, elle lui signifie qu'elle désire, ailleurs, autre chose que lui. Lacan relit ainsi d'une façon structuraliste l'alternance de l'absence et de la présence de la mère, scandée par l'opposition phonématique *fort-da*, mise en évidence par Freud sur son petit fils. La substitution revêt le Désir de la mère de la signification phallique : « c'était donc *ça* qui l'intéressait en dehors de moi ».

Le signifiant du Désir de la mère, *signifiant d'une absence* qui deviendra un manque, doit donc être distingué de ces paroles maternelles qui ont force de loi, et qui témoignent plutôt d'un *trop de présence*, comme dans le cas de la mère infanticide. Ces paroles, traces mémorisées de la toute puissance de la mère sur l'enfant ou de sa jouissance, gardent *un statut réel* : elles ne sont pas symbolisées, mais plutôt *citées* par le sujet. Il s'agit parfois, d'ailleurs, d'interprétations du sujet qui ne renvoient pas forcément à des énonciations effectives de sa mère (c'est évidemment invérifiable),

8. « [...] la métaphore du Nom-du-Père, soit la métaphore qui substitue ce Nom à la place premièrement symbolisée par l'opération de l'absence de la mère. » Dans cette formule, Lacan écrit le signifiant du Nom-du-Père avec des tirets, ce que je ne ferai pas systématiquement dans la suite du texte. Lacan J., « D'une question préliminaire à tout traitement possible de la psychose », *Écrits*, Paris, Le Seuil, 1966, p. 557. Cf. « Au-delà du principe de plaisir » (1920), *Essais de psychanalyse*, nouvelle trad., Paris, Payot, PBP, 1981, p. 51.

mais à un « discours sans parole[9] » éloquent, parfois sonorisé, repéré dans la littérature analytique, notamment kleinienne, comme le surmoi maternel. Dans cette première partie, j'ai plutôt choisi des exemples où la « loi de la mère » prenait la tournure de paroles citées par le sujet, parce qu'on en voit mieux les lignes de force, et que ces cas sont, je pense, paradigmatiques de la loi de la mère (la mère infanticide et, dans le chapitre 2, Mme P.). Dans de nombreux cas, en particulier de névrose, le signifiant du Désir de la mère, à distinguer, donc, de la loi de la mère, reste inconscient et doit être retrouvé à partir du déchiffrage d'un matériel refoulé souvent profondément enfoui.

Le Nom-du-Père a parfois prêté au contresens. Certains en ont fait un principe transcendant au symbolique qui en quelque sorte descendrait du ciel pour s'inscrire dans l'inconscient du sujet[10]. Certes, il n'est pas faux de prêter au Nom-du-Père de 1958 une certaine transcendance par rapport à l'inconscient, dans la mesure où Lacan en fait le signifiant qui condense l'essence de la loi dans l'inconscient et qui serait une sorte d'« Autre de l'Autre[11] » – ce qu'il récusera dès 1960. Cette transcendance est cependant interne à l'inconscient ; elle n'est pas l'effet du placage sur l'individu d'un ordre universel préexistant, « l'ordre symbolique »,

9. Cf. S XVII, p. 11, et Klein M., « Le développement précoce de la conscience chez l'enfant » (1933), *Essais de psychanalyse*, trad. Derrida M., Paris, Payot, 1978, p. 299.

10. Ainsi Pierre Legendre fait du Nom-du-Père, qu'il fait équivaloir au « principe de Raison », la référence nécessaire, absolue et fondatrice de l'ordre juridique, qui se teinte alors d'une coloration biblique. Cette position n'est pas sans conséquences politiques et sociales car elle conduit ce juriste qui se réclame d'une « anthropologie dogmatique » à exclure toute forme de famille ou de couple non traditionnels. Cf. Legendre P., *Le crime du caporal Lortie. Traité sur le Père*, Paris, Champs Flammarion, 2000, p. 149, notamment. On trouve la même affirmation de la transcendance du Nom-du-Père, mais sous une forme critique cette fois, chez d'autres auteurs qui, au contraire de Legendre, s'opposent à toute utilisation normative du concept. Mais ils attribuent un tel usage du Nom-du-Père à Lacan lui-même, un peu hâtivement me semble-t-il : ne faut-il pas considérer l'évolution de son enseignement, qui déconstruit le Nom-du-Père ? Cf. Tort M., « Quelques conséquences de la différence 'psychanalytique' des sexes », *Les Temps modernes*, n° 609, juin-juillet-août 2000, p. 176-215.

11. Lacan J., « D'une question préliminaire à tout traitement possible de la psychose », *op. cit.*, p. 578. Cf. citation *infra* p. 27 : « [...] il n'y a pas d'Autre de l'Autre. » Lacan J., « Subversion du sujet et dialectique du désir dans l'inconscient freudien » (1962), *Écrits*, *op. cit.*, p. 813.

qui serait lui-même chapeauté par une sorte de principe divin. On le voit au fait que ces signifiants, le Nom-du-Père et le Désir de la mère, sont singuliers dans chaque cas et ne s'obtiennent que par le déchiffrage de l'inconscient.

Par ailleurs, cette loi censée médiatrice et pacificatrice du Nom-du-Père a un envers pathogène : Lacan invente sa formule de la métaphore paternelle à partir du cas du petit Hans qui souffre d'une phobie des chevaux justement parce qu'il ne peut pas symboliser le principe qui doit le séparer de sa mère. La métaphore paternelle n'est en fait que l'épure théorique du symptôme du petit Hans, soit de la réponse névrotique de l'enfant aux prises avec l'interdit de l'inceste[12]. À cette époque, Lacan fait du symptôme une métaphore et décrit la phobie de Hans comme une métaphore[13]. Il reprend ainsi l'affirmation freudienne selon laquelle le trait qui signe la névrose de l'enfant est la substitution de cheval à père[14]. Il est donc faux de penser le Nom-du-Père comme un *pur* signifiant de la loi : il est inséparable de son envers symptomatique et donc pathologique. Cette lecture du cas de Hans par Lacan peut être considérée comme le paradigme de la névrose dans laquelle le symptôme est l'enveloppe du Nom-du-Père, alors que le cas du Président Schreber est le paradigme de la psychose, caractérisée par le rejet (ou forclusion) du Nom-du-Père qui laisse le sujet ouvert aux interventions légiférantes de la parole maternelle. D'un point de vue structural, névrose et psychose s'opposent alors terme à terme : Nom-du-Père et métaphore paternelle pour la première, forclusion et métaphore délirante pour la seconde.

---

12. Il suffit de regarder les dates. La métaphore paternelle figure dans « La question préliminaire », qui est rédigée à Noël 1957 et qui reprend le commentaire de Schreber fait deux ans auparavant dans *Le séminaire III, les psychoses*. Quelques mois auparavant, Lacan a commenté le Petit Hans et la métaphore de sa phobie dans le séminaire IV (S IV) Lacan J., *Le séminaire, livre IV, La relation d'objet* (1956-1957), texte établi par J.-A. Miller, Paris, Le Seuil, 1994, p. 379) ; c'est à cette occasion, en juin 1957, qu'il introduit la métaphore paternelle après avoir déjà caractérisé le symptôme comme une métaphore en mai 1957 dans « L'instance de la lettre ».
13. Lacan J., « L'instance de la lettre dans l'inconscient ou la raison depuis Freud » (1957), *Écrits*, *op. cit.*, p. 518 et 528 : « Car le symptôme *est* une métaphore, que l'on veuille ou non se le dire, comme le désir *est* une métonymie, même si l'homme s'en gausse. »
14. Freud S., *Inhibition, symptôme, angoisse* (1926), trad. Tort M., Paris, PUF, 1973, p. 21.

Allant toujours plus loin dans le sens d'une critique de la fonction du père (et donc de celle de l'œdipe) dans la doctrine freudienne, Lacan en est arrivé, à la fin de son enseignement, à un renversement complet de perspective entre le Nom-du-Père et le symptôme, que je détaillerai dans la deuxième partie : sa thèse n'est pas qu'il y a des symptômes malgré la « bonne » loi du Nom-du-Père, mais que le Nom-du-Père lui-même n'est qu'un symptôme possible parmi d'autres, celui du névrosé électivement[15]. La psychanalyse, inventée par Freud avec les femmes hystériques, a mis d'abord au jour le type névrotique du symptôme, fabriqué avec le Nom-du-Père, mais elle n'a aucune raison de s'y cantonner. En effet, dans la psychose qui, de ce fait, nous enseigne particulièrement, le sujet tente de mettre en place d'autres types de symptômes pour se séparer de la mère. Le symptôme peut même l'empêcher de devenir « fou » au sens où il déclencherait sa psychose. Dans cette nouvelle conception, le symptôme, même si le sujet s'en plaint, devient un support nécessaire pour se séparer de la jouissance maternelle. La cure psychanalytique réduit son côté pathologique et trop contraignant, le modifie, mais ne le supprime pas dans sa fonction nécessaire de soutien du sujet – voire, au cas où le sujet n'y a pas réussi avant, cherche à lui frayer la voie pour qu'il en invente un. Lacan a baptisé « sinthome », à partir du cas de Joyce notamment, cette nouvelle fonction du symptôme.

Ainsi le cas de Paul met en évidence la difficulté de la psychose à mettre en place un symptôme séparateur de la mère, mais aussi son inventivité.

L'otage de sa mère

Âgé de 29 ans, Paul est venu me voir parce qu'il souffrait d'attaques de panique et d'angoisses hypochondriaques : après chaque relation sexuelle, il craignait d'avoir attrapé le sida ; à chaque bobo, il pensait avoir un cancer. Il attribuait l'émergence de ses troubles à une rupture amoureuse survenue un an plus tôt, mais il s'agissait plutôt d'une recrudescence car ses crises de paniques dataient de sa petite enfance et ses angoisses corporelles ne l'avaient guère quitté depuis sa première relation sexuelle à 19 ans. Paul a été élevé à l'étranger, dans un pays en guerre, jusqu'à

15. S XXIII, p. 19 et 22.

ce qu'il vienne faire ses études en France. De 3 à 17 ans, il a donc vécu quotidiennement sous les bombes. Lorsqu'il avait 3 ans, sa tante fut tuée dans la cour de l'école où elle enseignait et ses premiers souvenirs sont des sentiments de terreur à chaque séparation de ses parents.

C'est donc aux affres de la guerre qu'il attribue ses crises de panique : elles en seraient des séquelles. Cependant, et bien qu'il ne s'agisse nullement de sous-estimer l'effroi de la guerre, on peut se demander si celle-ci ne lui sert pas aussi de métaphore pour nommer une autre terreur.

Reprenons quelques éléments de son histoire. Ses parents se sont mariés à leur retour d'Afrique où ils avaient émigré. Leur mariage fut arrangé par les familles et, selon Paul, sa mère ne l'accepta que pour échapper au joug de ses parents. Elle n'a jamais aimé son mari. Ils eurent trois fils dont Paul, le dernier. L'aîné fut « massacré » par le père, dit Paul. Il voulait devenir athlète mais le père le força à faire des études d'ingénieur ; il devint alcoolique et solitaire. Le cadet, respecté par le père, fit carrière et reste un modèle pour Paul. Quant à lui, sa mère décida de le protéger du père qu'elle jugeait un raté. Son leitmotiv, qui résonne toujours dans la tête de Paul, était : « Pas comme ton père ! » Souffrant de terreurs nocturnes, l'enfant dormit entre ses parents jusqu'à l'âge de 10 ans. Le père, déprimé, restait couché tous les après-midi devant la télé et, en rentrant du collège, Paul rejoignait son père dans le lit conjugal où il était régulièrement puni pour une raison ou une autre. Cependant, il était le plus proche de sa mère qui fit de lui son confident.

À 10 ans, il tenta de s'étrangler sur le balcon après un épisode décisif qu'il appelle « la transformation ». Son père l'avait emmené s'acheter des chaussures et il ne put choisir celles qui lui plaisaient, car son père lui en imposa d'autres. Il ressentit alors une transformation mentale : il ne pouvait désormais plus s'empêcher d'adhérer aux goûts paternels qui lui étaient pourtant étrangers. Il appelle ce phénomène avoir « des idées auto-imposées ». Par ailleurs, il commença à être attiré par des garçons. Ainsi il était « clivé », selon son expression : d'un côté, il y avait le « Pas comme ton père ! » proféré par sa mère et auquel il aspirait de toutes ses forces ; de l'autre, il avait l'impression d'une intrusion mentale de son père à laquelle il ne pouvait se dérober. Mais, malgré tout, subsistait un domaine à lui : son goût secret pour des « garçons venus d'ailleurs », imberbes et à la peau colorée. L'analyse montra que ce trait avait pour origine une attirance fantasmatique pour l'adolescence de son père en Afrique, qui ne reposait sur rien de précis, car son père restait complètement muet sur cette période de sa vie. De l'épisode des chaussures-idées imposées lui resta aussi la passion de ces objets dont il a une collection faramineuse, et qui apparaissent toujours dans ses rêves comme l'emblème du désir.

Il se souvient d'une scène d'horreur à 13 ans qui me semble paradigmatique de sa position. Ses parents, indifférents, n'allaient jamais aux abris lors des bombardements. D'ailleurs, selon lui, la seule chose dont sa mère avait peur était de perdre un fils, rien d'autre ne comptait pour elle. Paul, lui, terrorisé par les bombardements, se souvient avoir entraîné ce jour-là sa mère dans le hall sans fenêtre de l'appartement et être resté étroitement enlacé avec elle pendant des heures, tandis que son père restait au lit. Finalement, espérait-il à l'époque, sa mère l'aurait protégé des bombes comme de son père, lui faisant rempart de son corps. Sa terreur associe dans une même série inconsciente la violence paternelle et celle de la guerre. *L'effroi de la guerre est devenu une métaphore de la terreur devant le père.* Contre celle-ci, il n'avait pour bouclier, hélas inefficace, que la mère et son « Pas comme ton père ! ».

Vers 16 ans, au moment du départ du frère qui lui servait de modèle et dans une phase de révolte contre sa mère, il entendit, lors d'un examen, des voix qui bruissaient dans l'air comme « des esprits ». Après ce phénomène élémentaire inquiétant qui se reproduisit, ses attaques de panique s'intensifièrent.

Adulte, Paul a réalisé à la lettre les idéaux professionnels de sa mère et, bien qu'il vive loin d'elle, il se sent en permanence sous son regard et entend sa voix proférer en écho, chaque fois qu'il a une décision à prendre : « Pas comme ton père ! ».

Après une interprétation par laquelle je lui indiquai que son père l'avait terrifié autant que la guerre, il fit une série de rêves. Dans l'un d'eux,

> il est avec un acteur français comique, Louis de Funès, l'une de ses anciennes idoles, mais celui-ci a un aspect dégoûtant et décrépit. D'autres garçons, autour de lui, savent tirer avec une arme et pas lui : il n'a même pas le droit d'essayer l'arme et sent ses chaussures lui coller aux pieds.

Il associe Louis de Funès à son père. Mais on peut aussi déduire du rêve qu'il méprise son père, qu'il n'a jamais cru en lui et n'en a jamais rien attendu, probablement à cause du jugement négatif de sa mère. Le prix de son rejet du père est d'être exclu du monde des hommes « armés » et d'être persécuté par son père.

Le second rêve est un double cauchemar.

> D'abord, sa mère est dans la cuisine, et il aperçoit à côté d'elle un énorme cafard qui s'approche de lui ; sans pouvoir l'éviter, il lui crève l'abdomen d'où sortent des œufs sanguinolents. Une odeur pestilentielle se répand et pourtant sa mère ne s'aperçoit de rien.

Il associe cette partie du rêve à l'impudeur de sa mère qui « oubliait » parfois de fermer la porte de la salle de bains. Dans la seconde partie du rêve, il mâche quelque chose d'étrange : des boulettes de chair humaine qui lui envahissent la bouche. Il commentera brièvement :

> « Je n'ai été jusqu'ici qu'une excroissance de ma mère. »

Ce double cauchemar montre l'horreur de la proximité incestueuse.

Le père de Paul n'a pas pu être la matrice d'un symptôme qui le sépare de sa mère parce que son intrusion et sa parole n'ont pas eu la valeur d'une loi séparatrice. Peut-être le rejet par Paul de son père y est-il pour quelque chose. De ce fait, Paul est resté, au prix d'une horreur de tous les instants, l'otage de la loi maternelle, ce qui ne lui a pas évité pour autant la terreur de l'intrusion paternelle. Cette loi repose ici sur des paroles entendues de la mère, le fameux « Pas comme ton père ! », mais aussi sur tout ce contexte corporel quasi-incestueux dans lequel il a été élevé, au prétexte de la peur de la guerre. Voilà en quoi consiste pour lui la pathologie de la loi. Il parle après-coup de la peur de la guerre – dont il n'a pu cependant faire une phobie qui lui évite la psychose – comme du partenaire de tous les instants de son enfance, comme d'un rempart contre le pire, contre une autre terreur, plus familiale, plus *unheimlich*. Parfois, il regrette la peur quotidienne des bombes qui lui manque comme un compagnon perdu. Ses crises de panique ont relayé l'absence de la guerre.

Dans un tel cas, la direction de la cure ne consiste pas à faire la loi ni le père pour remplacer ce qui n'a pas réussi à exister, mais à offrir au sujet l'appui du transfert (c'est-à-dire ici un autre regard que Paul a substitué à celui de sa mère) pour élargir la place qu'il a réussi à dérober à l'invasion parentale. Nous en voyons se dessiner le contour dans son homosexualité dont le trait dominant est d'ailleurs emprunté à ce qu'il imagine, d'une façon nostalgique, de la jeunesse du père. Ce voisinage de l'homosexualité et du père a été confirmé par un rêve où Paul avait une relation sexuelle avec un garçon alors que son père était juste à côté. Il avait déjà fait ce rêve plusieurs fois depuis son adolescence.

L'homosexualité comme sinthome

Son homosexualité favorise des liens sociaux dans le milieu *gay* et s'accompagne d'une sublimation artistique que Paul veut absolument maintenir à côté des idéaux socioprofessionnels imposés par sa mère. Elle pourrait donc avoir la fonction d'un symptôme séparateur de la mère moins coûteux et plus efficace que la peur de la guerre remplacée par les crises de panique, voire même devenir un sinthome. Il est remarquable que cette ébauche symptomatique se fasse, dans ce cas de psychose où le Nom-du-Père est pourtant forclos, en s'appuyant sur des traits provenant imaginairement du père. Mais c'était aussi le cas pour Joyce, à ceci près que le noyau de son symptôme n'était pas une orientation sexuelle mais des « paroles imposées », entendues précocement de son père, qui forment la matière première et initiale de son sinthome[16]. Le rôle essentiel que joue l'homosexualité dans le cas de Paul se comprend mieux avec le concept du « sinthome » qu'avec la théorie lacanienne de 1958, à cause de la place différente qu'y occupe le père par rapport à la loi. D'où l'intérêt du virage de cette théorie entre 1958 et 1975, si du moins nous prenons le parti de la lire comme une série de réponses différentes à un même problème, celui de la séparation que nécessite l'imposition de la loi maternelle sur l'enfant au moment où il devient sujet du langage.

En effet, en 1958 on l'a vu, la théorie de la métaphore paternelle suppose que l'enfant ait d'abord symbolisé le désir de la mère grâce à l'alternance de sa présence et de son absence, et que le signifiant du père et de sa loi lui ait été présenté dans le discours maternel. Le névrosé accepte symboliquement le Nom-du-Père au prix d'un symptôme qui enveloppe ce signifiant comme la phobie du petit Hans. La métaphore a un effet de signification corrélé à la substitution du Nom-du-Père au désir de la mère : le phallus

16. Cf. *infra*, V – « Le jeune homme sans *ego* », p. 113.

devient l'équivalent de ce que la mère désire en dehors de l'enfant. En revanche, le psychotique forclôt le Nom-du-Père et le phallus et il doit, sans ces appuis symboliques, construire un délire qui le situe autrement dans le désir de sa mère. Lacan élève alors au paradigme la solution schreberienne, c'est-à-dire une substitution dite métaphore délirante : au lieu d'être le phallus qui manque à sa mère, Schreber sera la femme qui manque à Dieu[17].

Or il y a des conditions préalables à la forclusion psychotique, dont trois sont alors énoncées. D'abord, ce n'est pas la carence du père, dont l'emploi théorique par les autres analystes est alors moqué par Lacan, qui est incriminée et il n'est pas non plus nécessaire que la mère idéalise le père :

> « Ce n'est pas uniquement de la façon dont la mère s'accommode de la personne du père, qu'il conviendrait de s'occuper, mais du cas qu'elle fait de sa parole, disons le mot, de son autorité, autrement dit de la place qu'elle réserve au Nom-du-Père dans la promotion de la loi. »

Une seconde condition est « la relation du père à cette loi », qui peut en elle-même provoquer une exclusion symbolique du signifiant, particulièrement dans les cas où le père se mêle d'incarner la loi et peut alors, par son imposture, favoriser la forclusion.

Enfin, la troisième condition porte sur la position du sujet qui :

> « à l'instar du mousse de la pêche célèbre de Prévert, envoie balader (*verwerfe*) la baleine de l'imposture, après en avoir, selon le trait de ce morceau immortel, percé la trame de père en part ».

Cette position décrit celle d'un sujet non dupe de certaines faiblesses paternelles ou encore de la relation du père à la loi, qui rejette en bloc l'imposture, la parole et la loi paternelle.

Il y a donc trois conditions préalables à la forclusion (ou, en les prenant à rebours, à l'acceptation symbolique du Nom-du-Père) qui concernent les rapports respectifs de la mère, du père et de l'enfant à la loi. Notons d'ailleurs que le rejet (ou l'acceptation) du Nom-du-Père est en dernier ressort *de la responsabilité de l'enfant*. La théorie de 1958, par ailleurs, ne donne pas un statut clair à cette loi de la mère, souvent retenue par l'enfant sous la forme de

17. Lacan J., « D'une question préliminaire à tout traitement possible de la psychose », *op. cit.*, resp. p. 566-567, 579 et 581.

paroles maternelles fatidiques, qui n'est pas le signifiant du Désir de la mère, mais plutôt une trace de sa jouissance et de son trop de présence auprès de l'enfant.

En 1975 par contre, l'accent principal est plutôt mis sur le père comme *moyen* pour l'enfant de se constituer un symptôme. Pour cela, nul besoin qu'il soit exceptionnel, même s'il représente, pour l'enfant, une exception par rapport à la loi (la logique de Lacan reprend le schème freudien du père hors la loi de la horde primitive). Au contraire, les pères d'exception, législateurs ou éducateurs, sont les pires parce qu'ils engendrent des « résultats psychotiques » : « rien de pire que le père qui profère la loi sur tout ! » Peu importe que le père ait des symptômes, s'il en a au moins un qui est une femme « qu'il se soit acquise pour faire des enfants et que, de ceux-ci, qu'il le veuille ou pas, il prenne soin paternel ». Lacan appelle « perversion paternelle » cette relation du père à la mère de ses enfants. Il juge en effet, avec réalisme, que « la normalité n'est pas la vertu paternelle par excellence ». Le père doit intervenir exceptionnellement :

> « pour maintenir dans la répression, dans le juste mi-Dieu si vous me permettez, la version qui lui est propre de sa perversion, seule garantie de sa fonction de père, laquelle est la fonction de symptôme[18] ».

Donc, le père doit avoir fait de la mère la cause de son désir et il doit prendre soin des enfants : jusque-là, rien que de très traditionnel, sauf que qualifier étrangement le désir et la jouissance du père de « perversion paternelle » peut ouvrir sur la possibilité, d'actualité aujourd'hui, de nouvelles formes inédites de parentalité. Il ne doit être ni Dieu ni rien du tout, mais garder le juste milieu en matière de répression ainsi qu'une certaine discrétion, un « mi-dire » sur sa « perversion ». À ces conditions, il peut garantir sa fonction de père qui est de permettre à ses enfants de le constituer comme un symptôme.

Même si Lacan avait pris soin dès 1958 de distinguer soigneusement le Nom-du-Père de la réalité du père, on est loin de sa formulation d'alors :

18. Lacan J., *Le séminaire, RSI* (1974-1975), inédit, séance du 21 janvier 1975, dorénavant référencé S 21.

« Pour aller au principe de la forclusion (*Verwerfung*) du Nom-du-Père, il faut admettre que le Nom-du-Père *redouble* à la place de l'Autre le signifiant lui-même du ternaire symbolique, en tant qu'il constitue la loi du signifiant[19]. »

En 1975, le Nom-du-Père n'est plus caractérisé comme le signifiant de la loi dans le symbolique (l'Autre). Au contraire, la nouvelle théorie du symptôme présuppose qu'« il n'y a pas d'Autre de l'Autre » ou que « l'Autre n'existe pas » car cet Autre se caractérise par l'absence d'un signifiant qui le représenterait comme un « Un » ; ce signifiant de l'Autre qui n'existe pas, Lacan l'écrit S(Ⱥ) au moins depuis 1962[20]. De ce fait, le père ne peut garantir sa fonction qu'à partir de son énonciation qui doit laisser filtrer quelque chose de sa perversion, c'est-à-dire de sa jouissance et son désir. Lacan écrit aussi cette dernière « père-version » pour montrer qu'elle est la condition pour que l'enfant puisse se tourner vers le père (sa « version vers le père[21] »), afin de trouver en lui les moyens d'un symptôme qui tienne.

Mais cela ne se passe pas ainsi pour Joyce dont Lacan pense qu'il est psychotique. L'écrivain a cependant pu faire de son art un symptôme qui lui permette de ne pas devenir fou. Ce sinthome ne s'appuie pas sur le Nom-du-Père mais sur l'écriture de l'artiste et sur son nom propre qui lui servent d'*ego*. Or, même si le père de Joyce était « un père indigne, un père carent », même s'il ne lui a rien appris et si Lacan parle à son propos de « *Verwerfung* de fait » – ce qui montre qu'il reporte sur le père la forclusion dont il faisait en 1958 une décision inconsciente de l'enfant –, le fils a emprunté au père les éléments de « parole imposée » qui constituent le substrat initial de son symptôme :

« *Ulysses*, c'est le témoignage de ce par quoi Joyce reste enraciné dans son père tout en le reniant. C'est bien ça qui est son symptôme. »

---

19. Lacan J., « D'une question préliminaire à tout traitement possible de la psychose », *op. cit.*, p. 578. Les italiques sont de nous.
20. « Subversion du sujet et dialectique du désir dans l'inconscient freudien », *op. cit.*, p. 813 et 817. Ce texte a été rédigé en 1962 (cf. la « notice » de S V, p. 517), mais Lacan parle du S(Ⱥ) dès 1958 : cf. S V, p. 341.
21. S XXIII, resp. p.19, 69, 89, 70. Nous revenons sur ce point *infra*, VI – Les prolongements du symptôme, p. 151.

Avec la théorie lacanienne de 1958, il est logiquement difficile de concilier à la fois que l'enfant « envoie promener » le Nom-du-Père après avoir percé à jour l'imposture ou le démérite de son père et qu'il se fabrique un symptôme dont il prélève tout de même le matériau sur lui. C'est pourtant le cas de Joyce et aussi celui de Paul, on l'a vu, avec son homosexualité. On peut lire la trace de l'acte forclusif de Paul dans son rêve sur Louis de Funès, mais on peut repérer aussi le fait qu'il s'est quand même tourné vers son père dans le rêve où celui-ci est présent lors d'une relation homosexuelle. La responsabilité de sa mère dans la forclusion apparaît aussi dans sa façon de dénigrer sans cesse l'autorité du père. La « *Verwerfung* de fait » du père peut être déduite de la dépression qui le maintenait sans cesse au lit, laissant son fils devenir l'otage à perpétuité de la mère ou le prenant auprès de lui pour des châtiments corporels.

Le changement de point de vue de la théorie lacanienne entre 1958 et 1975, en focalisant la structure sur le père comme *moyen du symptôme* plus que sur le père comme *signifiant de la loi*, rend compréhensible ce qui semblerait sinon contradictoire dans le cas de Joyce, de Paul et de nombreux autres sujets : que leur père reste leur référence symptomatique alors même qu'il y a forclusion du Nom-du-Père. Ces sujets psychotiques ont rencontré quelque chose du père qui a laissé des traces décisives. On sort du système structuraliste du tout ou rien : Nom-du-Père ou sinon forclusion et délire. Il s'en déduit que la survenue du père comme agent de la castration est traumatique même dans les cas de forclusion où l'enfant est resté assujetti à « la loi de la mère » : n'est-ce pas l'une des figures de cet « Un-Père » dont l'intrusion peut déclencher la psychose ? D'où le trauma dû à cette intrusion, dont témoigne chez Paul l'épisode des chaussures-idées imposées.

Dans la névrose, comme le cas du petit Hans le laisse voir, le père est aussi un agent traumatique et l'acceptation du signifiant du Nom-du-Père ne va pas sans l'édification de symptômes pénibles. La pathologie de la loi a donc deux niveaux : celui de l'assujettissement à la loi de la mère et celui du symptôme qui en sépare le sujet et qui enveloppe l'interdit de l'inceste. Si le cas de Paul montre la difficulté à se séparer de la mère sans le Nom-du-Père, celui d'Arno met en évidence le coût extrême que peut avoir le symptôme névrotique. En effet, il arrive que le Nom-du-Père s'accompagne d'un symptôme invalidant dont la cause est un surmoi sévère, ce qui constitue une autre sorte de pathologie de la loi : contrairement à un préjugé tenace, certaines névroses peuvent être pires que des psychoses[22].

Le parricide involontaire

Arno avait 6 ans lorsque sa canne à pêche glissa dans l'eau, l'entraînant à sa suite. Il ne savait pas nager et se débattit. Son père plongea pour le sauver, mais coula immédiatement, hydrocuté. Un passant réussit à repêcher l'enfant à temps. Sa mère assista à la noyade, impuissante et en larmes. Arno ne se rappelle plus cette scène qu'on lui a racontée, et il n'avait gardé aucun souvenir antérieur à l'accident lorsqu'il vint me voir. Il se rappelait seulement le camion rouge, froid et brillant des pompiers qui le ramena chez lui après le drame.

Il a commencé tard son analyse. Sa femme venait de le quitter en emmenant leurs enfants et on l'avait muté dans « un trou » après une série d'échecs professionnels dus à sa violence et à sa maladresse avec ses supérieurs hiérarchiques. Il avait à la fois envie de se suicider et peur de mourir.

Au début des entretiens préliminaires, il eut un accident en état d'ébriété avec sa voiture de fonction et se fit arrêter à un endroit où il n'aurait pas dû être. Il risquait de graves mesures disciplinaires. Je dus lui interpréter sans plus attendre son envie de se faire punir à mort. Les actes dangereux s'interrompirent, et commença une série de cauchemars, comme un flot. Il en racontait un à chaque séance. En voici trois :

> 1. Il tournait autour de son père mort qui revenait comme un spectre horrible, sous la forme d'un rat sortant de l'eau la gueule ouverte pour l'attaquer alors qu'il n'avait que sa canne à pêche pour se défendre ; avec sa canne pleine de sang il essayait de tuer le spectre.
>
> 2. Un chien essayait d'entrer par le balcon et Arno luttait pour l'en empêcher. Le chien se mettait à crier comme un porc et Arno

22. Je dois cependant reconnaître mon doute diagnostique dans le cas d'Arno : j'ai parfois pensé que ce rapport si féroce à la loi pourrait bien être quand même psychotique. À cela s'ajoute la fixité d'un scénario que rien n'ébranle. Mais, d'un autre côté, cette rigidité et cette fixité peuvent s'expliquer par la singularité extrême du trauma (un parricide).

entendait sa propre voix lui répondre : « tu ne reviendras plus jamais ici ! »

3. Il dînait en face du spectre qui le désignait du doigt en silence, etc.

Après le décès de son père, Arno resta quelques temps avec sa mère puis, quand celle-ci fit une dépression, il fut envoyé dans un pensionnat qui lui sembla une prison. À cette époque, il développa différentes fantasmagories. Il devint végétarien par peur de manger le cadavre de son père qui aurait été inclus par mégarde dans la chaîne alimentaire. Il fut fasciné par une expédition dans les Andes où les voyageurs durent manger l'un des leurs pour survivre. Il s'identifia à Lionel Terray, le seul survivant de cette catastrophe. Inversement, il recherchait des signes de la survivance de son père : il s'intéressa aux momies, à la glaciation des corps après avoir vu le film *Hibernatus* dans lequel un mort congelé ressuscitait. Il voulait faire un pacte avec le diable, imaginait d'envoyer des messages à son père avec un pigeon voyageur, par télégramme, etc. En même temps, il devint brutal, blessa un camarade de classe et tenta de s'ouvrir les veines. Sa mère était devenue bigote, « civilement une sainte », et il rejeta violemment la religion. Il lui posa des questions sur la conception, trouva ses réponses ridicules, douta du coup de la paternité de son père et fantasma que, comme Jésus, il avait peut-être un autre père que le sien.

À cette époque, il haïssait également ses deux parents : son père parce qu'il avait contracté envers lui une dette de vie qu'il ne pourrait jamais lui payer et que toute la famille lui rappelait sans cesse ; sa mère parce qu'elle l'avait abandonné à sa détresse en le mettant en pension. Il la soigna cependant avec dévouement quand elle mourut d'un cancer : il avait alors 13 ans et alla vivre chez sa sœur aînée. Après cette période pendant laquelle il avait développé, comme on l'aura constaté, une grave névrose obsessionnelle, il entra dans la puberté avec des fantaisies sexuelles portant sur une amie de sa sœur. Mais une déception sentimentale fit surgir, à côté de fantaisies voyeuristes et sadiques assez classiques, une ambiguïté sexuelle conjoncturelle (il se maquilla en femme devant le miroir après avoir été repoussé) qui semble avoir été liée au deuil de sa mère. Il se sentait en effet habité par elle, il avait des maux de tête comme elle, il parlait avec sa voix ; il rêva d'un trou féminin qui saignait, ce qu'il interpréta après coup en analyse d'un : « J'étais une plaie ». Des fantasmes féminisants qui lui signifiaient qu'il n'était pas un homme revenaient à chaque défaut d'érection. Dans ses défaillances sexuelles, il voyait la vengeance posthume de sa mère.

Il fit d'excellentes études, eut un fils qu'il reconnut et, dans une répétition dont il ne prit conscience que bien longtemps après, le laissa tomber pour le rechercher plus tard frénétiquement, pendant son analyse. Avant leurs retrouvailles, il rêva, non sans une certaine satisfaction, des reproches que son fils ne manquerait pas de lui faire. On peut en déduire qu'il rêvait de faire exister un père défaillant, ce que je lui fis remarquer.

Entre-temps, comme je l'ai dit, il s'était marié, avait choisi une femme en tout point semblable à sa mère, c'est-à-dire violente et attachée à la religion, avec laquelle il eut deux enfants et qui le quitta, ce pour quoi il entra en analyse. Il en attendait de résoudre ses problèmes d'impuissance (un rêve de transfert le montra nu devant moi qui lui offrais un slip d'homme) et de régler ses comptes avec la mort de son père (dans un autre rêve, je lui disais d'une façon ambiguë : « C'est la dernière fois que nous nous voyons » et il ne savait pas si c'était une condamnation à mort ou un simple congé avant les vacances.) Et en effet ses problèmes sexuels, qui ont donc été rapportés dans l'analyse à une identification maternelle, sont moins résistants que sa culpabilité vis-à-vis de son père. Celle-ci revient sans cesse le hanter dans de nouveaux cauchemars terrifiants qui rappellent ceux de la névrose traumatique.

D'avant ses 6 ans, Arno n'a retrouvé que deux souvenirs qui portent rétroactivement la marque du trauma : dans l'un, il se voit partir à la pêche avec son père et, dans l'autre, il est en voiture avec ses parents lorsqu'un sanglier les attaque sauvagement. Finalement, c'est comme si son père avait été un héros sans faille : aucun souvenir, aucune parole ne vient y contredire. Et pourtant, n'est-ce pas ce qui le soulagerait ? D'où le vœu d'être lui-même un mauvais père pour son fils.

Dans le cas d'Arno, la pathologie de la loi vient du surmoi qui lui impute comme un crime la mort de son père dont il fut la cause accidentelle, et lui réclame sa vie en échange, selon la loi du talion. Pourquoi une telle sévérité ? Arno présume que c'est à cause de sa haine œdipienne préalable, mais aucune trace n'en a été retrouvée dans la cure. Ne serait-ce pas plutôt – et ce serait assez freudien de le penser – son amour infantile pour son père qui a nourri la soif inextinguible de vengeance de ce surmoi implacable ? On sait en effet que le surmoi provient pour une part de ce premier amour pour le père transformé en identification. La dépouille de héros mort qu'a ensuite revêtue le père d'Arno aurait consolidé les armes du surmoi. Du moins Arno n'essaie-t-il plus de se tuer par accident : l'analyse a cantonné au rêve la compulsion de répétition.

Des psychanalystes opposent parfois « la Loi » aux lois, donnant à croire qu'une instance transcendante de la loi, conforme à un supposé « ordre symbolique » (qui verse bientôt dans un ordre moral), serait objectivable dans l'inconscient et devrait de ce fait être respectée voire copiée par le législateur. Or la psychanalyse montre qu'il n'existe *a priori* dans l'inconscient aucune instance psychique nous indiquant d'une façon cohérente où est le bien, où est le mal[23]. Le mythe psychanalytique de l'œdipe signifie que l'enfant doit se séparer de la jouissance de sa mère qui lui impose sa loi au départ, et que cette séparation est coûteuse. Du principe séparateur qu'il doit trouver, que ce soit le père ou autre chose, il fera de toutes façons un symptôme : voilà « la loi », nécessaire, mais génératrice de pathologies.

Paul et Arno se sont tous deux servis de leur père, qui leur avait tellement posé problème, pour tenter de se constituer un symptôme.

Dans le premier cas, de psychose, la terreur de la guerre puis les paniques échouent à constituer une phobie névrotique qui, comme celle du petit Hans, serait une métaphore de la peur du père. Elles restent à mi-chemin, souffrances inutiles qui n'acquièrent pas le statut d'un symptôme viable : le sujet doit donc chercher ailleurs le symptôme qui le séparera de sa mère, ce qu'il fait quand même à partir de traits attribués à son père, dont il soutient son homosexualité.

Dans le second cas, de névrose, le symptôme au Nom-du-Père est invivable à cause de la stature conférée au père par les circonstances de sa mort et le sujet reste emmuré dans une impasse.

Ces deux cas renvoient à deux extrêmes du rapport à la loi. Pour Paul, il y a une carence symbolique du père que le sinthome homosexuel tente de compenser. En revanche, pour Arno, le père n'est *que* symbolique : père mort, pur signifiant de la loi qui justement s'avère n'être pas pur du tout mais doublé d'un surmoi

23. Freud S., *Malaise dans la culture*, Paris, PUF, Quadrige, 1995, p. 67 : « On est en droit de récuser une capacité de différenciation originelle, pour ainsi dire naturelle, concernant le bien et le mal. »

féroce. Au lieu de s'appuyer sur le Nom-du-Père pour fabriquer un symptôme, Arno en fait un véritable ravage. L'existence d'un sinthome supposerait une réduction de ce ravage et un évidement de la jouissance mortifère qu'il nourrit par le déboulonnage progressif de la statue du père héroïque.

Ces deux exemples montrent – en négatif – pourquoi le « bon » père selon Lacan est celui qui permet à ses enfants de se constituer un symptôme viable : ni héros ni modèle d'exception, pas non plus fantoche terrifiant ou sujet inconsistant, mais celui dont l'énonciation se situerait dans un juste « mi-dire ».

Ambiguïtés sexuelles

Dans ces deux cas, la sexualité présente une ambiguïté.

Dans un ouvrage précédent, *Ambiguïtés sexuelles*, j'ai déjà expliqué pourquoi je partais de l'ambiguïté et pas de l'identité sexuelle ni du genre, qui sont pourtant des termes plus courants à notre époque. Ces derniers présupposent en effet déjà la réponse à une question qu'ils éludent.

Parler en termes de genre, c'est adhérer aux théories du genre qui, si multiples soient-elles, postulent toujours comme une évidence l'existence d'une doublure du sexe anatomique par l'âme, l'esprit ou le moi, soit des instances que la psychanalyse a relativisées[24]. Freud, qui n'a jamais utilisé la notion de genre, affirmait que le masculin et le féminin sont des mots auxquels il est difficile de donner un contenu précis[25]. Quant à Lacan, qui considérait le genre comme une notion purement grammaticale, il lui a préféré la *sexuation*, nom emprunté à la biologie et qui garde sa référence au sexe, mais dont il a fait, aux antipodes de celle-ci, un concept pour aborder logiquement la clinique. *Sexuation* nomme le processus complexe (et qui ne se réduit pas à des identifications) par lequel un sujet asexué devient (ou pas) homme ou femme.

---

24. Cf. Castel P.-H., *La métamorphose impensable. Essai sur le transsexualisme et l'identité personnelle*, Paris, Gallimard, 2003. On y trouve notamment des repères historiques précis.
25. Freud S., *Trois essais sur la théorie sexuelle* (1905), trad. Koeppel P., Paris, Gallimard, 1987, p. 161-162. Le premier psychanalyste à utiliser ce terme est le théoricien anglais de la relation d'objet, William Fairbairn, qui a pu influencer Stoller.

Parler d'identité sexuelle, c'est déjà postuler qu'elle existe ou devrait exister comme une entité, dont on fait du même pas une norme mentale puis aussitôt après une obligation morale. Or, on rencontre des hommes et des femmes qui vivent d'une façon stable avec leur ambiguïté sexuelle qu'ils assument et qu'ils refusent de trancher.

L'identité sexuelle est par ailleurs un concept qui n'a rien d'évident pour la psychanalyse. De qui serait-ce donc l'identité ? Du sujet ? Mais dans la psychanalyse, le sujet n'est ni l'individu, ni la personne ni le moi ni d'ailleurs aucune substance. Il est sujet de la jouissance et, s'il est représenté par un signifiant pour un autre signifiant, divisé, il ne se confond avec aucun des deux. S'il est identifié, voire épinglé, il ne se réduit donc jamais aux étiquettes qui recouvrent le vide qui le constitue. C'est pourquoi Freud a préféré au terme d'identité celui d'identification, qui montre le caractère secondaire, emprunté à autrui et souvent fragile des soi-disant « identités » revêtues par un sujet. Partir du terme d'identité impliquerait de substantifier et d'autonomiser cette dernière comme l'a fait la *Gender Theory*, en soutenant le postulat stollérien d'un « noyau d'identité de genre[26] ». Même si on le suppose modifiable, échangeable à volonté, recouvert d'ambiguïtés dès lors forcément secondaires, on parlera de ce « noyau » en termes d'une existence réelle et manipulable. Or, n'est-ce pas plutôt l'ambiguïté sexuelle nouée à des équivoques fondatrices qui est appropriée au sujet « supposé » de la psychanalyse ? Et si ce sujet trouve une identité, ne sera-t-elle pas toujours par quelque biais secondaire et toujours symptomatique ? Ce qui ne l'empêche pas de pouvoir être solidement constituée, et parfois même précocement. Mais ce dernier point concerne précisément la problématique de ce livre : le sinthome, ce néologisme de Lacan, est-il un nouveau support conceptuel possible pour l'identité, une solution de l'ambiguïté sexuelle qui se différencie foncièrement de l'identification ?

Freud pose le cadre épistémologique de l'ambiguïté sexuelle lorsqu'il affirme l'absence d'une pulsion féminine et l'existence d'une seule libido pour les deux sexes ; de même lorsqu'il fait du phallus et du complexe de castration le centre de la vie sexuelle des garçons comme des filles. Lacan le suit avec ses célèbres aphorismes, « Il n'y a pas de rapport sexuel » ou « La femme n'existe pas ».

---

26. Stoller R. J., *Recherches sur l'identité sexuelle*, Paris, Gallimard, 1978, p. 68.

Il souligne la même dissymétrie que Freud en posant que le phallus est l'unique repère pour les deux sexes dans l'inconscient : repère qui, justement, ne suffit pas à définir la sexuation parce qu'il est unique. Le phallus, incapable de signifier à un premier niveau la différence sexuelle, devient, de ce fait, le pivot même de l'ambiguïté sexuelle. Du moins pour les névrosés, puisque les psychotiques, privés de ce recours phallique, sont conduits à inventer des solutions inédites qui instruisent l'analyste sur les rapports de la sexuation, du symptôme et des identifications, auxquels il n'aurait peut-être pas pensé tout seul. D'où l'intérêt de ces solutions, forcément originales. Mais la prédominance clinique du phallus, dans la névrose et la perversion, doit-elle nous interdire tout autre abord de l'ambiguïté sexuelle dans ces structures ? Ne gagnerait-on pas à s'inspirer de la psychose pour élargir notre champ épistémologique grâce au sinthome ?

Que savons-nous de la sexuation de Paul et d'Arno ?

Paul, dans le rêve « Louis de Funès », ne peut, contrairement aux autres garçons, se servir d'une arme à feu pour tirer un coup, ce qui équivaut clairement à ne pas « en être », c'est-à-dire ne pas être du côté des hommes. Mais son homosexualité, avec le recours fantasmatique voire incestueux au père, tente de remédier à ce qu'il éprouve dans ce rêve (et dans la réalité) comme un manque ou un défaut. Sous cet angle, son homosexualité s'avère être aussi un sinthome qui compense sa difficulté avec le phallus. Comment se met-elle en place ? Au départ, il y a une intrusion précoce du père qui s'incarne dans les châtiments corporels reçus dans le lit conjugal, puis plus tard dans les chaussures-idées imposées : l'intrusion est double, dans le corps et dans l'esprit ; on pourrait parler d'invasion hybride, mi-corps mi-langage. À un certain moment survient « la transformation » ; le sujet accuse réception de l'insupportable envahissement mental (il veut se tuer) mais trouve en même temps une ébauche de solution qui lui permet de se mettre à l'abri : il éprouve une attirance pour les garçons qui s'accroche à un trait prélevé sur l'instance intrusive (le côté imberbe et « bronzé » de l'adolescence paternelle). C'est comme si l'intrusion pouvait être, d'un certain point de vue, idéalisée. Pendant son analyse, Paul a voulu renforcer cet accent en voyageant en Afrique pour la première fois. La séquence de formation du symptôme est donc la suivante : *intrusion, idéalisation, sinthome*. Ce qui le sépare, à la fin, de l'assujettissement à la loi de la mère provient curieusement de ce qui n'a pas été accepté symboliquement au départ comme un principe séparateur ; mais, par un biais inattendu, le sujet réussit à en faire un symptôme doublement séparateur : et de la loi de la mère et de l'intrusion paternelle.

L'ambiguïté sexuelle d'Arno est d'un tout autre ordre. Elle se déclenche peu de temps après la mort de sa mère et provient, d'une part, d'une identification consécutive à ce deuil, par le mécanisme classique de régression de l'amour à l'identification[27]. La mort de sa mère lui a laissé en héritage une féminisation imaginaire qui est comme un masque symptomatique transitoire qu'il revêt chaque fois qu'il est en difficulté avec une femme. Ces « masques du symptôme[28] » sont l'effet de demandes pulsionnelles refusées et se constituent d'abord dans l'insatisfaction face à un parent : on s'identifie au « visage de bois » de celui qui a exprimé le refus face à une demande qu'il avait le pouvoir de satisfaire et qui enveloppait un désir. Par la suite, on revêt ces insignes de la déception à chaque fois qu'une nouvelle difficulté pulsionnelle évoque la situation où on avait revêtu, autrefois, le masque. De telles occasions de déception n'ont pas manqué dans le tête-à-tête prolongé d'Arno et de sa mère, par exemple quand il la pressait de questions sur le sexe et la conception et qu'elle y répondait rigidement, en terme de religion et de devoir. La mort de sa mère pendant son adolescence a cristallisé et renforcé ces formes de réponse figées lorsque Arno est face à une femme.

D'autre part, cette féminisation entre aussi en relation avec la stature héroïque de son père. Sa mort tragique s'est produite au moment où le garçon aurait dû former, en s'appuyant sur son père, son idéal du moi, c'est-à-dire l'instance qui donne au sujet l'armature des idéaux normatifs de son sexe. Arno s'est retrouvé seul face à la question de la virilité avec pour tout recours sa mère qui a dès lors élevé un mausolée au père. Les idées religieuses de la mère n'ont fait que nourrir ses obsessions et précipiter alors, comme je viens de le décrire, une identification aux insignes féminisants de celle-ci. De plus la mort du père, sur le fond de l'amour infantile de son fils et du portrait maternel du saint homme, a nourri son surmoi, aussi féroce, on l'a vu, que la statue du commandeur. Rien n'a filtré de ce qui aurait pu donner à ce père parfait et désincarné

27. Freud S., « Psychologie des foules et analyse du moi » (1921), *Essais de psychanalyse*, *op. cit.*, p. 169.
28. S V, p. 319 *sq.*

la stature d'un homme désirant. Le couvercle maternel est donc resté soigneusement vissé sur tout ce que Lacan appelle la « perversion » paternelle et qui aurait pu permettre au fils d'édifier un sinthome, c'est-à-dire non pas uniquement l'expression pathologique de la loi mais aussi un savoir-faire avec cette souffrance. Arno a fait de son père mort un symptôme qui est une affliction, un désastre, un ravage « au Nom-du-Père ». Mais il n'a pas acquis le statut d'un sinthome qui comporterait en effet un savoir-faire grâce auquel le sujet aurait transformé son symptôme de départ. De même, l'ambiguïté sexuelle d'Arno reste un masque du symptôme qui fait obstacle aux relations avec les femmes, et n'est pas non plus devenu un sinthome.

Jusqu'ici, j'ai développé à l'aide d'exemples comment le symptôme était le moyen par lequel l'enfant tentait de se séparer, non sans mal, de la loi de la mère à laquelle il est d'abord assujetti. Cela n'est pas toujours possible : la mère infanticide qui n'avait pas construit de symptôme passait à l'acte en « citant » les paroles de sa propre mère auxquelles elle était restée fixée depuis toujours. J'ai montré ensuite comment le symptôme qui permettait à l'enfant de desserrer la contrainte de cette première loi, que ce soit avec ou sans le Nom-du-Père, devenait fatalement à son tour une expression pathologique de la loi. Enfin, j'ai fait l'hypothèse que le sujet devait transformer ce symptôme (ou un autre, mis en place ultérieurement) en sinthome pour le rendre supportable, avec ou sans analyse, ce qui suppose qu'il acquière un certain savoir-faire avec sa souffrance.

Une brève comparaison entre les théories de Lacan de 1958 et de 1975 m'a amenée à donner la préférence à la seconde pour décrire la situation dans la psychose. Le cas de Paul est exemplaire à cet égard ; sa sexualité était, elle aussi, engagée avec ses ambiguïtés dans son sinthome. Mais le cas d'Arno, s'il se prête particulièrement à mettre en évidence un symptôme « au Nom-du-Père » comme une pathologie névrotique de la loi, se laisse difficilement décrire en termes de sinthome. On peut donc se demander si ce concept convient bien à la névrose et s'il ne vaudrait pas mieux parler pour celle-ci du fantasme dans son lien au symptôme. Freud considérait en effet le fantasme névrotique comme un anneau intermédiaire entre le trauma infantile et le symptôme[29]. Dans le cas d'Arno, la représentation du père comme un héros pourrait jouer ce rôle. Dans le cas de la jeune femme écrivain auquel j'ai fait une brève allusion au début de ce chapitre, on a le sentiment qu'entre le trauma de l'apprentissage du langage dans un placard avec sa mère et ses problèmes ultérieurs de boulimie doit bien exister une telle représentation intermédiaire.

C'est cette question du rapport entre la loi de la mère, le fantasme et le symptôme que j'examinerai maintenant avec un nouveau cas féminin.

29. Freud S., *Introduction à la psychanalyse*, trad. Jankélévitch S., « Les modes de formation de symptômes », Paris, Payot, PBP, 1995, p. 351.

CHAPITRE II

Critique du fantasme fondamental

« Que devins-je certain jour où, m'étant décidé à aller chez lui, cédant à sa cordiale insistance, il me demanda si j'avais ma formule ? Il s'était emparé d'un bouton de ma veste, et son visage était presque contre le mien, selon son habitude. Épouvanté, je reculai d'abord et fis mine de ne pas comprendre ; mais lui, qui ne me lâchait point :

– "Enfin, reprenait-il, vous voudriez, par avance, résumer votre œuvre future en une seule phrase, en un mot, quel serait-il ? Ce *mot, le savez-vous, vous-même ?"*

– "Parbleu !" m'écriai-je impatienté.

– "Eh bien ! quel est-il ? Allons *! sortez-le." Tout est là. Et le plus ridicule c'est que je la connaissais, ma formule, et que, simplement par pudeur, j'hésitais à la livrer à ce roquentin, comme le pur secret de ma vie. Enfin, n'y tenant plus et tremblant d'une vraie fureur, j'articulai d'une voix blanche.*

– "Nous devons tous représenter". »

André Gide, *Si le grain ne meurt*[1].

Avec sa théorie du fantasme fondamental, Lacan fait du fantasme bien autre chose qu'une représentation déterminant un symptôme. Le fantasme devient une clef de la vie du sujet, qu'il découvrirait dans l'analyse et qui lui délivrerait le chiffre de sa destinée. Dans cette optique, le fantasme apparaît comme ce qui

1. Gide A., *Si le grain ne meurt, Journal, 1939-1949. Souvenirs, op. cit.*, p. 542.

commande la répétition dans la vie, comme une sorte de loi singulière souvent pathologique. Je confronterai donc, en m'appuyant sur un nouvel exemple, la théorie du fantasme fondamental à celle du symptôme comme pathologie de la loi.

Le fantasme est l'un des thèmes les plus fouillés par Lacan, du moins dans la partie centrale de son enseignement, celle des années 1960. Il s'écrit en une formule (ou mathème) qui élimine apparemment toute référence au développement ou à l'œdipe. Cette formule met en relation le sujet divisé avec la cause du désir – l'objet *a* – que Lacan considère comme son invention propre dans la psychanalyse[2]. Ainsi le fantasme apparaît comme la pointe extrême d'un structuralisme sophistiqué. De plus, il est au cœur d'une nouvelle théorie institutionnelle, dans la mesure où les deux séminaires consécutifs *La logique du fantasme* (1966-1967) et *L'acte analytique* (1967-1968) sont contemporains de l'invention de la passe. Grâce à celle-ci, Lacan, qui avait déjà aboli la différence entre analyse personnelle et analyse didactique, entendait recruter les analystes de son école à la fin de leur analyse. La passe avait pour but de repérer quel désir singulier permettait à l'analysant de relever le gant d'une opération dont il connaissait pourtant le secret pour l'avoir menée à son terme et qui se soldait par la destitution de l'analyste (dite « désêtre[3] »).

Dès 1964, la fin de l'analyse est définie en référence au fantasme fondamental. D'abord, « le franchissement du plan de l'identification » n'est possible que grâce au désir de l'analyste. En incarnant la cause du désir de l'analysant, l'analyste permet à celui-ci d'en différencier ses idéaux ; puis, « après le repérage du sujet par rapport [à l'objet] *a*, l'expérience du fantasme fondamental devient la pulsion[4] ». Cette dernière formulation, si énigmatique, a fait

---

2. Les mathèmes sont des écritures condensées destinées à la transmission du savoir à la manière de formules mathématiques. La formule du fantasme s'écrit $\$\lozenge a$ et se lit « S barré poinçon petit a ». Lacan affirme son invention dans *La logique du fantasme*, séminaire inédit, S 14, séance du 16 novembre 1966.

3. Le « désêtre » est l'effet produit, à la fin, sur l'analyste, par la destitution du sujet supposé savoir que celui-ci a soutenu pendant la cure. Lacan J., « Proposition du 9 octobre 1967 sur le psychanalyste de l'école » (1967), *Autres écrits*, *op. cit.*, p. 254.

4. Lacan J., *Le séminaire, livre XI, Les quatre concepts fondamentaux de la psychanalyse* (1964), texte établi par J.-A. Miller, Paris, Le Seuil, 1973, dorénavant S XI, p. 245.

couler beaucoup d'encre. Elle évoque en effet un « au-delà » de l'identification dans un progrès définitif obtenu par un franchissement à la fin de la cure. Certains y ont vu l'espoir d'une libération « perverse » ou « cynique » de la pulsion, voire la terre promise de la fameuse liberté sexuelle d'un nouveau sujet, renaissant après la « traversée du fantasme » – terme utilisé parcimonieusement par Lacan mais galvaudé par ses élèves. D'autres au contraire, après la mort de Lacan, y ont lu la nécessité d'un renoncement définitif à la jouissance après la révélation d'une traversée du fantasme qui serait le début d'un ascétisme inédit : le nouvel analyste devrait se dévouer entièrement à la cause analytique, sa pulsion y serait consacrée. La passe serait le moment initiatique de cette transformation. Mais un style de vie si austère n'allait pas, on l'a vu dans divers groupes ou écoles lacaniens, sans « une orientation » par des *leaders* « éclairés ».

L'importance du concept du fantasme dans l'enseignement de Lacan a été corrélative de la valeur réelle qu'y a prise l'objet *a*. Il avait d'abord été l'objet *imaginaire* du désir[5] – et donc du manque – dans la rivalité avec le petit autre, le partenaire du moi dans le stade du miroir. Lacan en a pris comme exemple la scène où Saint Augustin enfant regarde son petit frère au sein, possédant ainsi l'objet *a* qu'il envie. Puis l'objet *a* avait tenu ses coordonnées *symboliques* du rapport au grand Autre, le lieu du langage et de la parole, en tant que le sujet vient au monde comme l'objet du désir de ses parents, qui incarnent justement cet Autre.

À partir du séminaire *L'éthique* (1959-1960), l'objet *a* trouve un substrat *réel* dans le concept freudien de *das Ding*, « La chose[6] ». La chose se définit à partir du premier partenaire du sujet, « le prochain » (der *Nebenmensch*), la « première puissance » qui amène au sujet sa première satisfaction comme son premier déplaisir. Le sujet sépare cet autre, la mère, en deux parts. L'une comprend ce qu'il peut identifier à partir de ses premières expériences (attributs). La seconde part rassemble tout ce qui reste inidentifiable mais qui « s'impose par un agencement constant et forme un ensemble ». Puis l'objet *a* devient le pivot de la séparation. Dans son acception lacanienne, la séparation est une opération couplée à celle de l'aliénation. Dans celle-ci, le sujet éprouve qu'il n'est

5. Lacan J., *Le séminaire, livre XX, Encore* (1972-1973), texte établi par J.-A. Miller, Paris, Le Seuil, 1975, dorénavant S XX, p. 91.
6. Cf. Freud S., *Lettres à Wilhelm Fliess*, 1887-1904, Paris, PUF, 2006, p. 639.

jamais représenté totalement par un signifiant, et fait donc l'expérience d'une perte qui s'exprime souvent par sa confrontation à un choix forcé, comme « la bourse ou la vie », dans laquelle l'une des branches de l'alternative (voire les deux) est forcément perdue. La séparation est l'opération par laquelle le sujet essaie de recouvrer, dans les objets de la pulsion, sa part d'être perdue en s'identifiant à l'objet *a*. Issue du deuil, elle comporte l'idée forte qu'on ne peut se séparer d'un autre que si l'on sait quel objet *a* on a été pour lui.

La formule du fantasme articule le manque du sujet à cet objet qui lui sert de bouchon, le fantasme lui-même devenant le seul recours subjectif face à l'impossibilité du rapport sexuel. Par ailleurs, Lacan n'a pas manqué de situer historiquement son invention en référence à Melanie Klein pour différencier son objet *a* de l'objet partiel, et à Winnicott pour le déduire de l'objet transitionnel ; en même temps, il se battait, dans son « retour à Freud », pour dégager la psychanalyse de la « déviation » post-freudienne de la relation d'objet.

Le fantasme fondamental est un terme qui n'existe pas chez Freud qui parle plutôt de fantasmes originaires (*Urphantasien*) dans un sens différent où il s'agirait de formations universelles qui feraient partie du « patrimoine phylogénétique » de l'humanité[7]. Tout en dotant le fantasme d'un côté *Ready Made* qui emprunte aux formations collectives de la culture, Lacan l'a plutôt tiré vers la singularité de la cause absolue du désir qu'écrit l'objet *a*. Mais la formule du fantasme emprunte beaucoup au commentaire d'« Un enfant est battu », dont il a notamment retenu que le support de la pulsion dans le fantasme est une phrase.

Dans le compte rendu de *La logique du fantasme*, on peut apprécier la place essentielle prise par le fantasme ainsi que par l'objet *a*. Le fantasme y a la place du réel. Ce réel est la jouissance, à entendre comme l'au-delà du principe de plaisir, qui est la référence « ontique » de la psychanalyse. Enfin, écrit Lacan :

> « Le fantasme, pour prendre les choses au niveau de l'interprétation, y fait fonction de l'axiome, c'est-à-dire se distingue des lois de déduction variables, qui spécifient dans chaque structure la réduction des symptômes, d'y figurer sur un mode constant[8]. »

7. Freud S., *Introduction à la psychanalyse*, *op. cit.*, p. 349.
8. Lacan J., « La logique du fantasme. Compte rendu du séminaire 1966-1967 », *Autres écrits*, *op. cit.*, p. 326-327.

On a pu en dégager une doctrine faisant du fantasme une phrase qui aurait la place éminente d'un axiome unique dans la structure du sujet, c'est-à-dire d'un point fixe ou d'un centre de gravité qui supporterait l'ensemble de cette structure. Il s'agirait d'une constante déterminant la vie du sujet, d'une loi singulière du désir donnant le chiffre de son destin. Par son unicité, le fantasme se distinguerait des symptômes qui s'en déduisent d'une façon variable et surdéterminée, ainsi que Freud l'a montré.

Cette doctrine, si forte et si séduisante par sa simplicité, s'est-elle vérifiée cliniquement ? Oui et non. Oui, dans certains cas, j'en donne ci-dessous un exemple – je ne pense pas cependant qu'elle soit universalisable à tous. Non, quand on considère les excès des années 1990 auxquels a conduit la croyance qu'il suffirait de trouver « la » formule du fantasme d'un sujet pour dénouer ses symptômes et terminer son analyse. Cela s'est bien évidemment avéré une impasse, car il ne suffit pas de nommer la jouissance du symptôme pour le résoudre. Il s'agissait en fait d'un retour à la théorie insuffisante du symptôme comme métaphore qui se déferait sans reste par une interprétation. Surtout, la fin de chaque analyse se trouvait subordonnée à une théorie posée d'avance, en contradiction expresse avec les avertissements de Freud quant au maintien de la place nécessaire du non-savoir de l'analyste face à un nouveau cas. Le résultat de ces simplifications abusives a été sensible dans la réduction d'une part de la clinique à des vignettes stéréotypées et, en réaction à ce style insipide, au rejet, par d'autres analystes, de toute clinique, ce qui est théoriquement insoutenable.

La « chute » du fantasme

Et pourtant, du vivant de Lacan, après que le fantasme et l'objet *a* eurent pris une valeur si éminente, ils subirent une sorte de dévaluation. En effet, à partir de 1976, Lacan ne définit plus la fin de l'analyse par rapport au fantasme mais par l'identification au symptôme qui suppose un certain savoir-faire. Ce n'est plus désormais le fantasme qui occupe la place du réel, mais le symptôme « qui est la seule chose vraiment réelle[9] ». À la fin de la cure, il ne

9. Lacan J., *Le séminaire, L'insu que sait de l'une-bévue s'aile à mourre* (1976-1977), inédit, dorénavant référencé S 24, séances du 16 novembre 1976 et du 15 mars 1977.

s'agit plus de « déchoir de son fantasme[10] » ni de se séparer de l'objet *a*, mais – ce qui résonne très différemment – de trouver une « satisfaction qui marque la fin de l'analyse[11] ». Quant au fantasme, il est rattrapé, tout comme l'objet *a*, par l'imaginaire d'où Lacan avait tenté de l'extraire : dans *Encore*, Lacan note en effet « l'affinité du *a* à son enveloppe » (imaginaire) et au sens, et parle de « la suspicion » que cela induit quant à cet objet[12]. Il en ressort la nécessité de différencier le réel, hors sens et lié aux impasses de la formalisation, de l'objet *a*, affine à l'imaginaire.

Pourquoi Lacan a-t-il opéré un revirement si spectaculaire quant à la valeur réelle de l'objet *a* et du fantasme ? La raison souvent évoquée est l'échec de la passe à l'École freudienne de Paris, annoncé « officiellement » au congrès de Deauville[13]. Cette déconvenue politique et clinique l'aurait incité à abandonner une doctrine de la fin de l'analyse qui reposait sur l'objet *a* et le fantasme. Si ce motif pratique semble tout à fait plausible, on peut cependant se demander s'il n'y avait pas aussi d'autres raisons, plus théoriques, à ce changement de cap.

En fait, la doctrine lacanienne du fantasme fondamental s'appuie sur l'article « Un enfant est battu », et prend particulièrement en compte l'insistance de Freud sur la deuxième phase du fantasme féminin, refoulée, jamais remémorée par le sujet et reconstruite dans l'analyse : « Je suis battue par le père ». Freud écrivait à propos de cette phase :

> « Des êtres humains qui portent en eux un tel fantasme font preuve d'une sensibilité particulière vis-à-vis des personnes qu'ils peuvent insérer dans la série paternelle ; ils se laissent facilement offenser et ainsi *procurent sa réalisation à la situation fantasmée*, à savoir qu'ils sont battus par le père, pour leur plus grand malheur[14]. »

Freud souligne ainsi *un passage dans le réel de la vie*, sous la forme d'un symptôme douloureux, de la phase refoulée masochiste

---

10. Lacan J., « Proposition du 9 octobre 1967 sur le psychanalyste de l'école », *op. cit.*, p. 252.
11. Lacan J., « Préface à l'édition anglaise du *Séminaire XI* », *Autres écrits, op. cit.*, p. 572.
12. S XX, p. 85.
13. Cf. Roudinesco E., *La bataille de cent ans, Histoire de la psychanalyse en France II*, Paris, Le Seuil, 1986, p. 641.
14. Freud S., « Un enfant est battu » (1919), trad. Guérineau D., *Névrose, psychose et perversion*, Paris, PUF, 1973, p. 235. Je souligne.

du fantasme : il y a bien là une anticipation de l'idée du fantasme fondamental lacanien qui s'inscrit comme une loi dans le réel et qui donne la clef du destin du sujet. Mais si Freud nomme fantasme cette formation complexe qu'il reconstruit laborieusement, c'est à cause de son lien initial à une fantaisie, donc à une représentation consciente énoncée par le sujet, « On bat un enfant ». Ainsi, la structure est la suivante : il existe une *fantaisie consciente sadique* d'avant l'analyse, *imaginaire* certes, mais qui conduit à *un contenu inconscient réel*, c'est-à-dire à la position au contraire *masochiste* du sujet, qui délivre les clefs de sa jouissance et de son symptôme.

Cette situation est-elle universalisable ? Si le fantasme fondamental lacanien est bien une construction de l'analyse par rapport à un réel de départ qui est la jouissance-souffrance du symptôme, construction qui est ensuite réduite à une phrase à valeur axiomatique, son lien à une fantaisie ou rêverie diurne qui l'indique n'est nullement nécessaire. Il existe en effet de nombreux cas dans lesquels le déchiffrage du symptôme ne doit rien à une fantaisie initiale comme « Un enfant est battu ». Mais dans de tels cas, pourquoi continuer à nommer fantasme ce qui n'est finalement que le produit analytique du déchiffrage du symptôme ? L'appeler fantasme a en effet pour inconvénient d'accentuer d'une façon indue une causalité et une structure imaginaires qu'on va dès lors rechercher dans des représentations éventuellement marginales dans ce déchiffrage. Et par ailleurs, pourquoi rechercher une phrase unique qui condense ce déchiffrage ? N'est-ce pas artificiel dans les cas où il n'y a pas, déjà là au départ, une phrase qui soutient une fantaisie masturbatoire comme dans « Un enfant est battu » ? N'est-ce pas un effet du sujet supposé savoir que de croire, au départ de l'analyse, à l'existence d'une phrase inconsciente que l'on se sentira dès lors obligé de produire quand elle sera parvenue à son terme ? N'est-on pas à la limite de la suggestion dans l'analyse ?

Je pense donc que, se tournant toujours davantage vers un réel antinomique au sens, au fantasme suspect d'être imaginaire et même au symbolique des « constructions dans l'analyse », Lacan a été conduit à élaborer de nouveau sa théorie du symptôme, comme j'ai commencé à le décrire ci-dessus. Au fantasme fondamental se substitue alors la conception du symptôme, baptisé sinthome après le séminaire *RSI* (1974-1975), qui a pour avantage théorique et clinique de rassembler dans une perspective commune la névrose, la psychose et la perversion (alors que le fantasme convient difficilement à la psychose). Or, on l'a vu, la théorie du sinthome a sa source dans le même problème qui hantait Lacan dès les années 1950, lorsqu'il parlait du Désir de la mère et de la métaphore paternelle : l'effet du langage sur le vivant, d'où naît le sujet. Tout part de l'effet imposé et parasitaire du langage qu'il a souligné à propos de Joyce, dont le sinthome résulte de la transformation complexe de « paroles imposées[15] ». Il y a donc à la fois une insistance de la question de l'effet du langage sur le sujet, et un changement de perspective pour y répondre, qui va de la métaphore paternelle au sinthome en passant par le fantasme fondamental. Pour montrer l'importance de ces enjeux, je m'appuierai sur un cas de névrose que j'ai choisi justement parce qu'il se prête fort bien à une description avec la théorie du fantasme fondamental. Et pourtant, nous verrons qu'on peut tout aussi bien le décrire avec la théorie du symptôme comme pathologie de la loi que j'ai développé dans le premier chapitre – voire avec celle du sinthome.

Un exemple de fantasme fondamental : la « messagère de mort »

Le cas de Mme P. peut à la fois être mis en série et opposé à celui de la mère infanticide exposé dans la première partie de ce chapitre, qui citait sans cesse les paroles de sa mère à sa naissance : « Elle n'aurait pas dû vivre. » Ces deux cas peuvent paraître très proches à cause des éléments symboliques qui ont été imposés à ces sujets dès le début de leur existence, les paroles oraculaires de leur mère, « la loi de la mère ». Mais ils sont infiniment distants par la portée que ces deux femmes, peut-être parce qu'elles ne relèvent

15. S XXIII, p. 95. Cet effet parasitaire et intrusif du langage sur l'être humain était déjà présent en 1958, même si Lacan accentuait alors davantage l'aspect « ordre », classificateur et médiateur du symbolique, capitonné par le Nom-du-Père et le phallus, comme devant corriger ces effets dévastateurs. Cf. Lacan J., « D'une question préliminaire... » (1958), *op. cit., p. 555* : « Le phallocentrisme produit par cette dialectique est tout ce que nous avons à retenir ici. Il est bien entendu entièrement conditionné *par l'intrusion du signifiant dans le psychisme de l'homme*, et strictement impossible à déduire d'aucune harmonie préétablie dudit psychisme à la nature qu'il exprime. » Je souligne.

pas de la même structure clinique[16], ont donné, dans leur vie, à ces paroles imposées. On retrouve ici l'opposition faite par Lacan entre la citation et l'énigme[17] : l'énigme est une énonciation en forme de mi-dire qui doit être transformée en un énoncé, tandis que la citation est un énoncé qui comble l'énigme de l'énonciation par la référence à un nom d'auteur. En effet, la mère infanticide *citait sa mère* comme un auteur dont les paroles n'ouvraient à aucune énigme, tandis que Mme P. a transformé les paroles maternelles en *une énigme*, puis en une question à laquelle il lui fallait répondre dans l'analyse.

La vie entière de Mme P. s'organise autour d'un fantasme fondamental déductible de son analyse commencée il y a huit ans : elle serait la détentrice d'un pouvoir de vie et de mort sur ses semblables. Mme P. est anesthésiste : son travail consiste à endormir et réveiller les malades avant et après des opérations très lourdes comportant un risque vital important. Obsédée par la mort des autres, elle n'a cessé de se poser en analyse la question suivante : ne vaudrait-il pas mieux aider certaines personnes à mourir plutôt qu'à vivre ? Particulièrement les personnes âgées opérées de maladies invalidantes : « On ferait mieux de les laisser mourir en paix ». Elle milite contre l'acharnement thérapeutique dans nos sociétés qui est, selon elle, un prolongement indu de la souffrance.

Mme P. a commencé une analyse à la mort de son frère aîné. Elle se sentait responsable de son décès, car il l'avait appelée le matin, lui décrivant des douleurs cardiaques sur lesquelles elle l'avait rassuré. Or, le soir, il mourut d'un infarctus, la laissant en proie à une culpabilité intense. Il est intéressant de noter qu'elle me refit plus tard de cet événement un récit très différent du premier : dans cette seconde version, c'étaient les collègues de bureau de son frère, et non pas elle, qui avaient minimisé la gravité des troubles. Cela tendrait à prouver qu'elle se charge fantasmatiquement de la mort des autres. Il faut dire qu'elle a la malchance d'appartenir à une famille dont les membres meurent à un rythme effrayant : en huit ans, elle a perdu cinq de ses proches.

16. J'appelle « structure clinique » la tripartition classique : névrose, psychose, perversion.
17. S XVII, p. 39-40.

Mme P. est issue d'une modeste famille de fermiers. À sa naissance prématurée, on proposa à sa mère de la mettre en couveuse, mais celle-ci préféra garder le bébé avec elle et prononça ces paroles fatidiques qui furent souvent répétées à Mme P. :

> « On verra demain si elle est toujours en vie. »

On la mit, à demi morte, dans une boîte à chaussures garnie de coton : « On ne savait pas si j'allais vers la vie ou vers la mort », dit-elle. Après huit ans d'analyse, Mme P. se rend compte qu'elle s'est fixée au point ambigu du désir maternel recelé par cette phrase qui lui fut maintes fois répétées par sa mère. L'ambiguïté réside dans le refus de la mère de la laisser entre les mains des médecins afin de la soigner elle-même : inconscience due à un excès d'amour maternel ou au contraire désir de mort ? se demande toujours Mme P. Lors des décès dans la famille, elle scrutait sa mère, persuadée que celle-ci « jouissait en deuil ».

Dans cette famille où l'on avait besoin de bras, on préférait les garçons. Or Mme P. était la première fille, après deux fils : « On comptait moins sur les filles » ; « Je me suis dit que comme j'étais une fille, je n'étais pas souhaitée par ma mère. » De plus, on attribua sa naissance prématurée à la présence utérine d'un jumeau mort, gardé jusqu'à la fin de la grossesse de la mère. L'idée d'avoir un double masculin mort est cruciale pour Mme P., on le verra.

Des circonstances de sa naissance, elle déduit qu'elle est née avec deux « moins » : être une fille (et pas un garçon) et être malade (et non bien portante). Son assomption de ces deux « moins » articulés comme un défaut phallique signe sa névrose : elle valait moins, pour ses parents, qu'un garçon bien portant. Depuis son enfance, elle mène, en conséquence, « la guerre des sexes » sous un mode hystérique et vengeur.

Entre 3 et 4 ans, Mme P. dormait dans la chambre de ses parents. Elle était donc présente, en déduit-elle, lors de la conception de sa sœur. À la naissance de celle-ci, le père menaça d'aller se pendre, ce qui conforta Mme P. dans son interprétation négative du désir de ses parents quant aux filles. Cette sœur est d'ailleurs devenue une alcoolique malheureuse.

Peu après la naissance de sa sœur, sa mère attrapa une maladie très grave. On éloigna alors Mme P. chez une tante pendant trois mois où elle attendit chaque jour, dans l'angoisse, l'annonce du décès de sa mère. Mais celle-ci se rétablit, cependant que Mme P. se mit à faire des cauchemars répétitifs qui durèrent jusqu'à l'âge de 11 ans :

> « Je tiens la main de ma mère, on se promène. Soudain, une faille s'ouvre dans la terre et je tombe. Alors, je lâche sa main. »

La perte de la mère y est inextricablement articulée à sa propre perte. Comme on pouvait s'y attendre, la mort de sa mère fut une sorte de « point de capiton[18] » dans l'analyse de Mme P. : le matériel s'organisa, après coup, autour de ce *point de séparation* où se nouaient sa propre perte, celle de sa mère et celle, réelle ou fantasmatique, de tous les autres (proches, patients, etc.). L'occasion en fut un dialogue avec sa sœur autour du cercueil de leur mère. La sœur dit :

> « Quand je pense qu'elle m'a portée neuf mois ! »

Mme P. pensa alors *in petto* :

> « Mais moi, elle ne m'a portée que sept mois. »

Elle réalisa alors l'ambivalence de sa relation à sa mère, composée d'une part d'un ressentiment profond à cause des circonstances de sa naissance et d'autre part d'un amour passionné qui avait suscité très tôt, lors de la maladie de sa mère, sa vocation médicale, dans l'intention de la soigner. Cette ambivalence s'est condensée sur ses patients âgés auxquels elle souhaite épargner les désagréments de la vieillesse en accélérant leur fin (c'est heureusement resté tout à fait fantasmatique). Elle se rendit compte alors de l'ambiguïté de cette façon de vouloir du bien aux autres qu'elle nommait « l'aide à la mort » et prit enfin un peu de distance avec ce fantasme si obsédant.

Sa mère mourut à l'époque de son anniversaire, et ce jour-là, elle m'offrit un bijou. Comme je lui faisais remarquer qu'elle m'offrait un cadeau pour *son* anniversaire, elle me répondit qu'elle aurait aimé en recevoir un de sa mère, et que c'était désormais impossible. Elle montrait ainsi l'enjeu du transfert : l'objet pré-

18. Lacan, dans une tentative de déconstruction du découpage vertical saussurien du signifié et du signifiant, avait introduit « le point de capiton » pour désigner les points où le signifiant et le signifié tenaient ensemble. L'exemple introductif, emprunté à *Athalie* de Racine, était une présentification du Nom-du-Père dans le texte, comme point de capiton. Lacan J., *Le séminaire, livre III, Les psychoses* (1955-1956), texte établi par J.-A. Miller, Paris, Le Seuil, 1981, dorénavant S III, p. 293.

cieux qu'elle aurait aimé être dans le désir de ses parents, surtout de sa mère. Son père était un alcoolique, un « chaud lapin » toujours prêt à des plaisanteries grivoises auquel la mère reprochait ses infidélités. Mais cette mère apparemment victime était en fait le chef de famille : « Mon père appliquait la répression maternelle », commentait Mme P. Depuis son enfance, Mme P. avait pris le parti de sa mère contre lui, et prêtait une oreille complaisante aux plaintes de sa mère qui conseillait à ses filles de ne jamais se marier ni d'avoir d'enfants mais d'avoir plutôt des chats ou des chiens.

Le choix de son mari obéit toujours au même fantasme. Lorsqu'elle le rencontra, elle lui menait la vie dure, cherchait à le « châtrer » et, conformément aux principes maternels, refusait tout engagement avec lui. Un jour, déprimé par un échec de carrière, il fit une grave tentative de suicide. Pour le sauver, il fallait tenter une intervention risquée dont pouvait résulter une infirmité à vie. On demanda son avis à Mme P. Elle commença par refuser l'opération, ce qui signifiait une mort certaine, puis accepta qu'elle fût tentée. Cet homme en réchappa et alors, seulement, elle accepta de l'épouser et d'avoir un enfant de lui. Nous avions déjà trouvé chez Mme P. le fantasme d'être celle qui décide de la vie ou de la mort non seulement de ses patients mais aussi de ses proches (comme, pensait-elle, sa mère l'avait fait pour elle à sa naissance). La mort de son frère en était un exemple. Elle rapporte une anecdote analogue avec le bébé malade de sa sœur : dans ces situations elle dit « être la messagère de mort », car son fantasme porte non seulement sur son pouvoir de vie et de mort mais aussi sur un savoir particulier, la prédiction de la mort de l'autre. Elle a choisi pour mari un double masculin presque mort évoquant son jumeau décédé, un homme ressuscité grâce à elle, mais qui la menace constamment de recommencer à se suicider. Le lien de son fantasme mortifère et de sa sexualité est attesté par la présence de rêves précis de jouissance à la mort de ses deux frères, qui la choquèrent et la culpabilisèrent. Sa condition de jouissance est vraiment l'« homme mort » ou l'« amant châtré [19] ».

Grâce à son analyse, le fantasme fondamental de Mme P. est donc lisible. Si on voulait parodier Freud et trouver « la phrase » de ce fantasme, on pourrait l'énoncer « On tue un enfant », mais si

19. Lacan J., « Propos directifs pour un congrès sur la sexualité féminine » (1958), *Écrits*, *op. cit.*, p. 733.

l'objet central en est bien le sujet, l'agent serait ici la mère. Ce fantasme est construit à partir d'une équivoque du désir maternel interprété comme un droit de vie et de mort sur les enfants, rapportée comme une sorte d'oracle : « On ne sait pas si elle passera la nuit. » Cette phrase a force de loi pour Mme P. qui la réalise sans cesse dans son métier, au point qu'on pourrait presque dire que sa vie a été l'*acting out* permanent de ce fantasme, au sens, certes limite, où Lacan a parlé d'*acting out* pour des comportements répétitifs hors analyse de Dora ou de la jeune homosexuelle. Mme P. exhibe en effet la cause de son désir, l'homme mort, quotidiennement, dans sa vie professionnelle et privée, dans une sorte de scénario macabre.

Mais son fantasme fondamental s'est déchiffré à partir des comportements symptomatiques dans lequel il s'incarne, sans que ni elle ni moi n'ayons jamais prononcé une phrase comme « On tue un enfant ». De plus son fantasme, dont l'agent semble maternel, n'a pas la même structure que le fantasme freudien d'inceste avec le père. Ne serait-ce pas alors un forçage que de vouloir le faire entrer à toute force dans le cadre de cette théorie ? En revanche, l'important est l'interprétation par le sujet de la phrase maternelle de départ, la « loi de la mère », qui donne l'articulation entre son désir et celui de sa mère. Mme P. a dû revenir en ce point équivoque du désir maternel pour s'en séparer, au moment de l'analyse où elle a entrevu la différence entre ce qu'elle était pour l'Autre et ce qu'elle aurait voulu être, soit la distance entre l'objet *a* et l'idéal[20]. À ce point, il n'est pas faux de parler d'une traversée du fantasme. À la suite de ce virage de la cure, Mme P. a fait des rêves où s'inversaient les signifiants de la vie et de la mort. Dans l'un d'entre eux, elle est avec moi et nous discutons d'une excursion à la campagne (avant, dans de tels rêves, il s'agissait toujours de la mort). Dans un autre rêve, consécutif à sa visite à un ami veuf, elle rêve de sa propre famille et ils sont bien vivants (auparavant, elle aurait eu tendance à rêver des morts de sa famille). Elle-même note avec soulagement cette inversion. Dans son travail, elle n'a plus les mêmes obsessions mortifères ; en dehors, elle ne se voue plus à anticiper constamment la mort de ses amis ou de sa famille ni à proposer ses services de pleureuse. La « messagère de mort » n'est plus de ce monde.

20. S XI, p. 245.

Revenons à notre discussion précédente sur le remplacement par Lacan du concept de fantasme fondamental par celui de symptôme. Certes, le concept du fantasme fondamental est tout à fait approprié à la clinique du cas de Mme P. Cependant, il n'existe pas de phrase initiale ni finale du fantasme, ni de représentation consciente masturbatoire comme « On bat un enfant ». Mais il existe bien, dans le cas de Mme P., des fantasmes qui sont, pour reprendre l'expression de Freud, comme des « anneaux intermédiaires » entre le trauma de sa naissance et sa jouissance sexuelle. Nous pourrions les formuler : « On tue un enfant » ou « Un homme est mort ». De plus, le fantasme fondamental de Mme P. est *presque* directement branché sur la phrase de sa mère à la naissance, ce qui rend son cas, au début de sa vie du moins, proche de celui de « la mère infanticide ». Mais la différence, essentielle, entre les deux réside dans l'existence chez Mme P. d'une médiation phallique (les deux « moins » articulés à la castration) dont on peut mesurer l'importance à l'écart de leurs destinées. En fin de compte, je l'ai déjà dit, l'important est l'interprétation phallique des paroles de sa mère par Mme P. ; c'est cette interprétation que l'on peut appeler son fantasme fondamental et qui s'inscrit dans ses comportements ; c'est cette interprétation qui façonne sa vie, du moins jusqu'à ce que l'analyse lui ôte de sa force destinale. Mais alors, surgit l'objection étudiée ci-dessus : pourquoi assimiler cette interprétation du discours maternel à une formation imaginaire comme la fantaisie « On bat un enfant », alors que c'est une construction du sujet retrouvée dans l'analyse voire produite par elle ? Mieux vaut réserver le terme de fantasme au cas où il en existe effectivement un qui est réellement énoncé sous la forme d'une fantaisie par le sujet.

De ce fait, je préfère mettre l'accent sur *l'inscription dans le réel de l'interprétation du désir maternel par le sujet*, en la considérant comme le symptôme qui sépare le sujet de la loi de la mère. Par la culpabilité qu'il engendre, ce symptôme constitue comme celui d'Arno une pathologie de la loi. Par ailleurs, l'articulation à l'euthanasie et aux soins palliatifs de la préoccupation de Mme P. pour la vie et la mort de ses contemporains est remarquable pour ce qu'elle montre de l'enveloppe sociale et culturelle de son symptôme. Le fantasme de « l'homme mort », qui ressort de son symptôme, a permis à Mme P. d'entretenir une relation avec un homme et d'en avoir un enfant : son partenaire est ainsi devenu lui-même partie prenante de son symptôme qui pallie alors l'absence du rapport sexuel.

Je pense qu'on peut dire de ce symptôme qu'il s'agit d'un sinthome, maintenant que Mme P. s'est débarrassée de la souffrance qu'il comportait. En effet, il noue le réel de la mort, le symbolique de l'entrée du sujet dans le langage (les paroles maternelles) et l'imaginaire de sa représentation de l'homme châtré ou mort et il comporte un savoir-faire avec le partenaire sexuel.

L'originalité de ce cas repose sur le fait que le symptôme emprunte peu au père et beaucoup à la mère. Mais on ne doit pas oublier l'importance de la médecine dans sa détermination : le discours médical est pour Mme P. le signifiant maître avec lequel elle s'identifie ou contre lequel elle lutte (et n'entendait-on pas le verdict du médecin derrière les paroles maternelles initiales ?). Enfin, la charge phallique du fantasme et du symptôme, très forte, donne sa couleur d'hystérie au cas.

Dans ce chapitre, j'ai donc établi un ensemble de fonctions du symptôme en m'appuyant déjà sur la dernière partie de l'œuvre de Lacan dont je me propose maintenant de faire une présentation plus théorique en l'opposant, sur certains points, à la doctrine freudienne.

On peut repérer trois niveaux du symptôme comme pathologie de la loi. *Premièrement*, l'effet imposé du langage sur le sujet fait de celui-ci un « assujet » ; *deuxièmement*, pour se séparer de cet effet imposé qui prend la forme d'une « loi de la mère », le sujet doit constituer un symptôme qui enveloppe l'interdit de l'inceste et qui est en lui-même un facteur de souffrance ; il le fait avec (névrose ou perversion) ou sans (psychose) le Nom-du-Père, mais dans ce dernier cas, il n'est pas rare qu'il s'appuie quand même sur son père ; *troisièmement*, ce symptôme peut, par le savoir-faire du sujet (ou grâce à son analyse) devenir ce que Lacan a nommé un sinthome.

Dans la névrose, le concept du sinthome condense le couple du fantasme et du symptôme y compris la détermination du second par le premier ; le sinthome suppose aussi un savoir-faire avec le partenaire sexuel et avec la sexualité qui pallie l'impossibilité du rapport sexuel[21] et inclut la réponse du sujet à son ambiguïté

21. C'est-à-dire l'impossibilité que s'écrive, pour l'être humain, un rapport d'harmonie ou de proportion entre les sexes qui soit comme l'instinct animal ou « une loi scientifique d'attraction des sexes » et qui permette à chacun de se fonder comme homme ou femme grâce à ce rapport.

sexuelle comme question (cas de Mme P.). Dans les deux autres cas précédemment exposés (Paul et Arno), j'ai montré qu'on pouvait aborder l'ambiguïté sexuelle en terme de symptôme ou de sinthome.

DEUXIÈME PARTIE

LACAN
ET LE SINTHOME

CHAPITRE III

Constructions freudiennes et réductions lacaniennes

« On entreprend donc de traiter comme autant de points d'appui chacune des possibilités qu'offre le matériel, et de combler les lacunes qui apparaissent entre un élément et l'élément le plus proche selon, pour ainsi dire, la loi de la moindre résistance ; en d'autres termes, de favoriser l'hypothèse à laquelle on est en droit d'accorder la plus grande vraisemblance. Ce qu'on obtient à l'aide d'une telle technique peut être considéré comme formant aussi un genre de "roman historique" ; le résultat n'a aucune valeur de vérité, ou seulement une valeur de vérité impossible à déterminer ; car, pour grande que soit la vraisemblance, elle ne coïncide pas nécessairement avec la vérité ; le vrai est souvent très invraisemblable, et les preuves effectives ne peuvent être remplacées, fût-ce dans une piètre mesure, par des déductions et des spéculations. »

Sigmund Freud[1]

« Si Freud met au centre de sa doctrine le mythe du père, il est clair que c'est en raison de l'inévitabilité de cette question.

Il n'est pas moins clair que, si toute la théorie et la praxis de la psychanalyse nous apparaissent aujourd'hui comme en panne, c'est pour n'avoir pas osé sur cette question aller plus loin que Freud. »

Jacques Lacan[2]

---

1. « Première introduction », inédite, au *Moïse*, citée par Yerushalmi Y.H., *Le Moïse de Freud, Judaïsme terminable et interminable*, trad. J. Carnaud, Paris, Gallimard, Essais, 1993, p. 53.
2. Lacan J., « Introduction aux Noms-du-Père » (1963), *Des Noms-du-Père*, Paris, Le Seuil, 2005, p. 85.

Pour introduire à la conception borroméenne de Lacan dans laquelle prend place le sinthome, on peut partir du séminaire *RSI* qui en fait quasiment un système. J'ai choisi comme angle d'approche l'opposition entre le Freud de la construction et du mythe paternel et le Lacan de la réduction du symptôme qui déconstruit son édifice antérieur, largement appuyé sur le symbolique et le Nom-du-Père. Je ne cesserai pas, par la suite, de revenir sur ces points de rupture entre le Lacan classique du « retour à Freud » et celui de la période borroméenne.

Je m'interrogerai donc, dans ce chapitre, sur la construction chez Freud. J'ai aussi cherché sa valeur éventuelle dans l'enseignement de Lacan. Si, pour Freud, la construction vise le réel, pour Lacan, le réel ne s'atteint pas de la même manière. Je les confronterai donc en partant de ce qu'ils ont chacun proposé, à la fin de leur vie et de leur élaboration doctrinale, comme concept du réel : pour aucun des deux, en tout cas, le réel n'est immédiatement donné. Au terme de *construction* répond chez Lacan le terme de *réduction*.

I. Freud et la construction du réel

Rien ne peut sembler plus problématique que la méthode freudienne de la construction. Prétendant retrouver « la vérité historique » des individus, Freud l'a étendue ensuite par analogie à l'histoire des religions et des peuples avec *L'homme Moïse et la religion monothéiste*. Cette analogie fut d'ailleurs très controversée.

Dès 1918, lorsque Freud expose pour la première fois sa méthode de la construction dans « L'homme aux loups », il le fait dans une intention polémique, à l'adresse de Jung et d'Adler avec lesquels il vient de rompre :

> « [Ce travail], dit-il, complète la polémique d'un caractère essentiellement personnel, par une estimation objective du matériel analytique[3]. »

En 1937, son article « Constructions dans l'analyse », écrit durant la rédaction longue et interrompue du *Moïse*, commence

3. Freud S, « Extrait de l'histoire d'une névrose infantile » (L'homme aux loups) (1918), *Cinq psychanalyses*, trad. M. Bonaparte et R. Lœwenstein, Paris, PUF, 1954, p. 325, note 2.

aussi par l'évocation d'une attaque contre la psychanalyse d'« un savant de mérite » énonçant « un propos aussi blessant qu'injuste au sujet de notre technique analytique[4] ». Polémiques diverses donc : sur la suggestion indue du patient par l'analyste sous transfert ; sur le droit de la psychanalyse à s'intéresser aux masses, à raisonner donc de façon analogique en étendant aux foules les méthodes qui ne valent *a priori* que dans le cadre d'une cure ; sur l'existence de la névrose infantile et son étiologie sexuelle.

Freud expose en détail la méthode des constructions dans son article de 1937 où il théorise ce qu'il avait avancé dans « L'Homme aux loups ». Le but de la cure analytique est la levée des refoulements précoces et infantiles qui créent après-coup symptômes et comportement pathologiques. L'idéal reste, depuis les débuts de la psychanalyse, d'obtenir la réminiscence, c'est-à-dire le retour du souvenir refoulé. Malheureusement, depuis « Remémoration, répétition, perlaboration » (1914) et toujours davantage depuis *Au-delà du principe de plaisir*, on sait qu'il y a des souvenirs à jamais perdus. On sait même que l'essentiel, à savoir ce qui, justement, détermine la compulsion de répétition (*Wiederholungszwang*) ne peut pas être remémoré complètement. Il s'agit donc de reconstituer, dans la cure, l'expérience oubliée au cœur de l'enfance.

Freud part d'un postulat :

> « Comme on le sait, il est douteux qu'une formation psychique quelconque puisse vraiment subir une destruction totale[5] ».

Par ailleurs, la théorie du refoulement implique que le refoulé continue son existence inconsciente en produisant des symptômes (le refoulement *conserve* la chose refoulée). Ce second point est décisif : il permet la reconstruction en partant de l'actuel, par la méthode de l'association libre. Freud assortit le premier point (rien n'est détruit) de métaphores archéologiques grâce auxquelles il explique la méthode de la construction. Les « vestiges » antiques valent ici pour les fragments de souvenirs qui apparaissent dans des rêves, se glissent dans des idées incidentes, se déguisent dans la

---

4. Il s'agirait de Havellock Ellis (communication de Franz Kaltenbeck). Freud S., « Constructions dans l'analyse » (1937), *Résultats, idées, problèmes*, tome II (1921-1938), Paris, PUF, 1985, p. 269.

5. *Idem* p. 272. En fait, il a beaucoup varié sur ce point. Cf. Morel G., « La pulsion indomptable », in Freud, *Le moi contre sa sexualité*, coord. Castel P.-H., Paris, PUF, 2002, p. 72-74.

répétition – spécialement dans le transfert. À partir de ces indices, l'analyste, tel un archéologue, construit ou plutôt « reconstruit » une « image fidèle » des années oubliées, une « image complète dans toutes ses parties essentielles ». La limite de la métaphore archéologique est que la psychanalyse travaille sur un matériau « vivant », l'analysé, qui réagit aux constructions que lui communique l'analyste. L'article de 1937 examine les réponses possibles du patient et invalide l'acquiescement et le refus comme des critères de vérité ; de même, Freud élimine l'idée que la suggestion puisse opérer un effet durable sur une construction, comme il en avait donné l'exemple dans la cure de l'homme aux loups. Freud y avait fait des hypothèses « fausses » et les avait laissées tomber sans dommage parce qu'elles n'avaient pas été confirmées par la suite de la cure. Il avait même tenté de suggérer – mais en vain – à l'homme aux loups que la fameuse « scène primitive » de ses 18 mois, totalement reconstruite, n'était qu'un fantasme[6].

Quels seront alors les critères d'une « bonne » construction, c'est-à-dire d'une construction qui amènera au jour « la vérité historique » ? Il en existe deux : l'un, *objectif* si l'on peut dire, concerne le matériel qui surgit après la communication de la construction au patient, tandis que l'autre, *subjectif*, implique la « conviction de l'analysé ».

Le *critère objectif* est la production d'un nouveau matériel qui complétera la construction – l'idéal exigible étant d'arriver à une construction « complète » qui dévoilera « la vérité entière ». Le patient ajoute quelque chose de ressemblant ou d'analogue au contenu de la construction, qui ainsi se poursuit à deux. Parfois surgissent même, dans des rêves ou des rêveries diurnes, des détails connexes à la construction, qui se présentent avec une clarté hallucinatoire. Ces phénomènes constituent une preuve dans la mesure où ils assurent que le refoulé a bien été touché par la construction et donc a subi « une poussée vers le haut », « activée par la communication de la construction » qui a amené à la conscience des « traces mnésiques significatives ». De même une phrase négative, du type « Je n'ai (ou n'aurais) jamais pensé cela (ou : à cela) » signi-

6. Cf., à propos de la phobie du papillon, lorsque Freud suggère que les rayures du papillon sont peut-être celles d'un vêtement féminin, ce qui était faux mais fut sans conséquences pour la suite de la cure. Freud S., *L'homme aux loups par ses psychanalystes et par lui-même*, Paris, Gallimard, 1981, p. 241 et la scène primitive, p. 245.

fie aussi que *l'inconscient* a été touché, mais il est rare de l'obtenir après la communication d'une construction.

Le *critère subjectif* est la conviction de l'analysé. Auparavant - du temps où on se souvenait de tout - elle ne s'obtenait que par le retour du souvenir refoulé. Freud affirme que :

> « le chemin qui part de la construction de l'analyste devrait mener au souvenir de l'analysé ; il ne mène pas toujours jusque-là. Très souvent on ne réussit pas à ce que le patient se rappelle le refoulé.
>
> En revanche, une analyse correctement menée *le convainc fermement de la vérité de la construction*, ce qui, du point de vue thérapeutique, a le même effet qu'un souvenir retrouvé. Dans quelles conditions cela a lieu et de quelle façon il est possible qu'un substitut apparemment si imparfait produise quand même un plein effet, *c'est ce qui devra faire l'objet de recherches ultérieures*[7] ».

Freud n'a probablement pas eu le temps de mener à bien ces recherches de la dernière heure. Cependant ce dernier critère (la conviction du sujet) lui paraissait problématique - et pour cause[8]. En effet, le retour d'un souvenir refoulé est par définition même la preuve de la levée du refoulement : on conçoit que cela produise un effet subjectif fort puisque le refoulement supposait, pour s'effectuer, une action constante du moi contre la pulsion. Mais si le refoulement reste en place (puisque le souvenir ne revient pas), pourquoi la construction (supposée ici être complète) produirait-elle encore la conviction ? Freud en donne deux indications. L'une concerne la parenté de la construction et du délire - j'y viendrai ensuite. L'autre rapporte *la croyance* à *une source infantile*. Bien que différente de la première, elle lui est apparentée : le délire tirerait en effet sa force, la « croyance compulsive » qu'il crée dans le sujet, d'une source infantile. L'effet de conviction de la construction viendrait du fait qu'on a touché de biais la source infantile - donc le refoulé. Et cette « source infantile » est justement la « vérité historique ».

N'en ressort-il pas quelque circularité ? S'il n'y a aucune réaction, alors la construction est inexacte ; par contre, s'il y a convic-

7. Freud S., « Constructions dans l'analyse », *op. cit.*, p. 278. Je souligne.
8. Il suffit, pour s'en rendre compte, de prendre l'exemple de « L'homme aux loups » et d'y suivre les méandres du raisonnement freudien sur la conviction. *Des* convictions, devrait-on dire plutôt, car on en dénombre *trois* : celle de Freud et celle du patient, par rapport à la scène primitive, puis celle du patient quant à l'existence de la castration.

tion, c'est qu'elle est vraie : la construction a touché la source infantile et rencontré la « vérité historique ». *On ne croirait donc qu'en une « vérité historique » et infantile.* Ce nœud étroit entre la vérité, la croyance et l'infantile pose bien des questions : n'existe-t-il pas des convictions folles ou du moins fausses ? Le seul critère de la vérité serait-il qu'on y *croie* ou *qu'on y ait cru dans l'enfance* ? Que vaut cette vérité, finalement équivalente à une conviction obtenue sous transfert ?

La vérité historique

Commençons par étudier le concept freudien de vérité historique. D'après une note de Strachey rapportée par Yerushalmi, la distinction entre vérité « matérielle » et vérité « historique » survient tard chez Freud, à propos de la religion, dans le *Post-scriptum* de 1935 à son autobiographie[9]. Pourtant, on trouve déjà l'expression de vérité historique dans « L'homme aux loups » : Freud l'évoque à propos des fantasmes par lesquels le sujet a remplacé (et donc falsifié) après-coup la vérité historique, choquante par rapport à ses sentiments virils ultérieurs (il s'agit de la séduction par sa sœur à 3 ans et 3 mois, scène au cours de laquelle il avait pris une position passive qu'il souhaite dissimuler, après-coup, par une « fiction », à cause de l'angoisse de castration survenue depuis[10]). La vérité historique est donc la vérité de l'événement tel qu'il s'est passé, ou plutôt tel qu'il a été enregistré par le sujet à l'époque (ce qui ne revient pas au même). Et elle a un rapport étroit avec le réel. Elle implique le lien vérité/réel dans son inscription symbolique (inconsciente) à une date donnée.

En 1937, dans ses « Constructions », Freud réutilise l'expression à propos du délire. Le fait que de « bonnes » constructions ramènent parfois des fragments de souvenirs connexes, sous une forme quasiment hallucinatoire, le conduit à s'interroger sur la relation du délire à la vérité. Il émet l'hypothèse que le délire résulte d'une « poussée vers le haut » du refoulé qui pourrait revenir du fait que le sujet se détourne actuellement de la réalité. Ce

9. Yerushalmi Y.H., *Le Moïse de Freud, Judaïsme terminable et interminable*, *op. cit.*, p. 222-3, note 3.
10. Freud S, *L'homme aux loups par ses psychanalystes et par lui-même*, *op. cit.*, p. 182.

détournement de la réalité provoque cependant des déformations du matériel, qui « revient », certes, mais sous une forme délirante. En ce cas, la folie contient, elle aussi, « un morceau de *vérité historique* » impliquant la conviction du sujet. Le délire consisterait à remplacer un morceau de réalité *dénié* (*verleugnet*) dans le présent par un morceau de réalité *refusé* dans l'enfance :

> « De même que l'effet de notre construction n'est dû qu'au fait qu'elle nous rend un morceau perdu de l'histoire vécue, de même *le délire doit sa force convaincante à la part de vérité historique qu'il met à la place de la réalité repoussée* (abgewiesene)[11]. »

Dans le délire, on entend donc parler la vérité historique infantile elle-même. Restitution intégrale que n'approche que très imparfaitement la construction analytique. De ce point de vue, le délire devient un modèle ! D'où la comparaison de la construction de l'analyste et du délire : dans les deux cas (mais moins bien pour la construction), on restitue la vérité historique. De plus, le délire accède au statut des réminiscences dont souffrait l'hystérique aux débuts de la psychanalyse. Le *déni psychotique* de la vérité historique infantile est quasiment équivalent à un refoulement : dans le cas du délire, il y a un retour intégral de la vérité historique qui remplace la vérité rejetée dans le présent ; dans la névrose, il y a un retour partiel ou approximatif car la construction ne ramène pas le souvenir, mais, en le reconstituant, elle touche sa source infantile et crée ainsi la *conviction*.

Dans la littérature analytique, le caractère inquiétant de ce critère de la conviction a été commenté : il met sur le même plan le délirant et le couple analyste-analysant, qui semble ainsi voué à un type inédit de délire à deux. En effet, il n'y a plus aucun critère « externe » de cette vérité. Sauf – et c'est important – si l'on accepte comme preuve à part entière la « vérité matérielle » que constituent les symptômes, les comportements, les indices, tout ce que Jacques Derrida a appelé « l'archive[12] ». Mais comme l'analyste doit aussi interpréter ces signes, ce critère prétendument externe se dérobe à son tour.

En 1935, Freud aborde l'opposition vérité historique/vérité matérielle dans la religion :

---

11. Freud S., « Constructions dans l'analyse », *op. cit.*, p. 280.
12. Cf. Derrida J., *Mal d'archive*, Paris, Galilée, 1995.

> « Dans *L'avenir d'une illusion*, j'avais donné de la religion une appréciation essentiellement négative ; je trouvai plus tard une formule qui lui rend mieux justice : son pouvoir reposerait certes sur sa teneur de vérité, cependant cette *vérité ne serait pas d'ordre matériel, mais historique*[13]. »

Dans une lettre à Lou Andréas Salomé, Freud opposait – également en 1935 – la vérité *historique* de la religion à sa vérité *réelle* : la religion n'a pas de vérité *réelle* ni *matérielle*, mais une vérité *historique*. À la fin de la troisième partie du *Moïse*, Freud traite aussi de la vérité historique[14]. Il oppose la « vérité éternelle » à laquelle adhèrent « les croyants pieux » et « la vérité historique » que contient la religion et que met au jour sa construction en la démontrant. On connaît sa thèse : Dieu n'existe pas, mais il a existé, un jour, « une puissance unique » qui *apparut* comme un Dieu. Le meurtre historique de Moïse a répété le meurtre mythique du père de la horde primitive, introduit en 1912 dans *Totem et Tabou*. Le premier meurtre a laissé des traces durables, une tradition qu'a ranimée le meurtre de Moïse. Ainsi l'existence de Dieu a deux faces, une face d'*illusion* (*Wahn*) – la face de croyance en Dieu des religieux, et une face de *vérité*, dans la mesure où elle met au jour, mais d'une manière déformée, un événement, *le meurtre* du père primitif auquel on a cru comme en Dieu. D'où, de nouveau, la comparaison avec le délire qui contient aussi une « parcelle de vérité » :

> « Il faut souligner avec une netteté particulière que tout morceau de passé qui revient se fraie un chemin avec une puissance particulière, qu'il exerce une influence incomparablement forte sur les masses humaines et élève une prétention irrésistible à la vérité, contre laquelle l'objection logique reste impuissante – à la manière du *credo quia absurdum*. Ce curieux caractère ne se comprend que sur le modèle de la folie délirante des psychotiques. Nous avons saisi depuis longtemps qu'un morceau de vérité oubliée réside dans l'idée délirante, lequel, en revenant, a dû subir des déformations et a été mal compris, et que la conviction contraignante qui se constitue en délire part de ce noyau de vérité et s'étend sur les erreurs qui l'entourent. Nous devons concéder aussi aux dogmes des religions un tel contenu de vérité, une vérité que nous devons nommer

13. Cité dans Yerushalmi Y.H., *op. cit.*, p. 222, note 3.
14. Freud S., *L'homme Moïse et la religion monothéiste* (1939), trad. C. Heim, Paris, Gallimard, 1986, p. 231 sq.

> *historique* ; les religions portent certes en elles le caractère de symptômes psychotiques, mais en tant que phénomènes de masse, elles sont soustraites à la malédiction de l'isolement[15]. »

Finalement, la vérité historique de la religion est le meurtre du père primitif. La vérité du judaïsme est le meurtre de Moïse et la vérité du christianisme est l'aveu de ce meurtre par le biais du sacrifice du Christ. La religion est donc « vraie » en ce sens, et délirante en un autre. L'autre idée puissante du texte est qu'une vérité ne se conserve jamais mieux que si elle est refoulée. Elle prend alors un caractère contraignant et compulsif. La tradition religieuse reposerait là-dessus et c'est sur la vérité – cette fois matérielle – des traces laissées par ce meurtre que Freud s'appuie pour sa reconstruction.

Freud assume un raisonnement analogique entre l'individu et l'humanité. Les traces de cette vérité refoulée resteraient inscrites chez chacun, constituant la « phylogenèse ». On lui a reproché son « lamarckisme » psychique[16] (sa croyance en l'hérédité des caractères acquis), bien que lui-même ait anticipé ce reproche en disant qu'il ne s'agissait pas de la même chose qu'en biologie.

Vérité et réel : le père

L'idée de la reconstruction d'un réel originaire grâce aux traces qu'il a laissées procède d'une collusion de la vérité et du réel. Ce qui est *vrai* pour le sujet devient l'indice du *réel* qu'a touché la construction ; la conviction du sujet devient la preuve de ce réel. Le délire est le point où cette collusion de la vérité et du réel est vraiment palpable. C'est comme si le caractère réel de la « vérité matérielle » (appelée une fois « vérité réelle » par Freud), incontestable cliniquement car incarnée dans le symptôme, était transféré sur la vérité historique qui, elle, est reconstruite et donc contestable.

Ne faudrait-il pas plutôt différencier vérité et réel, garder à la vérité son caractère subjectif de guide d'approche discursif de ce qui a marqué le sujet et relever le caractère du réel insu du sujet, hétérogène et étranger au symbolique ?

---

15. *Idem*, p. 175-176.
16. Notamment Yerushalmi, *op. cit.*, p. 76.

Rapprochons maintenant deux exemples *a priori* extrêmement différents de construction freudienne. L'une, analytique, est la construction, dans l'analyse de « L'homme aux loups », de la scène primitive qu'il ne s'est jamais remémorée. L'autre, historique, est la construction du meurtre du père comme fondement de la religion dans le *Moïse*. Les deux mettent en scène le père comme agent de la castration. Dans le cas de « L'homme aux loups », il prend cette place lors de la scène primitive parce qu'il est porteur de l'organe phallique traumatisant que l'enfant ne peut accepter symboliquement, et dont le rejet symbolique motive le rêve aux loups. Dans ce rêve apparaissent la position féminisante adoptée par le sujet et le rejet symbolique de la castration qui annonce sa psychose ultérieure. Dans le *Moïse*, le meurtre du père originel est la conséquence de sa stature divine et castratrice. Dans les deux cas donc, le réel reconstruit comme la « vérité historique » est le père comme agent de la castration. *Ce père castrateur est pour Freud le nom ultime du réel.* Et pourtant, c'est comme mythe, comme élément d'une fiction qu'il apparaît. Il est frappant de voir l'usage freudien de la scène primitive de « L'homme aux loups » : elle est le référent de tous les éléments de la construction, sa pierre d'angle. Elle joue donc le rôle dévolu par Lacan au fantasme fondamental, celui d'un axiome de la construction. Or on sait que l'axiome, en logique, ne se démontre pas. On le pose et on vérifie ultérieurement la consistance logique de la construction qui repose sur lui. Le forçage freudien est de coller cette fiction mythique au réel, voire de les confondre.

La position de Lacan est différente. Au départ, l'idée lacanienne du Nom-du-Père comme fondement de la loi qui soutient l'ordre symbolique a certainement emprunté à la thèse freudienne de la transmission de traces mnésiques entre les générations. Mais Lacan a ensuite décollé le réel de ce point de reconstruction originaire dans le symbolique. Dans *L'envers de la psychanalyse* (1969-1970), il relit *Totem et Tabou* et le *Moïse* et tente d'y situer le réel : le père réel y devient l'agent contingent de la castration dont l'opération symbolique reste une énigme[17]. Le message à retenir de la construction freudienne ne serait pas le meurtre du père, mais bien plutôt la castration du fils. N'est-il pas intéressant, d'ailleurs, de voir comment Freud construit le père comme une fiction fonda-

17. S XVII, p. 143 sq.

mentale, dirions-nous, dans un cas de psychose ignoré par lui (L'homme aux loups) et dans la religion qu'il identifie à un délire (*Wahn*) ? À le relire en s'appuyant sur la doctrine lacanienne de la psychose, on constate que c'est paradoxalement à partir d'une vérité rejetée ou forclose par certains sujets (psychotiques) qu'il construit la norme pour d'autres (la castration par le père dans la névrose).

II. Lacan, la réduction du symptôme

Lacan n'utilise qu'avec parcimonie le terme de construction. J'en ai relevé 272 occurrences sur un CD-ROM argentin contenant tous les séminaires. C'est peu, relativement à l'extension de l'œuvre. Et ce terme se fait de plus en plus rare au cours des séminaires. Si on laisse de côté son sens usuel de métadiscours ou de schème, on remarque qu'il se réfère à l'imaginaire et au symbolique plus qu'au réel. On trouve ainsi, quoique rarement, comme exemples de construction imaginaire, la construction du corps, celle du moi, de soi-même, de l'*ego*, du monde, du délire, du phallus, de la totalité de la mère, de la vision, etc. On trouve aussi, du côté du symbolique cette fois, la construction symbolique, mythique, généalogique, névrotique, analytique, signifiante, hystérique, subjective, du rêve. On ne trouve qu'une seule fois la « construction du fantasme[18] » lors d'un commentaire d'« Un enfant est battu », alors que cette expression, inspirée de Freud, est un *topos* lacanien.

À partir de 1964, le terme disparaît dans les séminaires, comme s'il connotait décidément l'imaginaire, et s'opposait au réel : on ne trouve pas de construction du réel, du symptôme ou du sujet, expressions qu'on entend pourtant souvent. La connotation imaginaire du terme se vérifie à l'usage d'expressions comme la « consistance d'une construction » : en effet, la consistance caractérise désormais l'imaginaire.

Introduction au nœud borroméen

Cependant, en 1975, et bien qu'il considère son *ego*, structure *a priori* imaginaire, comme le sinthome de Joyce, Lacan n'utilise

18. Lacan J., « Le désir et son interprétation », séminaire inédit, référencé S 6, séance du 7 janvier 1959.

jamais le terme de construction à son propos. Dans le séminaire *RSI* qui le précède d'un an, il n'est pas non plus question de construction dans un sens freudien : c'est en d'autres termes que Lacan aborde la vérité ou le réel. Avec le nœud borroméen, ce séminaire met en place une nouvelle conception du réel (R), du symbolique (S), de l'imaginaire (I) et du symptôme[19]. C'est pourquoi j'en introduis ci-dessous les éléments essentiels, qui nous seront utiles dans les chapitres ultérieurs. Trois arguments justifient l'intérêt de Lacan pour le nœud borroméen :

Rendre raison de la pratique analytique et de « l'opération de l'analyste » : on est surpris du nombre de fois où il se réfère à cette « opération » – et non pas à la clinique ou à la structure de l'être parlant ou du social. C'est le discours analytique et sa fondation qui l'intéressent spécifiquement :

> « Ce n'est certainement pas à l'aide de ce nœud qu'on peut aller plus loin que de là d'où il sort, à savoir de l'expérience analytique. C'est de l'expérience analytique qu'il rend compte, et c'est en cela qu'est son prix[20]. »

---

19. Lacan introduit le nœud borroméen dans S 19, séance du 9 février 1972, avec la phrase « Je te demande de refuser ce que je t'offre, parce que ce n'est pas ça », commentaire repris dans *S XX*, p. 101, puis s'en sert pour définir R, S et I, dans S 21, dès la séance du 13 novembre 1973. Le nœud borroméen est, rappelons-le, un nœud caractérisé par le fait que la coupure d'un des ronds libère tous les autres ronds du nœud. Chaque registre est représenté comme un « rond de ficelle » dans le nœud.

Schéma 0. – **Le nœud borroméen à trois ronds**

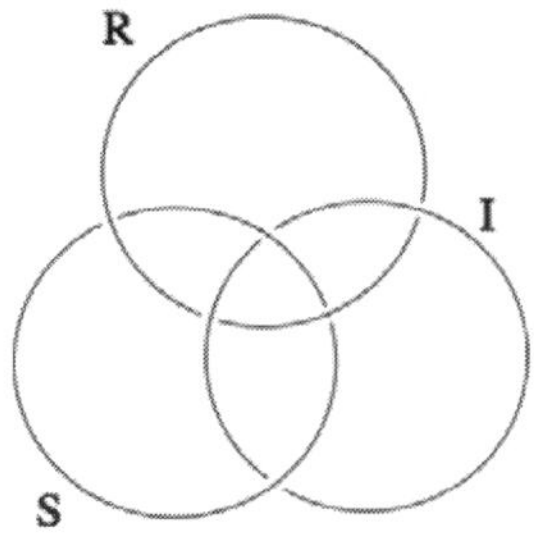

R > S > I > R   R = réel
S = symbolique   I = imaginaire

20. S 22, resp. séances du 17 décembre 1974 et du 18 mars 1975.

Caractériser le réel en psychanalyse. En écoutant le mathématicien G. T. Guilbaud parler du nœud borroméen, Lacan eut la certitude immédiate d'avoir trouvé là un outil précieux ; or le difficile maniement du nœud implique un dialogue technique qui se poursuit parallèlement au séminaire avec deux mathématiciens, Soury et Thomé. Cette pratique se réfère au *réel du nœud* qui est lié à son écriture et à sa manipulation : celles-ci relèvent d'un hors sens – qui n'est pas celui du signifiant traumatique « pur non sens », naguère introduit par Lacan à propos de « L'homme aux loups », puisqu'il s'agit ici d'un hors sens exclu tant du symbolique que de l'imaginaire. La pratique du nœud illustre donc déjà en elle-même une des thèses les plus fortes de ce séminaire : « Le réel est l'expulsé du sens[21]. » Davantage, il n'y aurait pas d'idée plus sensible du réel que l'écriture, et le nœud borroméen relèverait justement d'une sorte d'écriture qui supporte le réel hors sens.

Cet abord est nouveau. Jusqu'alors, Lacan définissait le réel négativement par rapport à l'imaginaire et au symbolique : c'était l'impensable, l'impossible, l'insupportable, etc. Ainsi « la Chose » dans *L'éthique* est un îlot d'innommable, inapprochable par le symbolique ou l'imaginaire. Dans *RSI*, on trouve encore de telles définitions négatives du réel : « l'expulsé du sens » est une définition « négative » du réel par rapport à la sémantique qui ressort du symbolique et de l'imaginaire. Et Lacan continue à parler de la démonstration du réel comme impossible à partir du symbolique. Cependant, le nœud borroméen offre une tentative d'accès « direct » au réel. Cela entraîne, on le verra, le déplacement du symptôme du symbolique vers le réel. Cet accès direct au réel est figuré par la « monstration » publique de divers nouages par Lacan, parfois en silence. On sait à quel point cette pratique muette a choqué ses auditeurs alors qu'elle est pourtant cohérente avec le discours tenu dans *RSI*. Le nœud n'est pas un *modèle* au sens où le modèle ressortit toujours à une forme ou un schéma considérés comme imaginaires. De même pour le modèle mathématique : il suppose certes une écriture comme le nœud, mais à partir de cette écriture on imagine, on échafaude et on substantifie la notion imaginée afin de questionner le réel. Le nœud borroméen échapperait à ce défaut puisqu'on ne réussit pas à se l'imaginer sans le manipu-

21. S 22, séances du 11 mars 1975 et du 17 décembre 1974. Lacan différencie deux sortes d'écritures, cf. *infra*, VI – « Les prolongements du symptôme » p. 151.

ler. La preuve en est que l'on se trompe, que l'on commet des lapsus de nœud qui, comme certains actes manqués finalement réussis, peuvent conduire à des trouvailles. Ainsi, le nœud donne lieu à une *monstration* qu'il faut différencier d'une *démonstration* qui se fait toujours à partir du symbolique.

De plus, à partir du nœud, le réel ressortit à l'ek-sistence, soit à une valeur positive, pour laquelle existe même un symbole mathématique ($\exists$), mais cette valeur garde dans sa formulation son côté « négatif » antérieur, par la manière dont Lacan l'écrit : ek-sistence (*ex* soit en dehors). On retrouve d'ailleurs cet « ex » dans « l'expulsé du sens » : le réel existe *à côté* du sens toujours imaginaire, et à côté du symbolique. « À côté » signifie le non rapport qui caractérise le réel et la théorie borroméenne : chaque rond est à côté des autres, sans rapport avec aucun des autres. Seul le nœud établit un rapport à trois du réel, du symbolique et de l'imaginaire.

Dans *RSI*, le réel se voit donc pourvu de deux caractéristiques positives : *l'écriture* et *l'existence*. Lacan donne ainsi une référence clinique au concept de réel en situant le symptôme, ainsi que la jouissance, dans « le champ du réel ».

Se démarquer de Freud, enfin, même si la théorie borroméenne ne va pas sans la référence constante à l'inventeur de la psychanalyse. L'abord lacanien du réel pose la question de la nécessité théorique du Nom-du-Père et du complexe d'Œdipe pour penser à nouveau névrose, psychose et perversion. Le Nom-du-Père prend désormais une toute autre valeur[22]. Dans *RSI*, il y a donc *rupture* tant avec Freud qu'avec le Lacan du « retour à Freud », celui de la suprématie du symbolique.

R, I, S

On peut établir des « correspondances » entre les trois registres R, I, S, et certaines caractéristiques du nœud.

Le réel (R) correspond, on l'a vu, à *l'ek-sistence*. Écrite en soulignant son étymologie, l'*ek-sistence* se réfère à la *rupture* possible d'un rond ou du nœud lui-même. Dans la mise à plat, l'ek-sistence désigne ce qui est en dehors de son champ et permet ainsi toute une série de localisations. Par exemple, J(Φ), soit la jouissance du phal-

22. Cette problématique avait été ébauchée dès 1963, mais interrompue à cause de l'« excommunication » de Lacan par l'IPA. Cf. l'exergue à ce chapitre.

lus, ek-siste comme réelle par rapport à l'imaginaire du corps (dans le rond I) ; J(A), la jouissance de l'Autre, ek-siste par rapport au trou du symbolique qui, n'étant plus qu'un Autre barré, voit son existence remise en cause et se réduit à un trou ; le sens ek-siste au réel, etc.

L'imaginaire (I) correspond à la *consistance* qui n'est pas à prendre dans son sens logique de non-contradiction d'une théorie axiomatique mais étymologique (ce qui tient ensemble) et matériel : la consistance d'une corde, d'une forme qui se tient, d'un corps qu'on peut saisir, d'un tas dont les éléments forment un tout, etc.

Le symbolique (S) correspond au *trou* : notion difficile qui se substitue à la dominance antérieure du *manque*. En effet, dans le Lacan des années 1950, le symbolique est un ordre où existent des places qui permettent de parler de manque dans un réel « plein ». Rien ne manque dans le réel sauf si on lui superpose l'ordre symbolique, disait volontiers Lacan qui aimait à en donner pour exemple celui d'un livre, égaré dans une bibliothèque parce qu'il n'est pas rangé à sa place mais qui, pour autant, ne manque nullement dans le réel. Dans cette première perspective, le « manque-à-avoir » ou le « manque-à-être » phalliques sont créés par le signifiant qui introduit la différence dans le monde, et le phallus devient le symbole du manque. Sans que soit rejetée l'idée du manque, on constate que ce terme n'est plus aussi présent dans *RSI*. Dès lors qu'on peut le nouer à d'autres, le *trou* est ce qui caractérise un rond de ficelle puisqu'on peut y passer une corde. Le trou devient de ce fait essentiel à la possibilité même de nouer. En ce sens, comme la consistance et l'existence, on retrouve le trou comme propriété commune aux trois ronds.

Mais pourquoi le trou spécifie-t-il le symbolique ? Parce que le signifiant fait trou dans le réel. Lacan caractérise ce trou de différentes façons : freudienne, et c'est le refoulé originaire irréductible, l'*Urverdrängt* autour duquel gravite l'inconscient ; structuraliste, et c'est l'interdit de l'inceste. En ce sens le symbolique reste, dans le système borroméen, le support du structuralisme : le trou, c'est l'*interdit* qu'on retrouve dans toute culture comme la règle de l'interdit de l'inceste et qui, fût-elle historique, reste un *invariant* (même si, comme toute règle, elle comporte des exceptions).

On peut alors saisir pourquoi, à la différence de Freud, Lacan ne croit pas au pouvoir *constructif* de la parole :

« Le symbolique tourne en rond et il ne consiste que dans le trou qu'il fait[23]. »

Ce qui compte, quand l'analysant parle, ce n'est pas ce qu'il croit important, à savoir le contenu de sa construction, mais ce qu'elle délimite et laisse apercevoir en creux. Tout lien ou nœud social a pour fondement un trou, celui du non-rapport sexuel qui est lié à l'interdit de l'inceste. Chaque rond enserre un trou d'espèce différente. Ainsi, le trou du réel serait *la vie*. Le trou du symbolique serait *la mort* qui est liée pour l'humain à l'*Urverdrängt* (le refoulé originel) : répéter « Tous les hommes sont mortels » ne nous évite pas, en effet, de refouler l'existence de la mort. Le trou de l'imaginaire serait *le moi*, construit sur le modèle *du sac*, du contenant, de la forme *du corps*.

Schéma 1. – **Mise à plat du nœud borroméen à trois ronds**

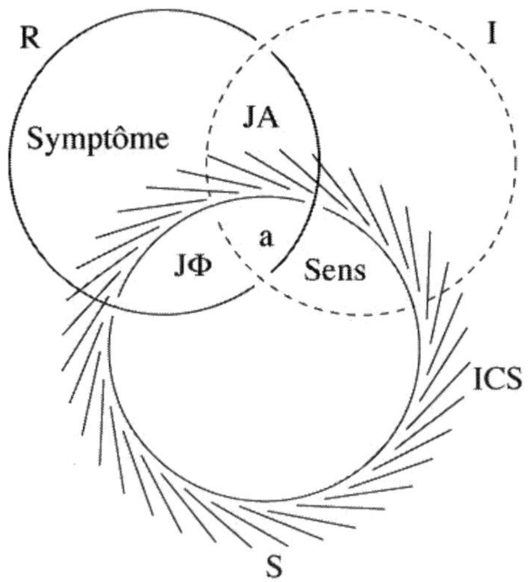

Point de serrage : le sujet $\$$
JΦ : jouissance phallique
JA : jouissance de l'Autre
ICS : inconscient
a : objet *a*

23. S 22, resp. séances du 15 avril, du 21 janvier, du 18 mars et du 18 février 1975.

Le nœud mis à plat

Or la pensée, l'« appensée », nécessite un appui imaginaire, dont découle la débilité mentale qui caractérise l'humain. Lacan, qui fait des nœuds « insensés » avec ses interlocuteurs mathématiciens, doit cependant faire des concessions à cet imaginaire. Il inscrit donc les concepts analytiques sur le nœud mis à plat. D'où des schémas sur lesquels il redistribue ses propres concepts, mais aussi des notions freudiennes comme inhibition, symptôme et angoisse. Ce support imaginaire, nécessaire à la pensée, touche cependant au réel puisqu'il recourt à l'écriture du nœud. En voici esquissés quelques exemples qui seront précisés ultérieurement.

1) ***a* et *S̸*.** L'objet *a*, la cause du désir, est au centre du nœud qui est le point mobile de serrage. En ce point – et il ne s'agit pas ici seulement de sa mise à plat mais du nœud lui-même – *se coincent* les trois ronds de ficelle, coinçage du sujet déterminé par cet objet *a*. Le nœud implique donc *un grand degré de déterminisme* (on n'est certes pas dans le registre de la liberté) :

> « ...le nœud, c'est pas facile de le figurer. Je ne dis pas de *se* le figurer, parce que dans l'affaire, j'élimine tout à fait le sujet qui se le figure, puisque je pars de la thèse que le sujet c'est ce qui est déterminé par la figure en question, [...] c'est des coincements du nœud [...] que le sujet se conditionne. »

Ce sujet n'est pas le sujet réflexif de la philosophie mais un *point* matériel coincé et déterminé par la cause de son désir. Le propre du nœud, si on le manipule, est qu'il ne se défait pas (sauf par définition si l'on rompt un des ronds en libérant les trois) ; le nœud se déforme continûment mais sans cesser ni de nouer ni de serrer. La théorie de *RSI* est donc déterministe, celle du *Sinthome* moins, on le verra.

Lacan a donc remplacé la « construction » du fantasme par le serrage du sujet par l'objet *a*.

2) ***Le symptôme et l'inconscient.*** Le symptôme est dans le champ du réel. Il est l'effet du symbolique sur le réel, c'est pourquoi l'analyste peut opérer sur lui avec l'interprétation. L'inconscient peut être responsable de la réduction du symptôme dans la

mesure où il existe un lien fonctionnel entre inconscient et symptôme. Le symptôme apparaît comme une fonction réelle de traduction : il traduit « en réel », c'est-à-dire « en jouissance », ce qui, dans l'inconscient, peut se repérer par une lettre, soit un trait fixe, un signifiant répétitif, un « Un ». La nécessité du symptôme renvoie à cette répétition dans l'écriture : Lacan caractérise le symptôme par des points de suspension, à savoir une écriture signifiant une ponctuation répétitive. Ainsi le signifiant *unvermögend* du cas Dora : l'impuissance du père, trait unaire de l'identification paternelle ou lettre à référer au phallus dans son inconscient, est « traduite » en toux, une jouissance supportée par le corps. Une équivoque (*unvermögend* = impuissant ou infortuné) soutient cette conversion. Dans le cas de Mme M., la mère infanticide (cf. chapitre I), la lettre est une équivoque maternelle que le sujet cite et tente d'accomplir comme une prophétie. Dans ce cas de psychose, l'inconscient et la lettre sont comme des écrits extérieurs au sujet qui cite ce qui détermine ainsi sa vie et ses actes, à savoir l'accrochage à une parole équivoque maternelle, la « loi de la mère », qui engendre la répétition. D'où la définition du symptôme dans *RSI* :

> « Le symptôme n'est pas définissable autrement que par la façon dont chacun jouit de l'inconscient en tant que l'inconscient le détermine. »

Il ne s'agit plus ici de la détermination du sujet par l'objet *a* dans le fantasme, mais par le symptôme considéré comme une fonction de jouissance indexée sur l'inconscient. Comme on l'aperçoit dans les deux exemples précédents, cette fonction peut prendre des formes différentes. Dans le cas de Dora, une conversion corporelle, dans l'autre la répétition des passages à l'acte. Cette variation de l'enveloppe du symptôme montre le statut différent, suivant les cas et les structures, de la lettre inconsciente.

Lacan donne comme exemple générique de symptôme une femme pour un homme. Cela suppose, si l'on prend sa définition au sérieux, qu'une femme traduit dans le réel une jouissance liée à un signifiant de l'inconscient de l'homme qui l'a choisie pour cela. Ainsi, dans *Vertigo*[24], le symptôme de Scottie est le vertige contracté dans la police lorsqu'il est resté suspendu à un toit au dessus du

24. *Vertigo* (USA, 1958), d'Alfred Hitchcock, avec James Stewart et Kim Novak.

vide. Or, la femme, Madeleine, présentée comme une énigme psychiatrique par l'instigateur du crime parce qu'elle a des passages à vide, le fascine justement par son vide vertigineux : ses grands yeux vides, et le fait qu'elle se précipite dans le vide (dans la mer ou par la fenêtre). La femme incarne donc la chute et le vertige, c'est-à-dire le symptôme de la castration et de la faiblesse du héros masculin.

Le sujet est dans un rapport de *croyance* avec son symptôme. Il y croit, ce qui signifie qu'il croit que le symptôme veut dire quelque chose, et qu'il faut le déchiffrer. La cure analytique repose sur cette croyance que Lacan appelait auparavant le sujet supposé savoir.

La psychanalyse opère une *réduction du symptôme* par les effets de sens de l'interprétation analytique. Du moins est-ce un problème. À cet égard, la question essentielle est la suivante : comment, alors que le sens est imaginaire (plus exactement un effet du symbolique sur l'imaginaire), un effet de sens peut-il toucher le symptôme fait, lui, de jouissance et donc réel[25] ? (Le réel est, ne l'oublions pas, l'expulsé du sens). Le trait d'union entre le réel et le sens est l'inconscient. Mais la question sur laquelle bute Lacan est celle de savoir ce qui, dans l'interprétation, touche le symptôme : est-ce le signifiant comme dépourvu de sens, le « son » saussurien, la jaculation qui a un écho dans le corps ? Ou bien est-ce l'effet de sens ? Il penche plutôt pour la seconde réponse. Il existe en effet des *interprétations silencieuses*, sans énoncé, dues à de simples effets de sens (par exemple quand un analysant interprète sans que l'analyste ne dise rien). C'est alors « un dire silencieux » de l'analyste[26]. Il cherche aussi du côté de la *nomination* : le propre du sens serait que quelque chose y serait nommé. Le sens est défini par « l'effet de la langue sur l'idée » (au sens de Platon), soit l'effet du symbolique sur les formes imaginaires qui sont les schèmes des objets. Mais la réponse emprunte finalement au nœud : le serrage du nœud (en un point triple sur la mise à plat, qui confronte donc le $\not{S}$ à l'objet *a*, cause du désir) provoquerait un effet de sens évanouissant qui ferait ek-sister le réel du symptôme, surgir au dehors du symbolique le réel où s'incarne l'inconscient comme lettre. Le cas de Joyce viendra, l'année suivante, préciser ce point.

---

25. Je reprends ce problème dans le chapitre VII – « Usages psychanalytiques du sinthome », p. 197.
26. S 22, resp. séances du 11 février, du 11, du 18 mars et du 14 janvier 1975.

Les témoignages que l'on a de la pratique de Lacan pendant ses années de séminaire sur le nœud vont dans cette direction : *réduire* le symptôme par un effet du signifiant interprétatif – équivoque afin d'émouvoir l'inconscient, lui-même constitué d'équivoques fondamentales à cause de l'immersion de l'*infans* dans sa langue maternelle. Les effets de sens de l'interprétation comportent des « bouts de réel » dans la mesure où ils ont cet effet de faire ek-sister le symptôme comme résidu du sens. Si l'on suit cette voie, le symptôme existera sous une forme réduite toujours plus, mais sera de plus en plus réel à la fin de l'analyse, définie peut-être comme le moment où les effets de sens ne l'émeuvent plus. Cela ne va donc pas du tout vers l'idée d'une efficacité de la construction symbolique qui résorberait finalement le réel du symptôme. *Lacan n'y croit pas ou plus.* Certes, l'analysant peut construire en analyse, mais ce n'est pas cela qui fait bouger le symptôme ou, s'il bouge, qui le réduit. Pire, ces constructions sont soupçonnées de nourrir le symptôme.

On connaît divers témoignages de la pratique de Lacan[27]. Dans *Abîmes ordinaires*[28], Catherine Millot montre comment les interprétations équivoques de l'analyste à partir du discours de l'analysante ont réduit son symptôme. Mais elle n'a reconstruit la genèse de son symptôme que bien des années après la fin de l'analyse, dans un après-coup déclenché par la mort de son père. Elle a eu besoin de faire cette construction supplémentaire : la réduction lacanienne du symptôme n'est donc pas forcément en opposition, du côté de l'analysant, avec une construction de type freudien. Du côté de l'analyste, il va de soi que la réduction du symptôme par l'interprétation rend absolument nécessaire qu'il construise le cas de son patient. Sinon, par quel miracle son interprétation viserait-elle juste, sauf à croire à une communication d'inconscient à inconscient récusée par la théorie lacanienne ?

De tout ce qui précède, je déduirai que Lacan ne visait pas le même réel que Freud, à savoir la reconstruction de la « vérité historique ». D'ailleurs, le séminaire *RSI* différencie la vérité et le réel en défaveur de la vérité. Selon Lacan, la pensée s'attache trop au *vrai* et au binaire vrai/faux qui, imaginaire comme tout binaire, provoque la débilité mentale et laisse glisser le *réel.*

---

27. Cf. Haddad G., *Le jour où Lacan m'a adopté*, Paris, Grasset, 2002.
28. Millot C., *Abîmes ordinaires*, Paris, Gallimard, L'infini, 2001.

Le Nom-du-Père

Le séminaire *RSI* se démarque de Freud sur la question du Nom-du-Père. Lacan relit Freud avec ses nouveaux outils et construit ce qu'on pourrait appeler « le nœud de Freud », soit un nœud borroméen à quatre qui représenterait la métapsychologie freudienne. R, S, I existaient pour Freud mais, pour les nouer, il introduit un quatrième rond, la « réalité psychique » équivalente au complexe d'Œdipe qui forme l'armature de la réalité psychique. Or, pour Lacan, le complexe d'Œdipe est « implicite » au nœud borroméen de R, S et I et ne nécessite pas cette quatrième dimension de la réalité psychique. Il évoque à ce propos les changements éventuels dans une analyse :

> « Se nouer autrement, c'est ça qui fait l'essentiel du complexe d'Œdipe, et c'est très précisément ce en quoi opère l'analyse elle-même. »

Piste explorée dans *Le sinthome*.

Lors d'une autre séance, il note l'« élision » par Freud de « la réduction à l'I, au S et au R, comme noués tous les trois entre eux » et donne une autre équivalence de la « réalité psychique » de Freud, qui serait instaurée par « *son* Nom-du-Père » : elle équivaudrait en fait à la « réalité religieuse[29] ». Il s'agirait là d'une « fonction de rêve ». La « réalité psychique » tendrait à faire exister Dieu, à cause de la supposition associée d'une psyché, d'une âme. À cette réalité psychique ou religieuse, supposée donc par la théorie analytique et soutenue par le père, il oppose la « réalité opératoire » dont il essaie de rendre compte avec le nœud. Cependant, il affirme corrélativement que Freud ne croit pas en Dieu, mais veut consacrer la religion comme la névrose idéale, en ce qu'elle montrerait la *vérité* du refoulement (nous l'avons vu dans le *Moïse*). Dieu serait alors l'agent de ce refoulement. La psychanalyse serait ainsi amenée à *prouver* l'ek-sistence de Dieu lui-même (comme l'agent du refoulement), à laquelle, en fait, tout le monde croit sans le savoir. La tradition juive de Freud le lie à la science et au réel. L'enjeu serait alors, pour Lacan, de « doubler ça » autrement. Pour autant, il ne dit pas que le Nom-du-Père n'existe pas. Il propose de le pluraliser

29. S 22, resp. séances du 11 février, 15 avril 1975, 17 décembre 1974, 8 avril et du 11 mars 1975.

(il l'a fait dès 1963), et suppose qu'il pourrait exister un état où cette « *suppléance* » par le Père ne serait plus indispensable. Il reste néanmoins prudent : il n'est pas sûr que ce serait un progrès et d'ailleurs ne le prophétise pas ; il se demande si nos I, R, S ne sont pas, pour chacun de nous, « encore dans un état de suffisante dissociation pour que seul le Nom-du-Père fasse nœud borroméen et tenir tout ça ensemble. » En tout cas, cela justifierait le terme de *suppléance* pour le Nom-du-Père, puisqu'il pourrait exister un état où il ne serait pas nécessaire. Dans *RSI*, la fonction du père est reliée à celle du symptôme : c'est, rappelons-le, grâce à la « perversion » du père que s'établirait le symptôme des enfants.

À la fin du séminaire, il se demande, après avoir *réduit* la fonction du Nom-du-Père à celle de la nomination, en quoi celle-ci consiste exactement. Dans la Bible, la nomination est distinguée de la création *ex nihilo* qui fait surgir le réel du symbolique. La nomination serait le moment où la parole se noue au réel : après la création, il faut nommer les choses créées. Est-ce là la fonction du père ? Parce qu'on parle de langue maternelle, on pense plutôt que c'est la mère qui apprend à parler à l'enfant, mais il faut distinguer ici la parole de son nouage avec le réel. Finalement, le Nom-du-Père serait en lui-même l'équivalent du nouage borroméen, ou bien, en suivant Freud, le quatrième rond qui noue les trois autres. Sa « fonction radicale » serait alors « de donner un nom aux choses, avec les conséquences que ça comporte. » Il aurait alors une fonction au niveau du langage lui-même, à étudier à partir du nominalisme. Mais Lacan opère un retournement final pour affirmer l'inutilité de le distinguer comme quatrième rond : il serait à situer dans le symbolique lui-même – et serait « implicite » au symbolique et au mode de nouage des trois registres.

La position du Nom-du-Père *dans* le symbolique était un point essentiel du lacanisme de 1958, mais d'une façon très différente. Le Nom-du-Père était alors *le signifiant de la loi* qui garantissait le fonctionnement non-psychotique du symbolique. D'où une fonction très forte qui lui donnait cette place d'Autre de l'Autre, de garant absolu, à laquelle Lacan a renoncé après. Sa fonction n'était pas seulement une fonction de nomination, mais bien une fonction d'établissement de la loi, ce qui ne revient pas du tout au même. Dans RSI, on l'a vu, le Nom-du-Père est clairement distingué du trou du symbolique (Ⱥ) où se situe la loi de l'interdit de l'inceste. Lui donner une fonction de nomination l'éloigne de la fonction d'agent de la castration qu'il avait en 1958. On a donc affaire à un ravalement de sa fonction de 1958. De plus, faire du père la cause du symptôme des enfants, c'est lui donner une fonction bien plus faible que celle de garant de la loi.

Réduire

N'est-ce pas là l'une des clefs de *RSI* ? Ce n'est pas la « construction de soi » ni de sa vie intérieure qui se profile à l'horizon de l'analyse, mais la réduction matérielle du symptôme par le signifiant équivoque, dont nous préciserons la structure dans le prochain chapitre. Nulle construction ou édification symbolique ne donnera jamais la clef du réel. Cela appartient à une époque révolue de l'enseignement de Lacan, celle de l'analyse de la phobie du petit Hans où le réel s'atteignait grâce au mythe. J'en déduirai que la dernière pratique de Lacan – décriée par certains qui n'en ont pas peut-être pas compris l'enjeu, enviée car inimitable, et pastichée pour le pire – est cohérente avec son enseignement.

On comprend d'autant plus son envie de savoir, grâce à la passe, ce qu'il y avait dans la tête de ses analysants. En effet, concentré sur la matière du symptôme pour la réduire, il ne savait finalement pas grand-chose de leurs élucubrations. Après sa mort, avec certains de ses élèves, la passe est devenue le lieu où s'éprouvait la construction de l'analysant sur le réel : ce sont eux qui ont fait ainsi une sorte de second « retour à Freud » ramenant finalement à une conception du réel comme « vérité historique ». La difficile doctrine du nœud borroméen n'est pas passée dans leur pratique, sauf à pasticher le style du maître de façon irritante. Des jeux de mots arbitraires ont pris le statut d'interprétations, alors que la notion d'équivoque chez Lacan est complexe et liée à un repérage difficile de la position du sujet « coincé » dans un nœud singulier. L'une des difficultés – peut être même une impasse de la transmission de l'œuvre de Lacan – provient de cet obstacle à saisir l'enjeu du nœud. Faute de l'avoir saisi, la clinique lacanienne s'est trouvée décriée tandis que son impact culturel s'avère toujours plus important. Si les psychanalystes formés au départ par cet enseignement ne font pas l'effort de rendre compte *cliniquement* de ce que signifie pour eux le symptôme ou le sinthome, ils contribuent en fin ce compte à une opacité qui dessert la psychanalyse. (Ils peuvent aussi, bien sûr, en réfuter la théorie). La solution, en tout cas, ne peut pas être de faire l'impasse sur cette dernière partie de l'enseignement de Lacan comme si elle était une errance sénile, pour s'appuyer seulement sur les « solides » années 1950-1960. Parce que les problèmes posés, notamment par le Nom-du-Père dans ces années-là, ont été réinterrogés d'une façon percutante par la suite, ce qui fait que mainte critique d'aujourd'hui paraît faible au regard de la finesse de ces développements[30].

Cette introduction au nœud borroméen à partir de *RSI*, le premier séminaire qui en propose un système large et cohérent, nous conduit à un seuil : il existerait de nouvelles fonctions du Nom-du-Père qui diffèrent du père freudien comme lieu de la « vérité historique » et, finalement, comme nom ultime du réel. *RSI* s'achève sur une position problématique et affaiblie du Nom-du-Père et sur la question de l'articulation de la nomination au symptôme.

Nomination et cause du symptôme : ces thèmes annoncent le séminaire sur Joyce et le sinthome que nous étudierons maintenant. Lacan veut-il introduire le mythe d'un Dieu-le-père qui donnerait les noms, là où Freud avait posé un Dieu témoin à jamais de

30. Par exemple celle de Michel Tort dans *Fin du dogme paternel*, Paris, Aubier, 2005. D'accord avec sa critique de la religiosité du père dans la psychanalyse (et de ses avatars réactionnaires), mais pas pour jeter le bébé avec l'eau du bain ! Il est faux que Lacan en soit resté toute sa vie à sa théorie des *Complexes familiaux* de 1938, et à « l'ordre symbolique » des années 1950, et il a lui-même déconstruit pas à pas le Nom-du-Père dès les années 1960. L'auteur lui-même le reconnaît d'ailleurs dans d'autres passages. La théorie du sinthome, je le montre ici, ouvre des perspectives nouvelles, y compris sur la fonction du père qui ne se réduit pas à celle du Nom (pourquoi d'ailleurs, pour sa critique, M. Tort ne fait-il pas une étude directe du *Sinthome* et se contente-t-il de se reporter à des ouvrages d'exégèse qui souffrent d'une optique « religieuse » dans leur dévotion au Nom-du-Père ?) Réduire la psychanalyse à « l'interprétation des relations inconscientes » et « à la production des mécanismes œdipiens au sens le plus large : une histoire d'attachements, de haine, d'identifications entre parents et enfants qui n'avait jamais été formulée, alors qu'elle paraît d'une évidence formidable dans son principe » (p. 23) reviendrait à appauvrir considérablement la psychanalyse et à ne plus lui laisser grand-chose d'autre que le comportementalisme ! D'accord donc pour changer la place du concept du père, mais il faut alors proposer quelque chose de plus efficace que les théories existantes, et ce n'est pas facile.

son propre meurtre et conservé ainsi dans l'inconscient comme un monument du refoulement ? Serait-ce là ce que signifie « doubler » Freud ?

CHAPITRE IV

Le symptôme abolit le symbole

« *Épouse et compagne d'Adam Kadmon : Héva, l'Ève nue. Elle n'avait pas de nombril. Contemple. Ventre sans tache, gros de toutes les grossesses, bouclier de vélin tendu, non, un monceau blanc de blé qui demeure auroral, nacré, maintenant et à jamais dans tous les siècles des siècles. Ventre de péché.*

Dans l'obscurité pécheresse d'un ventre je fus moi aussi fait, et non engendré. Par eux, l'homme qui a ma voix et mes yeux et la femme fantôme au souffle odeur de cendres. Ils s'étreignirent et se séparèrent ayant accompli la volonté de l'accoupleur. De toute éternité. Il m'a voulu et maintenant. Il ne pourra jamais plus vouloir que je n'aie pas été. Une lex eterna *demeure à Son côté. Est-ce là donc la divine substance en laquelle Père et Fils sont consubstantiels ?* »

James Joyce, *Ulysse*[1]

Sans la rencontre de Lacan avec Joyce, les théories du sinthome et du nœud borroméen n'auraient aucune chance de survie dans la psychanalyse, parce qu'elles manqueraient de la substance qui les rende suffisamment crédibles. Je pense en effet qu'il n'est pas possible de fonder un paradigme psychanalytique sans s'appuyer sur un cas, ou du moins sur un exemple *princeps* – Joyce n'étant pas à proprement parler un cas. Le fait qu'il ne s'agisse pas d'un cas analysé a d'ailleurs toute sa valeur, puisqu'une des thèses de Lacan est justement que *le sinthome joycien ne s'analyse pas*. Le

1. Joyce J., *Œuvres*, édition publiée sous la direction de Jacques Aubert, Paris, Bibliothèque de la Pléiade, NRF, tome 2, 1995, p. 42.

« cas » Joyce est cependant porté au paradigme, celui d'incarner le symptôme, puisque le véritable nom propre de l'écrivain serait, à suivre Lacan, « Joyce le Symptôme[2] ».

Le sinthome (1975-1976) prend la suite de *RSI*, dont je viens d'esquisser les linéaments, une suite qui fut d'ailleurs « détourn[ée] du projet[3] » initial, dit Lacan, par l'invitation qu'il reçut à donner cette conférence. Je propose de lire ici ce séminaire comme un parcours tendu entre sa première et sa dernière séances : si la première, le 18 novembre 1975, annonce la thèse centrale, déjà citée dans la conférence – le symptôme abolit le symbole[4] – la dernière, le 11 mai 1976, produit l'exemple d'un symptôme singulier, celui de Joyce, qui abolit le symbole, et montre concrètement les fonctions de ce symptôme, rebaptisé parfois sinthome, en s'appuyant sur la théorie borroméenne. Le séminaire peut donc se lire comme la démonstration d'une existence, terme caractéristique du réel lacanien : il existe *au moins un* symptôme qui a réussi à abolir le symbole et qui nous montre « l'appareil, l'essence, l'abstraction » du symptôme. Lacan y fait ainsi la preuve « par Joyce » de son savoir-faire avec le nœud borroméen. J'examinerai, dans ce chapitre, la thèse de la première séance du séminaire. Puis, dans le chapitre suivant « Le jeune homme sans *ego* », la dernière séance. Ensuite, nous examinerons les propriétés pratiques du symptôme pour son usage clinique.

I. Jones le symbole et Joyce le symptôme

Partons de la version orale de la conférence sur Joyce. Lacan y proteste contre une erreur d'impression dans le titre : « Joyce le symptôme » y serait devenu « Jacques le symbole ». Lacan, qui s'exprime délibérément (à cause de son public littéraire ?) dans le style d'un pastiche joycien, mentionne pour la première fois l'orthographe « sinthome » du symptôme, la seconde ayant succédé

2. Titre de la conférence donnée par Lacan à l'invitation de Jacques Aubert, le 16 juin 1975. Il en existe deux versions. L'une établie à partir d'une prise de notes : Lacan J., « Joyce le symptôme, conférence donnée le 16 juin 1975... », S XXIII p. 161, que je référencerai par vo, et la version réécrite par Lacan : Lacan J., « Joyce le Symptôme (1979), *Autres écrits*, *op. cit.*, référencée ici par vf.
3. S XXIII, p. 12.
4. « Si je dis *Joyce le Symptôme*, c'est que, le symptôme, le symbole, il l'abolit, si je puis continuer dans cette veine », vo, p. 164.

à la première à l'époque de Rabelais, peut-être parce qu'il était influencé par le discours médical, et surtout à cause d'une injection du grec dans le français, importante à cette époque. L'injection d'une langue dans une autre est souvent utilisée par Joyce. À cette occasion, Lacan donne un aperçu de sa préoccupation pour les rapports du symbole et du symptôme. Il fait référence à deux personnages de *Finnegans Wake*, Shem, « le plumitif », qu'il rebaptise « Shemptôme », et Shaun, qui sont « noués » comme des jumeaux. À Shaun, Joyce avait épinglé Jones, le psychanalyste biographe de Freud. Quant à Lacan, c'est Joyce lui-même qu'il identifie à Shemptôme, Jones-Shaun devenant corrélativement le symbole[5].

L'opposition entre les deux (faux ?) jumeaux est la suivante : Jones ne se serait jamais permis le moindre mot d'esprit. Freud l'aurait même choisi pour cela (« Avec Jones, Freud était tranquille – il savait que sa biographie serait une hagiographie »). Le symbole est à entendre ici comme le signifiant maître absolu (noté S_1) : Jones le symbole incarne le S_1 qui ne se laisse pas aller à « la morsure de l'inconscient[6] », à l'équivoque.

En revanche, Joyce le Shemptôme fait un usage extrême des jeux de mots. Son texte en est tissé, il utilise toutes les ressources de la langue et de l'inconscient, mais en même temps – et cela peut sembler paradoxal –, l'artiste est « désabonné à l'inconscient ». Lacan veut dire que Joyce maîtrise parfaitement l'usage de l'équivoque, voire en jouit, mais qu'il témoigne contradictoirement d'une certaine insensibilité inconsciente à l'équivoque ; le résultat en est que Joyce n'émeut pas l'inconscient du lecteur comme le ferait un humoriste grâce à ses *jokes*. Être le Shemptôme consiste donc à devenir le « maître de lalangue[7] » qui est caractérisée selon Lacan par ses équivoques, jusqu'à abolir le symbole, le vecteur du sens. Le symptôme apparaît donc comme cousu au symbole mais, contrairement à ce que signifiait « symbole » dans « Jones le symbole », celui-ci n'est plus à entendre comme le signifiant maître, le S_1, mais plutôt comme le S_2, le signifiant double, l'équivoque. De

---

5. Non sans évoquer le titre de son écrit de 1960 : Lacan J., « À la mémoire d'Ernest Jones : Sur sa théorie du symbolisme » (1960), *Écrits*, *op. cit.* p. 697 *sq.*
6. Vo, p. 164, vient du premier chapitre d'*Ulysse*, où *Agenbite of inwit* est traduit « morsure de l'ensoi », Joyce J., *Œuvres*, *Ulysse*, tome 2, *op. cit.*, p. 17 et, dans la nouvelle traduction d'Ulysse, traduit « re-mords de l'inextimé », par Jacques Aubert. Cf. « Notes de lectures », S XXIII, p. 198.
7. Vf, p. 570.

plus, le symptôme n'est cousu au symbole qu'en apparence puisque l'écrivain réussit, grâce à ses procédés littéraires, à finalement l'abolir. L'équivoque est donc la matière du symptôme mais elle y perd à la fin son pouvoir de diviser le sujet ; elle y est gelée dans des mots-paillettes fascinants, énigmes dont on peut reconstituer laborieusement l'histoire en suivant les indications laissées à dessein par l'auteur.

Voici donc la première signification de l'abolition du symbole par le symptôme : *une perte de la valeur habituelle de l'équivoque, celle qui est justement utilisée par l'interprétation analytique pour diviser le sujet.* On retrouve l'idée, énoncée on l'a vu, dans *RSI*, que « le symptôme, [...] c'est du réel » en tant que celui-ci est « l'expulsé du sens[8] », soit ce qui reste de la jouissance lorsque le sens se perd, non par un appauvrissement mais au contraire par un usage exacerbé du symbole, par l'excès d'équivoques (n'est-ce pas, d'ailleurs, ce que Lacan met en scène devant son public du séminaire à cette époque ?). On comprend alors pourquoi le symptôme joycien sera dit inanalysable[9]. D'où une question brûlante pour l'analyste : comment opérer sur le symptôme de l'analysant, si ce que nous montre Joyce est bien l'essence même de celui-ci et qu'il « n'y [a] rien à faire pour l'analyser » ?

II. La genèse bouffonnée

La première séance du *Sinthome* reprend la question de la nomination laissée en suspens à la fin de *RSI*. À propos de la nomination des espèces dans la Bible, Lacan s'interrogeait en effet :

> « [...] la nomination de chacune des espèces, que représente-t-elle ? Une nomination, assurément, étroitement symbolique, une nomination limitée au symbolique. Est-ce que c'est cela qui nous suffit pour supporter ce qui vient en un point certes pas indifférent dans cette élémentation à quatre du nœud qui se supporte du Nom-du-Père ? Est-ce que le père est celui qui a donné leur nom aux

8. S 22, resp. séances du 19 novembre 1974 et du 11 mars 1975. De ce fait, le symptôme n'est donc plus « jouis-sens » mais ce qui ek-siste au sens lorsqu'on l'a épuisé. Cf. Lacan J., « Télévision » (1974), *Autres écrits*, *op. cit.*, p. 517.
9. S XXIII, p. 125.

choses ? Ou bien ce père doit-il être interrogé en tant que père au niveau du réel[10] ? »

Et de renvoyer à l'année suivante l'élucidation de la « substance » du « nom de père ».

Ce passage condense plusieurs questions. D'une part, celle de la fonction du père. Dans *RSI*, Lacan tentait de se démarquer de Freud qui, selon lui, nouait les trois ronds indépendants, R, S et I, par un quatrième, celui de la réalité psychique. Lacan avait d'abord identifié ce quatrième rond comme le complexe d'Œdipe, puis comme la réalité religieuse, celle de la croyance en Dieu et en l'âme, soutenues par « *son* Nom-du-Père » (à savoir celui de Freud). Pour se passer éventuellement de ce Nom-du-Père trop chargé de religion, il avait alors proposé le nœud borroméen à trois comme une solution alternative (athée ?) : la dimension d'une « réalité opératoire » du nouage borroméen contiendrait implicitement le complexe d'Œdipe et permettrait donc l'économie d'un quatrième rond « religieux » (le premier nœud borroméen à quatre que proposait Lacan lui venait donc à l'esprit, il faut le souligner, à l'occasion de sa transposition borroméenne de Freud). Ce nœud borroméen à trois, hypothétique, incarnerait « à l'état pur, la notion de rapport » dans le monde borroméen où deux éléments quelconques n'ont justement jamais de rapport entre eux.

Mais Lacan ne se satisfait plus de cette solution borroméenne à trois lorsqu'il lui vient à l'idée que la nomination ne relèverait finalement pas que du symbolique, comme il l'avait pourtant affirmé peu de temps auparavant, mais serait quand même un quart élément à inscrire *en plus* de R, S et I, pour les nouer. D'où l'idée, à nouveau et sans Freud cette fois, d'un nœud borroméen à quatre, dans lequel le quatrième rond serait la nomination, distinguée, donc, du symbolique, comme une fonction particulière. La question suivante du passage, précédemment cité, de la fin de *RSI* est alors *le lien entre la nomination comme quart élément et le père* que Lacan avait auparavant considéré comme le quart élément freudien : la question freudienne du père, qui avait été repoussée en tant que religieuse, fait en quelque sorte retour, en insistant maintenant sous les auspices de la nomination. La fonction du

10. S 22, resp. dans ce qui suit, séances du 13 mai, du 14 janvier, du 11 février, du 11 mars, du 15 avril 1975, du 13 mai 1975 repris dans S XXIII, p. 37, et séance du 13 mai 1975.

père est-elle la nomination ? Doit-elle être interrogée au niveau du symbolique ou du réel ? Et quel lien entretient alors la nomination avec le symptôme ?

Il n'est pas indifférent, dans un contexte où est interrogée la religiosité éventuelle de la psychanalyse, que la question se soit alors matérialisée en une ébauche de lecture de la *Genèse*. Reprise ensuite, sous une forme franchement parodique, dans la première séance du *Sinthome*, elle va amener à une réponse plutôt inattendue – peut-être à cause de la lecture de Joyce qui a, entre-temps, infléchi sa trajectoire[11].

Lacan distingue la création *ex-nihilo*, qui fabrique du réel à partir du symbolique, sans matière préalable, de la nomination des espèces qui la suit. Si la création est dite divine, c'est en référence à la nomination conçue comme relevant du symbolique pur[12] : il y aurait un cercle parfait qui irait d'abord du symbolique au réel, puis se complèterait d'un retour du réel au symbolique, par la nomination divine, mettant chaque chose à sa place et donnant son nom à chaque chose, dans un monde parfaitement ordonné. Ainsi, Dieu opèrerait un capitonnage parfait du réel et du symbolique.

Mais ce programme idéal ne tient pas et Lacan va séparer radicalement la nomination de la création. En effet, ce n'est pas Dieu qui nomme, mais l'homme. Et il ne peut le faire que dans sa langue maternelle, c'est-à-dire celle de sa mère, Évie, dont le nom signifie en hébreu « la mère des vivants ». Lacan réinterprète donc quelque peu la filiation d'Adam qui devient le fils de sa compagne. De ce fait, Adam ne pouvait parler que dans sa langue maternelle, qui est celle du péché originel puisque c'est l'idiome avec lequel

11. C'est pourquoi n'expliquer la présence de ce développement sur la *Genèse* au début du *Sinthome* que par une reprise parodique du début de *Finnegans Wake* paraît un peu courte. Cf. Miller J.-A., « Notice de fil en aiguille », S XXIII p. 215.

12. « Le signifiant répudie la catégorie de l'éternel, et pourtant, singulièrement, il est de lui-même. Ne vous est-il pas clair qu'il participe, pour employer une approche platonicienne, à ce rien d'où l'idée créationniste nous dit que quelque chose de tout à fait originel a été fait *ex nihilo* ? N'est-ce pas là quelque chose qui vous apparaisse [...] dans la Genèse ? Elle ne nous raconte rien d'autre que la création – de rien en effet – de quoi ? – de rien d'autre que des signifiants. Dès que cette création surgit, elle s'articule de la nomination de ce qui est. N'est-ce pas là la création dans son essence ? », Cf. S XX, p. 41.

Ève a parlé au serpent. Finalement, il n'existe aucune langue divine pour la nomination, mais seulement la langue de l'homme qui est sa langue maternelle, une langue particulière qui est toujours la langue de son désir à elle, la mère, et de sa jouissance :

> « La Création dite divine se redouble donc de la parlotte du *parlêtre*, comme je l'ai appelé, par quoi l'Évie fait du serpent ce que vous me permettrez d'appeler le *serre-fesses*, ultérieurement désigné comme faille, ou mieux phallus - puisqu'il en faut bien un pour faire le *faut-pas*.
>
> C'est la faute, le *sin*, dont c'est l'avantage de mon *sinthome* de commencer par là. Ca veut dire en anglais, le péché, la première faute[13]. »

De Dieu le père, nous voilà ramenés à la mère, donc à une femme et à sa « parlotte » à des fins de jouissance. Du symbole divin, nous sommes passés à la genèse du symptôme. En effet, la nomination divine n'existe pas, telle est donc la première réponse à la question qui insistait dans *RSI* : il n'y a pas de point de capiton, opéré *a priori* par le Nom-du-Père entre le réel et le symbolique, qui coudrait ensemble ces deux registres, sans reste, comme c'était le cas dans la théorie de 1958 du redoublement de l'Autre du symbolique par celui de la loi. Celui-ci était donc un Autre de l'Autre interne au symbolique. *Le redoublement s'est déplacé de la loi, interne au symbolique, au symptôme qui ne lui appartient plus.* Plus avant, Lacan ajoute :

> « Le complexe d'Œdipe, comme tel, est un symptôme. C'est en tant que le Nom-du-Père est aussi le père du nom que tout se soutient, ce qui ne rend pas moins nécessaire le symptôme. »

Donc, même si l'enfant prend appui sur le père, sur son nom ou sur sa fonction de nomination, le symptôme lui est tout de même nécessaire *en plus* du Nom-du-Père et il devient le quart élément incontournable qui lie R, S et I. Ailleurs, Lacan propose de « coiffer » le Nom-du-Père par le symptôme[14]. En fait, R, S et I sont tout à la fois distincts et sans rapport et les trois ne tiendraient pas ensemble sans un lien quatrième. La père-version consiste à vouloir se servir du père pour matérialiser ce quatrième rond, mais Lacan indique que ce n'est là qu'un cas particulier : on peut se servir d'un

13. S XXIII, p. 13.
14. Vo, p. 167.

autre symptôme, et même quand on se sert du père, il y a nécessité d'un symptôme en plus.

Le symptôme est maintenant un cran au-dessus du Nom-du-Père, dont le concept n'est nullement supprimé pour autant. Simplement, cela change tout, d'une part parce que c'est le symptôme qui a pris la place cruciale et centrale qu'avait auparavant le Nom-du-Père dans la théorie et, d'autre part, parce que le symptôme ne ressortit plus au seul symbolique. Il y a donc un véritable ravalement de la fonction du symbolique, certes déjà commencé, on l'a vu, depuis longtemps, mais qui apparaît là sans retour. Le style de cette séance de séminaire est à cet égard éloquent, frôlant la dérision : « Dieu bouffonne l'homme », « Adam était bien entendu une madame », « la parlotte », « la langue bien pendue » d'Évie, etc. Tout ce qui ressortissait traditionnellement pour Lacan au symbolique est ravalé : Dieu, la parole devenue parlotte, le langage devenu langue, la virilité, et même la logique. Or, la part du symbolique qui est ici visée est clairement *le* symbole, c'est-à-dire le Nom-du-Père comme emblème d'une loi divine, comme un S_1 dont Lacan s'était moqué dans sa conférence sur Joyce, sous la forme métaphorique de « Jones le symbole ». Le Nom-du-Père n'est plus implicite au symbolique, ni comme loi ni même comme fonction de nomination[15], il est à mettre *au niveau du symptôme*, qui l'englobe comme un cas particulier, mais où il garde tout de même une place distinguée. *Dans la théorie de Lacan, le symptôme a donc aboli le symbole, pris ici comme le signifiant maître absolu.* Voilà donc une deuxième signification, métathéorique, de la phrase : le symptôme abolit le symbole.

Or une autre part du symbolique reste, elle, bien en place, celle qui est rejetée du côté d'Évie, de sa langue bien pendue et de son désir : le symbolique comme le lieu des équivoques, comme « lalangue » dont use le parlêtre dans sa « parlotte » qui ne lui sert plus tant à communiquer qu'à jouir. Ce thème date du séminaire *Encore*[16]. Il marque le moment d'une antécédence prise par la jouis-

15. S 22, séance du 11 mars 1975.

16. Dans *Encore*, Lacan situe le signifiant au niveau de « la substance jouissante » : « Le signifiant, c'est la cause de la jouissance. » La linguistique est un discours scientifique qui définit le langage et les propriétés du couple signifiant-signifié. Lacan en différencie dorénavant ce qu'il étudie comme psychanalyste, *i.e* le signifiant comme substance jouissante, sous le nom de « linguisterie ». Cf. S XX, p. 20, 26-27, 35.

sance sur le langage qui devient une superstructure par rapport à « lalangue » en un seul mot, définie par l'intégrale de ses équivoques[17].

On peut cependant se demander en quoi cette Évie ne serait pas le double féminin de Dieu, ce qui nous ramènerait à la case départ, celle du Nom-du-Père. Lacan prévient immédiatement cette objection, d'abord par une sorte de pirouette : en effet, dit-il, Évie est « l'unique, la femme », « mythique en ce sens que la femme l'a faite singulière » ; « la femme dont il s'agit est un autre nom de Dieu, et c'est en quoi elle n'existe pas, comme je l'ai dit maintes fois. » Mais plus avant dans le séminaire, il rappelle que :

> « La seule chose qui permette de supposer *La* femme, c'est que, comme Dieu, elle soit pondeuse.
>
> Seulement, le progrès que l'analyse nous fait faire a été de nous faire apercevoir qu'encore que le mythe la fasse toute sortir d'une seule mère, à savoir d'Ève, il n'y a que des pondeuses particulières[18]. »

Donc, seule la création (désignée plutôt trivialement ici comme l'œuvre des « pondeuses ») pourrait *la* rendre unique et divine, mais, par l'analyse, le sujet apprend qu'il n'a eu qu'*une* mère particulière dont le désir a marqué, de sa singularité, la langue maternelle : c'est cette singularité qui nous est réellement transmise et non pas un universel féminin mythique qui est une invention idéale secondaire. En suivant probablement ce même fil, Lacan en induit le rôle crucial des femmes dans le fait que la langue soit vivante. À l'homme, « porteur de l'idée de signifiant » et de syntaxe – où il faut entendre « idée » dans un sens platonicien, imaginaire et théorique, donc toujours au sens de la superstructure du langage, il oppose « l'ensemble des femmes qui a engendré ce que j'ai appelé *lalangue* », c'est-à-dire les équivoques qui y sont possibles, le réel de la langue qui supporte le symptôme de chacun. De

17. « Ce dire ne procède que du fait que l'inconscient, d'être « structuré comme *un* langage », c'est-à-dire lalangue qu'il habite, est assujetti à l'équivoque dont chacune se distingue. Une langue entre autres n'est rien de plus que l'intégrale des équivoques que son histoire y a laissé persister. » Lacan J., « L'étourdit » (1972), *Autres écrits*, *op. cit.*, p. 490.

18. S XXIII, resp. p. 128 et 117.

ce fait, *le symptôme hérite du caractère « pastout*[19]*» de la féminité*, de la discordance féminine par rapport à l'universel[20] : dire qu'il est pastout (ce qui est aussi une propriété de la vérité) implique déjà *a minima* qu'il sera pluralisé en une série de cas singuliers et qu'on aura du mal à parler de symptômes-types.

En ce point de notre commentaire, le symptôme est donc couplé avec la nomination qui a été enlevée à l'exclusive divine du Nom-du-Père pour être ramenée du côté de la femme-mère, pastoute. De ce fait, il n'est plus question de parler du symbole tout

---

19. Le pastout ($\overline{\forall}$) est l'invention essentielle des « formules de la sexuation » de Lacan, côté femme. La structure de ces formules oppose deux côtés, le côté homme, à gauche, et le côté femme, à droite, repérés par leur mode d'inscription dans la fonction phallique, Φ. Les formules usent des prosdiorismes d'Aristote, nommés quantificateurs dans la logique moderne et quanteurs par Lacan et des barres de négation placées au-dessus.

Homme	Femme
$\exists x \, \overline{\Phi x}$	$\overline{\exists x} \, \overline{\Phi x}$
$\forall x \, \Phi x$	$\overline{\forall} x \, \Phi x$

Formules de la sexuation (S XX p. 73)

Entre hommes et femmes, l'opposition essentielle est celle du tout et du pastout (ligne inférieure).

Côté homme, le tout est délimité par un bord qui s'en excepte, où se situe le père. Il s'agit d'une transcription logique du mythe de *Totem et Tabou* : la virilité s'obtient au prix de la castration par le père de la horde, qui possède toutes les femmes (formule du père, en haut à gauche). Le père est donc, pour l'homme, un obstacle nécessaire : *la contradiction* régit ce couple de formules.

Côté femme, le pastout est *illimité*. La formule du haut écrit l'absence d'une exception qui ferait bord de ce côté-là, comme le père du côté des hommes. Cet illimité n'est pas forcément à concevoir comme un infini. Milner donne l'exemple du jeu de dames comme paradigme d'un pastout fini : il y a un nombre fini de pions, donc un nombre fini de dames possibles, mais, puisque n'importe quel pion peut aller à dame, le processus est sans exception, donc pastout. Même chose pour le mythe de Don Juan : il existe un nombre fini de femmes dans le monde, mais n'importe laquelle, sans exception, est susceptible de devenir sa maîtresse, donc le processus est pastout. Le pastout phallique de la jouissance féminine signifie qu'elle est « quelque part » en soi non phallique mais que ce « quelque part » est indéterminé parce que cette femme s'inscrit aussi sans exception dans la fonction phallique. Cf. Milner J.-Cl., *Les penchants criminels de l'Europe démocratique*, Paris, Verdier, 2003, notamment ch. 1.

20. S XXIII, p. 14. Cf. aussi Morel G., *Ambiguïtés sexuelles. Sexuation et psychose*, *op. cit.*, p. 154 *sq*, notamment p. 171.

seul, sans le symptôme : le symbole est redoublé par le symptôme. En quel sens ? Loin de la pureté du capitonnage sans reste du réel par le symbolique, la nomination par la mère est intrinsèquement chargée de péché, de faute : la mère n'est pas *le* symbole ni le sujet de la parole pleine, mais un être dont le bavardage, les paroles sont lourdes de jouissance, la jouissance qu'il « ne faut pas ». Qu'est-ce que cette dernière jouissance ? Dans la parodie de la *Genèse* que fait Lacan, c'est assez clair. Au lieu de jouir d'un bonheur « comme il faut » avec Adam, elle parle au serpent et s'engage ainsi dans la voie de la désobéissance à Dieu et de la faute. En s'intéressant au phallus non pas où « il faudrait » (l'organe d'Adam), c'est au savoir interdit qu'elle s'intéresse. Lacan fait donc entendre l'équivoque du *sin* de sinthome qui veut dire « péché » en anglais. *Cette faute originaire due à l'appétit de jouissance maternel est le point d'insertion du symptôme* : il sera chargé des premières paroles entendues, jaculations injonctives et équivoques qui pèseront sur le sujet d'une manière fatidique et qui seront parfois relayées par d'autres, celles du père notamment, mais pas toujours.

L'appétit de jouissance de la mère implique aussi structuralement, même si Lacan n'en parle pas ici, l'inceste, la possession corporelle et sexuelle des enfants. Nous en avons étudié plusieurs exemples cliniques : la mère infanticide, Mme P. l'anesthésiste et le cas de Paul. Lacan réécrit la *Genèse* comme une métaphore paternelle mise complètement sens dessus dessous : au départ, il y a bien Dieu le père, mais il est doublé ensuite par la mère et son désir illicite du phallus. Les femmes sont décidément à l'honneur dans cette nouvelle lecture du mythe : donneuses de langue, elles sont aussi le point de départ de la science (il n'est pas sûr, cependant, que Lacan valorise beaucoup la science à cette époque). La science apparaît en tout cas, dans cette réécriture lacanienne du mythe de la *Genèse*, comme un symptôme qui cesserait si s'écrivait le rapport sexuel. En effet, si le rapport sexuel avait existé et s'était donc écrit, s'il y avait eu entre les sexes un discours qui ne soit pas du semblant, la femme serait restée avec Adam et n'aurait pas cherché le phallus ailleurs sous la forme d'un savoir défendu par Dieu. De cette quête du phallus provient la faille qui ne cesse de s'agrandir, celle de la castration où se loge le « sans cesse » de l'expansion du savoir scientifique. Dans ce mythe lacanien, les racines de l'arbre de la science sont des tentatives ratées d'établir un rapport sexuel.

De même, le symptôme de chacun pousse sur le socle de l'impossibilité d'écrire le rapport sexuel de ses parents.

« La faute », le *sin* du sinthome vient de là. On ne peut trouver son signifié d'origine, d'où le mythe d'Évie qui met en place la matière première féminine du symptôme, l'équivoque signifiante nouée à la jouissance maternelle. Comment traduire cela dans le monde borroméen ? *Lacan dira qu'il existe pour chacun une faute particulière de nouage, une erreur ou un lapsus du nœud, « la faute » que corrige le sinthome.*

Revenons sur les « rapports » du symptôme et du symbole à partir de cette première séance du séminaire. « Rapport » est d'ailleurs un terme qui ne convient guère ici puisque, dans le monde borroméen[21], les ronds n'ont pas de rapport entre eux deux par deux. Lorsqu'ils en ont, c'est une faute grave que le symptôme doit réparer. D'ailleurs, l'idée de ce redoublement du symbole par le symptôme vient décidément de la lecture de Joyce, puisque Lacan lui attribue, dès sa conférence, d'avoir noué l'inconscient et le sinthome. En fait, il se corrige dans cette première séance du *Sinthome* en parlant plutôt, on va le voir, d'un « faux-trou », formé par l'articulation du symptôme et du symbole. Enfin, par la suite, il fera consister la faute du nœud de Joyce dans un nouage du réel et du symbolique que viendra réparer le sinthome.

III. Le symptôme *dans* le symbolique

Ces tâtonnements sur ce qui serait fautivement noué chez Joyce montrent que l'articulation du symptôme et du symbolique est un véritable enjeu théorique. Cela se conçoit si l'on se souvient que le symptôme lacanien appartenait auparavant essentiellement au registre du symbolique. En effet, dans le cadre du « retour à Freud[22] », la mise en série du symptôme avec les autres formations de l'inconscient, le rêve, le lapsus et le mot d'esprit, impliquait leur homogénéité structurale. Cette continuité fut d'abord interprétée

---

21. Lacan ne parle jamais de « monde » borroméen, parce que l'idée de monde est éminemment imaginaire, contrairement aux nœuds, mais, faute de mieux, je l'utilise à la façon des logiciens, comme lorsqu'on parle des « mondes possibles » en logique modale. Pour « le comique » de toute conception du monde, cf. S XX, p. 32.
22. Cf. Lacan J., « La chose freudienne ou Sens du retour à Freud en psychanalyse » (1956), *Écrits*, Paris, Le Seuil, 1966, p. 401.

comme sémantique : l'analyse restituerait le sens d'un message perdu et resté prisonnier du symptôme, comme on interprèterait une conduite, un lapsus, un rêve ou un fantasme[23]. La folie se concevait elle aussi dans le registre du sens :

> « Et quand tout moyen de les exprimer [les phénomènes délirants] vient à lui manquer [au sujet], sa perplexité nous manifeste encore en lui une béance interrogative : c'est-à-dire que la folie est vécue toute dans le registre du sens[24]. »

Le thème de la béance et de la discontinuité, cause du symptôme, insistera d'autant plus que, Lacan étant devenu structuraliste, il est réinterprété, non plus en termes de sens, mais, avec la suprématie du signifiant, en termes de faille du savoir et de retour de la vérité :

> « Il est difficile de ne pas voir, dès avant la psychanalyse, introduite une dimension qu'on pourrait dire du symptôme, qui s'articule de ce qu'elle représente le retour de la vérité comme tel dans la faille d'un savoir. »

écrit-il en 1966, avant de préciser le statut du symptôme psychanalytique[25] :

> « [...] le symptôme ne s'interprète que dans l'ordre du signifiant. Le signifiant n'a de sens que dans sa relation à un autre signifiant. C'est dans cette articulation que réside la vérité du symptôme. Le symptôme gardait un flou de représenter quelque irruption de vérité. En fait il *est* vérité, d'être fait du même bois dont elle est faite, si nous posons matérialistement que la vérité, c'est ce qui s'instaure de la chaîne signifiante. »

Vérité à dévoiler, message inconscient inversé, question restée prisonnière de la chair dans l'hystérie, de la pensée dans

---

23. « L'expérience analytique nous permet d'éprouver la pression intentionnelle. Nous la lisons dans le sens symbolique des symptômes, dès que le sujet dépouille les défenses par où il les déconnecte de leurs relations avec sa vie quotidienne et avec son histoire, – dans la finalité implicite de ses conduites et de ses refus, – dans les ratés de son action, – dans l'aveu de ses fantasmes privilégiés, – dans les rébus de la vie onirique », Lacan J., « L'agressivité en psychanalyse» (1948), *Écrits*, *op. cit.* p. 103.
24. Lacan J., « Propos sur la causalité psychique » (1946), *Écrits*, *op. cit.*, p. 165-166.
25. Lacan J., « Du sujet enfin en question » (1966), *Écrits*, *op. cit.*, p. 234.

l'obsession, blasons de la phobie, métaphore à défaire[26], le symptôme se présente dans tous les cas comme une vérité à déchiffrer. On peut le lire sur le *schéma L* de « La lettre volée[27] » où la communication symbolique entre le sujet et l'Autre est interrompue par l'obstacle de l'imaginaire et ses phénomènes d'inertie. Cette interprétation *toute symbolique* du symptôme, y compris de ses phénomènes de répétition qui apparaissent comme le retour inexorable de certains signifiants, laisse de côté sa spécificité de souffrance – donc de jouissance, pour anticiper sur les théorisations suivantes de Lacan –, spécificité qui le distingue cliniquement du rêve, du lapsus et du *Witz* où l'on ne souffre pas forcément et où l'on peut même prendre du plaisir. Lacan laisse alors de côté ces considérations économiques. Au cours des années, le versant sémantique du symptôme cèdera peu à peu la place à son versant signifiant, puisque le sens, amalgamé au signifié, est conditionné par le signifiant, en conséquence de l'autonomie du symbolique. Le signifiant du symptôme compte alors davantage que son signifié et que son sens : ainsi, l'interprétation doit amener le sujet à voir, au-delà de la signification,

> « à quel signifiant – non-sens, irréductible, traumatique – il est, comme sujet, assujetti[28] ».

Mais un nouveau virage est pris avec l'importance croissante, dans la théorie, du réel de la jouissance[29]. D'abord l'introduction

26. La théorie lacanienne la plus classique est celle du symptôme comme métaphore, c'est-à-dire comme substitution d'un terme (le signifiant du symptôme) à un autre (le signifiant refoulé). Soit un symptôme de conversion comme l'aphonie de Dora. Le symptôme est levé lorsque surgit dans la cure le mot du symptôme, *unvermögend*, signifiant refoulé de l'impuissance du père qui équivoque avec sa fortune, sa richesse. L'aphonie mime en effet les relations sexuelles de son père, impuissant et fortuné, auquel s'identifie Dora, dans un rapport oral avec la maîtresse de celui-ci, Mme K. Un telle conception du symptôme en fait une sorte de formation de l'inconscient qui peut disparaître : il suffit de produire le signifiant refoulé pour défaire la métaphore et dénouer le symptôme. Le symptôme comme métaphore contient donc *en lui-même* sa possibilité de guérison. Cf. Lacan J., « L'instance de la lettre dans l'inconscient », *Écrits, op. cit.*, p. 493-528.
27. Lacan J., « Le séminaire sur « la lettre volée », *Écrits, op. cit.*, p. 53.
28. S XI, p. 226.
29. Pour une périodisation plus synthétique de la jouissance dans l'enseignement de Lacan, cf. Miller J.-A., « Les six paradigmes de la jouissance », *La Cause Freudienne. Revue de psychanalyse*, n° 43, oct. 1999, p. 7-29.

de « la Chose » dans *L'éthique*, puis sa reprise sous les espèces de l'objet *a* dans le *séminaire XI* s'accompagnent d'une différenciation nouvelle de la répétition et de l'inconscient. L'objet *a* s'insère alors comme rencontre ratée, *tuchè*, dans l'*automaton* de la répétition, tandis que l'inconscient se présente sous une forme de plus en plus discontinue à la faveur de béances signifiantes, de battements temporels ; cette structure l'apparie avec la pulsion freudienne en tant qu'elle est branchée sur les zones érogènes autour des orifices du corps. Lacan avait en effet mis la pulsion de côté depuis le début de son enseignement en la rangeant d'abord dans l'imaginaire (*schéma L*) puis dans le symbolique où elle s'écrivait comme le rapport du sujet à la demande ($\$\Diamond D$, sur le *Graphe du désir*[30]). Elle revient alors sur la scène comme l'un des quatre concepts fondamentaux de la psychanalyse. Le corps suit un trajet analogue : d'abord imaginaire et supporté par l'image spéculaire dans « Le stade du miroir », il devient signifiant par morceaux, jusqu'à « Radiophonie[31] » où il n'existe que grâce au symbolique qui en constitue l'armature.

L'autre moment décisif de ce parcours est le séminaire *L'envers de la psychanalyse*, où la jouissance prend le pas sur le signifiant dans la répétition. Poursuite d'une jouissance « ruineuse » à jamais perdue, elle s'origine dans une perte première, chaque fois commémorée et renouvelée par le retour du trait unaire (S_1), marque qui l'identifie partiellement. Cette perte perpétuelle, qualifiée d'« entropie » sur le modèle de la thermodynamique, s'accompagne cependant d'un gain de jouissance, le plus-de-jouir, qui s'écrit encore comme l'objet *a*. Celui-ci, de ce fait, se pluralise en gadgets de la consommation notamment, les « lathouses[32] ». Ce plus-de-jouir est conçu comme une plus-value engendrée par le travail du signifiant, du savoir : « [L]e savoir est moyen de jouis-

30. Lacan J., « Subversion du sujet et dialectique du désir dans l'inconscient freudien », *op. cit.*, p. 817.
31. « Je reviens d'abord au corps du symbolique qu'il faut entendre comme de nulle métaphore. À preuve que rien que lui n'isole le corps à prendre au sens naïf, soit celui dont l'être qui s'en soutient ne sait pas que c'est le langage qui le lui décerne, au point qu'il n'y serait pas, faute d'en pouvoir parler. Le premier corps fait le second de s'y incorporer. » Lacan J., « Radiophonie » (1970), *op. cit.*, p. 409.
32. « Lathouse » est fabriqué avec les mots grecs *aletheia* (vérité) et *ousia* (substance) ; en grec, lathouse signifie « chose oubliée ». S XVII, p. 188-189 puis p. 57.

sance », énonce Lacan. Le symbolique est donc désormais subordonné à la jouissance. Le discours du maître inscrit en un même mathème la production du plus-de-jouir comme objet *a* et la définition antérieure du signifiant représentant le sujet pour un autre signifiant. Le séminaire *Encore* accentue ce versant qui subordonne le symbolique à la jouissance. Lalangue y devient, on l'a vu, une cause de jouissance plus qu'un moyen de communication, le langage devenant une superstructure par rapport à ce socle réel[33].

IV. La femme pastoute, le symbole équivoque et le symptôme

Dans le séminaire *RSI*, la définition du symptôme comme « la façon dont chacun jouit de l'inconscient en tant que l'inconscient le détermine[34] » est dans le prolongement de *L'envers de la psychanalyse*, puisque le symptôme y devient avant tout une jouissance liée à l'inconscient, donc à la langue, qui est située dans le champ du réel lors de la mise à plat du nœud borroméen à trois. Le séminaire s'ouvrait d'ailleurs sur l'affirmation : « le symptôme, [...] c'est du réel ». Mais la notion d'une détermination *par* l'inconscient est justement l'élément qui est précisé dans le séminaire suivant. En effet, dans *RSI*, n'était pas encore remise en cause la nomination comme fonction du Nom-du-Père[35], donc cette détermination par l'inconscient pouvait être vue comme venant surtout du père. Par ailleurs, l'idée d'une détermination inconsciente évoque l'insistance du même et accentue d'autant le versant de la répétition[36] : celle-ci assure de l'existence d'un élément constant dans le symptôme (la comparaison du symptôme et des points de suspension allait dans cette même direction).

---

33. Cf. Milner J.-C., « De la linguistique à la linguisterie », *Lacan, l'écrit, l'image*, dir. ECF, Paris, Champs-Flammarion, 2000, p. 7 sq et S XX, p. 127 : le langage est « une élucubration de savoir sur lalangue ».
34. S 22, séance du 18 février 1975, puis du 19 novembre 1974.
35. C'était même la seule fonction qui lui restait : « [...] je réduis le Nom-du-Père à sa fonction radicale qui est de donner un nom aux choses. » Ce qui sera remis en cause, on l'a vu, dans *Le sinthome*. S 22, séance du 11 mars 1975.
36. Lacan y renouvelle sa référence du *Séminaire XI* à Kierkegaard, comme ayant mis en valeur la répétition comme « une fonction fondamentale dont l'étalon se trouve dans la jouissance », cf. S 22, séance du 18 février 1975.

Cela m'avait conduite, dans *Ambiguïtés sexuelles*, à parler du symptôme comme d'une « fonction symptôme » qui était une fonction de jouissance, soit une fonction localisant la jouissance qui pouvait s'écrire à la manière d'une « phrase à trous » de Frege[37]. Cette écriture me semble d'ailleurs toujours valable au regard du *Sinthome*, lorsqu'on met l'accent sur la répétition de jouissance, qui n'y est nullement une notion caduque, même si l'accent est mis désormais sur d'autres versants du symptôme : la correction, la progression temporelle du symptôme dans la vie du sujet, son rapport au corps.

Dans *Le sinthome*, Lacan n'insiste pas autant que dans *RSI* sur la détermination inconsciente (donc symbolique) du symptôme, et d'ailleurs, les termes de « redoublement » du symbole par le symptôme, de « duplicité » du symbole et du symptôme, de « faux-trou », évoquent un lien plus lâche entre le symbole et le symptôme que celui d'une correspondance fonctionnelle, beaucoup plus rigide. Mais surtout, on l'a vu, le symbole déterminant n'est plus tout à fait le même signifiant, susceptible de représenter le sujet auprès d'un autre signifiant ; il ne s'agit plus de la détermination par la nomination paternelle, par un S_1 qui, même démultiplié en un essaim[38], aurait pour vertu de fixer univoquement le réel au symbolique. Le symbole dont il est maintenant question est l'équivoque, le S_2, le signifiant double, qui est prélevé au départ, comme nous l'indique le mythe lacanien, sur des équivoques premières liées à l'ambiguïté du désir maternel. La « nomination maternelle », si l'on peut dire[39], est certes « là où la parlotte [...] se noue à quelque chose du réel[40] », mais non sans être conjointe à la faute et au péché qui seront l'ombilic mythique du symptôme. C'est cette origine féminine qui donne au symptôme son caractère

37. Morel G., *Ambiguïtés sexuelles. Sexuation et psychose*, *op. cit.*, p. 124.
38. Cf. S XX, p. 130.
39. Lacan a anticipé la thèse de la nomination maternelle dans *Les non-dupes errent* (1973-1974), S 21, qui précède *RSI*. Il notait que nous étions à un moment de l'histoire où le « nommé à » de l'enfant par la mère se substituait au Nom-du-Père. C'était, selon lui, le social qui prenait là une prévalence de nœud en façonnant la trame de nombreuses existences. À ce moment-là, il considérait cela comme « le signe d'une dégénérescence catastrophique ». Il semble qu'il soit moins ému par cette idée du « déclin du Nom-du-Père » qu'il dénonçait depuis sa lecture de Durkheim, ou du moins qu'il s'y habitue dans *Le sinthome*. S 21, séance du 19 mars 1974.
40. S 22, séances du 11 mars et du 21 janvier 1975.

pastout. Il existe donc une équation entre *la femme pastoute*, *le symbole équivoque* et *le symptôme*. Dans *RSI*, Lacan énonce sa formule, vouée à un grand avenir, qu'une femme est un symptôme pour l'homme. Un peu plus tard, il précise :

> « Elles sont réelles et même terriblement, elles ne sont même que ça. Elles ne consistent qu'en tant que le symbolique ek-siste, c'est-à-dire ce que je disais tout à l'heure, l'inconscient. C'est bien en quoi elles ek-sistent comme symptôme, dont cet inconscient provoque la consistance [...]. »

Même si ce n'en est pas la seule raison, elles deviennent donc le symptôme de l'homme parce qu'elles ont été, comme mères, la source même du symbolique comme le lieu de lalangue et de l'inconscient de l'homme-enfant. La même chose vaut pour les filles : le symptôme leur vient d'abord de leur mère, et va même jusqu'au ravage par l'homme qui en prendra la place[41]. Une fois de plus, ce n'est pas le côté nourricier ou soignant des mères que Lacan met en avant, mais plutôt leur pouvoir par rapport au langage. Cependant, au lieu de placer, comme au temps de la suprématie signifiante, le pouvoir de la mère au niveau de la demande nouée au besoin, c'est l'équivoque comme réel du symbole qui importe ici davantage, en tant qu'elle conditionne matériellement le désir et la jouissance.

Il faut d'ailleurs noter, à propos de l'expression de « duplicité du symbole et du symptôme », que le terme de *duplicité* a souvent caractérisé le féminin pour Lacan, et cela bien avant qu'il ne parle, dans *Encore*, de la division de la jouissance féminine pastoute entre la jouissance phallique et la jouissance de l'Autre. Dès 1958, il l'avait utilisé comme un oxymore pour qualifier une forme subtile d'infidélité monogamique de la femme : elle tromperait son partenaire avec lui-même, en quelque sorte, en le dédoublant en deux instances, celle d'un phallophore désiré d'une part, celle d'un homme mort ou d'un amant châtré d'autre part[42].

De *RSI* au *Sinthome*, le symptôme suit donc un trajet complexe qui, du champ du réel où Lacan entendait le loger au début de *RSI*, revient vers le symbolique lorsque sont questionnés la nomination et son lien au Nom-du-Père. Dans *Le sinthome*, le lien du symptôme

---

41. Lacan J., « L'étourdit » (1972), *Autres écrits*, *op. cit.* p. 465 et S XXIII, p. 101.
42. Cf. Morel G., « Conditions féminines de jouissance », *La Cause freudienne* n° 24, 06/1993, p. 96-106.

au symbolique se précise lorsque la nomination est arrachée au Nom-du-Père pour être déplacée du côté maternel : *c'est au symbole comme S_2 que s'articule essentiellement le symptôme, devenu « pastout » et, du coup, réel, comme l'équivoque et les femmes.*

Inconscient et parlêtre

Peut-être devrions-nous revenir sur la définition de l'inconscient, dans la mesure où le symbolique subit des changements théoriques aussi importants. En effet, dès *RSI* et encore dans *Le sinthome*, Lacan pose à plusieurs reprises la question de savoir si l'inconscient est réel ou imaginaire, ce qui n'est pas sans déstabiliser l'auditeur (ou maintenant le lecteur) :

> « Comment savoir si l'inconscient est réel ou imaginaire ? C'est bien là la question. Il participe d'une équivoque entre les deux[43]. »

Le terme d'inconscient prend en effet dorénavant deux acceptions différentes.

Dans la première, l'inconscient qualifie *le parlêtre*, nom nouveau donné par Lacan au sujet[44] pour accentuer le versant de jouissance de la « parlotte ». À ce moment-là, il est caractérisé comme *réel* :

> « [...] l'inconscient, c'est le réel, en tant que chez le parlêtre, il est affligé de la seule chose [...] qui du trou nous assure, c'est ce que j'appelle le symbolique, en l'incarnant dans le signifiant, dont en fin de compte il n'y a pas d'autre définition que [...] ça, le trou. Le signifiant fait trou[45]. »

Ce qui a disparu, c'est la définition circulaire classique du sujet et du signifiant : « un signifiant représente un sujet pour un autre signifiant ». La fonction représentative du signifiant comme S_1 a tendance, on l'a vu, à s'abolir au profit de l'équivoque. La parole devient un parasite, le lieu des paroles imposées, un « placage », un « cancer » dont est affligé l'humain[46], et ce d'autant que « le signifiant se réduit à *ce qu'il est, à l'équivoque*, à une torsion de voix ». Le lapsus, soit un raté de la parole ou de l'écrit, serait « ce

43. S XXIII, p.101-102.
44. « [...] le sujet se supportant du parlêtre, qui est ce que je désigne comme étant l'inconscient [...] », S XXIII, p. 56.
45. S 22, séance du 15 avril 1975.
46. S XXIII, p. 95 puis 97.

sur quoi se fonde en partie la notion de l'inconscient ». Dans le séminaire d'après *Le sinthome*, Lacan caractérisera l'inconscient comme le lieu des bévues : l'« une-bévue », en jouant sur l'*Unbewusst* freudien[47].

En revanche – et c'est *la deuxième acception* du terme –, Lacan émet le soupçon selon lequel *l'inconscient serait imaginaire* lorsqu'il parle de l'usage de l'inconscient en analyse (ou de sa propre position dans son séminaire qu'il compare à l'occasion à celle d'un analysant) :

> « Je n'y suis, moi, que pour peu de chose, étant déterminé comme sujet par l'inconscient, ou bien par la pratique, une pratique qui implique l'inconscient comme supposé. Est-ce à dire, que comme tout supposé, il soit imaginaire ? C'est le sens même du mot « sujet » : supposé comme imaginaire[48] ».

L'inconscient, *supposé*, devient alors le synonyme de ce qu'il appelait auparavant le sujet supposé savoir, c'est-à-dire d'une formation à laquelle il est nécessaire de croire pour s'analyser, croyance que l'analyste doit soutenir de son acte. Lacan avait ainsi redéfini le sujet supposé savoir dans *RSI* :

> « Il n'y a pas de doute, quiconque vient nous présenter un symptôme y croit. Qu'est-ce que ça veut dire ? S'il nous demande notre aide, notre secours, c'est parce qu'il croit que le symptôme, il est capable de dire quelque chose, qu'il faut seulement le déchiffrer. »

Il faut donc « y croire », c'est-à-dire croire que le symptôme a « quelque chose dans le ventre », quelque chose à dire pour pouvoir s'analyser. C'est la condition du déchiffrage analytique. L'inconscient, dans son sens imaginaire, est l'effet de cette croyance dont on ne peut faire l'économie : « formation, elle, non d'artifice mais de veine », disait Lacan, même « s'il [le sujet supposé savoir] n'est pas réel[49] ». L'amour de transfert s'engendre à partir de cette croyance qui peut se transformer, comme tout amour, en une croyance en l'Autre, voire à « le croire », ce qui explique les effets

47. Lacan J., Le séminaire, *L'insu que sait de l'une-bévue s'aile à mourre* (1976-1977), S 24, inédit.
48. S 22, resp. séances du 13 mai et du 21 janvier 1975.
49. Lacan J., « Proposition du 9 octobre 1967 sur le psychanalyste de l'école », *op. cit.*, p. 248-249.

de suggestion, voire d'obéissance, dus au transfert. Cette dévaluation imaginaire de l'inconscient, ainsi réduit au sujet supposé savoir, va de pair avec la remise en cause par Lacan de la science, du savoir et de l'existence même d'un savoir dans le réel. Certes, la science suppose que « le réel, ça march[e], ça tourn[e] rond[50] », mais cette supposition n'est-elle pas, elle aussi, imaginaire puisque c'est nous qui construisons le savoir de la science, comme nous faisons des constructions dans l'analyse ? Nous avons vu à quelle place Lacan mettait la construction scientifique dans « son » mythe de *La genèse*. Réduire le symptôme est tout autre chose, on l'a vu dans le chapitre précédent.

En définitive, une fois « renié » l'ancien statut, purement symbolique, de l'inconscient, lié à la représentation signifiante du sujet, Lacan est embarrassé par sa localisation borroméenne. On peut regretter cette nouvelle ambiguïté du concept qui paraissait le mieux assuré dans la psychanalyse. Néanmoins, elle a le mérite de souligner deux acceptions différentes du terme, réelle et imaginaire, sans oublier que le signifiant et le symbolique sont maintenant, avant tout, réduits à l'équivoque.

La duplicité du symbole et du symptôme

Le réel du symbolique est donc l'équivoque à laquelle se réduit le signifiant. « Symbole » est à prendre en ce sens lorsque Lacan parle du redoublement du symbole par le symptôme. Il tente, dans la première séance du *Sinthome*, de raccorder sa nouvelle articulation du symbole et du symptôme avec « le discours du maître » qu'il avait produit en 1970 dans *L'envers de la psychanalyse* pour y inscrire la représentation du sujet[51]. Dans ce nouveau commentaire, le S_1 est le « Un », pensable à partir du corps qui forme un tout imaginaire, un sac, tandis que le S_2 est double, comme l'indique son indice. De ce fait, il « en remet sur l'imaginaire » en favorisant l'imagination du couple et du rapport sexuel. Mais, surtout, il divise le sujet entre l'énonciation et le fait, qui n'existe que d'être dit : le fait reste « suspendu à l'énigme de l'énonciation ». Le symbole comme S_2 prend la place de l'antique

50. S 22, séance du 18 février 1975.

51. Cf. S XVII, p. 12. Le discours du maître : $\frac{S_1}{\$} \rightarrow \frac{S_2}{a}$.

symbolon, la pièce cassée en deux des Grecs, sauf qu'aucun signifié ne vient jamais compléter le signifiant, ni même donner la raison du choix d'un signifiant : il n'existe aucun signifié d'origine auquel on puisse se raccrocher (nouvelle façon de dire que ni le sens ni le signifié n'ont, par rapport au signifiant, la fonction d'un « Autre de l'Autre » et que l'Autre reste donc irrémédiablement barré).

Même si cette réinterprétation du discours du maître reste approximative, la duplicité nouvellement produite du symbole et du symptôme permet de relire ce qui la reflète dans le discours du maître : la division du sujet entre le S_1 qui le représente et le S_2, l'autre signifiant. Par son insistance répétitive à représenter le sujet, le S1 trouve son support dans le symptôme (on retrouve l'idée de la répétition dans le symptôme). Le S_2, traditionnellement l'esclave dans l'inspiration hégélienne du discours du maître, devient ici « l'artisan », soit celui qui, par la conjonction de deux signifiants, produit l'objet *a* (le savoir comme moyen de jouissance). Le terme d'artisan tire sa valeur, d'abord, de l'allusion au potier d'Aristote qui façonne la matière déjà-là, au contraire du Dieu de la Bible qui crée l'univers *ex-nihilo*[52], mais, surtout, de la référence à Joyce, « l'artiste » comme l'indique le titre de son premier grand ouvrage[53] : « l'artiste » produit son œuvre à partir de la maîtrise écrite de l'équivoque, menée jusqu'au point où disparaît le pouvoir de division de celle-ci, point où s'abolit le symbole.

Ce gain absolu du symptôme sur le symbole peut-il *s'inverser* grâce au savoir-faire du psychanalyste ? Telle est la question, cruciale parce qu'elle porte sur l'effet thérapeutique de la psychanalyse et la guérison du symptôme, que Lacan se pose dans cette première séance du séminaire, et qui était déjà présente à la fin de sa conférence sur Joyce :

> « En ce sens, j'annonce ce qui va être, cette année mon interrogation sur l'art.
>
> En quoi l'artifice peut-il viser expressément ce qui se présente d'abord comme symptôme ? En quoi l'art, l'artisanat peut-il déjouer, si l'on peut dire, ce qui s'impose du symptôme ? À savoir, la vérité[54] ? »

52. Déjà dans S 22, séance du 18 février 1975.
53. A *Portrait of the artist as a Young Man* (1916).
54. S XXIII, p. 22.

V. Symptôme et sinthome

Ce dernier passage recèle un paradoxe qui se reflète dans l'ambiguïté de ces deux termes quasi-homophoniques : symptôme et sinthome. Quelle différence y a-t-il entre un symptôme et un sinthome ? Est-ce seulement un jeu de mot joycien de Lacan, un de plus ? Cette modification d'orthographe attestée historiquement ne correspond-elle pas plutôt à une différence conceptuelle ?

Au début de *RSI*, dans son abord du symptôme comme réel, très élargi par rapport à l'époque « toute symbolique », et dans le contexte d'un parallélisme entre le symptôme social de Marx et le symptôme freudien, le symptôme est redéfini par Lacan comme le signe de ce qui ne va pas dans le champ du réel[55]. Or cette large définition de base, qu'on pourrait appeler une définition « faible », continue à valoir par la suite.

Le sinthome est en effet toujours le symptôme, mais l'accent y est mis sur la correction, la réparation de l'erreur du nœud, comme on le verra mieux avec l'exemple de Joyce. D'où la définition du sinthome :

> « [...] *le symptôme, ce que j'ai appelé cette année le sinthome*, est ce qui permet de réparer la chaîne borroméenne si nous n'en faisons plus une chaîne, c'est à savoir si en deux points nous avons fait ce que j'ai appelé *une erreur*.
>
> [...] nous avons un moyen de *réparer* ça. C'est de faire ce que, pour la première fois, j'ai défini comme le sinthome. C'est le quelque chose qui permet au symbolique, à l'imaginaire et au réel, *de continuer de tenir ensemble*, quoique là, en raison des deux erreurs, aucun ne tient plus avec l'autre[56]. »

Cette définition est plus forte que la précédente.

En raccourci, le symptôme est le signe d'une souffrance et le sinthome le signe de la réparation du malaise.

Mais cette dualité est trompeuse car les deux sont en un comme deux faces d'un même objet. En effet, ce qui répare peut se trouver à l'endroit même de l'erreur à corriger, comme une rustine si bien collée sur un pneu de vélo crevé qu'on n'en verrait plus les limites. Certes, la correction peut se produire ailleurs que là où la faute ou le lapsus de nouage ont eu lieu, et un décalage peut

55. S 22, séance du 10 décembre 1974, repris le 18 février 1975.
56. S XXIII, p. 93-94, puis p. 97-98. Je souligne.

s'instaurer entre la cause ou la faute première et ce qui vient y suppléer, mais c'est alors plutôt une différence de fonction que d'essence qui est soulignée.

De plus, le symptôme, au sens de signe d'un malaise, n'est pas forcément susceptible d'avoir en soi une fonction de suppléance suffisante qui le fasse considérer comme un sinthome : tout symptôme ne devient pas un sinthome, on l'a vu dans le cas d'Arno. Le terme de symptôme garde donc souvent son sens large de « signe de ce qui ne va pas ». On usera donc – et c'est le parti que j'ai pris dans les commentaires cliniques – indifféremment des deux, mais avec une préférence pour « sinthome » lorsqu'on met l'accent sur la fonction de suppléance, ou plutôt de correction du symptôme.

Soigner le symptôme ou être soigné par le sinthome ?

L'ambiguïté du terme se retrouve dans la question de Lacan sur la thérapeutique. En effet, l'art de Joyce déjoue le symptôme en fabriquant un sinthome : le sinthome remplace le symptôme de départ en jouant avec le symbole. Si le symptôme prend son départ de paroles jadis imposées au sujet, qui sont transformées par le biais de l'écriture, le « progrès » du sinthome consiste en un jeu maîtrisé avec le S_1 des paroles imposées, matrice de la répétition, et le S_2 de l'équivoque, les deux pouvant évidemment être présents conjointement dans les mêmes jaculations entendues.

Mais à quoi amène un tel « progrès » ? À l'abolition du symbole d'une part, puisque l'équivoque ne divise plus le sujet à la fin du processus : c'est pourquoi le sinthome joycien ne s'analyse pas. Et, d'autre part, soit à atténuer l'effet des paroles imposées, soit, peut-être, tout au contraire, à en augmenter l'effet. Est-ce l'impact insupportable des paroles imposées qui a poussé Joyce à briser le langage, à le décomposer, à en abolir l'effet équivoque imposé ? Ou bien y a-t-il plutôt consentement du sujet à cette imposition par le « parasite parolier » ? Et jouissance prise à s'y laisser aller en se contentant d'en modifier le cours par son art ? Lacan ne tranche pas sur ce point :

> « Sans doute y a-t-il là une réflexion au niveau de l'écriture. C'est par l'intermédiaire de l'écriture que la parole se décompose en s'imposant comme telle, à savoir dans une déformation dont reste ambigu de savoir s'il s'agit de se libérer du parasite parolier dont je parlais tout à l'heure ou au contraire de se laisser envahir par les

propriétés d'ordre essentiellement phonémique de la parole, par la polyphonie de la parole[57]. »

On ne sait donc pas s'il existe une lutte du sujet contre le langage imposé qui le pousse à user de l'équivoque pour s'en libérer, ou au contraire une complaisance à s'y laisser aller dans la jouissance. Pourquoi les deux ne pourraient-elles d'ailleurs pas coexister voire se succéder dans le sinthome ?

L'art-dire

L'idée de Lacan sur l'art qui déjouerait le symptôme semble donc paradoxale. Il a toujours refusé l'usage de l'interprétation non équivoque car elle serait un signifiant maître, un S_1 qui nourrirait le symptôme en y asservissant encore plus le sujet. Il affirme donc d'une part que la seule arme de l'analyste contre le symptôme est le mi-dire ou le dire double de l'équivoque, donc le symbole dans le sens du terme que j'ai explicité. Mais, d'autre part, la façon dont en use Joyce lui montre que, loin de supprimer le symptôme, l'art de l'équivoque le pousse à son comble dans le sinthome. Donc, au lieu de guérir du symptôme, le sujet en serait de plus en plus envahi, mais peut-être de moins en moins malade ! Ce genre de considération inquiétante a plongé une grande partie de la communauté analytique dans un profond désarroi, puis dans la consternation, en confirmant ce que beaucoup d'analystes pensaient alors tout bas et, très vite après la mort de Lacan, tout haut : charlatanerie ! En fait, Lacan oscille et tâtonne pendant son étude sur Joyce : il reconnaît que l'usage de l'équivoque a un effet radical sur le symptôme.

D'une part, il pense que l'analyste peut, grâce à l'interprétation équivoque, *faire résonner le signifiant dans le corps*, donc toucher la « mécanique » de la pulsion ou modifier son trajet, dans la mesure où « les pulsions c'est l'écho dans le corps du fait qu'il y a un dire ». De ce fait, le symptôme, qui n'est plus symbolique mais est devenu dans sa nouvelle acception « un événement de corps » (pour Joyce, le rapport du symptôme au corps est crucial) pourrait s'en trouvé changé, voire supprimé. En tout cas, la division du sujet se déplacerait par vagues successives d'effets de vérité : la vérité émerge au moment où l'on touche au symptôme par

57. S XXIII, resp. p. 97 et p. 17.

l'interprétation. L'analyste, qui occupe la place de la cause du désir dans le discours analytique, deviendrait l'artisan capable d'œuvrer avec l'équivoque contre le symptôme.

Schéma 2. – **Vérification du faux-trou**

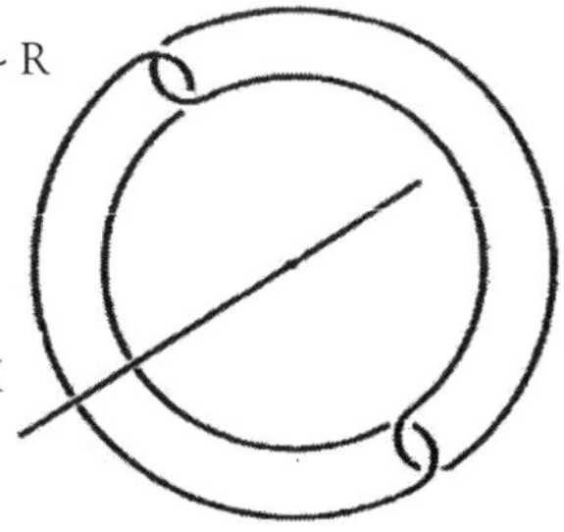

C'est dans cette direction, assez spéculative il est vrai, que va la partie la plus obscure de la première séance du *Sinthome*. Le réel de la division du sujet entre S_1 et S_2 reflète la duplicité du symbole et du symptôme qui est topologiquement définie par la figure du « faux-trou ». Dans le monde borroméen, le trou est, on l'a vu, la qualité du symbolique : il se caractérise par le fait qu'on puisse y faire passer quelque chose, par exemple une droite. Le symptôme et le symbole ne sont pas enlacés l'un à l'autre, sauf s'il y a erreur, ils sont pliés ensemble avec un « faux-trou » de pliage en leur milieu, qui n'est ni le trou de l'un ni celui de l'autre, et qui est foncièrement instable. La métaphore des jumeaux Shem et Shaun indique que symptôme et symbole sont séparés mais ne vont pas l'un sans l'autre. Ce faux-trou serait l'équivalent, dans la comparaison avec le discours du maître, de la béance de la division du sujet entre S_1 et S_2. Mais un faux-trou peut se transformer en un vrai trou si l'on y fait passer une droite (cf. schéma 2). La *praxis* de l'analyste comme « art-dire » se définirait alors par rapport à ce faux-trou du symbolique et du symptôme[58]. Il s'agirait de « réaliser » ce faux-trou en le transformant en un vrai trou : il suffit pour cela d'y faire passer quelque chose qui pourrait être le corps (équivalent à I). La *praxis* analytique consisterait-elle alors à effectuer cette opération en prenant *le corps comme troisième élément*

58. S XXIII, p. 118, puis 139.

séparateur pour réaliser ce trou ? On pourrait le penser dans la mesure où Lacan parle *de faire résonner l'équivoque dans le corps pour toucher le symptôme*, ce que faisait Freud, dit-il.

Mais d'autre part, les recherches de Lacan sur Joyce l'entraînent dans une direction qui a l'air opposée : Joyce n'a nullement diminué son symptôme à coups d'équivoques, il l'a au contraire transformé en un sinthome qui a l'air de s'être renforcé à chaque nouveau livre. Deux remarques s'imposent ici.

La première, c'est que Lacan n'a jamais dit que l'analyste était dans la même position que Joyce. Être l'artisan, c'est-à-dire manier l'équivoque, le S_2, se décline différemment selon que l'on est *dans le discours de l'analyste*[59] ou dans celui du *maître*.

Dans le discours analytique, l'analyste est à la place de l'objet *a* cause du désir, d'où il tente d'émouvoir la division du sujet par ses interprétations équivoques (S_2). Corrélativement, l'analysant produit peu à peu les signifiants maîtres, les S_1, auxquels il s'est primordialement arrimé dans son symptôme, et il lui est alors possible, une fois ces signifiants à nouveau présentifiés, de renoncer ou pas à cet assujettissement. L'idée que l'analysant retrouve une certaine marge de choix est d'ailleurs assez proche du Freud de 1937, du moins pour le cas où Freud reconnaît qu'une analyse définitivement terminée est possible, celui d'une étiologie « essentiellement traumatique ». Dans ce cas, et à condition que le moi n'ait pas été trop déformé, dit-il, on peut « substituer, grâce au renforcement du moi, *une résolution correcte à la décision inadéquate* remontant à l'âge précoce[60] ».

Par contre, Joyce opère *dans le discours du maître* pour créer une œuvre qui est à la place de l'objet *a* produit par son art de l'équivoque (sans parler des dons et du travail acharné nécessaires à cela). L'analyste n'a donc aucune chance d'obtenir le même résultat que Joyce !

La seconde remarque concerne la thèse de la fonction thérapeutique du sinthome qui est de faire tenir ensemble R, S et I qui, autrement, seraient dénoués, fonction de lien ou de rapport sur laquelle nous reviendrons. Il s'agit évidemment d'une idée complè-

---

59. Le discours de l'analyste : $\frac{a}{S_2} \rightarrow \frac{\$}{S_1}$.

60. Freud S., « L'analyse avec fin et l'analyse sans fin » (1937), *Résultats, idées, problèmes*, tome II, *op. cit.*, p. 236. Je souligne.

tement nouvelle dans l'histoire de la psychanalyse et qui a surtout été exploitée jusqu'ici pour le traitement des psychoses, en prenant Joyce comme modèle (l'objet de ce livre est justement d'étendre l'usage du sinthome à d'autres structures). Or la thèse lacanienne implique la nécessité structurale du sinthome et donc l'impossibilité de sa suppression définitive. Cette dernière conséquence va contre l'idée commune de la guérison par la suppression du symptôme. Et on l'accepte mieux pour les psychoses que pour les névroses, parce qu'on pense que les psychotiques sont plus malades que les névrosés (ou que les pervers). C'est souvent vrai, mais ce préjugé n'a rien de si évident (comparer qui est le plus malade de Paul, Arno ou Mme P. ne serait pas chose aisée, et d'ailleurs, cela a-t-il même un sens ?). Admettre l'incurabilité du sinthome pour les névrosés est apparu comme un aveu d'impuissance de la part de la psychanalyse qui mettrait gravement en danger la profession. Mais, d'une part, cela ne vaut pas pour *tous les* symptômes et, d'autre part, la transformation du symptôme en sinthome (ou la création d'un sinthome) sous-entend un consentement subjectif, donc un allègement de la souffrance voire un plaisir, comme Lacan l'a senti chez Joyce. Enfin, qui a jamais vu un psychanalyste, censé être archi-analysé, sans symptôme ? On a envie de sourire quand on entend les protestations vertueuses de certains et on brûle de leur conseiller une relecture de « L'analyse avec fin et l'analyse sans fin » : Freud n'était pas si pusillanime et regardait les choses en face.

L'acte analytique pourrait donc s'envisager selon ces deux modalités conjointes ou successives : *modifier le symptôme* autant qu'il est possible par l'interprétation (et cela dépend de la structure des sujets, toute la clinique psychanalytique différentielle n'étant nullement abolie par la magie des nœuds), et favoriser d'autre part (ou ensuite) la *transformation en sinthome* d'un symptôme qui ne cède pas ou la création d'un nouveau sinthome.

Le symptôme abolit le symbole, telle est, me semble-t-il, la thèse forte du début du *Sinthome*, non démentie par la suite. Elle signifie d'abord, à un niveau métathéorique, *la fin de la suprématie du symbolique par rapport au réel et à l'imaginaire*. Ensuite, que la « nature » du symbole n'est pas seulement d'être le « Un », le signifiant maître S_1, mais surtout d'être double et toujours gros d'équivoque, ce qu'écrit le mathème S_2. Elle implique donc aussi la fin de la représentativité du sujet par le signifiant, et donc de la définition conjointe et circulaire du signifiant et du sujet. Au sujet se substitue alors le parlêtre. Le signifiant se réduit à l'équivoque parlée, à une torsion de voix. Le registre phonématique prend le pas sur celui de l'écrit, même quand il s'agit de l'œuvre d'un écrivain comme Joyce. Son travail sur l'équivoque a transformé la parole imposée grâce à une réflexion secondaire dans l'écriture – nous y reviendrons dans les deux prochains chapitres.

Dans un travail littéraire comme celui de Joyce, nommé sinthome, le pouvoir d'équivoque du symbole est lui-même anéanti car, à la fin, il n'existe plus de sujet divisé par lui. Donc *le symptôme abolit le symbole, qui a été son moyen*, en ce second sens aussi. Et, le sinthome final n'est pas analysable.

Le sinthome est le symptôme en tant qu'il corrige « la faute » première dont il est issu. Comme il n'existe aucun signifié d'origine à cette faute première, dont la seule matérialité est une erreur de nouage dans le nœud structural du sujet, un lapsus du nœud, Lacan, soucieux d'écarter la psychanalyse de toute orientation religieuse, construit un mythe originaire de la faute en parodiant la *Genèse*. Il en ressort que la nomination qui, dans *RSI*, était restée, avec le symptôme, la seule fonction du Nom-du-Père puisque celui-ci n'était déjà plus le signifiant d'exception de la loi, lui échappe aussi. Il n'existe pas de fixation univoque du réel par le signifiant maître. En effet, la nomination se fait toujours dans la langue maternelle, grosse d'équivoques imposées au sujet, d'où le statut ambigu de ces dits premiers, à la fois signifiants maîtres unaires (S_1) et à double détente (S_2) dont nous avons vu l'importance clinique. Le symptôme y trouve sa matière première, d'où « la duplicité du symbole et du symptôme », duplicité venue du féminin créateur de lalangue. *Le symptôme sera donc pastout, comme la vérité et la jouissance de la femme.* La seule arme du psychanalyste contre lui sera du même bois et difficile à manier. Avec l'interprétation équivoque, il devra émouvoir le symptôme devenu un « événement de corps », en modifiant la pulsion, « écho d'un dire dans le corps ». Si cela n'est pas (ou plus) possible, il devra laisser se mettre en place un sinthome du sujet qui fasse tenir ensemble R, S et I.

Enfin, le Nom-du-Père est « coiffé » par le symptôme, ce qui signifie qu'il peut exister d'autres symptômes que ceux qui s'appuient sur le père et que le Nom-du-Père n'évite pas le symptôme au sujet – tout au plus lui donne-t-il parfois son assise. Là où « le quart élément » du nœud borroméen à quatre avait été auparavant, successivement, le Nom-du-Père et ses tenant lieu freudiens, puis la nomination, advient le symptôme. En ce sens encore, le symptôme a aboli le symbole dans la théorie lacanienne.

CHAPITRE V

Le jeune homme sans *ego*

Nous venons de mesurer l'ampleur du virage théorique de la théorie lacanienne, sensible dès la première séance du *Sinthome*. Je lirai maintenant sa dernière séance avec le *Portrait de l'artiste en jeune homme* et d'autres textes de Joyce d'avant *Ulysse* pour suivre la genèse du symptôme joycien.

I. Le nœud de Joyce

> « *Une jeune fille se tenait sur les marches d'une de ces maisons en brique brune, incarnation parfaite, semble-t-il, de la paralysie irlandaise. Un jeune homme s'appuyait sur la grille rouillée de la cour. Stephen saisit en passant les bribes suivantes du dialogue et en garda une impression si vive que sa sensibilité en demeura profondément affectée :*
>
> *La jeune fille (d'une voix discrètement traînante) :*
>
> *"Ah, oui... j'étais... à la... cha... pelle."*
>
> *Le jeune homme (tout bas) : "Je... (toujours tout bas) : Je..."*
>
> *La jeune fille (avec douceur) : "... Ah... mais... vous êtes... très... mé... chant...".* »
>
> James Joyce[1]

Contrairement aux apparences, la formalisation borroméenne de Lacan est d'une simplicité quasi-enfantine. Il est par contre plus difficile de saisir à quoi elle se réfère précisément dans le texte

1. Joyce J., « Villanelle de la tentatrice », *Stephen le Héros*, *Œuvres*, t. 1, *op. cit.*, p. 511-514. La Villannelle introduit la définition de l'épiphanie. Toutes les références en français viennent de Joyce J., *Œuvres, op. cit.*, t. 1, 1982, et t. 2, 1995. Pour la suite, je ne mentionnerai en note que le nom de l'œuvre et la page.

joycien, renommé, à juste titre, pour ses énigmes. L'hypothèse de Lacan est celle d'une erreur ou faute de départ dans le nœud de Joyce qui, de ce fait, n'est pas borroméen : les ronds du symbolique (S) et du réel (R) sont noués entre eux, ce qui n'est pas le cas dans un nœud borroméen où, rappelons-le, la coupure d'un rond les laisse tous disjoints (deux d'entre eux ne sont donc jamais noués) (*cf.* schéma 0 p. 68). De ce fait, I, simplement coincé entre R et S, peut glisser entre eux car rien ne le retient (*cf.* schéma 3). La correction du nœud consiste alors à placer une agrafe, le sinthome, qui empêche le nœud de se défaire en maintenant l'imaginaire (*cf.* schéma 4).

Selon Lacan,

> « quand il en donne une liste, toutes ses épiphanies sont toujours caractérisées de la même chose, qui est très précisément la conséquence résultant de l'erreur dans le nœud, à savoir que l'inconscient est lié au réel. Chose fantastique, Joyce lui-même n'en parle pas autrement. Il est tout à fait lisible dans Joyce que l'épiphanie est ce qui fait que, grâce à la faute, inconscient et réel se nouent[2]. »

Schéma 3. – **Le nœud de Joyce « avant » le sinthome**

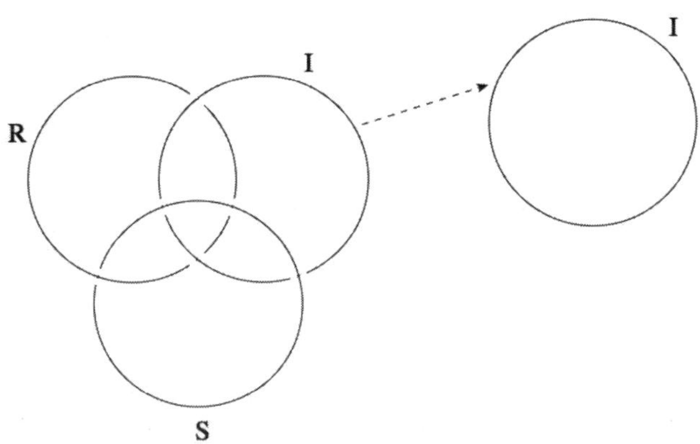

R < I < S

R et S sont noués par la faute. I glisse entre les deux.

2. S XXIII, p. 154.

Les épiphanies sont donc à situer aux points d'accrochage de R et de S sur le nœud, qu'on peut localiser sur la « mise à plat » de celui-ci (*cf.* schémas 3 et 4).

Schéma 4. – **Le nœud de Joyce avec le sinthome-*ego***

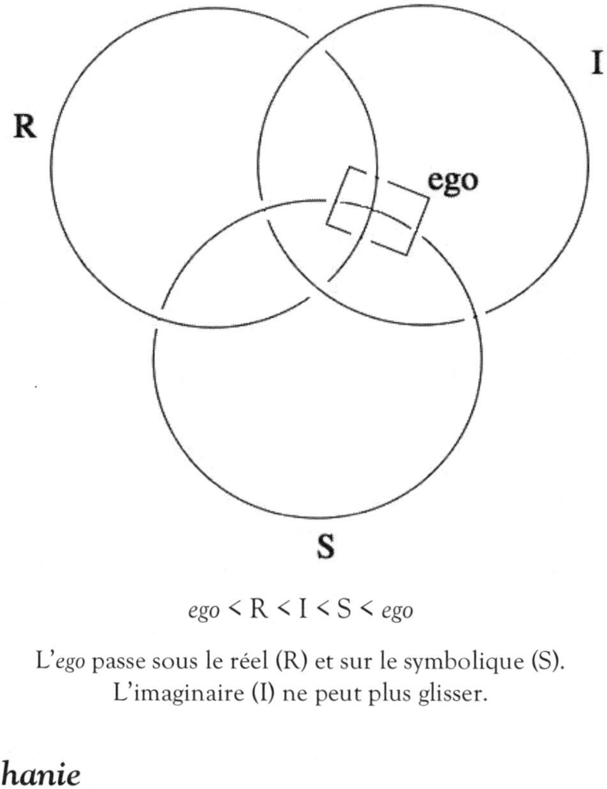

ego < R < I < S < *ego*

L'*ego* passe sous le réel (R) et sur le symbolique (S).
L'imaginaire (I) ne peut plus glisser.

L'épiphanie

En quoi l'épiphanie joycienne se lirait-elle comme un nouage du réel et du symbolique ? Le terme a été défini par Joyce pour décrire une expérience esthétique :

> « Par épiphanie, il entendait une soudaine manifestation spirituelle, se traduisant par la vulgarité de la parole ou du geste ou bien par quelque phrase mémorable de l'esprit même. »

Joyce en parle aussi comme d'un « incident trivial ». Il s'inspire d'un ouvrage de Dante, *De l'éloquence en langue vulgaire*. Il note aussi :

> « Il pensait qu'il incombait à l'homme de lettres d'enregistrer ces épiphanies avec un soin extrême, car elles représentaient les moments les plus délicats et les plus fugitifs. »

Joyce écrit ses épiphanies entre 1903 et 1904. En 1904, il compose *Stephen le Héros* – qui ne sera publié qu'en 1914 – et le *Portrait de l'artiste* qui sera refusé par l'éditeur, ce qui le conduit à écrire *Portrait de l'artiste en jeune homme*, le texte auquel se réfère Lacan dans la dernière séance du *Sinthome*. Dans *Portrait de l'artiste en jeune homme* et dans *Ulysse*, Joyce dissémine certaines épiphanies mais, dans *Ulysse*, il les condamne avec ironie :

> « Rappelez-vous vos épiphanies sur papier vert de forme ovale, spéculations insondables, exemplaires à envoyer en cas de mort à toutes les grandes bibliothèques du monde, y compris l'Alexandrine[3]. »

Joyce associe l'épiphanie au beau et à la *claritas*, l'une des trois qualités du beau selon Saint Thomas. Les autres sont l'intégrité (*integritas*) et l'harmonie (*consonantia*). *Claritas* se traduit par éclat, rayonnement, radiance. Jacques Aubert signale la référence à Plotin : une « lumière sur la symétrie des choses[4] ». La beauté est la révélation du sens et du vrai. Joyce évoque « un œil spirituel » (Aubert note l'équivoque en anglais de *I* et de *Eye*) qui chercherait à saisir un foyer précis sur l'objet épiphanisé : « À l'instant où ce foyer est atteint, l'objet est épiphanisé ». La *claritas* a un rapport avec la *quidditas* (quiddité : ce que c'est). *Integritas* correspond à la saisie de l'objet comme *une* chose intégrale ; *consonantia* correspond à la reconnaissance de la structure de l'objet, de son organisation, et de l'objet comme une *chose* ; *claritas* signifie que cet objet est *la* chose. Dans *Stephen le Héros*, Joyce décrit ainsi l'épiphanie :

> « Son âme, sa quiddité se dégage d'un bond devant nous du vêtement de son apparence. L'âme de l'objet le plus commun dont la structure est ainsi mise au point prend un rayonnement à nos yeux. L'objet accomplit son épiphanie. »

---

3. *Épiphanies*, t. 1, p. 1454. La citation provient d'*Ulysse*, t. 2, p. 46.
4. « Introduction », t. 1, p. LIV, et LV.

Stephen (le héros) précise aussi ce qu'est la *claritas*. Il écarte d'abord l'idée selon laquelle elle se réfèrerait à la présence de Dieu ou de l'idée (au sens platonicien) dans la chose.

> « L'éclat dont il parle, c'est, en scolastique, *quidditas*, l'essence de l'objet. L'artiste perçoit cette suprême qualité au moment où son imagination conçoit l'image esthétique. L'état de l'esprit en cet instant mystérieux a été admirablement comparé par Shelley à la braise près de s'éteindre. »

D'autres caractérisations de l'épiphanie sont : « une stase lumineuse » ou « l'enchantement du cœur[5]».

Jacques Aubert a rapproché l'épiphanie joycienne de la saisie platonicienne de « la splendeur du vrai », soit d'une évocation fantasmatique (*cf.* l'équivoque *I-Eye*). « Spirituel » serait alors à prendre dans le sens d'un fantasme. L'épiphanie décrirait un scénario imaginaire où le désir du sujet serait présenté de façon déguisée. Il ne s'agirait pas d'une représentation, mais d'une répétition où le sujet essaierait de « se formuler dans son rapport à une série d'objets qui sont autant de masques, vacillant entre le langage et le silence, dans les écarts du signifiant ». Il note encore que « l'aliénation du sujet dans ces objets reste pour l'essentiel méconnue. »

Mais l'épiphanie ne témoigne-t-elle pas surtout du moment où le poète transmet une parole qu'il a entendue ? Comme s'il avait voulu écrire une voix. Lisons ces « quelques strophes ardentes » intitulées «Villanelle de la tentatrice » placées en exergue de ce chapitre. Il s'agit d'un dialogue entre un homme et une femme, avec des blancs, des silences et des points de suspension. Dans *RSI*, Lacan faisait, on l'a vu, une analogie entre le symptôme et les points de suspension, qui sont le signe qu'on ne s'arrête pas : le symptôme « ne cesse pas de s'écrire ». L'épiphanie transforme une parole reçue avec ses silences, ses hésitations et ses heurts en une écriture trouée par les points de suspension.

Le dialogue de la « Villanelle », constitué d'énonciations allusives, est *énigmatique*. Or Lacan situe l'énigme dans le rapport de l'énonciation et de l'énoncé :

> « L'énigme [E indice *e*] consiste dans le rapport du E (énonciation] au *e* [énoncé]. Il s'agit de savoir pourquoi diable un tel énoncé

5. *Portrait de l'artiste en jeune homme*, t. 1, p. 740-741.

a été prononcé. C'est une affaire d'énonciation. Et l'énonciation, c'est l'énigme portée à la puissance de l'écriture. »

À cette époque, Joyce ne peut transmettre le rapport de l'énonciation à l'énigme, sensible dans l'énoncé, que par cette forme spéciale d'écriture. Dans l'épiphanie, la parole (S) passe à l'écriture (R) sans la restitution du sens (I) qui exigerait une explicitation de l'énoncé incomplet et des circonstances, du contexte. C'est en ce passage à l'écriture que résiderait le nouage du symbolique et du réel qui n'implique pas l'imaginaire.

De quelle énigme s'agit-il ? Une autre lecture de la « Villanelle » pourrait y pointer la forclusion de la signification phallique qui tente « normalement » de réduire l'énigme du rapport sexuel. Ici, cette énigme reste béante. Cette première épiphanie survient en effet lorsque la mère de Stephen se dispute avec son fils à propos de la religion. En colère, Stephen se fait des réflexions amères sur l'attachement de la femme à Dieu et sa servilité face aux prêtres. Elles préfèrent Dieu aux hommes (elles : sa mère et Emma, sa bien-aimée). La «Villanelle » évoque l'énigme de la femme et de son rapport au père, à Dieu, infinitisé par l'absence de toute signification phallique.

Dans *Épiphanies*, *Ulysse* et *Finnegans Wake*, on retrouve un côté suspendu, non explicite, allusif de l'écriture. Dans ce sens, *Ulysse* et *Finnegans Wake* prolongent l'épiphanie, et la rendent finalement inutile en la généralisant[6]. Le noyau de chaque nouvelle de *Dubliners* est une épiphanie. Toute l'écriture « s'épiphanise » – ce qui va avec la disparition de l'épiphanie comme objet littéraire propre. Elle est dépassée parce qu'elle est devenue omniprésente. Il y a en ce sens une histoire de l'écriture joycienne, comme l'indique le titre initial de *Finnegans Wake* pendant les dix-sept ans de son écriture, *Work in Progress*. D'une façon lacanienne, cette évolution se lit comme la transformation en sinthome d'un symptôme de départ, cette faute de nouage du réel et du symbolique que matérialiserait l'épiphanie à l'époque où Joyce est un jeune écrivain. Le sinthome n'est donc pas contemporain de l'épiphanie, mais se met en place progressivement comme un savoir-faire de l'écriture qui n'existait pas dès le début. Le symp-

6. C'est la thèse de Lacan, pas forcément, on le verra, celle de Jacques Aubert, lecteur exceptionnel de Joyce qui délimite des périodes plus précises et des ruptures dans les modes d'écriture de l'œuvre joycienne.

tôme de départ, le noyau initial du sinthome de Joyce, est déjà perceptible dans le rapport précoce de l'enfant Joyce à la parole. Lacan affirme :

> « À l'endroit de la parole, on ne peut pas dire que quelque chose n'était pas, à Joyce, imposé[7]. »

Cette parole imposée n'est pas attribuée à la mère, comme on le voit souvent, mais au père[8]. Le mouvement d'un rejet d'une parole envahissante s'entrevoit à tel ou tel détour du *Portrait*[9]. Au début du chapitre deux du *Portrait de l'artiste en jeune homme*, Joyce commente la façon dont il écoutait les dialogues de son père et de son oncle Charles :

> « Des mots qu'il ne comprenait pas, il se les répétait jusqu'à les apprendre par cœur, et par leur intermédiaire, il entrevoyait ce qu'était le monde réel qui l'entourait. »

Dans son enfance, il pensait donc *saisir directement le réel* par le biais du signifiant hors sens, véhiculé notamment par la voix de son père. Il croit d'ailleurs avoir la voix de son père, du moins par l'intermédiaire de son héros Stephen : « l'homme qui a ma voix[10] ». Plus tard, il cherche à transmettre ce signifiant hors sens (S), l'énonciation de l'épiphanie, par l'écriture (R). Dans les deux cas, le sens n'est pas absent mais hors de cause, entre parenthèses.

Insistons sur l'absence relative de l'imaginaire dans l'épiphanie. La saisie du beau y est liée à l'intersection du réel et du symbolique, et non pas à la saisie du sens qui serait de l'ordre de l'imaginaire. C'est une intuition *ineffable, mais qui peut s'écrire*. La *claritas* surgit « d'un bond », elle n'est pas l'effet d'une explication.

Il y a là une différence significative avec l'usage de l'écriture par le Président Schreber dans ses *Mémoires*. Même si Schreber a un style bien à lui, en quelque sorte il n'« écrit pas », il nous dit par

---

7. S XXIII, p. 96. Nous commentons ce point en détail *infra* dans « VI – Les prolongements du symptôme », p. 151.
8. Comme dans le cas des « idées-chaussures » imposées de Paul. *Cf. supra*, « I –La loi de la mère et le symptôme séparateur », p. 11.
9. « Et c'était le vacarme de toutes ces voix, sonnant creux, qui le faisait hésiter dans la poursuite des fantômes. Il n'y prêtait l'oreille qu'un instant, mais il n'était heureux que loin d'elles, hors de leur atteinte, seul, ou bien en compagnie de ces camarades fantasmatiques. » *Portrait de l'artiste en jeune homme*, t. 1, p. 612 puis p. 591.
10. *Ulysse*, t. 2, p. 42.

écrit, il nous adresse un message. Il raconte ce qui lui arrive, il témoigne. Par contre, Joyce nous transmet une expérience sans viser à ce que nous la comprenions. Ce n'est pas lui qui dirait comme Schreber « tout non-sens s'annule ». Il tente plutôt d'inscrire dans l'écriture la part de non-sens du réel. Ce sont les lecteurs de Joyce (surtout les universitaires) qui pisteront le sens, les sens. Et c'est bien ce qu'il voulait :

> « J'ai mis là tant d'énigmes et de rébus qu'ils occuperont les professeurs à discuter pendant des siècles sur ce que j'ai voulu dire et c'est le seul moyen de s'assurer l'immortalité[11]. »

Mais, Lacan l'a souligné, l'usage joycien de l'équivoque est si particulier que lui-même ne pouvait que le « poursticher ». Le psychanalyste équivoque parce qu'il « veut exprimer quelque chose », alors que Joyce fait perdre leur latin à ses lecteurs, les entraînant dans une recherche de sens infinie, dans le but de soutenir ainsi son nom propre.

Le glissement de l'imaginaire

Poursuivons notre commentaire sur le nœud de Joyce avant la mise en place de la suppléance par le sinthome. L'hypothèse de Lacan est donc que, avant cette correction, l'imaginaire ne tient pas. Pour comprendre la signification de cette figure topologique, revenons à la théorie du « stade du miroir[12] ».

En effet, la clef du moment où se constitue l'imaginaire, « le stade du miroir », entre 6 et 18 mois, est la reconnaissance par l'enfant de l'image de son corps au miroir. Cette reconnaissance passe par la médiation d'un adulte (la mère ou un substitut) qui fait de l'enfant l'objet de son regard et de son désir, et établit ainsi la relation d'appartenance entre l'enfant et sa propre image. Cette opération fonde le narcissisme du sujet, donne sa matrice au moi et délimite la place de l'idéal du moi qui restera toute sa vie un point de repère pour le sujet. Le moi-idéal est l'image désignée comme désirable, au moment du stade du miroir, par l'adulte situé

11. Ellmann R., *Joyce*, tomes 1 et 2, trad. de l'anglais Cœuroy A. et Tadié M., Paris, Gallimard, Tel, 1987, t. 2, p. 154.
12. Lacan J., « Le stade du miroir comme formateur de la fonction du Je » (1949), *Écrits*, *op. cit.*, p. 93.

en place d'idéal du moi. À l'avenir, le sujet tentera de faire coïncider son image – c'est-à-dire son moi – avec son moi-idéal, en se réglant sur son idéal du moi. Le décalage entre moi et moi-idéal engendrera la dépression s'il est défavorable au moi, et la jubilation dans le cas contraire. L'aspiration à coïncider avec l'image idéale peut être un véritable tourment – on l'observe par exemple dans l'anorexie mentale. Le stade du miroir est la cause d'une aliénation fondamentale du sujet dans le monde des images. En effet le moi, constitué par l'identification idéale à l'image du corps dans le miroir, apparaît dans une position de maîtrise à un moment de grande dépendance où l'enfant ne marche ni ne parle. Cette image de maîtrise, le moi-idéal, est le prototype du moi fort du névrosé comme de sa rivalité imaginaire avec ses semblables qui lui apparaîtront, sa vie durant, avec la prestance trompeuse issue de cette matrice originelle. Les semblables, les autres, les objets du désir sont prisonniers de cette dialectique aliénante du transitivisme qu'on voit à ciel ouvert chez le jeune enfant : l'objet n'est désirable que s'il appartient à l'autre, la différence entre soi et l'autre reste indistincte. À partir de ce moment, le corps du sujet lui apparaît comme une image, d'autant qu'il appréhende très mal son intériorité ainsi que son fonctionnement pulsionnel. Cette image fonde le « ou moi ou lui » du paranoïaque qui peut déboucher sur le meurtre, le suicide, ou donner au sujet le sentiment intime d'être mort. Dans la schizophrénie, le ratage du stade du miroir peut aller jusqu'à la non reconnaissance de l'image du corps au miroir et a souvent pour conséquence un rapport épisodiquement délirant du sujet à son propre corps. Dès lors, le rapport d'un sujet à l'imaginaire a pour *index* sa relation à son propre corps ou plutôt à l'image de son corps.

Lacan définit l'*ego* ou le moi par « l'idée de soi comme corps ». En règle générale, à partir du stade du miroir, cette « idée de soi comme corps » a pour matrice l'image corporelle et le sujet tient à son corps par le biais de cette identification. Il *possède* un corps parce qu'il a ce *rapport imaginaire* avec lui, médiatisé par le stade du miroir. Le stade du miroir réalise donc la triple équation suivante : « moi ou *ego*[13] = le rapport à l'image de mon corps = ce qui fait que j'ai un corps ».

13. D'habitude, Lacan dit plutôt le « moi ». Mais il a préféré le terme d'*ego* en 1951 lors d'une conférence à Londres, et il le réutilise dans *Le sinthome* où il étudie l'*ego* dans le cadre de sa théorie des nœuds.

Mais, justement, ce n'est pas toujours le cas. Déchiffrant un souvenir d'enfance, Lacan a diagnostiqué chez l'écrivain irlandais une défaillance dans la constitution de l'*ego* par identification à l'image du corps. D'où l'attention avec laquelle Lacan a examiné ce point. D'autant qu'il avait caractérisé le symptôme comme « un événement de corps[14] » par lequel on *a* son corps, et qu'il découvre, dans les souvenirs de l'écrivain, un événement qui montre que le sujet, justement, à ce moment-là, *n'a pas son corps*.

Lacan s'appuie sur le *Portrait*[15] :

> « Pour ce qui en est de Joyce, j'aurais pu vous lire une confidence qu'il nous fait dans le *Portrait of the Artist as a Young Man*.
>
> À propos de Tennyson, de Byron, de choses se référant à des poètes, il s'est trouvé des camarades pour le ficeler à une barrière en fil de fer barbelé, et lui donner, à lui, James Joyce, une raclée. Le camarade qui dirigeait toute l'aventure était un nommé Héron, terme qui n'est pas indifférent, puisque c'est l'*erôn*. Ce Héron l'a donc battu pendant un certain temps, aidé de quelques autres camarades.
>
> Après l'aventure, Joyce s'interroge sur ce qui a fait que, passé la chose, il ne lui en voulait pas. Il s'exprime alors d'une façon très pertinente, comme on peut l'attendre de lui, je veux dire qu'il métaphorise son rapport à son corps. Il constate que toute l'affaire s'est évacuée, comme une pelure, dit-il[16]. »

Dans ce dernier passage, Lacan fait allusion à un épisode du *Portrait* que l'on peut découper en trois scènes : c'est *la deuxième*, qui relate un souvenir d'enfance. Elle est précédée par une *première scène* à l'adolescence, et suivie d'*une troisième* qui prolonge la première et dont l'action se situe au théâtre où le héros va jouer. La deuxième scène est donc une « scène dans la scène ». Elle est rapportée au cours d'un récit, contemporain de la première scène, qu'elle interrompt comme une réminiscence, un *flash back*. Ce procédé stylistique évoque la scène dans la scène d'*Hamlet*[17]. Le plus réel y est représenté sur scène, comme la fiction de la fiction.

---

14. Vf, p. 569.
15. *Portrait de l'artiste en jeune homme*, t.1, p. 604-609. Les citations qui suivent proviennent du chapitre 2.
16. S XXIII, p. 148-150.
17. Shakespeare W., *La tragique histoire d'Hamlet prince de Danemark*, trad. Gide A., *Œuvres complètes*, t. 2, Paris, Gallimard, Bibliothèque de la Pléiade, NRF, 1980, Acte III, scène 2, p. 658 *sq*.

On peut aussi penser, d'une façon analogique, au rêve dans le rêve qui révèle la rencontre du réel[18].

1) ***Première scène.*** Joyce a 16 ans, en mai 1898, une année clef de son adolescence, sa dernière année de collège. C'est le moment qui précède son renoncement à entrer dans les ordres. L'autre personnage important de la scène est Héron, dont le nom est celui d'un oiseau au grand bec, qui, de plus, est homophonique à « *Hero* » (cf. *Stephen Hero*), « Il s'était souvent étonné de ce que Héron ait une tête d'oiseau, de même qu'il portait un nom d'oiseau ». Héron est son double et son rival :

> « Les deux rivaux étaient camarades d'étude, ils étaient placés *côte à côte* en classe, s'agenouillaient *côte à côte* à la chapelle, causaient ensemble après le chapelet en prenant leur déjeuner[19]. »

Ils étaient les deux meilleurs élèves. Héron possède même une sorte de bec, sa canne. Il est accompagné de Wallis, dandy affublé d'un fume-cigarette. Après lui avoir proposé d'imiter le recteur sur scène (allusion à la troisième scène), Héron provoque Joyce-Stephen à propos de son père, puis d'une jeune fille qui s'intéresse à Stephen et doit assister à la représentation théâtrale du soir. Héron se moque de lui à propos de la fille puis le frappe légèrement au mollet avec sa canne. Stephen n'éprouve pas de colère, mais le sentiment d'en avoir assez : « Son visage refléta le faux sourire de son rival. » « Avoue ! », dit Héron, le frappant de nouveau. Et Stephen, ironique, récite le *Confiteor*, d'une façon « irrévérencieuse ». Alors,

> « [...] une soudaine réminiscence le transporta vers une autre scène, qui venait de surgir comme par enchantement, à l'instant même où il observait les petits plis cruels aux coins des lèvres de Héron, et où il recevait le coup familier de la canne sur son mollet, pendant que sonnait l'admonition familière "Avoue !". »

La voix qui intime « Avoue ! » et le coup de canne « familier » constituent les traits de la répétition qui font ressurgir la scène

18. Freud S., *L'interprétation des rêves* (1900), trad. Meyerson I., Paris, PUF, 1967, p. 291. « En d'autres termes, si certains faits apparaissent dans le rêve comme rêves, c'est qu'ils sont tout à fait réels, et cela équivaut à une affirmation très énergique. »

19. *Portrait de l'artiste en jeune homme*, t. 1, resp. p. 605, 611, 752, 538, 599, 614, 677. Je souligne.

d'enfance, datant de cinq ans auparavant, que nous nommerons ici *la deuxième scène*.

2) ***Deuxième scène.*** On est à *Belvedere College*, cinq ans auparavant. Stephen vient d'entrer en sixième dans cet établissement tenu par les Jésuites. Le récit commence par une métaphore : « Sa nature sensitive souffrait encore sous les coups de fouet brûlants d'une existence incomprise et sordide. » L'enfant a commencé à écrire. Un jour son professeur déclare : « La composition de cet élève tient de l'hérésie. » Stephen est « démasqué » comme hérétique et incroyant (ce qui est prémonitoire de ses démêlés futurs avec la religion). Il se soumet au professeur en corrigeant astucieusement la formule incriminée. À la sortie, Héron l'interpelle avec sa canne. Il est accompagné de Boland le cancre et de Nash le fainéant. C'est alors qu'a lieu la dispute sur les écrivains à laquelle Lacan fait allusion. Stephen défend Newman et Byron tandis que Héron prend fait et cause pour Tennyson. Le trio rit de lui, Stephen crâne et insulte Boland. Héron traite Byron d'hérétique, puis profère : « Allons, empoignez-moi cet hérétique. » Stephen est alors battu à coups de canne, puis collé au fil de fer barbelé d'une clôture, sur lequel ses vêtements se déchirent, (le barbelé renvoie au bec du héron). Stephen refuse de répondre à la sommation de Héron : « Avoue ! » (L'hérésie de Byron). C'est cette scène de ses 11 ans qui repasse dans sa mémoire pendant qu'il récite le *Confiteor* de la première scène. Revenons à la première scène.

3) ***Retour à la première scène : la rage***. Stephen se demande alors pourquoi il ne leur en veut pas, alors

> « […] qu'il n'avait pas oublié un seul détail de leur lâcheté mauvaise, mais leur souvenir n'éveillait en lui aucune colère. Toutes les descriptions d'amour et de haines farouches qu'il avait rencontrées dans les livres lui paraissaient, de ce fait, dépourvues de réalité. Même cette nuit-là, pendant qu'il s'en retournait en titubant par la *Jones's Road*, il avait senti qu'une certaine puissance le dépouillait de cette colère subitement tissée, aussi aisément qu'un fruit se dépouille de sa peau tendre et mûre ».

La métaphore fait de la colère un tissu ou un vêtement : elle est comme la peau d'un fruit trop mûr. La première scène s'enchaîne immédiatement avec la troisième.

4) ***Troisième scène.*** Stephen écoute les applaudissements du spectacle qui vient de commencer. Il pense à la jeune fille et à son châle, la seule chose d'elle dont il se souvienne (encore le vêtement, l'enveloppe du corps). Puis on l'appelle et il pense à son père :

> « Dans le monde profane, il prévoyait qu'une voix séculière lui ordonnerait de rétablir par son travail la condition déchue de son père [...].» ; et, plus loin : « [...] il crut discerner une ressemblance entre l'esprit de son père et celui de ce prêtre souriant et bien habillé. »

Les trois scènes qui se succèdent correspondent à trois âges de la vie. La première, comique, à l'adolescence[20]. La deuxième, tragique et réelle, avec le glissement de l'imaginaire, correspond à l'enfance. La troisième, avec la montée sur la scène de théâtre, le problème de la femme, des semblants entre les sexes et du père, est initiatique et introduit le jeune homme à la maturité. On y voit en effet le « vieil homme » lui maquiller « des rides sur le front ».

Insistons sur le glissement de l'image du corps dans la deuxième scène, laquelle évoque à plusieurs titres le stade du miroir :

1) Héron y est le double de Stephen. Même au niveau du nom, car les deux portent des noms d'oiseaux : Stephen se nomme en effet Dedalus, soit, dans la mythologie grecque, l'homme-faucon.

2) L'agressivité caractéristique de la tension identificatoire entre le moi et son image spéculaire est sensible dans ce qui qualifie les deux garçons comme des « rivaux » et dans la présence du bec de Héron. Lacan semble y souligner une tonalité qui pourrait être érotique lorsqu'il équivoque sur Héron et *Érôn*, soit l'amant en grec. Il suggère, mais pour l'écarter aussitôt à cause de son dégoût pour son propre corps, l'éventualité d'un masochisme de Joyce.

3) La problématique de la reconnaissance est lisible à partir de la référence au maître dans les trois scènes (le prêtre dans la troisième scène, celui qui le traite d'hérétique dans

---

20. En pensant à la fille, « il eut la sensation de revêtir le véritable appareil de l'adolescence ». À la fin du chapitre, après le ratage de la rencontre avec la jeune fille, Stephen va rencontrer une prostituée.

la deuxième, et celui qu'on lui demande de caricaturer dans la première).

4) Le transitivisme y est aussi présent : l'objet du désir et de la rivalité est représenté par la jeune fille.

5) Le regard est présentifié par le bec de Héron ; l'évocation des yeux crevés par les aigles (encore des oiseaux), au chapitre un du *Portrait*, peut se rapprocher des fils de fer barbelés de la deuxième scène :

> « [...] lui, les vêtements déchirés, le visage en feu, haletant, s'en allait trébuchant derrière eux, à demi aveuglé par les larmes [...] ».

6) Enfin, la longue contemplation de soi-même dans un miroir appartenant à sa mère, en prologue des trois scènes, introduit littéralement à la problématique du stade du miroir.

Or, plusieurs passages du *Portrait* décrivent un mécanisme analogue de dépouillement de l'image du corps de Stephen, figurée par la peau ou par un vêtement. Cette opération s'accompagne à chaque fois de la disparition de l'affect attendu de la colère, et parfois du surgissement du dégoût de soi-même. En voici quelques exemples :

> « Une puissance, de même nature que celle qui si souvent l'avait dépouillé de sa colère ou de ses ressentiments, arrêta ses pas. »

Ou bien,

> « De brèves colères s'étaient souvent emparées de lui, mais jamais il n'avait pu en faire une passion durable, et chaque fois il avait eu l'impression d'en sortir, *comme si son corps même se fût dépouillé avec aisance de quelque peau ou de quelque écorce superficielle.* »

Ce rapport du dépouillement du corps à la colère est donc répétitif. Selon Lacan, ce que lâche Joyce dans ces moments est « l'image confuse qu' [il a] de [son] propre corps » et non pas son inconscient, comme on le voit dans la manie. Il s'agit du détachement – présenté comme un acte du sujet – de l'image du corps comme une pelure, « comme quelqu'un qui met entre parenthèses et chasse le mauvais souvenir » : c'est justement dans la parenthèse du texte que constitue la deuxième scène que revient ce souvenir. Lacan ajoute :

> « Mais la forme, chez Joyce, du laisser tomber du rapport au corps propre est tout à fait suspecte pour un analyste[21] [...] »

Le terme de « laisser tomber » (*liegen lassen* : laisser en plan) est emprunté à Schreber qui l'utilise pour qualifier sa relation passivée avec Dieu. Celle-ci est décalquée sur sa relation à sa mère qui est prévalente à cause de la forclusion du Nom-du-Père. Dans le cas de Joyce, il s'agit, dans le laisser-tomber de l'image du corps, d'une pathologie issue du stade du miroir, ou du moins d'une singularité qui fait que son moi, son *ego*, n'a pas pour matrice l'image de son corps. Cet « événement de corps » a donc la structure d'un phénomène élémentaire de la psychose qui se répète.

L'ego

Dès lors se pose la question du rapport du sujet à son corps – rapport que Lacan appelle ici l'*ego* : si l'*ego*, « l'idée de soi comme corps », ne s'appuie pas sur l'image du corps, comment fonctionne-t-il donc ? Joyce a-t-il même un *ego* et, si oui, de quoi est-il fait ? La thèse de Lacan comporte en effet un autre point, complémentaire du glissement de l'imaginaire : l'art de Joyce, son sinthome, serait aussi son *ego*. Mais comment un sinthome peut-il servir d'*ego* ?

La réponse part de la remarque que l'une des fonctions du sinthome est, dans le monde sans rapport du nœud borroméen, d'établir *un rapport*. Or, l'*ego* lacanien est classiquement défini comme la psychologie du rapport imaginaire qu'on établit avec son corps. L'idée essentielle serait donc ici que Joyce établit un rapport avec son corps par un moyen, autre que l'imaginaire, qui pourrait être l'écriture :

> « [...] l'idée de soi comme corps a un poids. C'est précisément ce que l'on appelle l'*ego*. Si l'*ego* est dit narcissique, c'est bien parce que, à un certain niveau, il y a quelque chose qui supporte le corps comme une image. Dans le cas de Joyce, le fait que cette image ne soit pas intéressée dans l'occasion, n'est-ce-pas ce qui signe que l'*ego* a chez lui une fonction toute particulière ? »

En quoi l'art de Joyce, son écriture, peuvent-il donc fonctionner comme *ego*, c'est-à-dire faire tenir son corps, lui fournir un point d'appui différent d'une image qui fuit ?

---

21. S XXIII, resp. p.150, 101, 150.

Une première approche de Lacan est celle des cadres. Remarquant qu'*Ulysse* est un texte extrêmement construit pour lequel Joyce a laissé des schémas indicatifs destinés notamment à ses traducteurs (et à la postérité), comme les schémas Linati, il note que l'encadrement a un rapport d'homonymie[22] avec ce qu'il encadre, le contenu. Donc le texte pourrait servir de cadre au corps comme lorsqu'on encadre une image pour en délimiter les bords. Cela n'est pas sans évoquer le « corps du symbolique » qui « décerne » un corps au sujet, sauf qu'il s'agirait ici d'un corps de lettres.

Le *Portrait de l'artiste en jeune homme*, la première œuvre vraiment joycienne selon Jacques Aubert, est un texte sur le corps. *Écrire sur le corps* permet à Joyce, non de s'identifier à l'image de son corps, mais d'*avoir* un corps, affirme Franz Kaltenbeck[23]. Le « trouble » de Joyce serait en ce cas plus proche de la schizophrénie que de la paranoïa qui suppose l'appui conservé de l'image du corps. Notons l'importance du thème du « portrait » qui évoque non seulement le cadre mais aussi l'image : l'imagination de son portrait en jésuite[24], les galeries de portraits, le titre même du *Portrait*. Remarquons ensuite que les amis de Stephen sont présentés métonymiquement par des réflexions sur leur corps ou leur absence de corps. Héron a un bec ; Cranly a un visage sans corps, des yeux féminins, un masque mortuaire, puis il retrouve son corps. Lynch, « un personnage si fort en muscle », est présenté par son corps « tout entier [...] secoué ». Quant à Stephen-Joyce, il ne cesse de chercher des métaphores pour parler du sien : « coque stérile », « enfer du corps », « pulpe qui flambe », « cadavre », « mortifié », « brasier », « mystérieux », « précipité à travers l'espace comme celui d'Icare », etc. Enfin, l'âme est conçue comme une espèce de double du corps. L'âme ne serait-elle pas le nom de cette « idée de soi comme corps », de cet *ego* appuyé sur l'écriture ?

---

22. Lacan s'appuie aussi sur une devinette posée par Joyce à ses visiteurs. Il avait l'habitude de leur montrer une image représentant la ville irlandaise de Cork (la ville natale de son père) et il fallait deviner ce que c'était, non en identifiant le contenu de l'image mais seulement à cause du *Witz* sur le cadre qui était en *cork* (liège). S XXIII, p. 147.

23. Cf. Kaltenbeck F., *Promenades avec Ulysse – Huit leçons sur l'art de James Joyce*, in *L'atelier* n° 3, Hors-série des *Carnets de Lille*, mars 1999, Lille, p. 7-62.

24. *Portrait de l'artiste en jeune homme*, t. 1, Joyce J., *op. cit.*, respectivement pour les citations suivantes p. 689, 777, 772, 728, 624, 649, 640, 678-679, 700, 695-696, 653.

Ce traitement du corps par le texte se prolonge dans *Ulysse* qui devait être « l'épopée du corps humain ».

> « Un organe dominerait chaque épisode. Pour montrer l'unité fondamentale du corps et de l'âme, il placerait les images de l'esprit sous l'influence de fonctions physiques particulières. Par exemple Bloom allant déjeuner pense : "Les jambes de Molly manquent de nerfs". »

commente Ellmann[25]. Ici l'auteur brouille les idées reçues du lecteur sur le corps et l'âme à coup de métaphores.

Dans la même veine d'une fonction particulière de l'écrit, celle, on pourrait dire, de l'existence d'« un corps de lettres », Lacan évoque chez Joyce, on l'a vu, « l'énigme portée à la puissance de l'écriture » ainsi qu'un « *ego*, de fonction énigmatique, de fonction réparatoire[26] ». L'emblème en est l'épiphanie mais aussi, ultérieurement, toutes les incises énigmatiques, parfois redoublées par une équivoque phonématique où elles se condensent, qui truffent le flot de pensées de Stephen ou de Bloom dans *Ulysse*. Elles noyautent le texte et ont mis tout le monde au travail. Souvent, on a la preuve que Joyce a travaillé longuement sur ces expressions qui subissent des retouches multiples figurant sur divers brouillons. Par exemple, celle-ci, portant sur le corps de la mère, *mouth to her moomb*, traduit par « bouche à son ventre[27] ». *Moomb* est un mot-valise composé à partir de *moon*, « lune » et *womb*, « ventre de femme ». On trouve en marge du manuscrit neuf mots intermédiaires qui ont été mis à l'essai : *moongh*, *moongrubmb*, *moongbm*, ..., *moombb*.

La correction par le sinthome-ego

C'est de la construction qui précède que se déduit l'écriture du nœud de Joyce. Au niveau du nœud, Lacan représente l'*ego* comme une agrafe qui empêche l'imaginaire de glisser. Le sinthome-*ego* répare la faute du nœud (le nouage de R et de S) en rattachant une deuxième fois R et S, ce qui coince I (cf. schéma 4 p. 115).

L'idée de Lacan est donc que l'*ego* (l'art) répare la faute, non en la supprimant mais *en la redoublant* : il s'agit d'un travail de

25. Ellmann R., *op. cit.*, tome 2, p. 60.
26. S XXIII, p. 153.
27. *Ulysse*, t. 2, p. 54 et 1108.

reprise, par l'écriture, de la parole imposée qui l'accentue, la redouble, dans un effort continu qui s'accentue avec le temps. Ce qui tend à glisser est le rapport imaginaire au corps ; ce qui, au contraire, retient l'imaginaire est l'*ego* comme l'idée du corps construite par l'écriture.

Depuis sa conférence sur Joyce, Lacan a tâtonné avant d'arriver à cette formalisation « définitive » dont les changements sont conditionnés par les questions qu'il se pose sur l'art de Joyce. Le public du séminaire assiste aux progrès d'une élaboration où l'on voit Lacan hésiter entre deux directions. Dans la première, centrale et clairement énoncée, il élabore le symptôme de Joyce en s'appuyant sur les nœuds alors que dans la seconde, plus voilée mais insistante, il s'interroge d'une façon plus classique sur la structure clinique de Joyce, non seulement à partir de ses textes mais aussi à partir de ses lettres et des témoignages de ses proches. Lacan lit en particulier la biographie de Richard Ellmann et étudie les relations de Joyce avec son père, sa femme Nora, ses deux enfants, ses amis, etc. On voit alors s'entrecroiser dans le séminaire les manières anciennes de penser la psychose au moyen de la forclusion du Nom-du-Père et le nouveau savoir-faire avec les nœuds.

II. « Joyce était-il fou[28] ? »

« Ma tête est pleine de cailloux, de gravats, d'allumettes brisées et de verres ramassés un peu partout. »

James Joyce[29]

« J'ai découvert que je peux faire avec le langage tout ce que je désire. »

James Joyce[30]

« Je suis au bout de l'anglais. »
« J'ai envoyé coucher le langage. »

James Joyce

Lacan n'aurait certainement pas posé cette question en juin 1975, au *Symposium James Joyce*, les littéraires détestant toute

28. S XXIII, resp. p. 77, 14-15.
29. Lettre à H. S. Weaver du 24 juin 1921 citée par Jaques Aubert dans *Ulysse*, t. 2, p. L.
30. Cité par Ellmann R., *Joyce*, *op. cit.*, t. 2, p. 362 puis 181.

approche pathographique des écrivains. Cependant, lors de cette intervention, il affirmait déjà que Joyce « voulait être Joyce le symptôme » intuition d'un rapport intime entre l'art et l'*ego*.

Ainsi *Finnegans Wake*, l'œuvre finale de Joyce, lui aurait servi d'« escabeau » : avec ce livre, Joyce voulait marquer la littérature de son nom, à jamais. Lacan joue sur le mot « escabeau », un support du parlêtre. Il y souligne l'« S », le signifiant qui supporte le symptôme et le « beau » qui désigne à la fois le rapport à l'esthétique, essentiel pour l'artiste, mais aussi l'amour de soi-même (« Hissecroibeau[31] »). L'élévation de l'escabeau (hisser son moi par le beau) est l'un des aspects de la théorie psychanalytique de la « sublimation » dont Lacan critiquait déjà l'insuffisance en 1960 chez Bernfeld[32].

Or, même si Joyce tient à l'escabeau et en jouit (« il joyce trop de l'S.K.beau » pour être un saint), il est aussi « un hérétique », c'est-à-dire qu'il choisit (*hairesis* = choix en grec) entre deux types de symptômes. En effet, son éducation jésuite et le contexte politique de l'Irlande lui offraient deux sortes d'enveloppes symptomatiques : le *sinthome madaquin* (Saint Thomas avec sa théorie du Beau et de la *claritas*) et le *sint'home rule* (le *Home Rule*, « gouvernement du foyer », était le slogan du mouvement autonomiste irlandais). Or Joyce « conjoint » les deux tout en les subvertissant, et choisit finalement le second : il « fait déchoir le sinthome de son madaquinisme », c'est-à-dire qu'il dépouille progressivement son art des accessoires « élevés » qui l'habillaient, le Beau, la « splendeur de l'être », etc., pour le réduire à un sinthome structural, à *la formule même du symptôme* :

> « Joyce, lui, voulait ne rien avoir, sauf l'escabeau du dire magistral, et ça suffit à ce qu'il ne soit pas un saint homme tout simple, mais le symptôme ptypé. »

et,

> « Qu'il y ait eu un homme pour songer à faire le tour de cette réserve et à *donner de l'escabeau la formule générale*, c'est là ce que j'appelle Joyce le Symptôme. »

En quoi Joyce choisit-il le « sint'home rule », alors qu'il se détache en fait de la politique ? Lacan y voit le symbole de l'hérésie

31. Vf, p. 565-569 pour tout le chapitre. Je souligne.
32. Cf. *infra*, VI, « Les prolongements du symptôme », p. 151.

de Joyce, à laquelle, d'ailleurs, il s'identifie. Sur le *Freeman's Journal*, le *Home Rule* était représenté par le soleil se levant derrière la banque d'Irlande, et Joyce le décrit comme se levant au nord-ouest, « ce qui n'est pas d'usage ». Le « sint'home rule » signifie le symptôme qui « roule » dans sa propre direction de vérité[33] :

> « La bonne façon est celle qui, d'avoir bien reconnu la nature du sinthome, ne se prive pas d'en user logiquement, c'est-à-dire d'en user jusqu'à atteindre son réel, au bout de quoi il n'a plus soif. »

Joyce, donc, jouit de son art (« il a de son art art-gueil jusqu'à plus soif »), et donc de l'escabeau, mais d'une façon hérétique, qui ne passe pas tant par l'estime de soi relevant de l'image narcissique que de son rapport singulier à l'art :

> « Joyce est le premier à savoir bien escaboter pour avoir porté l'escabeau au degré de consistance logique où il le maintient, art-gueilleusement, je viens de le dire. »

Par ailleurs, Lacan souligne, on l'a vu, l'importance dans l'œuvre du rapport au corps ainsi que du thème omniprésent de la filiation. Dans la version orale de la conférence, il s'intéresse au lien énigmatique d'*Ulysse* à l'*Odyssée*, et questionne de ce fait le rapport de Joyce au Nom-du-Père d'une façon plutôt classique :

> « Et comment dire que Bloom soit en quoi que ce soit, pour Stephen, qui n'a rien à faire avec lui, sauf de le croiser de temps en temps dans Dublin, son père ? – si ce n'est que déjà Joyce pointe, et se trouve dénoter que toute la réalité psychique, c'est-à-dire le symptôme, dépend, au dernier terme, d'une structure où le Nom-du-Père est un élément inconditionné[34]. »

Lacan, qui vient pourtant, dans *RSI*, de critiquer la réalité psychique et son équivalence avec « le » Nom-du-Père de Freud qu'il veut coiffer de son symptôme renouvelé, ne peut pourtant pas renoncer aux termes freudiens ni à *son* vieux concept du Nom-du-Père qui, malgré tout, reste efficace pour différencier les structures.

---

33. Le sinthome madaquin est le sinthome orthodoxe et le sinthome roule est le sinthome hérétique. Pour Lacan, « le droit n'est qu'une espèce du tordu », et « le réel du droit, c'est le tordu ». Donc le sinthome madaquin n'est qu'un cas particulier du sinthome et le second est davantage orienté vers le réel. Cf. Miller J.-A., « Notice de fil en aiguille », S XXIII, p. 208-209.
34. Vo, p. 167.

Toujours dans la même conférence, en termes de nœud, il aborde la singularité joycienne du symptôme, « qu'il convient d'appeler le sinthome » : « l'inconscient se noue au sinthome », dit-il, d'où il résulterait une identification de Joyce à l'« *individual* », ce qui veut dire qu'il incarnerait le symptôme. Lacan a déjà l'idée, sans le dire encore explicitement, d'une erreur dans le nœud, d'un nouage indu entre symbolique (inconscient) et symptôme, dont la manifestation clinique serait la croyance de Joyce dans le spiritisme, voire son adhérence à Vico, aux conversations avec les esprits, sa passion pour les ouvrages de Mme Blavatski, toutes choses qui signeraient la « débilité mentale[35] ».

Dès la conférence, coexistent donc la référence borroméenne, l'idée d'un nouage (qui va se modifier) et d'une identification au symptôme, et la référence clinique de 1958, l'idée d'interroger le Nom-du-Père chez Joyce.

Lors de la première séance du séminaire est introduit le terme de *suppléance* : « c'est son art qui a suppléé à sa tenue phallique ». Lacan vient de faire une brève allusion au père de Joyce, un « soûlographe » et un « Fénian[36] ». Le symptôme est alors « le répondant » de la fonction phallique qui est mise en continuité avec les qualités paternelles. On se souvient que, dans la métaphore paternelle, la signification phallique est ce qui résulte de la substitution du Nom-du-Père au Désir de la mère. Cette mention des symptômes du père succédant à l'appréciation selon laquelle son fils, James, « avait la queue un peu lâche », se lit comme l'allusion à un défaut de la transmission phallique entre père et fils : les niveaux conceptuels des nœuds et de 1958 sont à nouveau étroitement intriqués. Lacan se pose aussi la question de la perversion, mais dans son sens borroméen de « version vers le père », c'est-à-dire d'indépendance de R, S et I nécessitant, pour les nouer, le sinthome, quart élément, qui peut (et non pas doit) être le père. Il note, à propos d'*Ulysse*, que l'Autre « est, en somme, chargé de père » ; par son art,

35. La débilité mentale est pour Lacan une caractéristique du parlêtre qui « ne sait pas "faire avec" le savoir [inconscient] ». Lacan J., S 24. séance du 11 janvier 1977.

36. Les Fénians étaient des indépendantistes organisés en société secrète à partir de 1858 qui ne pensaient pas que l'Irlande pourrait obtenir son indépendance par la voie constitutionnelle ; ils usaient donc de violence et de terrorisme. Lacan joue évidemment sur le mot : le père de Joyce était surtout un faignant.

Joyce doit « soutenir [son père] pour qu'il subsiste ». Le symptôme n'est donc pas appuyé sur le Nom-du-Père, comme dans la père-version de la névrose, mais à l'inverse, c'est l'art, le symptôme, qui tient lieu de Nom-du-Père. Il ne s'agirait donc pas de perversion, mais plutôt de psychose, dans les termes de 1958. Le mot n'y figure pas, cependant, mais on trouve « mission » : de faire subsister son père, sa famille, son pays, d'illustrer « la conscience incréée de [sa] race », comme Joyce l'écrit à la fin du *Portrait* dans une référence à *Siegfried* où le héros doit forger à nouveau le glaive brisé de son père[37].

Avant d'invoquer : « Antique père, antique artisan, assiste-moi maintenant et à jamais. » Le 13 janvier 1976, Lacan interprète cette dernière phrase du *Portrait* comme une prière adressée par le fils à son père, pourtant « un père indigne, un père carent », alors que c'est lui, James, l'*artificer*, l'artisan qui a un savoir-faire[38]. Lacan continue de s'interroger sur la relation mystérieuse qui existe dans *Ulysse* entre Stephen, « Joyce en tant qu'il déchiffre sa propre énigme », et Bloom. Celui-ci, dont le fils est mort bébé, se cherche bien un fils, mais Stephen ne veut surtout plus de père. Reste énigmatique cette « gravitation entre les pensées » des deux héros comme s'ils étaient fait du même signifiant, *de la même matière* :

> « *Ulysses*, c'est le témoignage de ce par quoi Joyce reste enraciné dans son père tout en le reniant. C'est bien ça qui est son symptôme[39]. »

Après l'intervention de Jacques Aubert sur l'épisode « Circé » d'*Ulysse*, Lacan ouvre donc son séminaire du 10 février sur la question de la folie de Joyce qu'il doute pouvoir résoudre, n'ayant pas analysé l'écrivain. En effet, on n'analyse pas un écrit, qui *touche au réel*, comme la parole d'un analysant qui *touche au vrai* : « Comment savoir d'après ses notes ce que croyait Joyce ? », formule curieuse qui évoque le rapport de croyance au sujet supposé savoir qui permet à l'analysant de déchiffrer son symptôme. Lacan

---

37. *Portrait de l'artiste en jeune homme*, in Joyce J., *op. cit.*, t. 1, p. 781 et 1757.
38. S XXIII, p. 69. Jacques Aubert suggère de traduire *artificer* par artificier plutôt qu'artisan. Aubert. J., « Notes de lectures », S XXIII, p. 193.
39. S XXIII, resp. p.70, 78, 79. Cela n'est pas sans rappeler l'interrogation de Stephen sur sa naissance au début d'*Ulysse* : « Est-ce là donc la divine substance en laquelle Père et Fils sont consubstantiels ? ». Cf. l'exergue du chapitre IV, « Le symbole abolit le symptôme ».

se demande « [...] par quoi ses écrits lui ont-ils été inspirés ? », expression qui n'est pas sans rappeler ses travaux de jeune psychiatre sur la psychose, contemporains de sa thèse sur le cas Aimée[40].

Puis, entrant dans le commentaire d'un passage du *Portrait*, il note la position paradoxale de Joyce par rapport à l'Église : adolescent, bien qu'il ait perdu la foi, il refuse d'en tirer toutes les conséquences et de dire ouvertement qu'il ne croit plus, car il a été formé par l'Église et que les enseignements de celle-ci constituent « l'armature de ses pensées ». Lacan y voit la preuve que « cet énorme appareil [...] reste quand même son support ». Il se demande jusqu'à quel point Joyce croyait aux « bourdes que lui racont[ai]ent les curés » sur le rédempteur. S'est-il pris lui-même pour un rédempteur ? On retrouve l'hypothèse, énoncée lors de la première séance du séminaire, – mais Lacan ne tranche pas – d'une mission, articulée à une position ambiguë par rapport à la religion. L'idée d'être le rédempteur serait le prototype de *la père-version*[41], car elle provient de l'idée du rapport du fils au père. Deux mythologies s'opposeraient : la chrétienne qui aurait lancé l'idée fausse du sado-masochisme (sadisme du père et masochisme du fils) et celle de Freud, plus ancienne, de la castration et de la transmission symbolique qui affirme « le phallus, ça se transmet de père en fils ».

Puis, après avoir évoqué les difficultés du couple James-Nora à chaque nouvel enfant, Lacan présente la structure joycienne sur un premier nœud. Il part d'un nœud de trèfle produit, à partir d'un nœud borroméen, par une transformation qui met en continuité R, S et I, parce que « chez la plupart, le symbolique, l'imaginaire et le réel sont embrouillés au point de se continuer les uns dans les autres ». Mais, chez Joyce, il y aurait une faute du nœud de trèfle : il serait même « aboli » par une erreur de passage du brin unique sur lui-même. De ce fait, le nœud de trèfle pourrait, en se dépliant, devenir l'équivalent d'un seul rond de ficelle. La thèse de Lacan est alors

40. Lacan J., « Écrits "inspirés" : Schizographie » (1931), *De la psychose paranoïaque dans ses rapports avec la personnalité* suivi de *Premiers écrits sur la paranoïa*, Paris, Seuil, 1975.
41. S XXIII, resp. p. 85, p. 87-88, p. 69 et 94 et S IV, p. 365 ; schéma, p. 94 ; p. 96, 98.

> « [...] de considérer le cas de Joyce comme répondant à une façon de suppléer à un dénouement du nœud. »

Pour « suppléer à ce dénouement », Lacan propose donc une boucle supplémentaire correctrice qui maintienne le nœud (cf. schéma 5).

Schéma 5. – **Le premier « nœud de Joyce » corrigé**

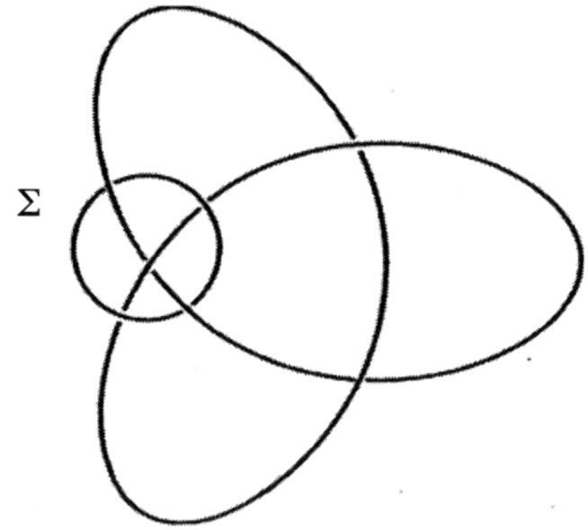

Voilà donc au niveau borroméen. Pour expliquer à quoi se réfère concrètement ce nœud de Joyce, Lacan est très explicite :

> « Son désir d'être un artiste qui occuperait tout le monde, le plus de monde possible en tout cas, n'est-ce pas exactement le compensatoire de ce fait que, disons, son père n'a jamais été pour lui un père ? Que non seulement il ne lui a rien appris, mais qu'il a négligé à peu près toutes choses, sauf à s'en reposer sur les bons pères jésuites, l'Église diplomatique ? »

Joyce aurait donc compensé cette démission paternelle, cette « *Verwerfung* de fait », en valorisant son nom propre « aux dépens du père ».

Vu les propos de Lacan sur la transmission symbolique, on peut reconstituer sans difficulté, dans les termes de 1958, comment il envisage, sans toutefois le dire explicitement, la psychose de Joyce. John Joyce n'a rien transmis à son fils et s'est démis de ses fonctions de père au profit de l'Église ; il y a eu forclusion du Nom-du-Père et du phallus (d'où le malaise de James à la naissance de chaque enfant) ; l'Église est devenue pour Joyce une armature symbolique, appuyée d'ailleurs par le désir de sa mère (on se souvient que la présentation de l'épiphanie de la « Villanelle » a pour point de départ l'irritation éprouvée par Stephen du rapport de sa mère et des femmes aux prêtres et à Dieu). C'est pourquoi Joyce ne peut pas rejeter complètement l'Église bien qu'il ait peu ou prou perdu la foi. Lacan utilise les termes de « père carent » et de « suppléance » qu'il avait utilisés jadis pour parler du petit Hans. La suppléance à cette carence « radicale », qui apparaît ici comme responsable de la faute du nœud (dont la nature n'est cependant pas encore bien précisée), est d'avoir poussé son nom propre à la première place pour occuper tout le monde avec son art-symptôme. Cette thèse est donc différente de celle de la « mission », ou de la « rédemption », qui amenerait davantage à « une métaphore délirante », pour le dire dans les termes de 1958. Elle évoque « l'escabeau » de la conférence et, de plus, les relations complexes de Joyce avec les noms propres et les surnoms, sur lesquelles je reviendrai ci-dessous.

Le 17 février, Lacan poursuit dans cette veine en introduisant un nouveau nœud de Joyce : au nœud de trèfle, il préfère maintenant un nœud à trois ronds distincts, parce qu'il n'est pas clair que, dans tous les nœuds à un seul brin (comme le nœud de trèfle), une seule erreur suffise à abolir le nœud. Dans ce nouveau nœud, l'erreur de nouage libèrerait le symbolique, prétend-il, mais en fait, sur le schéma, les trois ronds étant simplement posés l'un sur l'autre, aucun n'est directement noué à un seul autre ; le quatrième rond du sinthome « répare » alors le nœud et empêche, dit-il, le symbolique de glisser. Dans cette séance, donc, Lacan place la « faute » au niveau du symbolique, en confirmant ce qu'il a dit la semaine précédente : le symptôme part de la carence du père. Il en voit la confirmation dans la carence paternelle de James avec sa fille Lucia qui était schizophrène. Cette carence porte sur la croyance du père en la télépathie de sa fille : ce serait un « prolongement » de son propre symptôme (je réserve au prochain chapitre le traitement de ce concept). Le symptôme de Joyce est caractérisé par un certain rapport imposé à la parole que le sinthome vient accentuer, comme on le voit dans *Finnegans Wake*, sans qu'on puisse savoir si le sinthome tentait ou non de le libérer.

Sont donc mis en série, comme des « fautes » au niveau du symbolique des phénomènes plutôt disparates : la carence paternelle du père et du fils, le lapsus et le mot d'esprit, les ratés de l'inconscient. Lacan se demande même si la notion d'une faute du nœud *ne renouvelle pas la notion de faute au sens de péché* : serait-elle aussi de l'ordre d'un lapsus ?

> « Dans cette faute première dont Joyce nous fait tellement état, y a-t-il quelque chose de l'ordre du lapsus ? »

Dans le *Portrait*, Stephen parle en effet du « péché contre le Saint-Esprit pour lequel il n'y a [vait) pas de pardon[42]. » Il s'agit du péché de simonie, qui consiste à chercher à user du pouvoir de Dieu contre de l'argent, comme l'a fait, le premier, Simon le magicien. Or, Simon est le prénom du père de Stephen Dedalus dans le *Portrait* et dans *Ulysse*. Lacan se demande peut-être si la simonie ne figure pas la carence paternelle qu'il place comme faute-lapsus au niveau du symbolique dans le nœud de Joyce. On retrouve son souci de trouver un support matériel à des notions morales ou religieuses comme lorsqu'il prenait ses distances avec le nœud à quatre « religieux » de Freud, mais il laisse ce point en suspens[43]. Il questionne aussi la place relative de l'erreur de nouage et de la correction par le sinthome : bref il tâtonne.

Dans la dernière séance du séminaire, le 11 mai, la trouvaille de Lacan porte sur l'*ego*, après une lecture des souvenirs d'enfance de Joyce, dans le *Portrait*, que nous avons commentée ci-dessus. Il avait fait, le 16 mars, allusion au fait qu'il avait travaillé sur ce thème avec Jacques Aubert. C'est maintenant l'imaginaire qui est libéré par l'erreur de nouage, alors que R et S restent noués. Le sinthome correcteur sert aussi d'*ego* à l'écrivain.

Entrelacement conceptuel

Ce parcours dans le séminaire montre, j'y insiste, que Lacan y raisonne à deux niveaux différents qui s'entrelacent. D'une part au niveau des nœuds, d'autre part, à celui de la métaphore paternelle et des concepts qu'il avait mis en place dès juin 1957. À ce dernier niveau appartient la discussion sur la folie dans « le cas Joyce ». La

42. *Portrait de l'artiste en jeune homme*, t. 1, p. 687 ; voir aussi la note 5 p. 109.
43. Dans cette recherche, Lacan ne se montre-t-il pas dupe du réel du nœud ? En voulant représenter la morale matériellement, ne montre-t-il pas qu'il fait de la structure du nœud une Idée au sens de Platon ? Qu'il croit en cette matérialité du nœud comme en un réel platonicien ? Cf. chapitre VI.

thèse est celle d'un défaut de la métaphore paternelle, avec une carence du père qui entraîne la défaillance phallique et la carence paternelle du fils, et nécessite alors une suppléance. Lacan utilise même le terme de *Verwerfung*[44]. La psychose s'en déduit classiquement, mais Lacan ne prononce pas ce terme, sans doute parce qu'il veut rompre avec son ancien discours où dominait le symbolique. C'est un peu comme si sa conceptualisation de 1975 était en avance sur sa façon d'appréhender la clinique qui reste encore enracinée dans la métaphore paternelle. Il faut reconnaître que la thèse de la forclusion du Nom-du-Père est cliniquement très solide ! On voit le phénomène inverse chez Freud dans « L'homme aux loups[45] » à propos des rapports de l'angoisse et de la castration où il anticipe cliniquement sur ses concepts de 1926. La conceptualisation clinique « en retard » rattrape le deuxième niveau, celui des nœuds, lorsque Lacan attribue provisoirement l'erreur dans le nœud de Joyce à une libération du rond du symbolique : cela correspond plus au défaut dans le symbolique de 1958 qu'à sa lecture actuelle du texte joycien. Comparons encore une fois ces deux approches sous un nouvel angle.

En 1958, la notion d'un défaut dans une structure donnée n'existe pas : la structure se définissant relativement à elle-même par des couples d'oppositions signifiantes, cela n'a pas grand sens de parler d'un défaut intrinsèque dû au manque d'un

---

44. Un peu autrement que dans « La question préliminaire », il est vrai, dans la mesure où il parle de « *Verwerfung* de fait » à propos du père de Joyce, alors que la forclusion de 1958 était un accident du Symbolique. Cela dit, il n'y a de fait que de dit pour Lacan à cette époque, donc, la « *Verwerfung* de fait » est avant tout une question symbolique. Cf. S XXIII, p. 66.
45. Alors que la première théorie de l'angoisse de Freud implique que le refoulement produit l'angoisse par transformation de la libido, la seconde inverse l'ordre entre le refoulement et l'angoisse : c'est l'angoisse de castration qui provoque le refoulement. Or cette dernière théorie n'est articulée que dans *Inhibition, symptôme et angoisse*. Mais, dans « L'homme aux loups », Freud la met déjà en œuvre cliniquement lorsqu'il dit que « la force motrice du refoulement » qui transforme l'attitude sexuelle passive envers le père en peur du père puis en phobie du loup est la « préoccupation [narcissique] pour le membre viril », soit l'angoisse de castration. Cf. Freud S., « Extrait de l'histoire d'une névrose infantile (L'homme aux loups) » (1918), *op. cit.*, p. 357, et Freud S., *Inhibition, symptôme, angoisse* (1926), trad. Tort M., Paris, PUF, 1973, p. 27.

signifiant qui devrait être là[46]. Par contre, l'absence du signifiant du Nom-du-Père et de la signification phallique se fait sentir à l'occasion de certaines situations concrètes, comme la naissance d'un enfant, et il se forme alors un « trou » dans le signifié, c'est-à-dire dans l'imaginaire, qui résulte de ce qui s'impose alors comme une cause : un défaut symbolique ou une « carence du signifiant[47] ». Lacan évoque un mystérieux « appel du Nom-du-Père » reçu alors par le sujet : le Nom-du-Père apparaît de ce fait indispensable à la vie humaine et devient donc une norme familiale et sociale universelle. Dans la psychose, la métaphore délirante tente alors de pallier cette absence en établissant un nouveau rapport stable entre le signifiant et le signifié. Le verbe « suppléer[48] » n'apparaît que négativement dans le texte, mais sa seule présence montre que la question de la thérapeutique de la *Verwerfung* se pose, y compris au niveau du transfert dans l'analyse du psychotique. Et, finalement, on ne peut que conclure à un impossible : rien (ni personne) ne peut suppléer *vraiment* à la psychose et même la métaphore délirante la plus consistante reste, dans son futur asymptotique, un pis-aller, car elle ne fera jamais exister un véritable point de capiton entre signifiant et signifié, comme l'est le Nom-du-Père.

Juste avant l'écriture de « La question préliminaire », lors de son commentaire du « petit Hans », Lacan emploie quasiment les mêmes termes qu'à propos de Joyce : la carence du père laisse l'enfant démuni face à la menace de dévoration maternelle et le contraint à mettre en place une suppléance. La phobie réalise cette suppléance transitoire à laquelle succède une solution, jugée boiteuse par rapport à « un complexe d'Œdipe et de castration normal[49] ». « Le mode de suppléance » que choisit Hans, si original

46. Dans « La question préliminaire », le Nom-du-Père n'est pas rapproché du S(Ⱥ), comme plus tard dans « Subversion du sujet ».
47. Carence signifiante du Nom-du-Père qui s'oppose à la « carence paternelle » dans le cas de Hans, qui est une incapacité du père réel à le séparer de sa mère. Mais quand Lacan parle de « carence paternelle » dans le cas de Joyce, cela renvoie, dans les termes de 1958, à un défaut symbolique puisqu'il précise que son père ne lui a rien appris, rien transmis et a démissionné au profit des jésuites, et qu'il utilise le terme de *Verwerfung*.
48. « Nul doute que la figure du Pr Flechsig, en sa gravité de chercheur [...] n'ait pas réussi à suppléer au vide soudain aperçu de la *Verwerfung* inaugurale [...]. » « D'une question préliminaire... », *op. cit.*, p. 582.
49. S IV, resp. p. 366-368, 406, 381.

soit-il (déboulonner fantasmatiquement sa mère, s'identifier à un père-mère d'enfants imaginaires, installer des filles-phallus « maîtresses du signifiant » à la place de son idéal du moi), est mesuré comme une impuissance et une immaturité par rapport à « un point typique » et une « dialectique » qu'il n'atteindra jamais. La « suppléance », même si elle témoigne d'« un certain degré de suffisance », s'oppose en 1957 au terme de « solution ». C'est cette « solution » idéale, finalement jamais atteinte, que la métaphore paternelle a formalisée, à partir de la phobie de Hans, comme une norme universelle. De ce fait, on oublie facilement son envers symptomatique. Par rapport à cette norme, la singularité de la « suppléance » inventée par Hans, et que Lacan analyse pourtant finement, est forcément dévalorisée.

Tout cela repose sur la puissance énorme attribuée au signifiant du Nom-du-Père. On la mesure lorsque Lacan dit, à propos du cheval comme objet phobique, qu'il est « l'amorce d'un ordre, premier cristal d'une cristallisation organisée entre le symbolique et le réel ». Un tel ordre est rendu idéalement possible par le Nom-du-Père (dont le signifiant de la phobie n'est qu'un substitut imparfait) tant qu'il est conçu comme nouant le réel au symbolique, voire permettant le recouvrement sans reste du réel par le symbolique. Or, on l'a vu, Lacan a renoncé à cette idée en 1975, au point même de faire du nouage du réel et du symbolique une caractéristique de la « folie » joycienne. De ce fait, même si les termes utilisés se ressemblent, ils ne prennent plus du tout la même valeur.

Ainsi, en 1975, on trouve plutôt l'idée d'une « faute » interne à la structure elle-même – et pas seulement à la psychose, mais bien à toute structure – qu'incarne le caractère non borroméen du nœud à trois. Dans le cas de Joyce, la faute est rapportée à la carence paternelle, mais elle s'incarne dans le symptôme des paroles imposées pour lequel la nouvelle conception du symbolique comme ensemble d'équivoques prend toute sa valeur. En effet, même si tous les sujets ne ressentent pas la présence des paroles imposées avec la même intensité, elles impriment cependant leur marque à un niveau inconscient : le sujet doit s'en défendre, d'où le symptôme initial. L'existence d'une « faute » ou d'une « erreur » de nouage est donc *universelle*. Par contre, la réponse du sujet est *singulière* : le sinthome est ce qui vient corriger la faute, soit à l'endroit où elle s'est produite, soit ailleurs. Il est matérialisé dans le nœud par un quatrième rond qui noue les autres. Certes le résultat n'est pas borroméen mais R, S et I ont « l'air de faire nœud à trois » grâce à ce quatrième. L'accent est donc mis sur la singularité de la correction et, peut-être davantage qu'avant, sur l'évolution diachronique du sinthome que masquait la synchronie du symptôme comme métaphore. Dans le cas de Joyce, le sinthome, la faute de nouage et l'*ego* correcteur relèvent de ce second niveau et sont donc des innovations théoriques. Enfin, ce qui tranche aussi avec 1958, et qui est d'une grande importance tant clinique que pratique, est l'idée que cette correction, cette suppléance par l'art comme sinthome, peut même empêcher la folie d'éclore.

Un autre point, fondamental dans le cas de Joyce, peut aussi être étudié à ces deux niveaux. En effet, on l'a vu dans le chapitre précédent, Lacan renouvelle la question de la nomination qui devient d'abord *la* fonction « radicale » du Nom-du-Père (le père qui nomme et pas seulement le père comme nom) avant qu'il ne réduise, dans RSI, le Nom-du-Père à la nomination, pour enfin, au début du *Sinthome*, faire resurgir la question avec le mythe de la *Genèse*. Il accentue désormais, dans la nomination, plutôt le rapport au symbole équivoque et pastout, le S_2, aux dépens du signifiant maître, le S_1. J'ai proposé, pour ce dernier abord de la nomination, l'expression d' « équivoques imposées ». Il est alors intéressant d'étudier la nomination chez un maître de lalangue comme Joyce, d'autant que, si nous nous plaçons du point de vue de 1958, cela aussi peut mettre en évidence chez lui la forclusion du Nom-du-Père.

« Des noms »

Il s'agit du passage qui suit les trois scènes de la fin du chapitre 2 du *Portrait* que nous avons commentées à propos de l'*ego*.

Simon Dedalus, le père de Stephen, a emmené son fils à Cork, sa ville natale, où il vient assister à la vente aux enchères de ses biens. La première hypothèque de ses biens avait eu lieu pendant que sa femme était enceinte de James, et Ellmann associe de façon significative la paternité de John Joyce à l'hypothèque : « John Joyce s'appliquait avec une égale diligence à la procréation et aux hypothèques[50]. » Pendant ce voyage, Stephen éprouve un sentiment de « dépossession[51] ». Son père l'amène à l'Université où il a fait ses études. Il peine à retrouver ses initiales, jadis gravées sur les bancs de bois de l'amphithéâtre d'anatomie. Or, ses initiales sont les mêmes que celles de son fils (dans la vie J.J., dans le roman S.D.). Pendant ce temps de recherche, le mot « fœtus », qui est gravé sur un pupitre, saute au visage de Stephen. À cet instant, il traverse un moment d'étrangeté : il est « bouleversé d'avoir rencontré, dans le monde extérieur, un signe de ce qu'il avait pris jusque-là pour quelque ignoble maladie particulière à son propre cerveau ». Le fait de trouver finalement les initiales paternelles – les siennes – sur le bois n'arrête rien :

> « Il demeurait toujours humble et faible devant les autres, inquiet et écœuré de sa propre personne. »

ou encore :

> « Les lettres gravées dans le bois maculé du pupitre semblaient le regarder fixement, raillant la faiblesse de son corps, ses enthousiasmes futiles, lui inspirant de l'horreur de lui-même, à cause de ses orgies immondes et folles. »

Plus tard, il éprouve l'impression de s'être effacé – comme une image :

> « Il n'était pas mort, mais il s'était effacé, comme une plaque photographique au soleil. Il s'était perdu, il était sorti de l'existence, puisqu'il n'existait plus »

et

> « La monstruosité de sa vie semblait l'avoir transporté hors des limites du réel. »

En ce moment où « Il ne pouvait répondre à aucun appel terrestre ou humain » et où « la voix de son père le lassait et le déprimait », il tente de se ressaisir en se disant :

> « Je suis Stephen Dedalus. Je marche à côté de mon père qui s'appelle Simon Dedalus. Nous sommes à Cork, en Irlande. Cork est une ville. Nous logeons à l'hôtel Victoria. Victoria, Stephen, Simon. Simon, Stephen, Victoria. Des noms. » [...] « Le souvenir de son enfance avait pâli soudain... Il ne se rappelait que des noms. Dante, Parnell, Clane, Clonglowes. »

---

50. Ellmann R., *Joyce*, t. 1, *op. cit.*, p. 35, puis p. 49-50.
51. *Portrait de l'artiste en jeune homme*, t. 1, les citations sont extraites des p. 615-622.

Il ressort de cette séquence que l'opération de la nomination doit être supportée par le sujet lui-même à cause de la forclusion du Nom-du-Père. À la page précédente du roman, il a été question des relations père-fils dans la famille Joyce, sur deux générations. Le père de Stephen :

> « Je te parle en ami, Stephen. Jouer les pères rigides, ça n'est pas mon genre. Je ne crois pas qu'un fils doive craindre son père. Non, je te traite comme ton grand-père me traitait quand j'étais gamin. Nous étions deux frères, plutôt que père et fils. »

Le père prolonge donc avec son fils la démission paternelle de son propre père. Il s'agit d'un ravalement de la transmission symbolique du père au fils : ils sont sur le même plan, comme des semblables, comme des frères.

Résumons notre interprétation de la séquence :

1) D'abord, le père expose son idée des relations père-fils. Elles dénotent ce que Lacan a appelé une *Verwerfung* (rejet) : la démission paternelle.

2) La forclusion du Nom-du-Père est matérialisée dans ce récit par l'absence de la marque du nom du père sur le banc du collège : « [...] il n'est pas le fils de son père [...] », dit un vieillard.

3) La forclusion de la signification phallique, associée à celle du Nom-du-Père, fait ressortir, parmi les graffitis du pupitre, un mot, un nom commun qui apostrophe le sujet et qui le désigne : « fœtus », soit l'être du sujet sous une forme non symbolique. Une signification en résulte : il n'est pas le fils de son père mais un avorton ; c'est comme si « fœtus » venait en écho à la phrase du vieillard.

4) Stephen éprouve alors un malaise extrême qui se traduit par l'effacement de lui-même comme d'une image, par l'évocation de souvenirs qui pâlissent et la réminiscence du rêve de sa propre mort dans son enfance. Nous pouvons situer cette réminiscence comme le sentiment d'être mort comme sujet dans le passé.

5) « Des noms ». Dans ce vide résonne un acte de nomination qui lui permet alors de se re-présenter comme sujet, de continuer. Il fait appel aux noms propres de son enfance qui sont des noms à la fois prestigieux et intimes : Dante, le poète mais aussi le nom de sa nourrice, ou Parnell, le *leader* irlandais nationaliste au destin tragique, sans cesse évoqué autour de lui, auquel il s'identifia dans

sa jeunesse[52]. Joyce-Stephen supplée donc à la faillite paternelle par cet acte de nomination. Ce pas vers le sinthome est assumé par le sujet lui-même « aux dépens du père », selon l'expression de Lacan. Joyce promeut ces noms à la fois célèbres et équivoques pour lui, comme plus tard le sien, dans le vide laissé béant par la forclusion du Nom-du-Père.

D'ailleurs, la nomination est fondamentale dans l'œuvre de Joyce, comme l'a montré Jacques Aubert qui met en évidence les articulations entre la vie de l'écrivain et la lettre prise au sens propre du terme : « certaines inflexions de l'écriture[53] ». Aubert note la disparition du pseudonyme Stephen Daedalus, avec lequel Joyce avait signé « *Sisters* », la première nouvelle de *Dubliners,* au profit de l'avènement de son nom propre à la place de la signature. Cet événement a lieu en 1907, date de la naissance de sa fille Lucia et de l'écriture de la nouvelle « *The Dead* » de *Dubliners* avant la réécriture du *Portrait*. Ce changement serait dû à la rencontre de la mort (cf. *Dead*) lors du voyage de Joyce à Rome où, dans les églises, il contemple des christs morts qui le renvoient en miroir à la paralysie mortelle de Dublin où lui-même s'enlise.

> « Rome, écrit-il à son frère avec son ironie coutumière, évoque pour moi un homme qui gagne sa vie en montrant aux touristes le cadavre de sa grand-mère[54]. »

Dædalus, Dédale, l'inventeur de l'automate et le premier sculpteur, est celui qui a séparé les pieds des statues grecques : il représente l'acte (*deed*) de la coupure dans « la massivité du signifiant » effectué alors par Joyce sur Dublin, la ville paralysée et mortifiée par le signifiant. Stephen est le nom du « protomartyr », « le premier à avoir mis sa vie en jeu pour quelque chose qu'il n'avait pas vu de ses yeux, mais saisi dans la parole ». Stephen Dædalus, nous dit Aubert,

> « est inscrit dans le négatif et le mortifère. Il nous révèle un Joyce aliéné à une image idéale, héroïque, de redresseur de torts, un Joyce fasciné par la figure du comte de Monte Cristo[55]. »

---

52. Ellmann R., *Joyce*, tome 1, *op. cit.*, p. 49-50.
53. Aubert J., « D'un Joyce à l'autre » in *Lacan, l'écrit, l'image*, *op. cit.*, p. 55-77.
54. « À Stanislaus Joyce », t. 1, p. 1204.
55. Aubert J., « La voix de Joyce et son *nego* », Libres cahiers pour la psychanalyse, *Dire non*, n° 2, Automne 2001, In Press, Paris éditions, p. 97-103.

Aubert a retrouvé le premier néologisme écrit de Joyce, son « *nego* », par lequel, en 1904, il veut se dresser contre l'Église catholique irlandaise. Aubert oppose le « *nego* » de Joyce au « oui » répétitif de Molly Bloom dans le monologue qui termine *Ulysse*. Le « *nego* » serait l'emblème de la période où Joyce cherche à se construire son *ego*, période caractérisée par la révolte, la fuite, la défense contre le réel et la recherche héroïque compensatoire. Le « oui » saluerait la trouvaille de l'art comme sinthome, le moment où Joyce « procède à une extension des propriétés de la lettre ». Le moment tournant où Joyce renonce à son pseudonyme pour en faire un simple personnage (*character*) de ses livres ultérieurs signifie la chute de cette identification à Dædalus qui le paralysait lui-même dans des considérations esthétiques et morales. Il en résultera des changements décisifs de son écriture.

Les recherches de Jacques Aubert éclairent l'ambiguïté joycienne ressentie par Lacan, à savoir l'oscillation entre la défense contre la parole imposée et l'acquiescement à l'envahissement par ce flux du discours. Même si ce double mouvement existe en permanence, à suivre Jacques Aubert, il correspondrait plutôt à deux périodes successives dans la vie de l'écrivain.

« *[...] oui j'ai dit oui je veux bien Oui*[56] »

> « *C'est une merveilleuse expérience que de vivre avec un livre. Depuis 1922, quand j'ai commencé Work in Progress, je n'ai pas réellement vécu une vie normale. Cela m'a coûté une énorme dépense d'énergie. Ayant écrit Ulysse sur le jour, je voulais dans ce livre écrire sur la nuit. C'est son seul rapport avec Ulysse et Ulysse n'a pas exigé la même dépense d'énergie. Depuis 1922 mon livre a été pour moi une réalité plus grande que la réalité même. Tout s'efface devant lui. Tout ce qui a été en dehors du livre a été pour moi une difficulté insurmontable : les plus minimes réalités, comme de me raser le matin, par exemple.* »
>
> James Joyce[57]

À propos de Joyce, Lacan a trois formules frappantes[58] : « se faire être un livre », « être un artiste qui occuperait tout le monde »

56. Joyce J., *Œuvres*, t. 2, *op. cit.*, p. 858.
57. Conversation avec Ole Vinding en août 1936, citée par Ellmann R., *Joyce*, t. 2, *op. cit.*, p. 354.
58. S XXIII, resp. p. 71, p. 88 et p. 94, p. 15.

et « se vouloir un nom ». Les deux dernières impliquent la dimension de la reconnaissance de l'écrivain par ses contemporains et les générations d'après et, dans cette aspiration consciente à l'immortalité, l'existence d'une autre sorte de moi-idéal que celui du stade du miroir. La troisième évoque la nomination dont nous avons vu ci-dessus comment elle s'articulait au sinthome. La première répond à la question de « l'être ». Cette question se posait aussi pour Schreber, et Lacan en faisait le point de départ de la métaphore délirante qui l'amènerait asymptotiquement à devenir la femme de Dieu[59] : *être* autre chose que le phallus de la mère, à savoir la femme, sachant que le phallus était forclos. Du sinthome joycien, Lacan dit aussi qu'il supplée à la forclusion du phallus : « [...] son art est le vrai répondant de son phallus. » Dans le cas de Joyce, *le sinthome vient à la place du rapport manquant* : rapport au corps, c'est sa fonction d'*ego* ; rapport sexuel, figuré entre Leopold et Molly Bloom dans *Ulysse*, le livre contemporain du « oui » de l'artiste au sinthome.

Joyce rend donc consistante la thèse que Lacan annonçait dès sa conférence et dans la première séance du *Sinthome* : *le symptôme abolit le symbole*, dont l'essence est d'être équivoque. À partir de la singularité du cas du poète irlandais, on peut induire l'idée universelle d'un défaut structural traduit par une erreur ou une « faute » du nœud qui, de ce fait, n'est pas borroméen et que « corrige » un rond supplémentaire ou sinthome. Si dans la névrose hantée par la « perversion » (comme version vers le père), le Nom-du-Père sert en général de sinthome, le cas de Joyce montre qu'il n'en est pas toujours ainsi. Dans tous les cas, ce qui compte est la singularité du sinthome insérée dans les paroles imposées initiales – celles de « la loi de la mère » ou celles d'un père « carent » qui suscitent une grande variété de réponses. J'en développerai de nouveaux exemples dans le prochain chapitre.

59. Lacan J., « D'une question préliminaire à tout traitement possible de la psychose » (1958), *op. cit.*, p. 565.

TROISIÈME PARTIE

LE SINTHOME ET LE RAPPORT À L'AUTRE FILIATION, TRANSMISSION, SEXUATION

CHAPITRE VI

Les prolongements du symptôme

« Mais sa vie entière était construite comme une correction de la vie de son père... »

Jonathan Franzen[1]

Quelles sont les conséquences de la théorie du sinthome sur l'individu et son rapport aux autres ? En effet, on l'a vu, dans le « monde » borroméen où réel, symbolique et imaginaire n'ont pas de rapport deux à deux, le sinthome est le seul terme qui puisse les lier. De ce fait, le sinthome supporte les relations du sujet aux autres (parents, enfants et partenaires de toutes sortes). C'est ce que j'examine dans cette partie qui nous ramènera, après l'étude des propriétés du sinthome, à l'ambiguïté sexuelle.

On a prêté peu d'attention à une thèse énoncée comme en passant, dans *Le sinthome*, à propos de Joyce et de sa fille Lucia. Elle a pourtant, si on la prend au sérieux, des conséquences essentielles sur la façon de concevoir la transmission à des niveaux différents : premièrement, entre parents et enfants ; deuxièmement, entre analyste et analysant ; troisièmement, entre la doctrine de Freud et celle de Lacan.

Cette thèse puissante du « prolongement du symptôme », met en valeur certains aspects fondamentaux de la théorie que Lacan développe depuis *RSI*. De plus, elle concerne l'ambiguïté sexuelle dans ses implications sociales et politiques. L'apparition de nouvelles formes de parentalité, en rendant caduques ou désuètes certaines lois, n'a-t-elle pas contraint l'État à prendre de nouvelles dispositions légales concernant le couple, la PMA, l'IAD et l'adoption ?

1. Franzen J., *Les corrections*, trad. Lambrechts R., Paris, éditions de l'Olivier, 2002, p. 231.

Je pense particulièrement, en France, au PaCS[2] et au débat sur les enfants de parents homosexuels. La thèse de la transmission par prolongement du symptôme permet d'aborder ces questions avec un regard neuf, en sortant des vieilles ornières dans lesquelles la tradition nous enlise parfois. Je partirai encore du cas de Joyce.

I. La transmission familiale « par le symptôme »

> « *Peut-être suis-je idiot, mais j'attache la plus grande importance à ce que dit Lucia quand elle parle d'elle-même. Ses intuitions sont stupéfiantes. [...] Ma femme et moi avons des centaines d'exemples de sa seconde vue. Et ce n'est pas de la frime.* »
>
> James Joyce[3]

À propos de la famille Joyce, Lacan formule, on l'a vu dans le chapitre précédent, une thèse sur la création du sinthome que je résume succinctement.

Le sinthome de James vient suppléer à la carence de son père John, que Lacan articule comme « une démission », une « *Verwerfung* de fait ». John Joyce n'a rien appris à son fils, il a tout délégué aux jésuites et à l'Église catholique. Le fils a dû soutenir son nom propre avec son œuvre parce qu'il ne pouvait se soutenir du nom de son père. On a vu, dans *Le portrait*, comment Simon Dedalus (le père de Stephen qui est l'*alter ego* de l'auteur), citait des paroles de son père qui témoignaient déjà de la carence de son grand-père : on peut donc remonter sur trois générations de « pères carents ». Le sinthome est conçu comme la réparation ou la correction d'une faute structurale primordiale, due ici à la carence paternelle, et qui se manifeste par un nouage indu dans le nœud qui représente le sujet dans le monde borroméen.

Le sinthome consiste ici dans la façon singulière de traiter par l'écriture un symptôme de départ. Lacan affirme que l'œuvre de Joyce témoigne de ce que l'art peut viser ce qui se présente d'abord comme un symptôme, « déjouer » « ce qui s'impose du symptôme ».

---

2. PMA, procréation médicale assistée ; IAD, insémination avec donneur ; PaCS : Pacte civil de solidarité, voté le 15 novembre 1999.
3. Lettre de James Joyce à Miss Weaver, 21 octobre 1934, cité par Ellmann R., *op. cit.*, t. 2, p. 332.

Il s'agirait, dans le cas de Joyce, du symptôme des paroles imposées. On l'a vu, James-Stephen confie, dans *Le Portrait de l'artiste en jeune homme* que, tout petit, il apprenait par cœur les paroles échangées entre son père et son oncle en se les répétant sans les comprendre. Il espérait avoir ainsi accès au monde réel. Au moment de la mort de son père, en 1931, il disait que la voix de celui-ci avait pénétré son corps et qu'il l'entendait lui parler. Il se demandait où était alors son père mort[4]. La thèse de Lacan est qu'à partir de ce noyau symptomatique initial des paroles imposées, il a, par l'intermédiaire de l'écriture, décomposé la langue anglaise en la laissant s'imposer à lui. Son art n'est pas seulement une défense contre la parole imposée : la parole s'impose de plus en plus à lui dans son caractère phonématique, au point de « détruire » la langue anglaise, après avoir été transcrite dans l'écriture. *Finnegans Wake* témoigne du résultat de cet exercice, prolongé pendant des années, qui absorbait toute l'énergie de Joyce, devenant plus réel que toute autre réalité[5]. La parole imposée y est sans cesse transmutée en écriture. Jacques Aubert situe, on l'a vu, comme un moment tournant, voire une césure dans la constitution du sinthome joycien, le séjour de huit mois à Rome de l'écrivain en 1906-1907. Joyce y aurait rencontré la mort et se serait libéré de la paralysie de Dublin dont il était lui-même prisonnier. Après ce voyage à Rome, il termine *Dubliners* par « *The Dead* », la dernière nouvelle du recueil, et entame la réécriture du *Portrait*, juste après la naissance de son second enfant, Lucia[6].

John père de James père de Lucia

Or, Lucia devint schizophrène. Lacan émet l'hypothèse que le symptôme de la fille était dans le prolongement de celui du père, les paroles imposées. James aurait démontré, à son tour, sa carence paternelle par sa croyance en la « télépathie » de sa fille. Plus exactement, plus elle délirait et plus il la croyait douée de seconde vue ; il attachait la plus grande importance à ses « intuitions » qu'il trouvait stupéfiantes. Cette croyance aveugle est l'indice d'un rapport à *son* propre symptôme : plus exactement, la croyance

4. Ellmann R., *op. cit.*, t. 2, resp. p. 293, 330-332, 341, et p. 334-335.
5. Cf. l'exergue à notre conclusion du chapitre précédent.
6. Née le 26 juillet 1907 ; « *The Dead* » est achevé en septembre.

inconditionnelle de Joyce en la télépathie de sa fille et en ses affirmations fantaisistes montre que cette télépathie est dans le prolongement de *son* propre symptôme : il *y* croit (à son symptôme) donc il *la* croit. Joyce défendait ainsi Lucia contre les médecins. Il croyait même que « lorsqu'il sortirait de la longue nuit de *Finnegans Wake*, son *Work in Progress*, sa fille, elle aussi, sortirait des ténèbres » : comme si sa fille avait un rapport étroit avec son sinthome, en tant que cette dernière œuvre l'incarne au mieux. Lorsque Lucia allait mal, Joyce souffrait d'hallucinations auditives, faisait des cauchemars et était déprimé au point de ne plus pouvoir travailler à son livre. D'ailleurs, il se croyait lui aussi doué de double vue lorsqu'il écrivait. Il citait volontiers Oscar Wilde : « Mon art n'est pas un miroir offert à la nature. C'est la nature qui reflète mon art. » Il pensait avoir « prévu » dans ses ouvrages des événements ultérieurs de la réalité, il croyait ainsi que le suicide de son ami de collège Cosgrave, son ex-rival auprès de Nora et le prototype du Lynch de *Ulysses*, était en accord avec la prophétie que fait Stephen Dedalus à propos de ce personnage, dans l'épisode Circé : « Judas sort et va se pendre[7]. »

Lacan fait un curieux raisonnement. Pour lui, la télépathie est la suite logique des paroles imposées. Il le déduit d'une présentation de malades où le patient dit avoir d'abord souffert du premier symptôme, les paroles imposées, puis du second, en devenant « télépathe émetteur[8] ». Lacan met l'accent sur l'ambiguïté de ce symptôme, entre normal et pathologique.

Normal car, j'y ai insisté, nous dépendons tous de paroles qui nous sont imposées, parfois avant notre naissance, et n'en finissent pas de résonner au cours de notre vie. Mais nous ne voulons pas savoir, nous ne nous apercevons pas, que la parole est « un parasite », « la forme de cancer dont l'être humain est affligé ». En cela, ceux qu'on dit « malades » sont plus sensés que les autres, de s'en rendre compte et de s'en plaindre.

Mais le symptôme des paroles imposées est aussi pathologique et bien connu en psychiatrie. C'est l'une des formes d'automatisme mental décrit par de Clérambault[9]. Il peut se présenter sous la forme d'hallucinations verbales. Le sujet entend des voix qui

7. *Ulysse*, *op. cit.*, t. 2, p. 648.
8. S XXIII, p. 96 et 100.
9. De Clérambault G., *L'automatisme mental* (1920), Paris, Les Empêcheurs de penser en rond, 1992.

commentent ses actions, qui le « traitent », l'insultent, ou encore font des allusions le concernant. Le patient de Lacan entendait « sale assassinat politique » et le faisait équivaloir à « sale assistanat politique ». Dans une seconde phase de sa psychose, il se disait télépathe émetteur. Il désignait ainsi le fait que tout le monde connaissait ses pensées, notamment les réflexions qu'il se faisait en marge des « paroles imposées ». La conviction de ne plus avoir le moindre espace de secret l'avait poussé au suicide. Lacan s'intéresse à la progression pathologique du rapport de ce sujet au message de l'Autre : cette aggravation l'avait conduit au suicide parce qu'il n'avait plus aucune place où se mettre à l'abri du savoir intrusif de l'Autre. Lacan projette sur Joyce et sa fille ce que lui montre ce patient de l'évolution de son mal : les deux temps du symptôme, parole imposée et télépathie sont dans une suite logique, qui se déploierait ici sur deux générations (dans le cas de Lucia, il ne s'agit d'ailleurs pas de la même sorte de télépathie que celle du patient : elle reçoit mais n'émet pas). Jung, consulté au sujet de Lucia, interpréta le rapport du père à la fille comme un jeu identificatoire : l'*anima* de Joyce, « [...] sa *psychè* inconsciente », « s'est si solidement identifiée à sa fille qu'admettre sa folie eût été admettre pour lui-même une psychose latente. On comprend qu'il n'ait pu s'y résoudre », écrit-il après avoir discuté avec le père et la fille. Joyce préférait croire que sa fille était une novatrice en littérature qui, à cause de ses néologismes, était encore incomprise, sans voir la différence entre son propre savoir-faire avec le langage et le glissement irréversible de son enfant vers la folie. Il ne pardonna pas son diagnostic à Jung, dont il se moqua dans *Finnegans Wake*.

La théorie du prolongement du symptôme peut se condenser en trois points :

Premièrement, à partir d'un symptôme irréductible, qui ne cesse pas, le sujet peut fabriquer un sinthome. Il s'agit d'une invention qui répond à une « faute » structurale, liée, dans le cas de Joyce ou de sa fille, à la carence paternelle. Le sinthome apparaît donc comme *une réponse* à un défaut de départ.

Deuxièmement, au lieu de raisonner en termes d'identification de la fille au père comme le fait Jung, on peut penser à un « prolongement » du symptôme : il s'agit de la création d'un nouveau symptôme par la fille qui a un rapport de conséquence logique avec le précédent, celui du père. En effet, la fille répond à la carence paternelle en prolongeant le symptôme du père au-delà de lui, en l'aggravant, en l'accentuant, mais en gardant le même support. Elle est folle, plus que lui et différemment de lui.

Troisièmement, penser en terme de sinthome, c'est penser en terme de *rapport*, pas d'équivalence. Lacan oppose en effet le rapport et l'équivalence. Le premier implique le deux, le couple, l'altérité. La seconde est de l'ordre de l'unaire, de l'identification, du même. Le prolongement du symptôme est de l'ordre du rapport parce que le second symptôme s'articule au symptôme précédent mais qu'il en diffère.

Nous verrons, à partir d'un roman puis d'un cas clinique, quel est l'intérêt de cette manière de penser la transmission entre les générations. Mais revenons à Joyce. À partir du noyau symptomatique des paroles imposées, nous avons déjà compté deux sortes de prolongements : d'une part sa croyance en la télépathie, en la sienne et en celle de sa fille, et d'autre part, son art ou sinthome qui lui a justement évité l'évolution vers la folie qu'a subie Lucia. Lacan avait repéré, dès sa conférence, la croyance de Joyce aux pouvoirs de l'esprit, qualifiée alors de débilité mentale, et l'avait représentée par un nouage de l'inconscient et du symptôme, formalisation qu'il a par la suite abandonnée. On pourrait plutôt l'interpréter, de même que les épiphanies, comme un nouage du réel et du symbolique, ce qui témoignerait de leur origine commune, à savoir le rapport aux « paroles imposées ». Ou encore considérer que ce nouage fautif correspond au phénomène initial des paroles imposées et que les épiphanies, comme la croyance en la télépathie, sont déjà des ébauches de réponses symptomatiques qui amèneront ensuite à deux prolongements différents. Cependant, nous allons voir qu'il en existe encore un troisième.

Un troisième prolongement du symptôme : The Dead *et la divination de l'inconscient féminin*

Dans la dernière nouvelle de *Dubliners*, *The Dead*, écrite en 1907 à un moment de crise, il y a aussi des traces de croyance en la télépathie. De cette nouvelle, on peut déduire un troisième prolongement du symptôme des paroles imposées.

La nouvelle met en scène un couple, Gabriel et Gretta qui, par bien des éléments biographiques, évoque celui de James et de Nora. Au moment de quitter une fête à Dublin, Gabriel est saisi par la vision, à demi voilée par l'obscurité, de sa femme qui écoute chanter un ténor. Son attitude, sa silhouette lui présentent une énigme[10]. Cette vision devient pour Gabriel un « tableau » qu'il baptise « Lointaine musique » et déclenche une extase amoureuse par la réminiscence de moments intimes du passé. Il éprouve ensuite un désir ardent pour Gretta qu'il contient jusqu'à leur retour à l'hôtel où ils passent la nuit après la fête. Mais au désir masculin répond le silence féminin, ce qui rend l'énigme insupportable. Interrogée, Gretta éclate en sanglots. Le chant du ténor, « La fille d'Aughrim », lui a rappelé le souvenir d'un jeune homme qui chantait pour elle lorsqu'elle était jeune fille. Ce jeune homme l'aimait et il était « mort pour [elle] ». En effet, tuberculeux, il était sorti sous la pluie pour lui donner la sérénade et avait chanté « La fille d'Aughrim ». Lorsque Gretta l'avait pressé de rentrer, il lui avait répondu qu'il ne voulait plus vivre. Il était mort une semaine plus tard. Gabriel, d'abord « pétrifié » par ce récit, se sent humilié par « [...] l'évocation de cette figure revenue d'entre les morts [...] ». Son désir sexuel chute ; il se voit ridicule et pitoyable dans le miroir. Terrifié, il a le sentiment qu'« [...] un être impalpable et vindicatif se dress[e] contre lui [...] ». Après s'être confiée à son mari, Gretta s'endort et Gabriel songe

> « [...] à la façon dont celle qui reposait à ses côtés avait enfermé dans son cœur pendant tant d'années cette image des yeux de son amant à l'instant où il lui avait dit qu'il ne souhaitait pas vivre [...] ».

Gabriel a alors l'impression que son âme s'approche « [...] de cette région où demeurent les vastes cohortes des morts », tandis qu'il a la vision fugitive de la silhouette du jeune homme mort. Il perd son identité jusqu'à se fondre dans l'image du mort aimé par Gretta :

> « [...] sa propre identité s'effaçait et se perdait dans la grisaille d'un monde impalpable [...]. »

10. « Il y avait de la grâce et du mystère dans son attitude, comme si elle était le symbole de quelque chose. Il se demanda ce qu'une femme, debout dans l'escalier, écoutant une lointaine musique, symbolise. » Joyce J., *op. cit.*, t. 1, p. 297. Les autres citations de *The Dead* se trouvent entre les pages 307 et 310.

Gabriel pense finalement que son âme communique avec celle des morts.

Dans les termes du stade du miroir, Gretta est l'idéal du moi de Gabriel tandis que l'image du jeune homme mort est son moi-idéal, repéré à partir du désir de sa femme. Dans le fantasme, Gabriel est captivé par cette image et transformé par son identification avec elle, au point que vient à s'abolir la frontière entre vie et mort. Si on assimile l'écrivain à son héros Gabriel, on peut faire l'hypothèse d'une corrélation entre *le détachement* de l'image de son corps montré par Joyce dans son enfance et *l'attraction* par une image idéale qui le transporte ensuite dans le monde des morts d'une façon heureusement médiatisée par son art dans *The Dead*. Alors que le reflet de l'artiste s'estompait dans le miroir et qu'il avait le sentiment de perdre son identité, entraîné dans « la grisaille d'un monde impalpable » par l'évocation du jeune homme mort, il eut la possibilité de transmettre cette expérience à tous par l'écriture et d'échapper ainsi à la fascination d'une image mortifère. Pour Lacan, on l'a vu, une des caractéristiques du symptôme est le fait qu'on y croit, ce qui lui donne sa force et sa consistance. S'il y a bien une corrélation chez Joyce entre le détachement infantile de son image corporelle et son attachement à l'image idéalisée du mort aimé par sa femme, on peut ajouter qu'*il ne croit pas vraiment à cette image* parce que son sinthome est ailleurs, dans son rapport à l'écriture. Il n'est aspiré par cette image que dans le fantasme, pas dans le réel. D'autres sujets psychotiques, qui n'ont pas constitué de sinthome, n'arrivent pas à ce résultat parce qu'ils croient à l'image mortifère et succombent au contraire à cette fascination qui peut les conduire au suicide[11].

Cette communication surnaturelle fantasmatique avec l'âme des morts est proche de la croyance en la télépathie. Mais, dans cette nouvelle, Joyce a aussi mis en scène un fantasme difficile à mettre au jour parce qu'il est enfoui dans l'inconscient féminin[12]. La jouissance sexuelle d'une femme avec un homme serait conditionnée par un nœud de l'amour et du désir. Si le désir porte sur l'organe viril de cet homme, l'amour serait corrélé à la figure d'un « amant châtré ou un homme mort » située au-delà du partenaire

11. Cf. Morel G., « Spectres et idéaux : les images qui aspirent », *Clinique du suicide*, Ramonville St-Agne, Érès, 2002, p. 19-35.

12. Lacan J., « Propos directifs pour un congrès sur la sexualité féminine » (1958), *op. cit.*, p. 731-734.

réel. Dans *The Dead*, la nostalgie de Gretta se cristallise autour de la voix vivante (l'organe) du ténor qui réveille en elle le souvenir de son amant mort pour elle. Cette conjonction du désir et de l'amour la captive et l'enlève à son mari. Joyce, à partir d'une anecdote racontée par Nora (une « parole imposée » en quelque sorte), analogue à l'histoire romanesque de Gretta qui en est la transposition, a deviné ce que sa femme ne lui disait pas : « Peut-être ne lui avait-elle pas raconté toute l'histoire. » Mais il nous a transmis ce fantasme qui est essentiel à la jouissance féminine pas toute orientée vers son partenaire. N'y a-t-il pas dans cette divination de Joyce, dans cette réceptivité réelle à l'égard de l'inconscient féminin et de la jouissance de la femme aimée, un troisième prolongement du symptôme des paroles imposées ?

Joyce a été jaloux de Nora, quasiment jusqu'au délire[13]. Mais, dans *The Dead*, il témoigne au contraire d'une sensibilité lucide à l'égard de la jouissance féminine qui, pourtant, fait perdre son identité à son personnage, Gabriel, jusqu'à le mortifier. Cette nouvelle particulièrement belle, écrite au sortir de la crise romaine de l'écrivain, juste avant que son écriture ne devienne véritablement « le sinthome », n'est-elle pas une œuvre d'art dans laquelle nous pourrions reconnaître la dimension de la sublimation ?

En effet, mise à part la brève allusion à l'« escabeau » dans sa conférence sur Joyce, où cependant ce concept freudien ne figure pas, Lacan n'a pas parlé de sublimation à propos de Joyce, alors même que, jusqu'au *Sinthome*, les psychanalystes (dont lui-même) avaient plutôt abordé l'art avec le concept freudien de la sublimation (*Sublimierung*). Pourquoi donc lui avoir *in fine* préféré le symptôme ?

La sublimation

La psychanalyse oppose classiquement la sublimation et le symptôme.

Le symptôme est une satisfaction substitutive de la pulsion, déviée par le refoulement qu'exige le moi. Compromis entre la

13. En 1909, son ami Cosgrave (le Lynch d'*Ulysse*) lui raconta avoir couché avec Nora avant son mariage, lorsqu'elle sortait déjà avec Joyce. Celui-ci persista assez longtemps à le croire, contre toute vraisemblance. Cf. Ellmann R., t. 1, *op. cit.*, p. 293.

pulsion et le refoulement, la satisfaction du symptôme est ressentie comme une souffrance. Freud en donne pour exemple la pulsion orale dont la satisfaction peut se transformer en dégoût à la suite d'un refoulement datant du sevrage. Lacan a nommé « jouissance » cette ambiguïté de la satisfaction « bizarre[14] » du symptôme, entre excès de plaisir et douleur.

Le privilège de la sublimation consiste en une satisfaction de la pulsion sans le compromis que nécessite le refoulement et qui constitue le symptôme – une satisfaction sans souffrance, donc. La sublimation est une satisfaction sexuelle qui échange le but « naturel » de la pulsion (but qui serait la copulation) avec la création. Comme l'énonce Lacan :

> « [...] pour l'instant, je ne baise pas, je vous parle, eh bien ! Je peux avoir exactement la même satisfaction que si je baisais[15]. »

Beaucoup d'énigmes ont accompagné la théorie de la sublimation. Pourquoi les artistes, qui subliment, souffrent-ils par ailleurs de nombreux symptômes, souvent graves ? Certes, on peut répondre en terme de clivage : d'un côté ils subliment, et de l'autre, ils ont des symptômes. Mais une telle réponse n'est-elle pas un tour de passe-passe ? Car enfin, si ces deux possibilités existent pour un même sujet, pourquoi la pulsion ne choisit-elle pas toujours la satisfaction sans souffrance que serait, à la différence du symptôme, la sublimation ? Autre question : comment expliquer que la pulsion vise un but socialement valorisé comme la création d'œuvres d'art ? Des psychanalystes comme Bernfeld[16], qui ont

14. Freud S., *Introduction à la psychanalyse* (1916-1917), trad. Jankélévitch S., Paris, Payot, PBP, 1995, p. 344.
15. S XI, p. 151.
16. Bernfeld S., « Pour une théorie de la sublimation » (1931), trad. Lorin C., *Recherches en psychanalyse*, L'esprit du temps, p. 179-188. Dans cet article qui prend place dans le débat psychanalytique des années 30 sur la sublimation, avec Sterba et Glover, Bernfeld critique l'imprécision du terme de « sublimation », qui peut désigner tant un processus pulsionnel que son résultat. Prenant l'exemple de la création littéraire, il parle d'une « transposition » de la libido à partir d'un but pulsionnel sexuel œdipien : « La libido possède un but originel, s'oriente vers un dérivé, vers une dérivation de la situation par rapport à la situation d'origine et de fait d'une manière générale « vers le haut », vers l'évaluation culturelle dominante et en particulier vers l'estime de soi. » Pour Lacan, en 1960, « l'élévation » dans la sublimation ne concerne pas les idéaux du moi mais la mise en forme de la jouissance du sujet et l'idéalisation de l'objet.

voulu interroger ce point, ont eu recours à une théorie du moi et de ses idéaux, auxquels se conformerait la pulsion dans la sublimation[17]. Mais il n'est guère concevable que la pulsion se plie aux idéaux du moi sans qu'existent un conflit, un refoulement et donc un symptôme. Nous voilà donc inexorablement ramenés à la connexion de l'art et du symptôme.

Affronter la jouissance : sublimation ou sinthome ?

Lacan avait tenté de subvertir cette question en la prenant par un autre biais. En 1960, il situe la sublimation dans le champ de l'éthique, là où chacun doit affronter la jouissance – celle de son prochain comme la sienne propre. La jouissance est inapprochable (car excessive, nous l'avons vu) ; elle est un « mal ». Lacan en donne comme exemple – sous le nom de « la Chose » – l'approche sadienne de l'objet ou les paradoxes suscités par la loi morale kantienne, lorsque la mort fait surgir un enjeu de jouissance supplémentaire qui rend caduque le résultat auquel devrait, selon Kant, arriver la raison pratique. Plus classiquement, la Chose, dans la psychanalyse, peut être la mère primordiale dont Melanie Klein a décrit les incidences pathologiques sur l'inconscient infantile. Ou encore la femme, en tant que son sexe, non symbolisable par l'inconscient freudien, reste une énigme réelle. Le but de la pulsion dans la sublimation devient une façon particulière de traiter la Chose : la sublimation « élève un objet à la dignité de la Chose ». Ainsi la poésie courtoise contourne l'inquiétante jouissance féminine (la Chose) en élevant la femme, qui était à l'époque la sujette de l'homme, à la dignité de la Dame de l'amour courtois sexuellement interdite. Les poèmes des troubadours font allusion à la Chose – l'inhumaine cruauté de la Dame, ses exigences arbitraires et capricieuses – mais en la voilant par l'art poétique qui chante les mérites de la Dame. Par l'objet d'art, l'artiste se leurre lui-même en même temps que ses contemporains sur la Chose. Or ce leurre a un rapport avec l'esthétique : la beauté voile l'horreur de la Chose. Et seul un objet *créé* – pas un objet naturel – peut emporter de tels

17. S VII, resp. p. 186 et 153.

effets[18]. Gérard Wajcman, dans son ouvrage *L'objet du siècle*[19], a montré en quoi le film *Shoah* de Claude Lanzmann, qui semble être un documentaire basé sur des témoignages actuels et refuse la fiction, est cependant une véritable œuvre d'art qui réussit à évoquer ce qu'on appelle – depuis ce film – la shoah, mieux que d'autres *représentations*, qu'elles soient carrément romanesques ou qu'elles se veuillent réalistes : justement parce que le film met en relief l'impossibilité de la représentation imaginaire de l'extermination.

Un autre exemple, contemporain. L'artiste londonienne Sarah Lucas exposait en mai 2000 à la galerie Saatchi (Londres) des variations autour de la cigarette. L'une de ses sculptures représente une cigarette qui est fumée par un sexe féminin placé sur le bas d'un corps coupé à la taille. Le vide inapprochable du sexe féminin est ainsi évoqué, non sans humour, par la cigarette et sa fumée. D'autres œuvres de la même série montrent divers modes de satisfaction pulsionnels en déjouant, comme par un *Witz*, la crudité de l'acte représenté. L'une représente une femme sans visage assise aux toilettes avec la chasse d'eau dans les bras ; une autre, un socle de cigarettes qui soutient une sculpture en bronze où deux personnages mi-ange, mi-satyre copulent en plein vol.

Si Freud insistait sur le but de la pulsion, l'approche lacanienne de la sublimation met plutôt l'accent sur la transformation de *l'objet « naturel »* de la pulsion en *un objet créé* apte à faire surgir la Chose sous un voile de beauté. Cette théorie a l'avantage d'expliquer en chacun de nous l'écho de l'opération artistique. En effet, l'artiste réussit à évoquer la Chose là où y échoue normalement l'inconscient du névrosé. D'où la haute valeur sociale (et marchande) de l'art et la reconnaissance de l'artiste qui s'y associe. Mais la conception lacanienne de la sublimation comme substitution de l'objet d'art à la Chose présuppose que l'artiste ait reconnu la Chose comme irreprésentable, et qu'il ait donc accepté l'interdit qui porte sur elle. L'interdit et le refoulement originaire précèdent dès lors la sublimation : on ne voit donc pas pourquoi cette solution particulière face à l'impossible, ce processus singulier de substitution resterait conceptuellement hors du champ du symptôme.

---

18. « Un objet peut remplir cette fonction qui lui permet de ne pas éviter la chose comme signifiant, mais de la représenter, *en tant que cet objet est créé.* » *Idem*, p. 144. Je souligne.
19. Wajcman G., *L'objet du siècle*, Paris, Verdier, 1999.

De surcroit, dans la perspective de cette théorie, rien n'explique la nécessité de la création pour le sujet-artiste.

Enfin, comment envisager, à partir de cette conception de la sublimation, des œuvres comme *Ulysse* ou *Finnegans Wake*, dans lesquelles c'est le langage lui-même qui est attaqué et démantelé par l'artiste ? Par lesquelles l'inconscient du lecteur – Lacan y insiste – n'est même pas ému ? Quelle est la Chose qui serait ici cernée ? Est-ce la jouissance d'écrire de l'écrivain ? Mais si c'est sous une forme qui ne suscite pas celle du lecteur, alors ce n'est pas une sublimation. Avec le sinthome, Lacan ne cherche plus à expliquer psychanalytiquement la fonction de l'objet d'art, comme il l'avait fait quinze ans auparavant avec la sublimation. Sa démarche est inverse : c'est l'art, maintenant, qui va éclairer la psychanalyse, la nature du symptôme, et le rapport du sujet à celui-ci.

Cependant, dans *The Dead*, une sublimation est bien à l'œuvre puisque, sous une forme artistique, Joyce nous transmet quelque chose d'universel qui émeut notre inconscient : l'essence pastoute de la jouissance féminine. Transmission d'une autre sorte que celle qui est à l'œuvre dans l'épiphanie et que nous avions caractérisée comme le fait d'écrire une voix.

Si nous mettons à part le sinthome comme invention de Joyce pour traiter par l'écriture le symptôme des paroles imposées, ne pourrions-nous faire passer ici, entre ces deux autres prolongements de la parole imposée, la limite fragile entre art et folie : entre la croyance en la télépathie ou en la communication d'âme à âme avec les morts et l'approche du réel et sa transmission par une œuvre comme *The Dead* ?

On peut donc considérer qu'il existe trois prolongements différents du symptôme chez Joyce : premièrement, son art-sinthome qui prolonge l'épiphanie ; deuxièmement, le prolongement de la télépathie en folie de sa fille ; troisièmement, la sublimation de la femme qui prolonge aussi la télépathie. Je montrerai maintenant en quoi le prolongement du symptôme ouvre de nouvelles perspectives sur la transmission dans la famille.

Désir des parents, symptômes des enfants

Nos sociétés occidentales sont obsédées par les questions d'identité. « Qui es tu ? D'où parles-tu ? », nous demande-t-on sans cesse. Est-ce comme homme ou femme, comme français ou étranger, comme marié ou célibataire, comme mère de famille, comme « homo » ou « hétéro », comme enfant adopté ou naturel, comme parent adoptant, comme..., etc. ? À tout moment, on nous demande de nous auto-définir (sinon on le fait pour nous), de nous auto-identifier, de nous auto-classifier dans tel ou tel groupe. La politique est de plus en plus souvent pensée en termes de groupes de pression identitaires qui deviennent des *lobbies* et ne valent que pour le nombre d'électeurs potentiels qu'ils comportent ou l'argent dont ils disposent. Ce syndrome identitaire qu'avait dénoncé Michel Foucault[20] a trouvé son *culmen* dans les fantasmes entourant le clonage reproductif. Qu'on soit passionnément pour ou violemment contre (je parle ici de l'idée, pas des moyens de sa mise en œuvre), cette passion est un symptôme de notre époque identitaire. Le clonage reproductif fabriquerait en effet des jumeaux décalés dans le temps à l'infini et réaliserait parfaitement – trop – le fantasme narcissique qui préside, selon Freud, au désir de chaque parent pour ses enfants : faire mieux que soi-même, incarner son idéal, rendre immortel son propre moi. De là à en déduire, comme si c'était une évidence, que nos enfants doivent nous ressembler voire être la quintessence de nous-mêmes, il n'y a qu'un pas.

De ce fait, nous avons tendance à penser la transmission des parents aux enfants en termes d'identification : les enfants sont comme leurs parents, en plus ou moins bien. C'est à mon avis l'une des raisons essentielles qui provoquent l'intolérance vis-à-vis des nouvelles formes de « parentalité », notamment l'adoption par un ou des parents homosexuels. L'un des arguments avancés contre l'adoption par un couple d'homosexuels(elles) est en effet que ces enfants, n'ayant affaire *que* (et je souligne ce « que ») à un couple du même sexe, manqueront d'une dimension fondamentale, celle de l'autre sexe (autre que le sexe commun de leurs parents), d'où des carences et des troubles imprévisibles de leur sexualité.

Or, cet argument présuppose implicitement le modèle de pensée qui le sous-tend : un enfant n'aurait un rapport « normal » au sexe que s'il a bénéficié d'un modèle masculin et d'un modèle féminin sous les espèces de ses deux parents. On serait fille par

20. Foucault M., « Michel Foucault, une interview : sexe, pouvoir et la politique de l'identité », *Dits et écrits, 1954-1988*, tome IV, Paris, NRF, Gallimard, 1994, p. 739.

identification à sa mère et amour de son père, garçon par identification à son père et amour de sa mère, l'œdipe servant alors à simplifier à outrance. D'où la carence prévisible de l'enfant de parents du même sexe. Soulignons le paradoxe recelé par un tel argument : ceux qui reprochent aux parents homosexuels de manquer d'altérité sont en fait les prisonniers d'une conception identitaire de la transmission parents-enfants et incapables de penser celle-ci en d'autres termes que narcissiques.

Il ne s'agit pas de nier ici que l'identification aux parents ait une place éminente dans la sexuation des enfants. Mais elle intervient dans la sexuation d'une façon croisée et toujours complexe : une fille devient « féminine » dans la relation à son père tout autant sinon plus que dans sa relation à sa mère, et moyennant des désirs incestueux mais aussi des identifications au père. Pour Freud, une identification est souvent la conséquence du deuil d'un ancien amour : ainsi, en renonçant à sa mère comme objet d'amour, le garçon prélèvera-t-il sur elle un certain nombre de traits qui ne le féminiseront pas forcément. Suivant cette voie, une philosophe comme Judith Butler en vient même à la thèse extrême selon laquelle la féminité proviendrait du rejet de l'amour homosexuel de la fille pour sa mère et, de même, la virilité du garçon de son ancien amour homosexuel pour son père[21]. Même si l'on ne raisonne qu'en termes d'identification, on arrive à des résultats à première vue surprenants. Mais, en fait, comprendre la sexuation exige de se plier mentalement à d'autres processus encore plus déconcertants : il faut penser la transmission des parents aux enfants non en termes de copie, de modèle ou d'identification, mais plutôt de *réponse symptomatique*. Et, on l'a vu, le symptôme implique *le rapport et pas l'équivalence*. Pour en donner un aperçu, j'emprunterai le détour d'un roman récent, *Les corrections*, de l'américain Jonathan Franzen, qui converge, dans la fiction, avec la théorie lacanienne du prolongement du symptôme.

Les corrections

Les corrections est une saga qui met en scène la vie et le destin des cinq membres d'une famille du *Midwest* : les parents et leurs trois enfants adultes – vies entrecroisées avec l'actualité, soumises à

21. Butler J., *La vie psychique du pouvoir*, trad. Matthieussent B., Paris, Éditions Leo Scheer, 2002, p. 204-205.

l'influence de diverses modes et idéologies et aux variations des cours de la Bourse. Le titre du roman condense la thèse de l'auteur. Notre vie est comme un texte que nous écririons nous-mêmes à partir de ce que nos parents ont voulu que nous soyons, des désirs qu'ils nous ont montré, de leur destin. Ce texte est constitué de phrases enchaînées les unes aux autres que nous ne cessons de raturer et de corriger. Nous corrigeons parce que nous cherchons à orienter les choses dans un certain sens et que nous nous trompons dans nos calculs. Nous n'arrivons pas au résultat que nous avions visé et nous barrons un mot, une expression, recommençant notre phrase, ou plutôt poursuivant notre texte par une nouvelle phrase qui, à son tour, décevra nos intentions...

Prenons l'exemple de Denise, la benjamine de la famille. Sa mère, Enid, conventionnelle et influencée par son milieu provincial étriqué, la voyait mariée avec un gars solide du Midwest. Son père, Alfred, avait l'idée que le travail compte par-dessus tout et que Denise pouvait et devait réussir aussi bien sinon mieux qu'un garçon, ce qui correspond à l'idéologie féministe de l'époque. Denise se conforme à ce double programme : elle est belle, soignée, bonne élève, bref, parfaite. Avant son entrée à l'Université, elle obtient un *job* dans la compagnie des chemins de fer où son père est ingénieur en chef. Conformément aux idéaux de celui-ci, elle bat tous les records de productivité, mais elle est en fait obsédée par sa virginité qui l'encombre. Elle se sent « comme une marionnette asexuée » qui ne sait comment répondre au désir des hommes. Elle cède aux avances d'un employé qui la désire pour ce qu'elle représente à ses yeux : la fille du patron. La compagnie des chemins de fer a été rachetée en Bourse et il sait qu'il risque le licenciement. Dans la suite du roman, on apprendra qu'il a fait pression sur Alfred (le père de Denise) pour que celui-ci intervienne en sa faveur et que la nouvelle compagnie lui garde son emploi. Mais Alfred réagit à ce chantage en démissionnant de son travail, alors que, proche de la retraite, il aurait eu un fort intérêt financier à rester. Cette décision dont il dissimule les motifs, par pudeur et par respect pour sa fille, apparaît comme folle et suicidaire à sa famille. Juste avant sa mort, alors que, malade d'un Parkinson, il est affaibli et apparaît nu et dément devant Denise, il lui dévoile après-coup les dessous de son acte.

Denise, après un début prometteur mais sans passion à l'Université, se sent toujours asexuée. Alors qu'elle travaille aux côtés d'une jolie fille dans un restaurant, elle retrouve le désir : elle « attrape » la passion de la cuisine qui lui offre aussi « une famille élective ». Dès lors, les mets délicieux incarnent pour elle la beauté et l'excellence. Elle fait carrière dans la restauration de luxe et ne couche avec des hommes que si leur lien à la grande cuisine les rend brillants à ses yeux, et pour qu'ils lui transmettent leur savoir. Embauchée dans un grand restaurant, elle en séduit le chef et, tout en apprenant les ficelles du métier, elle le « force » à l'épouser, parce qu'elle veut « rattraper » ses parents : « Le monde circonscrit où ils se côtoyaient 24 heures sur 24, à domicile comme au travail, semblait identique à l'univers à deux de ses parents. » Puis elle se sert de sa liaison orageuse avec une lesbienne pour divorcer de ce chef et se retrouver finalement seule et malheureuse.

Chef renommé d'un restaurant branché, elle est habitée par une culpabilité dévorante, incarnée par un surmoi qui ne la lâche pas depuis son premier acte sexuel : « Denise-oh-pourquoi-pourquoi, qu'est-ce-que-t'as-fait ? », lui serine en ritournelle une voix intérieure obsédante. Brian, un homme qui s'est enrichi à la Bourse, l'« achète » alors pour créer un nouveau restaurant au top niveau. Il veut coucher avec elle lors d'un voyage initiatique pour lui faire étudier la cuisine européenne. Or, bien qu'elle le désire passionnément, c'est la vision de la femme de Brian, Robin, qui surgit en elle et l'inhibe au moment de l'acte sexuel qu'elle refuse alors. Au retour, Denise entame une liaison secrète et déchaînée avec Robin, tout en regrettant Brian avec qui, cependant, elle se sent en rivalité à cause du succès du restaurant. Puis, elle laisse tomber Robin à cause de sa jalousie à l'égard de Brian et le couple Brian-Robin se délite. Le jour où Brian et Robin se séparent, sa culpabilité féroce se dissout curieusement, ce qu'elle réalise lors d'un face à face avec sa mère : elle y entrevoit le lien entre sa culpabilité filiale et son désir pour Robin qui est aussi une mère (Denise subit alors une « correction », écrit Franzen). Elle peut enfin coucher avec Brian, mais elle le fait impulsivement et presque sous les yeux de Robin[22] : tout s'effondre alors pour Denise qui perd le mari, la femme et le restaurant.

22. Franzen J., *Les corrections*, *op. cit.*, p. 483, 540, 546. Le changement de Denise (la chute de sa culpabilité) tient peut-être au fait qu'en étant l'artisan de la rupture d'un couple, Denise va faire enfin éclater la guerre entre ses parents, à un déplacement près. On le voit au moment de la scène terrible qui a lieu lorsque Robin découvre Denise avec son mari : « Denise fit un pas

Denise se retrouve chef célèbre mais au chômage, sans ami d'aucun sexe, lesbienne sans l'avoir voulu, apparemment dans une impasse. Mais, alors qu'on s'attendait à ce qu'elle reste la bonne fille qu'elle avait toujours été, aimant son père et obéissant à sa mère, du moins par devant, elle s'arrange pour que ce soit son frère – qui a échoué en tout – qui s'occupe de son père malade tandis qu'elle commence une nouvelle vie de chef *select* à Brooklyn.

Comment spécifier le destin de Denise ? Elle a répondu aux désirs de ses parents en s'identifiant formellement à ce qu'ils ont voulu d'elle (elle se marie et elle travaille dur). Mais elle infléchit radicalement la trajectoire prévue : elle ne couche qu'avec des hommes mariés ou âgés, ou avec des femmes et, introduite par son père dans l'entreprise de celui-ci, elle subvertit la demande paternelle en séduisant un employé. Elle est en proie à la culpabilité intense de ne pas « faire ce qu'il faut » jusqu'à ce qu'elle réalise qu'elle n'a jamais aimé sa mère et qu'elle hait l'institution de la famille. Son désir et son inspiration culinaires lui viennent de sa grand-mère maternelle venue d'Europe de l'Est dont elle aspire à améliorer les plats typiques. Les mets délicieux sont dans le roman la métaphore du sexe désiré des garçons : la cause du désir de Denise réside dans ce nouage sexo-culinaire. Il y a donc eu transmission venant de la lignée maternelle, mais elle a été complètement déviée[23]. De même, le désir homosexuel de Denise surgit apparemment à la fois d'une rencontre contingente et d'une extase semi meurtrière, semi érotique, éprouvée dans un rêve. Il y a un autre niveau : elle aspire à être aimée par des garçons mais elle échoue car elle ne s'intéresse qu'à des hommes mariés qu'elle doit voler à une autre femme, ce qui engendre une culpabilité œdipienne qu'elle ne peut pas assumer. Sa solution est alors de reporter ce désir inassouvi sur la femme.

Dans le cas de Denise, la « correction » consiste dans cette torsion entre le désir de ses parents et le sien : en cherchant à suivre leurs traces, elle arrive à un résultat tout autre, non sans utiliser

de côté et Robin se dirigea vers l'escalier. Denise s'assit dans l'unique fauteuil de sa salle de séjour pénitentielle et écouta les cris. Elle fut frappée par la rareté des fois où ses parents, cet autre couple marié dans sa vie, cet autre attelage boiteux, avaient eu des scènes. Ils avaient gardé leur calme et laissé la guerre par procuration se dérouler dans la tête de leur fille. »

23. Le choix des prénoms n'est pas fortuit : Denise est presque un anagramme de Enid, le prénom de sa mère.

cependant les ingrédients qu'ils lui ont transmis mais dans un autre arrangement, comme on crée un nouveau plat raffiné en modifiant légèrement les proportions d'une recette classique. Son histoire illustre le fonctionnement de la transmission par prolongement du symptôme entre les parents et les enfants : chaque destin met en effet en évidence de telles « corrections ».

Le désir des parents assigne leur enfant – consciemment mais aussi inconsciemment – à certaines places. Or celui-ci répond toujours à leur demande qu'il déchiffre et interprète, que sa visée soit de s'y conformer ou au contraire d'en prendre le contre-pied. Mais, entre son interprétation de leur désir et la réponse qu'il y apporte, existe un champ où se crée du nouveau : un symptôme, terme qui n'a pas seulement une valeur négative. En effet, le symptôme n'est pas uniquement un objet de plainte et de souffrance, mais un fardeau qui nous leste pour vivre, qui nous empêche d'errer, qui devient paradoxalement une sorte de support. Telle est l'idée, on le sait, du symptôme comme sinthome. Or, le symptôme de l'enfant est *sa* réponse au désir des parents qui a présidé à sa naissance, désir qui est nourri par leurs symptômes. Les symptômes des enfants prolongent ceux des parents, corrigent leur désir en créant de l'inédit. Nous voilà bien loin de l'identification et de sa « mêmeté ». La sexuation, la sexualité résultent, elles aussi, des symptômes et des fantasmes créés par cette interaction que décrit si bien *Les corrections* et qui est dans l'esprit du Lacan du *Sinthome*.

On peut se servir de la théorie du prolongement du symptôme pour aborder d'un œil neuf les questions d'actualité sur la parenté, comme celle de l'adoption par un ou des parents homosexuels. À des parents homosexuels, à leurs désirs, répondront chez leurs enfants de nouveaux symptômes, ni mieux ni pires que ceux des enfants de parents hétérosexuels. Ces symptômes sont à chaque fois différents, bien sûr. Et s'il s'agit d'une adoption, l'enfant a la même difficulté (ou du moins particularité) supplémentaire qu'a tout enfant adopté par rapport à un autre, qui est de savoir, parce qu'il l'a été dans le réel, qu'il est un enfant-objet (et que l'on n'objecte pas qu'il suffirait qu'il ne le sache pas car cela peut être pire : il y a une divination de l'inconscient et les ravages du mensonge sont largement attestés par la clinique). Certes, enfant-objet, nous le sommes tous, parce que nous venons tous au monde comme un objet assigné à une place imposée par le désir inconscient de nos parents et, pour devenir un sujet, nous devons composer avec ce désir. Mais les enfants adoptés, parce qu'ils ont été une fois abandonnés, parce que le désir de leurs géniteurs les a radicalement lâchés, doivent assumer ce statut d'objet une fois « laissé tombé », et pas seulement cerner ce qu'ils ont été comme objet *a* dans le désir de leurs parents, comme on le fait, dans une psychanalyse par exemple, à partir de la lente élaboration du travail de l'inconscient.

En quoi cette difficulté supplémentaire justifierait-elle un assaut de supposée « normalité » compensatoire des parents adoptifs, comme s'il fallait réparer imaginairement ce tort fondamental de l'abandon par le mythe de l'existence de « bons » parents ? Les « bons » parents, pour un psychanalyste, sont ceux qui ont un désir particularisé envers leur enfant, désir toujours un peu « tordu » comme le sont tous les désirs, ce qui permettra à l'enfant de se fabriquer en réponse de solides symptômes. Le pire, à cet égard, serait l'asepsie du « parfaitement normal » chez les parents, qui a les plus grandes chances d'engendrer la folie chez les enfants (laquelle consiste souvent en l'impossibilité de créer des symptômes consistants qui leur servent de support).

Souvenons-nous de ce que disait Platon dans le *Ménon* : la vertu ne se transmet pas, y compris des parents aux enfants. Ne convient-il pas alors de laisser tomber nos idéaux normatifs qui, bien souvent, ne sont que la matière de nos préjugés et des scories de notre éducation ; qui sont engendrés par les idéologies de l'époque et sont les héritiers des normes déjà désuètes d'une société en mutation dont nous sommes nostalgiques alors qu'elle nous a déjà dépassés depuis longtemps ?

Le corps du fils

Pour appuyer cliniquement ma thèse de la transmission des parents aux enfants selon le mode des « corrections » sinthomatiques – quelle que soit la sexualité de leurs parents d'ailleurs – j'évoquerai brièvement les difficultés d'une femme homosexuelle, Carine, avec son fils adolescent, qu'elle a adopté bébé alors qu'elle vivait en couple avec une autre femme.

Elle s'est aussi appuyée sur ses parents pour l'élever, mais cet enfant n'a pas eu de père ni d'autre autre référence virile dans son entourage familial que son grand-père maternel. Carine a fait un long travail analytique dans les années qui ont suivi l'adoption. Au départ, elle avait adopté son fils – elle voulait absolument un garçon – après l'échec d'un projet de co-parentalité avec un ami. Elle lui donna un prénom calqué sur celui de la sœur (Patricia) qu'elle aurait eue si sa mère n'avait pas fait une fausse couche (Carine est fille unique). Ainsi, Patrice fut inscrit dès le départ dans la constellation œdipienne de sa mère (comme s'il était son petit frère et un enfant de son père). À la mère de Carine, qui l'avait bien compris, il arrivait de dire au petit garçon : « C'est lui ton père », en désignant son mari, le père de Carine, ce qui angoissait sa fille comme l'interprétation juste de son désir secret. Carine avait toujours voulu être un garçon et son envie allait jusqu'au fantasme de la possession d'un « pénis virtuel » qu'elle sentait contre son ventre. Devenir mère changea son rapport à son corps. Son désir sexuel pour les femmes fut mis entre parenthèses pendant longtemps au profit d'un amour maternel passionné : le corps de son fils la comblait en réalisant par procuration son idéal masculin. Comme nombre de jeunes mères, elle remplaçait les relations sexuelles avec sa partenaire par un rapport de tendresse corporelle avec lui. Elle le contemplait, fascinée par sa beauté, comme si le corps de l'enfant prolongeait le sien en un « objet parfait ». Lorsque Patrice devint adolescent, il se détacha d'elle pour se tourner vers les filles et commencèrent les bagarres habituelles entre parents et enfants au sujet des sorties, de la « liberté », etc. Carine se sentait assez mal car Patrice négligeait l'école, point qui lui importait beaucoup. Elle était culpabilisée de ce que l'enfant n'ait pas de père, et reconsidérait avec angoisse, après-coup, son choix de parentalité.

Patrice s'était choisi une copine qui, à 16 ans, prétendait vouloir, séance tenante, un enfant de lui, ce à quoi il ne semblait pas s'opposer avec une fermeté suffisante. Inquiète, Carine craignait qu'en se laissant devenir père si précocement, Patrice ne prépare une gigantesque mise en acte, qui lui aurait été en fait adressée en guise de reproche concernant l'absence de son propre père. J'intervins alors pour qu'elle parle sérieusement à son fils et lui explique, sans fausse honte, sa démarche d'adoption qui avait impliqué concrètement qu'il n'ait pas de père. Peu de temps après, Patrice changea de copine et ce point touchant à « sa » paternité sembla réglé pour le moment : apparemment, il avait besoin que sa mère soit un peu plus explicite sur sa position.

D'autre part, l'éloignement de l'adolescent faisait s'effondrer le fantasme maternel d'avoir un corps masculin par procuration. Carine s'aperçut alors, toujours avec angoisse, que son fils avait répondu à la persistance de son regard admiratif par le désir complémentaire d'être regardé : il se trouvait beau, il cherchait à se faire remarquer en public et aimait se faire photographier. Dès que Carine eut analysé son fantasme du « prolongement corporel » ainsi que son désir incestueux, l'insistance de l'adolescent sur son apparence physique diminua significativement et il réinvestit ses études. Carine dut alors faire un travail douloureux de séparation d'avec son fils qui la renvoya à l'état de son corps de « femme vieillissante » qu'elle avait voulu se dissimuler par cet artifice du prolongement par un corps mâle parfait.

Un détail amusant est la manière dont le jeune homme traitait l'homosexualité de sa mère. L'amie de Carine vivait en province et lui téléphonait tous les jours. Patrice avait aussi la sienne... Lorsque le téléphone sonnait, il interpellait sa mère : « Voilà ta meuf ! », comme il l'aurait dit à un copain ou à sa sœur... Nous avons vu ce qui avait présidé au choix de son prénom.

Cet aperçu de la vie de Carine montre que, certes, le jeune homme a élaboré des réponses singulières au désir de sa mère. Ainsi, on peut certainement considérer comme un symptôme-réponse l'accentuation phallique et narcissique de son rapport à son image. Mais ce symptôme aurait-il quelque chose de si singulier qu'on ne puisse le retrouver chez le fils d'une autre mère hétérosexuelle un peu possessive ou adoratrice ? Rien qui justifierait, en tout cas, une interdiction psychanalytiquement motivée de l'adoption à des parents homosexuels.

La conception psychanalytique d'une transmission entre parents et enfants qui ne soit pas restreinte aux identifications mais étendue au domaine du symptôme et de son altérité correctrice du désir des parents comporte donc la possibilité de repenser à nouveaux frais des formes multiples de la parentalité, dont l'adoption homosexuelle.

L'intérêt de la notion du prolongement du symptôme ne s'arrête pas à la famille. Je montrerai maintenant que ce concept ouvre de nouvelles perspectives sur la transmission de la psychanalyse, en m'intéressant à la relation de l'analysant à l'analyste à la fin de la cure.

II. Le prolongement du symptôme de l'analyste

> « *Que dirons-nous au bout du compte, au terme de notre sélection ? Tous les critères qu'on invoque – faut-il de la névrose pour faire un bon analyste ? Un petit peu ? Beaucoup ? Sûrement pas, mais pas du tout ? – en fin de compte, est-ce bien cela qui nous guide dans un jugement qu'aucun texte ne peut définir, et qui nous fait apprécier les qualités personnelles ? À savoir, cette réalité qui s'exprime en ceci, qu'un sujet a de l'étoffe ou n'en a pas, qu'il est comme disent les Chinois, She-un-ta, un homme de grand format, ou Sha-ho-yen, un homme de petit format. C'est bien là quelque chose qui constitue les limites de notre expérience.* »
>
> Jacques Lacan[24]

Partons de l'idée que le symptôme ne disparaît pas à la fin de la cure, mais se réduit au sinthome. Dans l'analyse, l'analysant crée donc un nouveau symptôme, un sinthome, à partir d'un noyau symptomatique initial, présent à l'entrée de la cure. Pourquoi ne pas penser que cette invention emprunte à son analyste, et même répond à la carence de celui-ci ? Cela supposerait de ne pas réduire cette « carence » à n'être qu'un défaut technique ou un contre-transfert mal maîtrisé, mais de lier plutôt la « carence » de l'analyste à son propre sinthome, avec lequel il opèrerait nécessairement.

Ce qui, du sinthome analytique (nous désignons ainsi le sinthome créé par l'analysant dans la cure), est alors emprunté à l'analyste n'est pas une identification à un trait unaire de celui-ci, donc une identification à l'analyste[25], mais ressortit à une autre opération : l'invention d'un sinthome à partir d'un symptôme

24. Lacan J., « Le symbolique, l'imaginaire et le réel », *Des Noms-du-Père*, *op. cit.*, p. 6.
25. Lacan s'est toujours opposé à la doctrine de l'identification à l'analyste, sous ses diverses formes historiques, notamment : identification au moi de l'analyste (Sterba, Hoffer), transe narcissique terminale chez Balint, incorporation de l'analyste comme objet (Abraham), introjection subjective (Ferenczi), introjection du surmoi de l'analyste (Strachey). Cf. Lacan J., « Variantes de la cure-type » (1955), Écrits, *op. cit.*, p. 338, 347 et « La direction de la cure et les principes de son pouvoir » (1958), *Écrits*, *op. cit.*, p. 606-607.

antérieur du sujet, qui prolonge celui de l'analyste ou y répond, sans être le même, par une invention.

Il est difficile d'avoir accès à une clinique où l'on puisse « observer » cette transmission, encore que l'histoire de la psychanalyse en livre des exemples[26]. J'ai pu, quant à moi, en avoir un aperçu en participant à la procédure de la passe dans une école d'orientation lacanienne. La passe est une procédure de vérification de la transmission de la psychanalyse inventée par Lacan en 1967. L'appareil de la passe suppose trois instances : le passant qui est candidat à une nomination d'AE (Analyste de l'École), les passeurs qui sont des analysants supposés proches de la fin de leur analyse et de ce fait sensibles au discours d'un semblable, enfin un jury (ou un « cartel de la passe ») qui « ne peut [donc] s'abstenir d'un travail de doctrine, au-delà de son fonctionnement de sélecteur ». Le but de cet « appareil » était, pour Lacan, de savoir ce qui se passait pour un analysant lorsqu'il devenait analyste. À cette époque, sa théorie supposait en effet une destitution de ce qu'incarnait, à la fin de la cure, l'analyste pour son patient. D'un côté, le sujet supposé savoir qui a soutenu l'effort analysant chute à la fin du trajet. De l'autre, l'analysant se sépare à la fin, non sans des effets maniaco-dépressifs de deuil, du « référent latent » de ce sujet supposé savoir d'abord localisé sur l'analyste, nommé l'objet *a*, objet précieux ou déchet qui a causé son désir pendant la cure. Dans ces conditions, il était logique de se demander pourquoi un analysant qui avait vécu ce moment souhaitait prendre à son tour la place de l'analyste, alors qu'il savait quelle issue en forme de destitution (le désêtre) en serait la conséquence inéluctable. Pour en savoir plus sur ce point, Lacan s'était lui-même mis dans le jury d'où il écoutait, entre autres, les passes de ses propres analysants, qui étaient ainsi mis à la place de sujet supposé savoir, dans une procédure inversée par rapport à celle de la cure.

---

26. Ainsi, le travail de Marie-Christine Hamon sur Hélène Deutsch montre qu'on ne saurait réduire la transmission à la procédure de la passe. À travers toute sa production, Hélène Deutsch témoigne, autant de ce qu'elle a traité dans son analyse que de ce qu'elle n'y a même pas abordé. Il existe un tissage complexe entre la théorie de Freud et ses propres inventions, entre sa cure et les cas qu'elle présente, entre son symptôme infantile (le mensonge pathologique) et son mode de rédaction des autres cas que le sien. Cf. Deutsch H., *Les Introuvables. Cas clinique et autoanalyse. 1918-1930*, Paris, Le Seuil, 2000, p. I-XIX.

Étant AE dans un cartel de la passe, j'ai écouté à plusieurs reprises des récits d'analyse faits par des analysants du même analyste. À les entendre en série, j'ai été frappée par « le faire » de l'analyste qui n'avait pas tant à voir avec la spécificité du cas de l'analysant (même si celle-ci était prise en compte) qu'au symptôme de l'analyste avec lequel il répondait aux moments difficiles de la cure. Il ne s'agit nullement ici de critiquer cette pratique en disant que ces analystes étaient mal analysés. Je me demande plutôt si ce travail particulier au cœur de la transmission dans une institution analytique ne m'a pas donné la chance d'apercevoir ce qui est d'ordinaire passé sous silence. Voici un premier exemple qui permet de mettre en évidence l'engendrement d'un sinthome dans une cure.

Jim, l'analyste sans inconscient

Il est rare d'entendre la passe d'un analyste praticien qui ne comporte aucun souvenir précis avant l'âge de 18 ans, et dont les formations de l'inconscient semblent se réduire à la présence sporadique d'une voix. Pourquoi Jim avait-t-il voulu faire la passe ? Il voulait transmettre quelque chose dont la clinique ne lui parût pas « forcée », comme celle d'autres récits de collègues qu'il avait écoutés. Aussi n'avait-il pas préparé son discours. Peut-être souhaitait-il aussi vérifier ses propres théories ? Il affirmait en effet ne pas avoir de fantasme fondamental et être arrivé à la conclusion de l'inconsistance de l'Autre (dans la suite, j'utiliserai les termes de consistance et d'inconsistance dans le sens particulier que leur donnait Jim, et non pas comme des concepts de logique ni de la théorie lacanienne).

Sa passe s'était décidée en deux temps. Deux ans auparavant, Jim avait voulu arrêter l'analyse avec l'accord de son analyste, P. Mais il entendit alors une voix lui dire « pas encore ! ». Il décida de poursuivre la cure pour obéir à cette voix. Deux ans plus tard, il arrêta l'analyse sans aucune nostalgie, mais avec un soulagement comparable à celui qu'il avait éprouvé à la mort de ses parents. S'il n'était pas nommé AE, il reprendrait la cure avec P. Au moment de s'adresser aux passeurs, il ressentit une sorte de vertige momentané : « Et si rien ne venait ? » Ce vertige résonna à la fois avec le début de ses troubles à 18 ans, et avec son entrée dans sa dernière analyse, chez P., qui dura dix ans.

À 18 ans, Jim avait subi un trauma. Sur une scène de théâtre, au moment de prononcer dix vers sur les femmes, rien ne vint. Il mit cette « panne » en série avec un « symptôme » du début de sa dernière tranche : il ne pouvait répéter les relations sexuelles avec une femme une deuxième fois en peu de temps. Il éprouvait aussi des vertiges et des peurs qui passèrent, après sa première séance chez P., grâce à une interprétation. Jim sortit de l'« impuissance féminine » (il s'identifiait à sa mère toujours souffrante, réduite selon lui à « un corps de jouissance ») pour accéder à une virilité exubérante : maintenant, il pouvait répéter l'acte sexuel à satiété ; maintenant, il lui était possible de dire à tout un chacun – y compris son analyste – ses quatre vérités. P., qui voulait probablement freiner cet aspect « libératoire », lui avait asséné un « tout ne peut pas se dire » et lui apparut de ce fait sous un angle surmoïque. Jim se mit à pratiquer le tir en mouvement avec des armes à feu. Il lui semblait avoir ainsi trouvé une réponse à la violence de l'Autre qui, auparavant, le rendait lâche, selon ses propres termes.

Les armes relevaient d'une tradition familiale. Le grand-père paternel de Jim possédait un revolver de jeu, et son père un calibre 22. Mais son père, qui ne savait pas s'en servir, ne le sortait en un vain geste de menace que pour se faire payer ses créances. Ruiné, selon Jim il était inconsistant et incapable, un faux homme du monde avec d'insoutenables prétentions. Pourtant le pire aux yeux de Jim, était sa propre lâcheté : enfin armé, il tentait maintenant de faire face à sa propre peur. L'accès viril apparu dans sa dernière analyse n'en fut cependant pas le dernier mot, nous le verrons.

Revenons longtemps en arrière, lorsqu'à 18 ans il avait eu une « panne » sur une scène de théâtre. À la même période, la mort d'un oncle, le seul de sa famille qui ait eu quelque consistance à ses yeux, déclencha une série de symptômes hypocondriaques. Il pensait à sa mort et à celle de ses parents. Il maigrit, souffrait de migraines et de vomissements comme sa mère. Il commença alors sa première analyse. Notons que ses analystes successifs furent à chaque fois des hommes connus, à une exception près. Son entrée en analyse (la première, donc) fut caractérisée par la sensation d'éprouver « le féminin dans [s]on corps », impression qu'il interpréta comme une identification maternelle. Pendant cette première cure, il « s'autorisa » à recevoir des patients, sans avoir fini ses études et dans une certaine « illégalité ». Il prétendait d'ailleurs se soutenir de cette dernière position.

Passons rapidement sur les « tranches » d'analyse qui suivirent avant la dernière, avec P. Jim fut atteint de troubles hallucinatoires visuels dans un contexte transférentiel ; il constata sa difficulté à rester durablement avec une femme. L'analyse qui semble avoir aggravé sérieusement le tableau fut l'avant-dernière. Il avait choisi un homme très viril. Lors d'une réception, il s'était battu avec lui et l'autre avait jeté ses lunettes à terre. « Vous méritez de vous analyser avec un homme », aurait commenté cet analyste, qui mettait l'accent sur le paraître. Jim acquit là une grande consistance virile. Sa vie s'arrangea : travail, amour, tout lui souriait. Mais cette virilité identificatoire et imaginaire n'empêcha pas « le retour du féminin en lui ». Après une altercation en séance avec cet analyste qui lui avait rétorqué : « ce n'est pas vous qui allez m'apprendre à m'analyser », il sortit dans la rue. Une voiture de police était garée, le capot ouvert. Passant à côté, il regarda dans le coffre, et entendit une voix qui lui jeta : « Curieuse ! » Il fut pétrifié par cette insulte féminisante et hallucinatoire.

Il changea alors d'analyste pour P. J'ai décrit le début de la cure : Jim était de nouveau envahi par des « pannes » et l'« impuissance féminine » était revenue. Une interprétation de P. le soulagea et fit advenir cette virilité armée qui caractérisait sa position, probablement en continuité avec l'identification avec l'analyste « viril » qui avait précédé P.

Après quelques années chez P., un an avant que Jim entende la voix proférer « pas encore ! », un événement décisif constitua le véritable moment conclusif de la cure, même s'il n'en était pas la fin d'un strict point de vue temporel. Lors d'une réunion mondaine entre analystes, P. bouscula une amie de Jim. Luttant contre ce qu'il appelait sa propre « lâcheté », Jim, furieux, se présenta ensuite chez P. pour lui signifier l'arrêt de l'analyse. Mais P. s'effondra alors devant lui et lui parla pendant deux ou trois heures, « la tête basse ». Il lui raconta sa vie, l'échec de sa propre analyse et ses difficultés d'analyste liées à de fréquents débordements passionnels.

Cette « séance » fut cruciale. P., cet analyste qui lui apparaissait auparavant surmoïque à cause de ses injonctions rectificatrices (ne pas trop en dire, ne pas trop en faire, etc.) devint soudainement pour Jim un Autre divisé, contradictoire et inconsistant. Deux scènes de violence de sa jeunesse, lui revinrent en mémoire. Dans l'une, il avait été violent avec sa mère, dans l'autre avec son père – à juste titre, disait-il. Du coup, son point de vue sur sa propre « lâcheté » changea. Alors qu'il se croyait paralysé par la violence de l'Autre, par trois fois, il avait réussi à surmonter sa lâcheté et à répondre. La troisième fois était cette séance atypique avec P. qui changea tout. Dorénavant, les armes devinrent un simple sport de plaisir. Sa pratique analytique se modifia : il n'avait plus besoin d'entrer en « choc phallique » avec les autres, notamment avec ses propres analysants.

La conclusion de son récit portait sur l'efficacité de sa dernière analyse. P., contrairement à l'analyste bellâtre d'avant, *s'était laissé faire* ; P. avait accepté de *dévoiler son « inconsistance »* devant Jim.

Résumons. Jim cherchait un soutien imaginaire à une position virile qui se dérobait. On a l'impression qu'il n'avait rien reçu de tel de son père. Le fait que son avant-dernier analyste lui ait donné un tel soutien viril avait provoqué une réaction catastrophique – ce qui nous montre d'ailleurs les ravages de l'identification au moi fort de l'*Ego-psychology*. La virilité de pacotille, cédée imaginairement par le moi fort de l'analyste, la « montre » virilisante, n'avaient pas empêché que la féminisation – jusqu'alors confinée à l'hypocondrie – explose et envahisse Jim jusqu'à prendre la forme psychotique d'une hallucination verbale, qui témoignait de l'existence d'un pousse-à-la-femme.

Que se passe-t-il dans la dernière analyse de Jim ? Selon Jim, P. n'a pas fait semblant. Visiblement dépassé par ses propres symptômes qui étaient entrés en résonance avec ceux de Jim, P. a été « contraint » de passer aux aveux. Lors de cette longue séance, la carence et le sinthome de P. ont pris le devant de la scène et ont été les agents véritables de l'acte analytique. On ne peut qu'être réservé face à ce style de « technique active ». Mais son effet est intéressant à étudier. Après cette séance apparaît chez l'analysant un nouveau sinthome qui modifie tout, y compris sa pratique d'analyste. Peut-être pourrions-nous définir ce sinthome comme *la légitimité de sa propre inconsistance*, qui lui faisait jusqu'alors défaut. En effet, son inconsistance de sujet – ce que Lacan appelle le manque-à-être du sujet – non symbolisée, lui était insupportable comme une lâcheté non virile et l'incitait à une violence réactionnelle. Dans la règle, la loi de l'inconsistance d'un sujet lui est donnée par son rapport à la castration symbolique qui lui fait « normalement » accepter d'être insuffisant dans certaines situations sans être pour autant obligé de prendre un fusil pour compenser.

On pourrait résumer ainsi ce qui s'est passé pour P. La preuve obtenue dans la réalité de l'inconsistance réelle de son analyste a « légalisé » sa propre inconsistance et lui a donné droit de cité dans sa vie comme dans sa pratique. N'oublions pas « l'illégitimité » initiale dans laquelle Jim avait commencé sa pratique et la fragilité non symbolisée de sa position d'homme qui allaient de pair à l'époque. Il s'agit d'un sujet dont le rapport à la castration symbolique est inexistant. De ce fait, le père et les autres hommes sont soit « inconsistants », soit des « bellâtres » avec lesquels règnent la violence et l'affrontement. À partir de la démonstration par P. de son inconsistance réelle, une loi s'est inscrite paradoxalement dans le cadre d'un nouveau sinthome créé chez l'analysant. Le nouveau sinthome de Jim noue le symbolique avec l'imaginaire et le réel. L'imaginaire était prévalent jusqu'alors chez lui et noué avec le réel (sa violence et ses passages à l'acte), mais les deux étaient complètement disjoints du symbolique. Remplaçant la loi forclose de la castration, le sinthome régule les relations de Jim avec les autres hommes, et aussi avec ses analysants.

On ne doit pas exclure cependant un reste fort inquiétant de l'opération : l'inconsistance, reconnue à partir de cette séance, à l'analyste à la voix surmoïque (P.), ne fait-elle pas aussi le lit du retour dans le réel d'une voix autoritaire : celle qui profère, après cette séquence cruciale, « pas encore ! », voix à laquelle Jim croit ?

Cet exemple montre cependant – et c'est le point que j'ai voulu aborder ici – que le sinthome produit par Jim à la fin de sa cure n'est pas une simple identification à un trait unaire prélevé sur son analyste, mais une résultante du sinthome de son analyste sur son propre symptôme initial. Or c'est avec ce nouveau sinthome qu'il opère à son tour comme analyste.

En voici d'autres exemples, intéressants parce qu'ils portent sur deux générations d'analystes.

J'ai entendu la passe de plusieurs analysants du même analyste, M. X. Un symptôme de M. X. semble être – du moins peut-on le supposer d'après sa pratique – de vouloir faire le « bon père », celui qui incarnerait une certaine norme idéale pour ses fils. Deux passes – celles de deux hommes en analyse avec M. X., Gil et Jules

– mettent en évidence les effets induits par le symptôme de M. X. sur deux sujets de structure et d'histoire différentes. De plus, une analysante de Jules, Ève, a elle aussi présenté la passe devant le même cartel. Ainsi verra-t-on comment Jules analysait Ève avec le symptôme qu'il avait mis en place avec M. X. Deux générations d'analystes, M. X., ses analysants Gil et Jules, puis l'analysante de Jules, Ève, sont donc en jeu dans cette transmission.

Gil ou le fils-secret

Gil entre en analyse avec un secret articulé à une construction œdipienne.

En plus de ses enfants « légitimes », Gil a un fils naturel qu'il n'a ni reconnu ni assumé sur aucun plan. M. X. sera le seul dépositaire de ce secret. Gil est le fils aîné – légitime – d'un père qui a eu plusieurs enfants naturels. Son père est présenté comme un imposteur : il se disait médecin alors qu'il n'avait jamais fait d'études et s'introduisait ainsi dans les familles pour y séduire les femmes. Il menait une double vie, avec la mère de Gil, et avec une infirmière, sa maîtresse, dont il avait aussi des enfants. Gil avait 9 ans lorsque son père décéda d'un infarctus qu'il n'avait pas su diagnostiquer à temps. Gil prit alors la place de son père auprès de sa mère, institutrice, qu'il soutint en tant que fils aîné. Il alla jusqu'à faire la classe à sa place lorsqu'elle était malade. Plus tard, Gil devint médecin et épousa une jeune fille qui passait pour riche mais qui était pauvre et dont il eut des enfants. Il souffrait cependant d'un sentiment permanent d'imposture : il ne pouvait s'empêcher de dire autour de lui qu'il était fils de docteur, que sa femme était de riche origine... Ainsi était-il admis dans certains milieux où il avait l'occasion de séduire des femmes. Et puis, il y avait ce fils naturel et secret... Gil avait tendance à faire le savant dans de nombreux domaines hors de ses compétences. Son savoir lui semblait superficiel, un savoir de « contrebande ». Son symptôme consistait donc en un « se faire passer pour » ce qu'il n'était pas.

Par ailleurs, ce « Don Juan », comme il s'intitulait lui-même, souffrait d'éjaculation précoce. Il ne savait ni jouir, ni faire jouir, se plaignait-il. Là encore, le symptôme avait une référence paternelle : la mère était frigide car le père, ce séducteur, n'arrivait pas à la faire jouir.

Un rêve du début de son analyse le montre, terrifié, dans « un champ ». Il est en civil, parmi des guerriers, en danger donc de se faire repérer par eux comme un traître ou par l'ennemi comme une cible. M. X. interpréta le rêve comme la nécessité et l'urgence pour Gil de s'engager à ses côtés dans la « reconquête » du « champ freudien ». Il s'agit d'une expression militante qui figure dans l'« Acte de fondation[27] » de Lacan.

Cette interprétation inaugurale de M. X. donne le ton de plusieurs de ses interventions, notamment à la sortie de la cure. Gil occupait une position stratégique dans l'institution analytique dont M. X. était un haut responsable et il l'avait poussé à faire la passe à un moment politiquement important pour l'expansion de cette institution. Or, si Gil avait choisi M. X. comme analyste, ce n'était pas seulement pour sa position institutionnelle, mais aussi parce qu'il l'avait connu « vêtu de jeans et chaussé de bottes ». M. X. lui était alors apparu comme un double idéal. M. X. parlait sans notes, très à l'aise devant les étudiants. Gil rêvait de reconnaissance. Il avait le sentiment d'avoir été « père de lui-même », trop jeune orphelin de père. La paternité lui posait problème et il avait déjà fait une première tentative analytique à la naissance de son aîné, avant de rencontrer M. X. Cette analyse antérieure ne l'avait pas empêché de concevoir ce fils naturel qui le hantait.

M. X. prit pour Gil la place d'un père protecteur. Ainsi, lors d'un conflit institutionnel, M. X. consola Gil, en « bon père », dit celui-ci. Il sut lui montrer que lui-même était capable d'en supporter beaucoup sans se fâcher... Lors d'une de ses dernières séances, Gil lui raconta une nouvelle aventure sexuelle que M. X. désapprouva : « Ce sont des contes », lâcha-t-il et Gil renonça à cette liaison. À la même période, Gil envoya sa fille consulter M. X. Celui-ci, complimenta le père : « Félicitations pour votre fille ! » Le double message était limpide : « Vous êtes un bon père » et « Cessez donc vos frasques ! ». Gil considéra alors l'analyse comme finie. N'avait-il pas argent, savoir et reconnaissance sans, maintenant, être en contrebande ?

Il déduisit de son analyse que son fantasme fondamental était d'être un enfant qui cherchait son père, qui voulait « se faire voir » pour se faire reconnaître. Deux rêves, faits pendant la procédure de la passe, lui parurent authentifier ce résultat, cherché et obtenu.

---

27. Lacan J., « Acte de fondation » (1964), *Autres écrits*, *op. cit.*, p. 229.

Dans le premier, il enseigne à l'Université sans papier ni stylo. Personne ne lui prête attention. Une fille pauvre et sans culture traverse la salle. Gil lui parle et la séduit. Ce rêve signait, selon Gil, la fin de son sentiment d'imposture enfin dominé, face au public. Le regard des autres sur lui ne comptait plus et il assumait sa position vis-à-vis de sa mère (souvenons-nous qu'il avait dû la remplacer comme « maîtresse » d'école).

Le second rêve prend place dans la maison vide du père. Après avoir fait l'amour avec son épouse, il se promène en érection devant les fenêtres ouvertes. Sa mère et d'autres femmes l'aperçoivent et se mettent à hurler. Il n'a que le temps de fermer la porte.

À supposer que ces rêves soient interprétables sans plus d'associations de la part du rêveur, et vu le contexte donné par le récit de Gil, on a plutôt l'impression que sa problématique de départ a été consolidée, voire fixée par l'analyse, sans grande transformation. Certes, il envisage avec calme et non sans cynisme de faire cours sans rien préparer (comme M. X. y excelle, selon lui). Le second rêve ne montre pas – c'est le moins qu'on puisse dire – que Gil ait rompu avec le « se faire voir » qu'il dit être son fantasme fondamental, ni avec la jouissance d'être regardé (ici sur son organe) dont il prétend s'être délivré. Ce rêve pourrait bien cependant illustrer une thèse, souvent défendue par le philosophe slovène Slavoj Zizek, à savoir que l'envers du « bon père », le père médiateur de la norme, est souvent une figure obscène[28]. L'exhibition phallique du deuxième rêve n'en est-elle pas l'ébauche ?

En tout cas, la position de « bon père » de M. X. adoubant Gil-le-fils comme un « bon père » lui aussi et l'admettant dans la confrérie des analystes patentés non-imposteurs a laissé dans l'ombre, probablement à jamais, l'énigme du fils secret, présenté par Gil à l'orée de la cure comme un emblème de lui-même. Celui-là peut bien, en effet, « aller se faire voir », comme on dit. Il ne sera jamais reconnu ni son existence analysée. De même pour l'imbrication du symptôme du fils et de la faute du père – pourtant un classique de la névrose obsessionnelle. N'y avait-il pas quelque enjeu mortel pour le fils dans un savoir dont l'imposture avait coûté la vie au père ?

---

28. Zizek S, *L'intraitable*, trad. Doisneau E., Paris, Anthropos, 1993, p. 112 *sq*.

Jules ou le fils sacrifié

Jules a commencé sa première analyse à 25 ans à la suite d'un conflit violent avec sa mère. Psychiatre et psychanalyste, il s'intéresse particulièrement au corps. Jeune marié, il « planifiait une grossesse » avec sa femme lorsqu'il rêva d'une phrase : « Sara percera » – Or Sara était le prénom de son analyste. Immédiatement surgit un fantasme : « se faire pénétrer analement par une femme. » Il commença dès lors, compulsivement, à réaliser ce scénario auquel il donna dans la cure le statut d'« une perversion transitoire[29] ». Cette « perversion » dura onze ans, avec des femmes masseuses différentes. Avec le fils qui lui était né, il se comportait en « père terrible » : « c'était comme *Surveiller et punir* de Foucault », disait-il.

Ayant interrompu l'analyse avec Sara, il en reprit une autre avec M. X., choisi lors d'une conférence où celui-ci avait cité des ouvrages lus par le père de Jules : Joyce, Freud, Spinoza et des livres sur le judaïsme. Le père de Jules ne disait jamais rien à son fils : il ne parlait que de ses lectures. Jules n'a gardé aucun autre souvenir de son père, un PDG qui fit banqueroute et mourut d'un infarctus aux toilettes. Jules dénonçait la « carence » en parole de son père. Il considère s'être analysé avec des livres pour pallier ce vide et y faire limite. Dans cette veine, les multiples interprétations de son analyste lui apparurent comme une suppléance au silence paternel. M. X. fut pour lui ce qu'il n'avait pas eu : un père qui parlait. Dans sa passe, Jules transmit minutieusement une dizaine d'interprétations de M. X., souvent des phrases assertives complètes, en forme de règles de conduite. Pour Jules, la parole de M. X., prit valeur de loi, une loi incarnée dans une énonciation.

Au début, pourtant, M. X. se taisait. Jules assimila ce silence à celui de son père, un silence lourd de savoir et potentiellement d'autre chose, d'une « volonté mauvaise ». Il se sentait comme « un pantin entre les mains de l'analyste ». À cette époque, les séances de « massage » continuaient. La masseuse prétendit même être enceinte de lui, à tort. M. X. commenta : « Une femme si dominante qu'elle peut vous désigner comme père ». La référence désignée de façon indéterminée par cette interprétation était certes la

29. Par cette expression, il faisait référence à l'article de Lebovici R., « Perversion sexuelle transitoire au cours d'un traitement psychanalytique », *Bulletin d'activité de l'Association des Psychanalystes de Belgique*, n° 25, p. 1-17.

masseuse, mais pouvait aussi être la femme de Jules ou encore Sara, sa première analyste. En effet, le fantasme de pénétration anale par une femme était contemporain de la grossesse planifiée par Jules avec son épouse pendant sa première analyse et avait été précédé, on l'a vu, d'un rêve de transfert : « Sara percera ».

La stratégie de M. X. fut, me semble-t-il, double : parler beaucoup en énonçant des sentences et des règles de conduite pour suppléer au déficit symbolique paternel, et écarter systématiquement la féminisation du sujet perceptible dans le fantasme de pénétration et corrélative de sa paternité. Une intervention de M. X. fit chuter cette signification, après trois ans d'analyse :

> « M. X. : –Il ne faut pas s'identifier au déchet.
> Jules : – Comment dois-je le prendre ?
> M. X. : Comme une règle éthique. »

Jules renonça alors aux « massages » et rencontra sa deuxième femme pour laquelle il divorça de la première, malgré le scepticisme de M. X. quant au bien fondé de ce changement d'épouse. Jules l'interpréta de son côté comme le passage d'une femme-mère à une femme-femme. « C'est logique qu'après la dégradation vienne l'idéalisation », commenta M. X. Et de répondre à Jules qui l'interrogeait sur cette « logique » :

> « Il faut donner à ça une fin logique et voir si ça tolère l'épreuve de la passe. »

À ce moment s'opéra une sorte de bascule de la femme dans l'analyse. Au niveau de la partenaire, la femme-mère dominante céda la place à la femme-femme, corrélativement à la « revirilisation » du sujet qui renonça à être pénétré. Mais, dans le transfert, l'analyste fut alors féminisé : il revêtit en effet « un masque de mime homosexuel » dans un rêve.

Jules s'engagea alors dans un travail de reconstruction qui s'orienta dans trois directions.

La *première* situait le fantasme de pénétration comme un effet du désir maternel. Lorsque Jules, âgé de 3 ans, avait visité à l'hôpital sa mère souffrante, elle lui avait dit qu'il avait de jolies jambes et qu'il était un enfant prodige car il savait déjà lire. Jules en déduisit la forme que prit, ultérieurement, son désir comme analyste : un intérêt pour la lettre, à cause de son don précoce pour la lecture, et une passion pour le corps, à cause de cette visite à sa mère hospitalisée. Dans le prolongement des paroles maternelles féminisantes sur ses jambes, il situait une histoire infantile d'attouchement anal avec un cousin et une insulte (« Putain ! ») de ses camarades de classe.

La *deuxième* direction de la construction concernait la faillite paternelle. Un rêve-*Witz* jouait sur les noms du père et d'un lieu géographique d'une part, sur la faille (comme précipice) et la faillite, d'autre part. Jules en tira une formule : « P implique F », soit « si père, alors faillite ». M. X. ponctua : « La faillite de votre père vous poursuit même en rêve » et interpréta alors le fantasme de pénétration comme la manifestation, en forme de dénonciation, d'une croyance exagérée dans le père. Jules en déduisit que ses pratiques sexuelles n'étaient que la mise en évidence, en forme d'*acting-out*, de l'imposture de son père. Le bénéfice thérapeutique de ces deux points fut d'écarter la féminisation dont le sujet avait horreur. La proposition « être père implique d'être transformé en femme », déductible du fantasme de pénétration, fut mise hors-jeu et ce fantasme entièrement référé au désir maternel. De ce fait, la féminisation comme signification sexuelle fut séparée tant du père que de la paternité. Il faut noter, cependant, une incertitude sur ce dernier point. Peu avant de faire la passe, le sujet rêva que son père, qui n'avait jamais proféré le moindre jugement sur lui, disait : « Tu es un gigolo », phrase porteuse d'une signification féminisante, ou du moins équivoque. D'autre part, Jules continuait son analyse et n'envisageait pas de se séparer de M. X. Or, dans le transfert, celui-ci occupait la place d'un père à la fois légiférant et féminisé. Cette signification pouvait encore revenir sur le sujet à l'avenir. La formule inventée par Jules, « P implique F », pourrait en effet se lire aussi : « si père, alors féminisation ».

La *troisième* direction de la construction concerne la paternité pour laquelle Jules suivit un chemin singulier. Il inventa un sinthome qui s'appuyait tant sur la carence paternelle que sur le sinthome de son analyste. Celui-ci avait parié sur « l'efficacité symbolique » d'une parole légiférante qui se substituerait au silence paternel. Mais le goût de son père pour les livres savants orienta Jules vers la fonction de la lettre dans la tradition juive. Une lecture du sacrifice d'Isaac dans la *Genèse* l'amena à conclure que le judaïsme « niait » le sacrifice du fils aîné (ce qu'il était lui-même). La circoncision viendrait célébrer ce renoncement (c'est-à-dire que le fils est circoncis au lieu d'être sacrifié par le père). Or, Jules n'avait pas été circoncis et il ne savait pas pourquoi. Le fantasme de pénétration, requalifié de « sacrificiel », fut alors réinterprété dans ce cadre. D'une part, il considérait avoir été sacrifié par son père, au lieu d'être circoncis dans la tradition juive. Il ignorait les raisons de son père dont le silence et le secret prirent sens d'être lus avec le sacrifice d'Isaac. En effet, Abraham, le père, a gardé le secret sur ce sacrifice vis-à-vis des siens. Dieu seul savait les raisons de son exigence vis-à-vis d'Abraham. Et ce sacrifice est aussi celui d'Abraham lui-même, car il doit sacrifier son bien le plus précieux, ce qu'il aime le plus au monde, son fils. Cette élaboration changea radicalement les relations de Jules à son fils. Il cessa d'être un père terrible, aida son fils à se faire circoncire et arriva à se séparer de lui : il était jusque-là resté rivé à cet adolescent. M. X. authentifia ce moment en ponctuant : « Je considère ça comme un acte ». On peut se demander si l'analyste n'a pas pris ici la place de Dieu, le seul à savoir les raisons du sacrifice et à pouvoir, soit l'exiger, soit en dispenser le père. La circoncision est donc conçue par Jules comme *un opérateur de séparation du père et du fils*, qu'il faut, dit-il, réduire à un « effet de lettre ».

On pourrait faire résonner la place donnée par Jules à la lettre-circoncision comme la cicatrice du renoncement à un rapport sacrificiel entre père et fils, avec la lecture derridienne du sacrifice d'Abraham. Relisant *Crainte et tremblement* de Kierkegaard et *La lettre au père* de Kafka, Derrida pose en effet que la littérature commencerait dans cette scène du secret entre le père, le fils et Dieu, comme l'écriture de « la filiation des filiations impossibles » :

> « La littérature commencerait là où on ne sait plus qui écrit et qui signe le récit de l'appel, et du « Me voici ! », entre le Père et le Fils absolus[30]. » (« Me voici ! » est la réponse d'Abraham à l'appel divin.)

L'enjeu du secret entre père et fils (donc de la littérature) serait l'impossibilité du mariage, « le secret du "prendre femme" ».

La lettre a donc pris pour Jules la place qu'occupe, dans la psychanalyse, la castration symbolique, celle d'un opérateur de transmission de la virilité du père au fils[31]. C'est aussi avec ces « effets de lettre » que Jules opère dans sa pratique d'analyste, com-

30. Derrida J., *Donner la mort*, Paris, Galilée, 1999, p. 179.
31. « Pas de virilité que la castration ne consacre », Lacan J., *Écrits*, *op. cit.*, p. 733.

me nous le verrons dans le cas d'Ève. C'est pourquoi cette construction de Jules sur « l'effet de lettre », qui noue le réel du silence paternel, le symbolique de la transmission du père au fils et l'imaginaire du corps (le sacrifice), tout en soutenant sa pratique d'analyste peut être considérée comme un sinthome.

Ève et l'analyse orientée par la lettre

C'est avec le sinthome de Jules qu'Ève a fait son analyse. Elle s'était présentée à la passe pour devenir membre de l'institution analytique de son pays, après douze ans d'analyse.

Dans son analyse, Ève dit avoir saisi ce qu'était la castration. Comme elle parlait, en séance, du film de Nagisha Oshima, *L'empire des sens*, Jules lui fit remarquer que la castration subie réellement par le héros du film était une initiative de sa partenaire. Il lui demanda d'épeler un nom propre et Ève oublia une lettre. Jules ponctua : « la castration c'est ça » et Ève « comprit » ce que « c'était » : un phénomène de langue, l'effet d'une lettre manquante. Nous saisissons ici la distance qu'il y a entre la castration freudienne et la castration selon Jules. L'insistance de cette analyse sur la lettre était sensible dans l'appui pris sur le nom propre pour s'analyser. Chaque lettre y prenait une signification et permettait d'épeler des souvenirs d'enfance. Le tout laissait une impression plutôt arbitraire, sinon folle. Cependant, on percevait une problématique phallique chez Ève. Son problème était sa trop grande beauté. Son père l'avait traitée d'« ordure » dès l'enfance. Elle le considérait comme le responsable de sa forte inhibition à étudier. Ève s'était mariée deux fois et avait choisi un second mari qui ne soit pas affecté par la beauté féminine. Grâce à ce mariage, elle avait réussi à se séparer du regard paternel sur sa beauté et à sortir corrélativement de « l'ordure » : elle termina ses études.

L'analyse avec Jules, « orientée par la lettre » selon les dires d'Ève, lui fit prendre ses distances d'avec sa mère, une « précieuse » qui parlait en rimes et avait un désir mortifère sur lequel nous n'eûmes pas grande précision. Ève avait choisi Jules à cause des paroles « énigmatiques » qu'il lui avait adressées au début de leurs entretiens : « Tu ne seras pas séduisante si tu sais », et, « Ce qui arrive dans une analyse est ce qui peut se transmettre autour de l'analyse ». Alors qu'elle était auparavant désorientée et gênée par les regards masculins, l'analyse avait produit un double bénéfice thérapeutique : Ève était maintenant dans « l'orientation de la lettre » et elle n'était plus torturée par le regard des hommes. Probablement peut-on déduire de la première phrase de Jules, qu'orientée par la lettre et « sachant » donc, Ève pensait avoir perdu cette beauté qu'elle jugeait ravageante ? Son récit n'était guère convaincant quant à l'efficacité de l'analyse « orientée par la lettre », mais il montre que Jules analysait effectivement avec le sinthome construit avec M. X., celui des « effets de lettre » qu'il avait substitués à la castration.

Le sinthome analyste

> *« Je pense qu'effectivement le psychanalyste ne peut pas se concevoir autrement que comme un sinthome. »*
>
> Jacques Lacan[32]

Comment M. X. avait-il, dans sa propre analyse, mis en place le sinthome qui l'a conduit à analyser en faisant le père, nous n'en savons rien. Mais sa posture de « bon père » avec Gil et Jules était différente et en résonance avec la structure et la problématique de chacun. Avec Gil qui s'embrouillait de façon obsessionnelle dans l'imposture paternelle, M. X. a joué le père imaginaire qui pourrait octroyer à Gil – dans la réalité de l'institution analytique – la reconnaissance sociale à laquelle il aspirait depuis toujours. Le résultat fut une opacité accrue du symptôme et un renforcement cynique de l'assurance moïque du sujet.

Avec Jules, M. X. a occupé la place d'un père symbolique qui légifère, remplissant le rôle laissé vacant par le père du sujet. Il a, en même temps, pris sur lui la féminité, corrélative, dans ce cas, de la paternité. Il en est résulté un incontestable gain thérapeutique. Jules a réussi – nous l'avons vu – à fabriquer un sinthome autour de la question de la filiation. Il a interprété la castration – pour lui symboliquement inaccessible – en termes de lettre, tout en réinscrivant la filiation dans la tradition juive. Il analyse avec ce sinthome, nous l'avons vu avec Ève. Que son analyse avec M. X. ait fait de lui un analyste freudien, voilà qui est plus improbable.

Ma thèse est donc que la transmission de la psychanalyse peut s'étudier en termes de sinthome : l'analysant crée un nouveau

32. S XXIII, resp. p. 135, 129, 131.

symptôme, voire un sinthome, certes à partir du symptôme dont il souffrait à l'entrée de la cure, mais aussi au moyen de celui de l'analyste qu'il prolonge ainsi. Dans la pratique, le nouvel analyste analysera avec son sinthome, donc gardera ainsi, dans sa pratique, la marque du sinthome de son analyste. Cependant, cette marque consiste en un tour de main, un savoir-faire, qui n'est pas assimilable à un trait d'identification comme le trait unaire de la deuxième identification freudienne : je prélève sur l'autre un trait que je garde et que je transmets tel quel. Il s'agit plutôt d'une manière de nouer R, S et I, singulière et symptomatique, qui donnera des résultats différents avec des analysants différents.

III. De Freud à Lacan : le sinthome-réponse

« J'ai inventé ce qui s'écrit comme le réel. »
Jacques Lacan

Le prolongement du symptôme peut aussi servir à qualifier un autre genre de « filiation », doctrinal cette fois : celle de Freud à Lacan. Lacan affirme dans *Le sinthome* que « son » réel, c'est-à-dire le réel comme troisième rond, semblable à ceux du symbolique et de l'imaginaire dans le nœud borroméen, est de son invention : *« Le réel est son sinthome, sa réponse symptomatique à Freud »*.

Dans cette séance de séminaire, Lacan essaie et de décrire comment il a relu Freud, et comment il lui a répondu, voire comment il a suppléé par « son » invention du réel à un défaut de la trouvaille freudienne. C'est en ce sens qu'on peut, je pense, parler d'un prolongement symptomatique.

Du « retour à Freud » au réel

Lacan se met en parallèle avec Freud : Freud a articulé l'inconscient, mais il ne l'a pas fondé d'une façon satisfaisante. Se référant à la science de son temps, il a fait de l'énergétique une métaphore qui supporterait l'inconscient sans cependant réussir à la rendre convaincante. Lacan situe en ce point le défaut auquel il a dû répondre en deux temps.

Dans un premier temps, il a, dit-il, fait

> « [...] remarquer que ce que Freud supporte comme l'inconscient suppose toujours un savoir, et un savoir parlé. L'inconscient est entièrement réductible à un savoir C'est le minimum que suppose le fait qu'il puisse être interprété ».

Savoir qu'il a appuyé sur la définition du signifiant S_1 représentant le sujet pour un autre signifiant S_2. Lacan parle donc ici d'une première réponse qui est son « retour à Freud », sa relecture de « la chose freudienne » avec la théorie du signifiant. Or, celle-ci a eu pour corollaire d'affaiblir le statut de l'inconscient, en le ramenant, on l'a vu, à une supposition de savoir, ce qui lui a ensuite fait soupçonner qu'il ne soit qu'imaginaire, qu'il ne soit qu'« une élucubration » de savoir. Au passage, Lacan réaffirme comme minimale et incontournable la théorie du signifiant pour lire l'inconscient freudien. Il réfute ainsi l'interprétation des réseaux de l'*Esquisse* par l'écriture, même si Freud a « forcé » les choses en parlant d'impression : l'« impression » est, pour Lacan, très loin de la lettre[33]. Le premier temps de la réponse lacanienne est donc celui d'une traduction ou d'une transposition de Freud qui a eu pour corrélât d'affaiblir le statut de l'inconscient.

Le second temps est celui de la réaction à l'« élucubration freudienne » de l'inconscient, en tant qu'elle « répugne à l'énergétique ». À ce défaut de fondation, Lacan a voulu suppléer avec « son » réel. Mais il admet que l'inconscient freudien n'implique pas obligatoirement la supposition, « tout à fait précaire », de « son » réel :

> « Il y a là un abîme [...] dont on est loin de pouvoir assurer qu'il se franchit. En d'autres termes, l'instance du savoir que Freud renouvelle, je veux dire rénove sous la forme de l'inconscient est une chose qui ne suppose pas du tout obligatoirement le Réel dont je me sers. »

L'invention de ce « réel » est donc un sinthome lacanien qui répond à la « carence » freudienne dans sa référence à l'énergétique comme réalité de l'inconscient. Et certains de ses auditeurs pourraient être traumatisés par cette invention qui n'est pas en elle-même freudienne, même si elle tente de prolonger Freud en

33. Il pourrait s'agir d'une réfutation de Derrida, qu'il cite à propos de l'écriture dans la séance suivante du séminaire. Cf. *infra*.

redonnant un statut réel à l'inconscient, là où l'énergétique scientiste n'y réussit pas et où la théorie du signifiant a finalement rendu l'inconscient imaginaire en le réduisant à une supposition de savoir.

En même temps qu'il réinvente le réel, Lacan prend donc sérieusement ses distances avec la théorie freudienne, ce qui se confirme au fur et à mesure du séminaire *L'insu que sait de l'une-bévue s'aile à mourre*. Il s'y montre de plus en plus explicite dans sa remise en cause de Freud. Il rappelle une fois de plus le temps de son retour à Freud : confronté à l'idée de l'inconscient, il a essayé d'y répondre[34]. Il affirme ensuite que la psychanalyse est « la forme moderne de la foi religieuse ». En effet, il est difficile de savoir ce que Freud pensait de l'inconscient mais seulement qu'il en avait déduit que c'était un savoir, donc des effets de signifiant. Ensuite, Lacan répète encore qu'il se casse la tête à cause de sa propre invention, faite pour « expliquer » Freud. Sa critique devient amère : il n'aime pas la seconde topique, inspirée par Grodeck. Freud délire sur le vrai, ce qu'il dit de l'inconscient n'est « [...] qu'embrouille et bafouillage, c'est-à-dire retourne à ce mélange de dessins grossiers et de métaphysique qui ne vont pas l'un sans l'autre ». C'est le statut donné par Freud à l'inconscient, sa métapsychologie, qui est critiqué comme « métaphysique », puisque Lacan ne renonce pas, cependant, à se référer au Freud du *Witz*, donc à la structure signifiante et matérielle de l'inconscient qu'avait promue le retour à Freud.

L'écriture du réel

L'opération de prolongement du second temps établit donc une nouvelle sorte de réel. Mais quel est *ce* réel ? Il faut accorder toute son importance au fait que Lacan parle d'*écriture* du réel : « j'ai inventé ce qui *s'écrit* comme le Réel ». Il s'agirait, comme dans le cas de l' « impression » chez Freud, d'un forçage, mais qui serait cette fois-ci fondateur :

34. S 24, respectivement, séances du 16 novembre et 14 décembre 1976, puis 11 janvier, 8 février, encore 11 janvier, 19 avril et 15 mars 1977.

« Disons que c'est le forçage d'une nouvelle écriture, qui a ce qu'il faut bien appeler par métaphore, une portée symbolique[35] [...] »

Cette écriture symbolise la chaîne borroméenne qui ne peut pas se représenter et ne s'approche que par cette écriture où l'on s'embrouille. Lacan distingue, dans la séance suivante du séminaire, deux sortes d'écriture :

La première est celle qui est ici en jeu, sur laquelle s'appuie la pensée, qu'il qualifie d'appensée :

« Une écriture est donc un faire qui donne support à la pensée. »

Il faut écrire les nœuds pour voir comment ils fonctionnent. La défaillance de la pensée ou de l'imagination donne son autonomie à cette écriture qui fonctionne toute seule.

La seconde écriture, celle sur laquelle « Derrida a insisté » et pour laquelle Lacan lui aurait montré la voie en écrivant son « S », résulte de « ce qu'on pourrait appeler une précipitation du signifiant ». Cette précipitation du signifiant, c'est-à-dire de « ce qui se module dans la voix » n'a rien à faire avec la première sorte d'écriture. L'« impression » de Freud serait à mettre du côté de cette seconde écriture, et non pas d'une écriture du réel.

Le réel de Lacan est donc l'enjeu d'une nouvelle écriture, « une logique de sacs et de corde » qui supporterait l'inconscient. Avec R, S, I, il propose une triade de « Uns » qui rivaliserait avec celle d'Aristote, *nous*, *psychè*, *soma*. Comme dans *RSI*, il se réfère à la pratique analytique pour justifier son invention[36]. Les caractéristiques de ce réel sont énoncées de nouveau dans cette leçon : il est *sans loi*, il est *dépourvu de sens* (ce qui pose particulièrement problème pour la psychanalyse, on le verra), il n'a *pas d'ordre*, il ne se *relie* à rien, il *s'oppose au vrai comme à l'être*, il est *sans progrès* ; il ne se présente que sous l'espèce de « bouts de réel ». Dans le réel, il n'y a *ni branchement ni « point commun »*.

À quoi peut bien servir alors un tel réel ? Eh bien, seulement à *exister* à côté du symbolique et de l'imaginaire, à donner une autre sorte de support, à être du « Un » ; cela sert aux élucubrations de

35. S XXIII, resp. p. 131, 144, 146, 125, 124, 107, 101.

36. « Je pense que la psychanalyse est une pratique dont l'efficacité, malgré tout tangible, implique pour moi que je fasse ce que l'on appelle mon nœud [...] », Cf. S XXIII, p. 135.

l'inconscient et du sujet supposé savoir, et aussi à faire que tout ne se réduise pas à des constructions, fussent-elles scientifiques.

On trouve cependant deux exemples concrets de ces « bouts de réel », qui gardent tout de même leur caractérisation « négative » : la pulsion de mort et le non-rapport sexuel.

La pulsion de mort est « le réel en tant qu'il ne peut être pensé que comme impossible », mais l'impossible est une modalité qui relève du symbolique (il s'agit d'un impossible à formaliser ou à penser) ; l'absence du rapport sexuel est un autre bout de réel, mais d'une façon limite en ce que ce « il n'y a pas », qui participe du oui ou non, est déjà une « broderie » sur la pensée du couple. L'abord de ces deux réels se fait donc encore à partir du symbolique.

Lacan use aussi parfois de l'adjectif ou du substantif « réel » d'une façon moins stricte : il y a, pourrait-on dire, une sorte de rhétorique de l'usage de « réel ». Ainsi, dans *RSI*, la jouissance et la vie sont qualifiées de réelles et l'angoisse de « nomination du réel[37] ». Il en est de même plus tard lorsqu'il parle du réel du nœud, qui consiste dans le nouage des trois, ou du sinthome comme lié au réel de l'inconscient, voire comme de « la seule chose vraiment réelle ».

D'ailleurs, nœud, sinthome et réel tendent parfois à s'équivaloir lorsqu'il parle de leur propriété de nouer, même si ce n'est pas là un privilège du réel dans la mesure où il est équivalent aux deux autres ronds. Lacan peut aussi parler du réellement symbolique (le mensonge), ou du symboliquement réel (l'angoisse). C'est un peu comme pour la mise à plat : il y a une acception stricte de la notion de réel, mais vue son austérité, Lacan s'autorise parfois des usages plus illustratifs, une pratique du dire plus large.

Prolongement du symptôme ou changement de paradigme ?

Lacan cherche donc à éclairer ce réel qui n'a pas de sens en disant qu'il est *son* sinthome. Il donne ainsi un statut symptomatique à son invention qui devient la réponse à un défaut, à savoir l'énergétique freudienne et le modèle de la causalité associé, dont la conceptualisation serait un symptôme de Freud. Le prolongement du symptôme est donc une manière originale de

37. S 22, séance du 17 décembre 1974 puis du 13 mai 1975.

concevoir la succession Freud-Lacan qu'on peut, me semble-t-il, opposer à l'idée avancée par Jean Allouch selon laquelle l'introduction de R, S et I serait un changement de paradigme, révolutionnaire au sens de Kuhn[38]. En effet, un tel changement de paradigme impliquerait une modification substantielle des formes de l'expérience analytique. Or, même si la théorie lacanienne, surtout dans sa dernière période, implique la création de nouveaux concepts, il faut noter que la raison de ces changements est référée à la pratique analytique qui tient sa consistance *du dispositif freudien, lequel n'est nullement remis en cause par Lacan.* C'est plutôt un point fixe, le référent ultime aux données de l'expérience qui justifie pour Lacan la modification et l'ajustement des concepts, en une démarche qui, d'ailleurs, est caractéristique de Freud[39]. Par exemple, des enjeux actuels de discorde comme la durée variable des séances et la façon d'interpréter sont des éléments de la technique analytique qui n'ont donné lieu à *aucune injonction* de la part de Lacan. Le fait que ces moyens techniques soient devenus des standards figés pour une part des psychanalystes relève plutôt de la responsabilité de l'IPA[40] qui a transformé la technique en dogme. On peut se demander si cette rigidité à propos du *setting* ne tente pas de combler un déficit théorique à penser d'une façon renouvelée les changements historiques de la clinique. Certes, la théorie lacanienne engage à user de l'équivoque et certains en ont fait leur *vade mecum* d'une manière qui frôle parfois le ridicule, mais si l'équivoque est l'essence même du symbolique, on doit considérer qu'on y est tout le temps, qu'on le veuille ou non : on équivoque comme Monsieur Jourdain faisait de la prose ! Il faut d'ailleurs noter que l'équivoque homophonique n'est pas la seule en cause dans l'interprétation, Lacan en distinguant aussi une grammaticale

---

38. Allouch J., *Freud, et puis Lacan*, Paris, EPEL, 1993, p. 24 *sq*. Kuhn T. S., *La structure des révolutions scientifiques*, trad. Meyer L., Paris, Champs Flammarion, 1983.
39. Le célèbre début de « Pulsions et destins des pulsions » est consacré aux relations complexes entre les concepts analytiques qui gardent toujours un certain degré d'indétermination et le matériel empirique de l'expérience. Freud S., « Pulsions et destins des pulsions » (1915), *Métapsychologie*, trad. Laplanche J. et Pontalis J.-B., Paris, Gallimard, Folio, 1968, p. 11.
40. *International Psychoanalytic Association*. Cf. Roudinesco É., *La bataille de cent ans, Histoire de la psychanalyse en France*, 2, 1925-1985, Paris, Le Seuil, 1986, p. 328 *sq*.

et une logique[41]. La « bonne » interprétation restera toujours celle qui touche à la vérité du symptôme, et il n'existe de recette ni freudienne ni lacanienne, ni autre, pour y arriver. De plus, Allouch date ce supposé changement de paradigme de la conférence « R, S, I » de Lacan du 8 juillet 1953, ce qui le conduit à faire du « retour à Freud » une sorte de ruse ou de calcul politique de Lacan pour inscrire après-coup son nouveau paradigme dans la psychanalyse. Il considère donc, paradoxalement d'accord avec l'IPA, que Lacan n'est plus dans la psychanalyse freudienne ! Je trouve plus convaincant de considérer qu'il s'agirait, dans ce retour à Freud, de relire Freud en l'interprétant avec les outils de la linguistique structuraliste. De même, Jacques-Alain Miller me semble céder à une illusion rétrospective en reportant en arrière le moment, qu'il fait remonter au *Séminaire XI*[42], où Lacan se serait « dénoué » de Freud.

En fait, des psychanalystes peuvent se référer à *un champ commun de pratiques* alors qu'ils ont des théories sensiblement différentes (on le voit notamment lors des séances de contrôle) : cela confirmerait plutôt l'idée lacanienne que le savoir est une élucubration disjointe du réel, y compris dans la science et *a fortiori* dans la psychanalyse qui n'en est pas une. Ce « champ que Freud a ouvert, le champ freudien », serait alors un réel. Comment sait-on qu'il s'agit d'un champ commun de pratiques, objectera-t-on ? Je pense que la plupart des psychanalystes lacaniens qui sont capables de *rendre compte* de leur pratique par des contrôles ou des comptes-rendus écrits ou oraux de cas cliniques en témoignent face à la communauté qui peut le reconnaître en les lisant ou les écoutant. Plus inquiétants m'apparaissent ceux qui s'y refusent, que ce soit par mépris pour l'exercice et sans se rendre compte que la psychanalyse ne peut pas absolument pas faire l'économie de cette référence à la clinique, ou sous prétexte du « secret professionnel » qui n'a jamais arrêté ni Freud ni les freudiens.

Envisager le rapport de Lacan à Freud sous le mode d'un prolongement du symptôme me paraît juste, parce que cela rend compte à la fois d'un accrochage, caractéristique du symptôme et, en même temps, d'une séparation. J'entends ici « séparation » au sens de Lacan : face à l'énigme du désir de l'Autre (le désir de

41. Lacan J., « L'étourdit » (1972), *Autres écrits*, *op. cit*,, p. 491-492.
42. Soit le moment où lui-même l'a rencontré. Miller J.-A., *Le lieu et le lien*, Université de Paris VIII, cours de l'année 2000-2001, inédit.

Freud dans la psychanalyse reste toujours une énigme pour Lacan, il le dit lui-même[43]), le sujet se sépare des signifiants de l'Autre en produisant une réponse qui lui est plus intime. En 1964, Lacan en parlait comme d'un *se parere*, s'engendrer soi-même en latin, ce qui dénotait un type d'identité non signifiante produite par l'opération, conceptualisée à l'époque en termes d'objet *a*. La séparation se lisait alors dans le cadre de la théorie du fantasme. Mais je pense qu'on peut tout à fait parler de sinthome pour ce type de réponse qui noue le désir de l'un à celui de l'Autre, dans la mesure où, on l'a vu, le sinthome est un concept qui reprend et englobe celui du fantasme fondamental en tant qu'il s'inscrit en actes et en symptômes dans la vie. On peut alors comprendre en quoi, s'il n'était plus dupe du mathème[44], Lacan devenait en revanche dupe du nœud : on croit à ses symptômes, donc, si le réel était son symptôme, il est logique qu'il y ait cru, qu'il ait cru avoir inventé par l'écriture du nœud une nouvelle fondation à la psychanalyse. Il mettait d'ailleurs en scène ce côté « y croire », en s'embrouillant en public et en démontrant ainsi l'autonomie de ladite écriture. Cependant, il témoignait aussi en 1976-1977, d'être embarrassé par son invention, de tourner en rond, et de se heurter à un mur : réalité du symptôme comme obstacle.

Le prolongement du symptôme est donc un outil puissant pour penser la transmission entre les générations, les analystes, voire les théoriciens, grâce à un autre concept que l'identification. Il permet notamment de repenser l'inventivité en psychanalyse et d'envisager d'une façon renouvelée le lien du sujet à la sexuation et à la parentalité.

43. Par exemple, il lui semble très difficile de bien savoir l'idée que Freud avait de l'inconscient. S 24, séance du 11 janvier 1977. Cf. aussi, auparavant, la discussion sur le désir de Freud dans le Chapitre I du SXI, p. 16-17.

44. Le mathème est dévalorisé comme tout ce qui ressortit au symbolique. Le mathème est un idéal dépassé : « Bien sûr, l'idéal du mathème est que tout se corresponde. C'est bien en quoi, le mathème, au réel en rajoute. En effet, cette correspondance n'est pas la fin du réel, contrairement à ce qu'on s'imagine, on ne sait pas pourquoi. Comme je l'ai dit tout à l'heure, nous ne pouvons atteindre que des bouts de réel. » On a le sentiment que le réel, qui ne ressortit pas pour lui à une formalisation, a pris la place qu'avait auparavant le mathème. Cf. S XXIII, p. 123.

CHAPITRE VII

Usages psychanalytiques du sinthome

H.

« *Adieu.*
Vous mentez, ô fleur nue
De mes lèvres !
J'attends une chose inconnue
Ou, peut-être, ignorant le mystère et vos cris,
Jetez-vous les sanglots suprêmes et meurtris
D'une enfance sentant parmi les rêveries
Se séparer enfin ses froides pierreries. »

Mallarmé[1]

Quels usages de la nouvelle théorie du symptôme (et du sinthome) peut-on mettre en œuvre dans la pratique analytique ?

Répondre à ces questions ne me conduira pas à épouser le pessimisme radical de Lacan dans le séminaire *L'insu que sait de l'une-bévue s'aile à mourre* qui suit *Le sinthome*. L'impasse de Lacan, affirmée au détour de ce séminaire, était prévisible. En guise de réponse symptomatique à Freud pour lequel le réel avait un sens, Lacan pose, on l'a vu, *son* réel, qu'il caractérise au contraire par l'exclusion du sens. Face à ce réel sans qualité, et donc inabordable dès lors que la seule chose que l'on puisse en dire est seulement qu'il existe, la psychanalyse, qui était jusque-là intimement liée au symbolique puisqu'elle opérait, depuis le retour à Freud, au moyen du signifiant, se trouve *a priori* en mauvaise posture.

1. Mallarmé, *Œuvres complètes*, Paris, Gallimard, Bibliothèque de la Pléiade, T. 1, « Dossier des poésies. Cinquième cahier, Hérodiade », p. 89.

D'abord parce qu'une fois le symbolique et le signifiant dévalorisés, elle l'est fatalement elle aussi, de même que l'inconscient. Dans *Le sinthome*, Lacan exclut toute nomination qui capitonnerait de façon univoque le réel par le signifiant maître et, en revanche, accentue comme essentiel le caractère équivoque du signifiant. L'année d'après, il confirme ce point de vue en affirmant, contre Dante, que *Nomina non sunt consequentia rerum*[2], soit que les noms *ne sont pas* les conséquences du réel, du fait que les langues particulières sont « ratées » : par quoi il faut entendre qu'elles ratent le réel.

L'impasse de la psychanalyse résulte par ailleurs de son rapport au sens, puisque les effets du signifiant attestés par la psychanalyse sont classiquement des effets de sens, et on ne voit pas comment ils pourraient « émouvoir » un réel qui exclut le sens. D'où un discours qualifié par Lacan lui-même d' « extrême » :

> « [...] déboucher sur l'idée qu'il n'y a [pas] de réel que ce qui exclut toute espèce de sens, est exactement le contraire de notre pratique. Car notre pratique nage dans cette espèce de précise indication que non seulement les noms, mais simplement les mots ont une portée. »

D'où aussi le soupçon que la psychanalyse soit « du chiqué » ou « du semblant », voire même « une escroquerie » dans la mesure où le signifiant maître, le S_1 semble promettre un savoir impossible, un S_2, sur le réel.

À partir de là, deux voies s'offraient à Lacan : soit de persister dans l'affirmation forte de l'existence d'un réel dépourvu de tout sens et de chercher quels effets du signifiant sur le réel, *autres que le sens*, pourraient alors être responsables de l'efficacité avérée de la pratique analytique : soit de chercher comment le réel pourrait quand même être visé et touché par le sens. Il me semble que Lacan prend alternativement ces deux directions, mais qu'il pose aussi les jalons pour une troisième voie. Nous explorerons successivement ces trois hypothèses sur les rapports du réel et du sens.

2. S 24, resp. pour les références du I, séances du 8 mars, du 11 janvier 1977, du 16 novembre 1976, du 19 avril, du 10 mai, du 15 mars, du 10 mai, du 19 avril 1977, du 14 décembre 1976, du 19 avril et du 10 mai 1977.

I. Le réel à contresens

La première direction, celle où Lacan va, si l'on peut dire, à contresens de Freud, est la plus radicale. Tout en jetant des bases salutaires pour la réflexion, elle donne au séminaire son ton pessimiste. Lacan insiste sur le côté parasitaire du langage et sur l'originalité de l'homme par rapport aux autres animaux :

> « [...] ça va mal » dans la structure, parce que le parlêtre rate le réel. Il ne sait pas y faire avec son inconscient, il ne sait pas se débrouiller avec le matériel signifiant qui l'habite, d'où son inévitable « débilité mentale. »

Dès lors, la seule fin de l'analyse envisageable est de « s'identifier à son symptôme » et, il faut bien le reconnaître, « c'est court ». Évidemment, une telle identification s'oppose à l'identification à l'analyste que Lacan a toujours violemment critiquée, chez Balint notamment, mais aussi dans l'*Egopsychology*. S'identifier à son symptôme signifie savoir se débrouiller avec lui, ce qui implique tout de même un changement, une sorte de « repérage » pour le parlêtre qui s'embrouille ordinairement dans les bévues de son inconscient. Cette identification finale au symptôme, qui suppose sa réduction préalable à un reste irréductible, serait de l'ordre du narcissisme secondaire : savoir manipuler son image ou se débrouiller avec son partenaire sexuel lorsqu'il est devenu un symptôme. Cette perspective finale nous place donc encore sous le règne de l'« Un » auquel le parlêtre ne saurait se soustraire.

Et en effet, pour se défendre contre le réel dont il n'a d'ailleurs l'appréhension que dans l'angoisse lorsqu'il se cogne dessus, le parlêtre est conduit à parler tout seul de sorte que son moi finit, dans certains cas, par délirer. Il a beau « aboyer » avec le langage après cette « chose » avec laquelle « nous n'avons pas de relations », « ça ne répond pas » (S(Ⱥ)).

La variété du symptôme

Comment envisager dès lors l'expérience de la cure ? Se réduirait-elle à « un autisme à deux », dans un monde où « l'Un dialogue tout seul, puisqu'il reçoit son propre message sous forme inversée » et où « l'Autre n'existe pas » ? Cependant la langue, qui est tout de même « une affaire commune », permet l'interprétation. Dans l'association libre, grâce à l'illusion du sujet supposé savoir, cause de l'amour de transfert qui n'est, comme tout amour, qu'une signification vide, l'analysant dit « la varité » de son symptôme, c'est-à-dire si l'on décompose ce néologisme, une vérité essentiellement variable. Existe-t-il une vérité autre que supposée ? Non, puisque l'analysant ne peut pas connaître la vérité sur le réel. Pour Freud, le vrai est « le noyau traumatique ». Mais, comme la parenté et l'« autre scène », ce ne sont là que des scories que lalangue dépose à la place de ce réel : il n'y a pas de rapport sexuel. Et, là-dessus, aucune vérité autre que menteuse n'est possible. L'inconscient « se limite à une attribution », à « une déduction supposée, rien de plus » à partir du « mental » « tissé de mots » « entre quoi il y a des bévues toujours possibles ». Le psychanalyste « dépend de la lecture qu'il fait de son analysant » et il ne doit pas prendre tout ce qu'il écoute au pied de la lettre, puisqu'il ne s'agit que de la varité et non pas du réel. Dans son interprétation, il a intérêt à accentuer l'équivoque du signifiant pour éviter au maximum la suggestion, et *a fortiori* tout « dire impératif » qui produirait un effet endormant. Cela dit, nul réveil n'est à attendre de « la maladie mentale qu'est l'inconscient ». Par ailleurs, l'analyste tentera d'éviter « l'impasse du sens », qui consiste à « tamponner avec le sens », c'est-à-dire à calmer momentanément la douleur avec du sens tout en nourrissant en fait le symptôme, – ce qui est la démarche de la psychothérapie que Lacan ne nomme pas ici, mais à laquelle il avait fait allusion dans *Télévision*.

Lacan s'inquiète particulièrement des effets de la psychanalyse sur l'analysant. Selon une conception assez commune, il y aurait un intérieur de l'inconscient ou de la psyché qu'il faudrait « mettre au dehors » dans la cure, ce qui conduirait à interpréter systématiquement l'inconscient. Un modèle topologique représentant R, S et I par trois tores enlacés de façon borroméenne, montre qu'une telle pratique comporte un risque. En effet, l'interprétation de l'inconscient, répétée trop souvent, « retournera » l'inconscient : dans ce modèle topologique, S entourera alors complètement R et I. La structure d'arrivée ne sera plus borroméenne et le sujet ayant expérimenté une telle psychanalyse ne sera plus « normal[3] ». D'un

3. En général, on l'a vu, la structure n'est pas représentable par un nœud borroméen à trois, mais par un nœud à quatre de R, S et I avec le sinthome. Ici, Lacan se réfère de nouveau à un nœud borroméen à trois comme à une norme idéale.

point de vue clinique, le risque à la fin de l'analyse consiste en « une préférence donnée en tout à l'inconscient ». On voit bien à quoi se réfère ici Lacan : à ces sujets qui mettent leur inconscient à la place du savoir absolu (alors que c'est en fait un Autre barré) et qui, surtout, croient pouvoir donner « du sens » à tout ce qui leur arrive, au risque de frôler parfois le délire de référence ou d'interprétation[4]. Cette pratique peut avoir quelque effet thérapeutique, au risque d'une aliénation redoublée par une fixation au sens. Lacan conseille alors « une contre-analyse » pour revenir à l'état antérieur et interprète ainsi le conseil de Freud aux analystes de faire une seconde tranche. Au passage, il critique « l'usage de la coupure par rapport à ce qu'il en est du symbolique », soit une pratique dont on lui a attribué à juste titre l'invention. Refus d'être imité, certes, mais peut-être aussi nécessité de rectifier l'usage sauvage, non raisonné de la coupure de la séance, en précisant la visée de l'interprétation analytique.

L'interprétation poétique

Le signifiant doit donc faire résonner autre chose que le sens. Lacan évoque l'écriture poétique :

> « Le sens, ça tamponne, mais à l'aide de ce qu'on appelle l'écriture poétique, vous pouvez avoir la dimension de ce que pourrait être l'interprétation analytique. »

et

> « C'est pour autant qu'une interprétation juste éteint un symptôme que la vérité se spécifie d'être poétique. »

Cette vérité poétique ne se réfère à aucune logique articulée, fût-elle celle de la linguistique, prônée jadis avec la distinction de la

4. On peut comparer ce style de *délire symbolique* au *délire imaginaire* que Lacan décrivait dans sa conférence de 1953, dû à un passage de l'imaginaire au réel (mais ces deux termes n'avaient pas du tout la même valeur) : « Après cela, nous avons iR, où I est transformé en R. C'est la phase de résistance, de transfert négatif, ou même, à la limite, de délire, qu'il y a dans l'analyse. Certains analystes tendent toujours plus à le réaliser. *L'analyse est un délire bien organisé*, c'est une formule que j'ai entendue dans la bouche de l'un de mes maîtres. Elle est partielle, mais non pas inexacte. » « Le symbolique, l'imaginaire et le réel », *op. cit.*, p. 47-48.

métaphore et de la métonymie, et elle ne recherche pas non plus le beau. Elle doit résonner comme un mot d'esprit qui ne se tient que d'une équivoque, d'un « chiffonnage de mots », comme « famillionnaire », et qui réalise, à suivre Freud, une économie libidinale : effet de jouissance du langage. Lacan évoque l'écriture poétique chinoise qui s'accompagne, lorsqu'elle est dite, d'une modulation tonique. L'effet recherché est « un effet de trou ». Si on se reporte au *Sinthome*, on se souviendra de l'insistance de Lacan sur le « faux-trou » entre le symptôme et le symbole que « l'art-dire[5] » transforme en trou : une interprétation peut, en creusant un trou réel, faire apparaître au sujet que le symbole peut le séparer de son symptôme ou du moins entamer celui-ci. S'inspirer de la poésie pour interpréter n'est cependant pas la panacée, car il y a poésie et poésie. La poésie relève d'une violence faite à l'usage de la langue car, comme la psychanalyse, elle se fonde sur l'ambiguïté du sens double. Lacan réinterprète son « vieux » couple de la parole pleine et de la parole vide : la première est pleine de sens parce qu'elle part de cette duplicité du signifiant tandis que la seconde est vide parce qu'elle ne recèle qu'une signification. La poésie ratée est de cet ordre, elle devient pur nœud d'un mot avec un autre : apparemment, ce n'est pas celle dont l'analyste aurait à s'inspirer. Le vrai poète élimine un sens en le remplaçant par une signification, par exemple amoureuse, et il réalise ainsi le tour de force de rendre sensible au lecteur la présence d'un sens en tant qu'absent. C'est cette élimination du sens réalisant le trou entre le symptôme et le symbole qui est visée. Il ne s'agit donc pas d'une interprétation sur le mode d'une révélation, comme l'est le dévoilement de la vérité inconsciente par le surgissement d'un sens nouveau grâce au franchissement ou au « pas-de-sens » de la métaphore, mais, à l'inverse, d'un évidement du sens. S'agit-il alors d'une nouvelle façon de caractériser ce que Lacan appelait auparavant l'interprétation métonymique qui fait surgir l'objet *a* cause du désir[6] ? Non, dans la mesure où l'exemple *princeps* de Lacan, emprunté à *Bel-Ami* de Maupassant, montrait comment l'écrivain réaliste faisait surgir métonymiquement l'objet de la jouissance (la femme à consommer comme une huître délicieuse par le maquereau). L'objet s'y manifestait à travers le « peu-de-sens » de la métonymie, ce qui semble

5. Cf. *supra*, II, 2 – « Le symptôme abolit le symbole », p. 83.
6. Lacan J., « Radiophonie » (1970), *Autres écrits*, *op. cit.*, p. 418-419.

bien différent du trou du sens de la poésie chinoise[7]. Le poète nous rapprocherait ainsi du réel : à la fin du séminaire, Lacan n'appelle-t-il pas de ses vœux, même s'il admet une fois de plus que c'est « extrême »,

> « un signifiant nouveau qui n'aurait aucune espèce de sens, [ça serait peut-être ça] qui nous ouvrirait à ce que j'appelle le réel » ?

La solution pour approcher le réel serait donc de faire apparaître l'exclusion du sens par l'interprétation. C'est un renversement de la proposition « le réel exclut le sens » en sa réciproque « l'exclusion du sens, c'est le réel ». Mais cette inversion ne laisse pas d'être problématique dans la mesure où il est bien évident que tout hors-sens n'est pas forcément le réel. De ce fait, le réel lacanien reste sous déterminé par ces caractérisations trop allusives de l'interprétation.

II. Existe-t-il un effet de sens réel ?

La deuxième direction suivie dans le séminaire, en parallèle avec la précédente, consiste à se demander, paradoxalement, comment des effets de sens qui ressortissent à l'imaginaire pourraient *quand même* avoir une action sur un réel qui, par définition, exclut le sens.

La question insiste depuis *RSI* et la réponse passait alors par le symptôme qui était représenté à l'intérieur du champ du réel, dans la mise à plat du nœud[8] : l'effet de sens obtenu par le serrage du nœud autour de l'objet *a* révélait la lettre de l'inconscient, que le symptôme, conçu comme une fonction de jouissance, traduisait « en réel » (de jouissance).

Dans *Le sinthome*, la question portait explicitement sur l'effet du savoir-faire de l'artiste sur le symptôme, à l'instar de Joyce dont le travail sur l'équivoque, qui va bien au-delà du sens, modifie le symptôme. Lacan tentait d'y expliquer comment procède l'opé-

7. François Cheng a raconté comment Lacan travaillait patiemment avec lui sur la poésie chinoise. Il donne l'exemple de l'analyse en commun d'un poème où, dans le dernier vers, énigmatique, s'entrelacent métaphores et métonymies. Le trou du sens fait apparaître successivement divers sens jusqu'à aller jusqu'à l'allusion à l'infini féminin. Cf. Cheng F., « Lacan et la poésie chinoise », *Lacan, l'écrit, l'image*, *op. cit.*, p. 151-153.

8. Cf, *supra*, II, 1 – « Constructions freudiennes et réductions lacaniennes », p. 39.

ration analytique en se servant du nœud de trèfle de R, S et I. L'analyse est la réponse à une énigme qui se réfère au non-rapport sexuel : une réponse « tout à fait spécialement conne » à l'exposé de l'analysant à l'analyste, « tout au long, de son symptôme ». L'acte analytique consiste en deux « épissures » conjointes. La première produit le sens en rapprochant l'imaginaire du savoir inconscient. L'autre épissure se fait entre le réel et le symbolique : le réel, incarné par la jouissance qui parasite le sujet, est rendu supportable par rattachement à l'inconscient. La jouissance parasite devient alors une « j'ouïs-sens » supportable. En somme, cette opération équivaut à fixer à un signifiant, par l'interprétation, la jouissance du symptôme et à lui donner ainsi un sens – opération finalement assez classique (*faire accéder du réel au symbolique*[9]) que Lacan avait critiquée par ailleurs à cause d'un risque de fixation au sens. En ce cas, à suivre le jeu de mot « j'ouïs-sens », il semble que l'effet thérapeutique doive venir de l'effet de sens dû au savoir-faire de l'analyste :

> « Trouver un sens implique de savoir quel est le nœud, et de le bien rabouter grâce à un artifice[10]. »

Dans *L'insu...*, cette voie est peu représentée du fait que Lacan semble obnubilé par le fondement réel de la psychanalyse et la recherche *d'un au-delà du sens*, ce qui impliquerait d'intervenir symboliquement sur le réel, soit plutôt de *faire accéder du symbolique au réel*, ce qui inverse la formule classique précédente. Il bute sur cette question qu'il avait déjà abordée dans *RSI* dans les termes de la résonance, dans le corps, d'un dire qui atteindrait la pulsion.

Cette deuxième direction, consistant à rechercher quel peut être un effet de sens réel, n'a donc rien apporté de nouveau depuis *RSI*. Il existe cependant une troisième voie de recherche prometteuse, intermédiaire entre les deux premières, celle du symptôme.

III. Le chaînon manquant : le symptôme, le seul réel qui a un sens

Le symptôme est en effet ce qui tient ensemble R, S et I. De ce fait, il a « un rapport » à la fois avec l'imaginaire et le réel, et il peut

9. S XX, p. 86.
10. S XXIII, p. 72-73.

ainsi prendre la place du chaînon manquant entre le réel et le sens. Certes, ce n'est pas absolument rigoureux mais on a vu que Lacan introduisait quelques concessions au borroméanisme pur : mise à plat du nœud mettant le symptôme dans le champ du réel, qualification du nœud entier et, surtout, du symptôme comme réel. La tendance sera donc de rapprocher le symptôme du réel. Tel est le mouvement d'ensemble de ces trois années de séminaire : le symptôme a perdu son essence toute symbolique pour migrer vers le réel[11] :

> « Le symptôme est réel ; c'est même la seule chose vraiment réelle, c'est-à-dire qui ait un sens, qui conserve un sens dans le réel. C'est bien pour ça que le psychanalyste peut, s'il a de la chance, intervenir symboliquement pour le dissoudre dans le réel. »

Comment défaire les équivoques fondatrices d'une vie ?

Cette proposition qu'on peut qualifier de médiatrice n'empêche pas d'intégrer à la théorie de l'interprétation les réflexions précédentes sur la poésie, l'équivoque et un éventuel au-delà ou évidement du sens, mais elle intègre aussi les résultats freudiens de l'expérience : ils conduisent à prendre au sérieux les effets de sens de l'interprétation qui ne sont peut-être pas totalement réductibles à la suggestion ni à la foi religieuse. En effet, donner une telle importance à l'équivoque signifiante, qui recèle par définition au moins deux sens, implique de prendre en compte les effets de ce double sens sur le sujet et sur sa vie. Dans les cas cliniques que j'ai précédemment exposés, ces effets étaient considérables : dans le cas de la mère infanticide, on la voyait « choisir » de façon absolument rigide le sens de la condamnation à mort dans les paroles maternelles (« Elle n'aurait pas dû vivre. »), alors que dans le cas de Mme P., l'équivoque était conservée mais c'est le pire sens qui œuvrait à son insu dans le symptôme soutenu par un fantasme déduit des paroles de sa mère à sa naissance (« On ne sait pas si elle passera la nuit. »). Il est alors légitime de chercher à « combattre », par l'interprétation analytique, ces équivoques où s'enferme une vie, soit en rendant manifeste l'équivoque (ou la « bévue ») déterminante à laquelle le sujet est resté fixé, soit en faisant apparaître le

11. Ce qui était annoncé au tout début de *RSI* (S 22,19 novembre 1974) et se trouve confirmé dans *L'insu...* (S 24, 15 mars 1977).

lien entre un sens de l'équivoque et le symptôme, afin de lui ouvrir de nouvelles perspectives. Il me semble que la théorie du « faux-trou » entre le symbole équivoque et le symptôme, que l'acte analytique transforme en un « vrai » trou, va dans la même direction. Or, rien ne nous assure que le sens n'intervienne pas dans cette transformation du faux-trou en vrai trou, au moins lorsque la multiplicité des sens, aperçue par le sujet, détruit l'effet imposé de départ et l'en décolle. Même la référence à la poésie qui fait paraître le sens en tant qu'absent utilise la notion de sens : il semble bien difficile de s'en passer. Ce qui n'empêche pas les remarques de Lacan sur l'impératif et la suggestion de valoir, à la fois pour la technique interprétative et pour la prise en compte de ces équivoques « imposées » sur lesquelles se construit parfois une vie.

Quelles sont alors les conséquences du choix de cette voie moyenne du symptôme comme réel ?

Savoir-faire et variantes dans la répétition

Grâce à sa lecture de Joyce, Lacan met l'accent sur le savoir-faire de l'artiste ou de l'artisan. Certes, cela va de pair avec la dévalorisation du symbolique et, de ce fait, du savoir. Effectivement, le savoir ne sert pas à grand-chose quand on est embrouillé dans les équivoques de son inconscient. Le sujet doit plutôt « apprendre » (entre guillemets car il ne s'agit évidemment pas d'un apprentissage scolaire) à savoir-y-faire, c'est-à-dire à se débrouiller avec son inconscient – cela dans la mesure où cet inconscient, cette « une-bévue », est fait de la même matière signifiante que celle qui a causé le symptôme. D'où des propositions comme :

> « L'inconscient est ce qui fait changer justement quelque chose, ce qui réduit ce que j'appelle le sinthome[12]. »

L'inconscient peut donc être un outil efficace contre le symptôme : est-il question ici de la perlaboration (*Durcharbeitung*) freudienne ? Ou plutôt de quelque chose d'un peu différent, dans la mesure où le savoir supposé reste dévalorisé, même s'il est nécessaire au transfert et donc à la possibilité même d'une analyse. Or, si la perlaboration doit beaucoup à l'exploration des divers sens

12. S 24, resp. séances du 15 février et du 11 janvier 1977.

induits par l'interprétation et les constructions de l'analyste, ce n'est pas cette dimension bien connue que vise ici Lacan, mais plutôt celle d'un inconscient « artisan » qui fabrique spontanément des bévues et des mots d'esprit à longueur de rêves. Cet inconscient artisan peut, par ses équivoques, désembrouiller le nœud constitué d'autres équivoques où le sujet s'est jadis coincé : est ici requise la dimension d'un inconscient qui interprète, qui trouve le bon mot au bon moment, qui fait résonner quelque chose au niveau pulsionnel. La familiarité avec cette matière de lalangue peut, à la longue, permettre de prendre de la distance avec les faux-pièges de l'inconscient : le rapport à la croyance change, l'adhérence à ces messages qu'on a écoutés passivement pendant des années ne se fait plus automatiquement. Le sujet, jusque-là dupe de l'inconscient, se rend compte que celui-ci est définitivement autre et qu'il ne faut pas forcément croire tout ce qu'il dit. C'est la chute du sujet supposé savoir qui consiste à dé-supposer le savoir à l'inconscient (donc à ne pas lui « donner la préférence en tout ») et à l'appréhender dans la seule matérialité signifiante de lalangue.

Il en résulterait un « savoir-y-faire » avec ce qui reste du symptôme à la fin de l'analyse. En effet, il n'y a pas disparition de celui-ci, on l'a vu, dans sa dimension de « monture » du sujet et de quatrième terme qui maintient ensemble R, S et I. Ce savoir-y-faire ou identification au symptôme serait une sorte de savoir pragmatique acquis dans l'analyse, qui permettrait de se « débrouiller » là où l'on s'était auparavant « embrouillé ». Il ne s'agit donc pas de considérer, comme l'ont fait des détracteurs de Lacan, que son propos impliquerait que le sujet doive simplement s'habituer à la souffrance de son symptôme. À l'instar de Freud pour lequel la cure faisait passer de la « misère hystérique à un malheur banal », Lacan introduit deux opérations corrélatives pour la fin de l'analyse : dissolution et résolution de la multiplicité des symptômes, puis réduction à un sinthome final avec lequel on saura se débrouiller.

Le savoir-y-faire n'est pas exactement le savoir-faire, car le « 'y-faire' dit Lacan, indique qu'on ne prend pas vraiment la chose [...] en concept ». Ainsi parle-t-on du tour de main d'une cuisinière qui ne se prend pas pour un grand chef : souci probable de ne pas induire les foules analytiques à un nouveau dogmatisme du savoir-vivre analysant. C'est cependant bien le savoir-faire, soit un concept fondamental issu de l'art, qui inspire ce « savoir-y-faire » de l'analyse.

Le savoir-faire appartient certes à la tradition artisanale, mais mâtinée d'art, celle de « la *practica* » des peintres de la Renaissance italienne, formés dans les *botteghe* comme des apprentis qui préparent les couleurs, le parchemin ou plus tard le papier. À cette époque, l'art et l'artisanat ont un tronc commun. Les plus jeunes apprennent dans les ateliers des maîtres, en accomplissant pour eux les taches matérielles et en reproduisant, sur leurs toiles et sur leurs fresques, des motifs secondaires et des détails.

La « variante », mot qui apparaît au XVIIIe siècle mais que désignent des périphrases à partir de la Renaissance, y est fondamentale. L'« invention » (ou le sujet) se fait en développant des alternatives de position, des variations à partir de copies et de répliques de fragments de maîtres antiques ou seulement des générations précédentes. L'invention apparaît liée à un *Work in Progress* où la variante et la reprise sont essentielles. Reprise car il ne s'agit pas d'une répétition du même mais d'une différence qui s'exprime dans la variation à partir d'une iconographie préexistante. La variante, écrit Lizzi Boubli en s'inspirant de Deleuze, « fonde, porte, constitue le noyau de la différence[13] ». L'artiste emprunte à d'autres une ligne, un motif ou une figure pour les faire varier au gré d'une invention, ou transformer un répertoire de modèles en changeant l'iconographie. Il altère le sens de départ par des déplacements mineurs, modifiant ainsi l'identité d'une image et sa représentation convenue. « *Ostinato rigore* », inscrit Leonard de Vinci sur un dessin, et l'artiste de recouvrir une feuille de lignes enchevêtrées qui constituent la première esquisse de sa « Vierge avec Ste Anne ». La surimpression de ces lignes est telle qu'elle rend le dessin presque illisible : ce n'est pas sans évoquer le travail de Joyce avec ses multiples révisions et variations autour d'un mot ou d'une expression, comme on l'a vu avec le mot *moomb* dans *Ulysse*.

Un tel concept du savoir-faire pourrait, certes, inspirer l'analyste dans le choix de ses interprétations (encore qu'il semble malaisé de diriger l'inspiration poétique), mais aussi lui donner une approche différente de la répétition du symptôme. Dans *RSI*, le symptôme s'articule avec la logique de la fonction qui repose sur la logique de l'Un[14] : il s'écrit comme une fonction $f(x)$. De la répétition surgit ce qui est fixe dans le symptôme, le « f » de la fonc-

13. Boubli L., *Savoir-faire, La variante dans le dessin italien au XVIe siècle*, éditions de la RMN, Paris, 2003, p. 26-27.

14. S 22, séance du 21 janvier 75.

tion, soit ce qui revient toujours à la même place, « ce qui ne cesse pas de s'écrire », le nécessaire. De plus, la répétition met également au jour les différents signifiants inconscients S_1 qui s'inscrivent à la place de la variable *x* dans la fonction *f*. Cette écriture, qu'on peut formaliser avec les phrases à trous de Frege, met en évidence la répétition du symptôme comme *une matrice fixe* de jouissance où s'insèrent de nouvelles variables tout au long de la vie du sujet. Dans *Ambiguïtés sexuelles*, c'est avec une telle phrase à trous que j'avais écrit les fonctions symptômes de plusieurs sujets psychotiques[15]. Une telle écriture s'avère souvent pertinente car elle permet d'anticiper sur l'occurrence de nouvelles crises vitales lors desquelles la fonction symptôme ne peut plus s'écrire.

Or, les concepts de la variante, de la variété, de la variation, de l'*ostinato* évoquent un autre rapport du symptôme à la répétition : non pas répétition du même mais mise en évidence de la différence pure dans la variante. Cette idée de la « reprise », empruntée à Kierkegaard, comme vecteur de surgissement du nouveau figurait d'ailleurs déjà dans le *Séminaire XI*. La « varité » du symptôme, ce néologisme, condense le dire *véridique* et la *variante* symptomatique. Dans la perspective du sinthome comme monture du sujet ne cessant pas de s'écrire, cette idée est précieuse car elle prend en compte *l'évolution* du symptôme initial et ses *transformations successives* jusqu'au sinthome. Elle invite à ne pas sous-estimer le pouvoir créatif du symptôme et à ne pas fixer le sujet à une matrice immuable et pathologique. La création apparaît ici non pas *ex nihilo* mais comme la transformation d'une matière signifiante déjà là. Il s'agit alors de lutter contre la répétition, non pas en cherchant à l'empêcher mais en œuvrant à sa transformation par petites reprises et variantes successives jusqu'à ce que le sujet en découvre une forme vivable. Mme P., par exemple, une fois détruite la signification mortifère donnée par son fantasme à son métier d'anesthésiste, s'intéressa aux problèmes éthiques et sociaux de la fin de vie. Elle n'avait pas changé formellement de symptôme et elle se passionnait toujours pour le thème du passage vie-mort, mais une sublimation pouvait apparaître parce que ce thème n'était plus obéré par la signification morbide donnée à sa propre naissance.

15. Dans le cas de Maria, la fonction symptôme s'écrivait : « Être l'(*x*), qui rend service à (*y*) pour en récupérer un bien (*z*) ». Les trois variables *x*, *y* et *z*, prenaient différentes valeurs au cours de sa vie. Morel G., *Ambiguïtés sexuelles. Sexuation et psychose*, *op. cit.*, p. 124 *sq*.

On voit ici la différence avec la conception freudienne classique du *symptôme comme compromis* entre deux tendances irréconciliables qui créent un conflit. La conception borroméenne n'amène plus alors à penser le symptôme comme *l'effet d'un conflit*, mais comme *la création d'un rapport*. Il ne s'agissait pas, dans le cas de Mme P., de supprimer un symptôme isolé en levant le refoulement d'une tendance cachée, puisque l'équivoque fondatrice du symptôme qui soutenait toute sa vie était parfaitement lisible, mais plutôt d'évider la signification mortifère imposée. Ainsi un nouveau sens, une nouvelle orientation et un nouveau rapport à la vie peuvent surgir dans la reprise de l'apparemment identique. Le savoir-faire renouvelle donc le concept de la répétition dans le symptôme en l'élargissant, au-delà d'une fonction fixe de jouissance, à une fonction dont *la formule elle-même serait variable*.

Prolongement, rapport, séparation

À cet élargissement du concept de la répétition s'associe la subversion de l'identification que réalise le prolongement du symptôme, dont nous avons discuté au chapitre précédent. Très précocement, le savoir-faire du sujet sera mis à l'épreuve par la façon dont il s'appuiera, en les prolongeant, sur les symptômes de ses parents : il fera quelque chose de nouveau, une « correction », à partir de la carence inconsciente dont ils ont nécessairement fait preuve à son endroit. Et, s'il fait ensuite une analyse, l'expérience sera réitérable, la chance d'une nouvelle correction lui sera donnée : à partir de la carence symptomatique de l'acte où s'exprimera inévitablement le désir de son analyste, il tentera de faire la trouvaille qui donnera un nouveau tour à son sinthome.

Le prolongement du symptôme est, on l'a vu, une modalité de la séparation au sens lacanien du *se parere*, s'engendrer soi-même. L'identification aussi, puisqu'elle peut être la réponse à une perte libidinale (Freud envisage même que ce soit la seule façon possible de se détacher d'un objet). Le prolongement du symptôme apparaît de ce fait comme un procédé de séparation alternatif à l'identification. Peut-être même est-ce le meilleur moyen de se détacher d'une façon créative de quelqu'un. Or, à la différence de l'identification, le prolongement n'est pas seulement l'emprunt à l'autre d'un trait « unaire », mais ressortit à un procès plus complexe. Car la correction (ou le prolongement) s'appuie sur deux pieds pour en fabriquer un troisième qui sera la résultante des deux premiers : le premier est le noyau symptomatique du sujet et le second la carence-symptôme de l'autre. Cela présuppose qu'il y a toujours chez l'autre une carence à l'endroit du sujet, et particulièrement chez ceux qui comptent le plus pour lui : parents, partenaire sexuel. En effet, il n'y a de rapport à l'autre que symptomatique : il ne saurait être question, en particulier, de réponse « adaptée » de la mère aux besoins de l'enfant, ni d'« oblativité » du partenaire sexuel. Le monde borroméen sans rapport implique comme un axiome corollaire que *tout rapport ne peut être que symptomatique*. Certes, les « carences » ne sont pas identiques et on peut les repérer à divers niveaux : carence réelle et universelle du rapport sexuel entraînant l'ouverture incestueuse du désir maternel à l'enfant, carence paternelle symbolique dans la psychose, carences imaginaires ou réelles de la fonction paternelle dans la névrose ou la perversion, carences imaginaires de toutes sortes. Cependant, même si on doit la penser dans chaque cas comme singulière, il est nécessaire de poser la carence comme structurale afin de ne pas retomber dans la conception pseudo-chrétienne d'une faute originelle, qui pourrait être celle des parents, dès lors toujours coupables : mauvaise mère ou père « carent » dans la réalité. On posera donc qu'il y a *toujours* carence de l'Autre et que *le sujet en est responsable*, au sens où il doit *y répondre par un symptôme*. Dans le cas de Joyce, la parole imposée est le noyau symptomatique de départ. La carence paternelle symbolique est, si l'on peut dire, l'autre point d'appui à partir duquel on peut penser le prolongement du symptôme. D'autres exemples, empruntés à la clinique de la fin de l'analyse, en ont été donnés dans le chapitre précédent. Mme P. aussi prolonge et « corrige » le symptôme maternel sur la vie et la mort en prenant appui sur les défaillances de la médecine. Il existe, on le verra, d'autres configurations. Le prolongement est donc une réponse inventive au désir de l'Autre qui est en même temps une tentative de s'en séparer.

Plus généralement, insistons-y, le prolongement, comme d'ailleurs la séparation lacanienne, sont de l'ordre du « rapport ». Dans le monde borroméen fondé sur le non rapport des registres R, S et I entre eux, le symptôme est le quatrième qui les fait tenir ensemble et introduit liens et rapports. Ainsi, le symptôme de l'enfant répond fondamentalement à une carence structurale : le non-rapport sexuel des parents qui libère sauvagement le désir maternel auquel est d'abord assujetti l'enfant dans la matérialité même des « mots » de la mère, la loi équivoque de sa parole. Le prolongement par l'enfant du symptôme des parents est un rapport de succession entre les générations. Le prolongement du symptôme dans l'expérience analytique est au cœur même de la transmission de la psychanalyse, peut-être sa face la plus obscure parce que la moins admissible par ceux qui rêveraient d'une expérience sans reste. Le partenaire sexuel comme symptôme vient aussi, secondairement, à la place où le rapport sexuel ne peut s'écrire pour le sujet, malgré le désir et l'amour. De tout cela, il ressort que le symptôme permet de penser les rapports aux autres comme le signe d'un dysfonctionnement, mais en même temps comme ce qui y supplée, ce qui crée les liens et les supports des individus dans la société humaine.

Le symptôme comme fonction venant « coiffer » le Nom-du-Père s'inscrit dans cette même ligne. En effet, le sinthome lacanien est une alternative au Nom-du-Père, on l'a vu, ou plutôt le Nom-du-Père, sur lequel se bâtit la névrose, devient un cas particulier de la structure plus large du sinthome. Le parcours que nous avons effectué avec « le dernier Lacan » donne son armature précise à ce que j'affirmais, à partir de la clinique, dans « Le symptôme, le fantasme et les pathologies de la loi » (cf. première partie). L'œdipe implique que l'enfant soit d'abord assujetti à « la loi de la mère » : ses premiers symptômes sont alors des tentatives de séparation de la mère, pour lesquelles il a besoin d'un appui extérieur. Ce que Lacan appelle la « père-version » est le fait de se tourner vers le père pour trouver cet appui. Le névrosé est celui qui se sert d'abord du père symbolique pour élaborer les symptômes qui le séparent de la mère, symptômes qui peuvent être qualifiés de « pathologies de la loi » comme dans le cas d'Arno. D'autres sujets, comme Joyce ou Paul, ne se servent pas du Nom-du-Père pour élaborer leurs symptômes, même s'ils empruntent le matériau du symptôme à leur père, mais à un autre niveau que celui de la loi inconsciente. Que le sujet soit ou non névrosé, le sinthome apparaît dans tous ces cas comme l'outil de séparation de la mère, emprunté ou pas au père réel. Ce résultat, rappelons-le, est fort intéressant, y compris pour la névrose. Dans le cas de névrose hystérique de Mme P., le symptôme avait pour noyau initial l'interprétation du désir de la mère *via* une phrase qu'elle avait prononcée. Il se construisait en s'appuyant sur le signifiant maître du discours médical en tant que celui-ci « sait » qui va vivre ou mourir. L'appui extérieur essentiel au symptôme n'était donc pas emprunté, dans ce cas de névrose atypique, au père de Mme P.

Le symptôme (ou le sinthome) est donc au principe même de la séparation de la mère, comme une alternative éventuelle à l'œdipe freudien, et c'est pour cela qu'on peut le qualifier de pathologie de la loi. Il revêt une grande importance non seulement comme « suppléance » dans la psychose, mais aussi comme abord non œdipien dans la névrose et dans la perversion.

CHAPITRE VIII

Sinthome et ambiguïté sexuelle

> « *Ce sont les hasards qui nous poussent à droite et à gauche, et dont nous faisons notre destin, car c'est nous qui le traçons comme tel. Nous en faisons notre destin, parce que nous parlons. Nous croyons que nous disons ce que nous voulons, mais c'est ce qu'ont voulu les autres, plus particulièrement notre famille, qui nous parle. Entendez là ce nous comme un complément direct. Nous sommes parlés, et, à cause de ça, nous faisons, des hasards qui nous poussent, quelque chose de tramé.* »
>
> Jacques Lacan [1]

Il s'agit maintenant de montrer en quoi le sinthome est incontournable pour l'ambiguïté sexuelle, c'est-à-dire en quoi il peut être une réponse (ou une solution) à la question (ou au problème) de l'ambiguïté sexuelle.

L'impasse du concept de genre dans la psychanalyse, chez Stoller notamment, joint à ma pratique avec des sujets souffrant de troubles de la sexuation, m'avait conduite, au départ, à centrer mes recherches non sur l'identité mais sur l'ambiguïté sexuelle qui m'apparaissait comme la toile de fond sur laquelle pouvait s'ébaucher toutes sortes de réponses identitaires.

Dans ce but, j'avais introduit dans *Ambiguïtés sexuelles*, en généralisant ainsi la fonction phallique de Lacan, des fonctions de jouissance dont la fonction symptôme. Elles constituent de précieux outils d'approche, surtout si l'on privilégie l'angle de la répétition et l'étude des irruptions délirantes dans la psychose. La névrose et la perversion, où le refoulement complique grandement

1. S XXIII, p. 162.

l'expression des symptômes, exigent cependant un outil plus souple. Comme je l'ai dit au chapitre précédent, il aurait fallu une fonction dont la formule, au lieu d'être fixe, aurait varié dans le temps, donc un formalisme beaucoup trop lourd à manier. Il m'est alors apparu que la théorie borroméenne du sinthome, grâce aux propriétés que nous avons étudiées, était l'instrument adéquat. De plus, elle donne la base conceptuelle supplémentaire dont le défaut a enfermé les psychanalystes contemporains dans un débat dualiste et stérile, figé autour du Nom-du-Père (pour ou contre). Alors que généraliser le Nom-du-Père en le coiffant du sinthome, permet, on l'a vu, de dépasser ce dualisme étriqué et ouvre de nombreuses perspectives.

Dans les chapitres précédents, j'ai déjà traité de certains usages du sinthome dans et hors la pratique analytique (les variantes dans la répétition, les prolongements, la séparation, le rapport) mais je voudrais insister encore davantage, dans la suite de ce chapitre, sur quatre propriétés du sinthome qui me semblent essentielles, notamment pour l'ambiguïté sexuelle : *la nomination maternelle, la séparation et l'invention d'un nouveau rapport au sexe* – et *la création artistique* dont nous parlerons dans la quatrième partie.

I. Sinthome et nomination : l'énigme maternelle

Je trouve crucial l'apport de la théorie du sinthome à la nomination[2]. L'idée qu'il n'existe pas de capitonnage univoque du réel par le symbolique (et notamment par le signifiant maître) réfute radicalement l'idée que *la sexuation d'un sujet serait fixée une fois pour toutes par le Nom-du-Père*. On rencontre pourtant cette dernière thèse chez certains psychanalystes lacaniens[3].

Pour Henry Frignet, la première identification au père, isolée par Freud en 1920, est une « identification réelle » qui « assure l'identité sexuelle » du sujet. Cette première identification met en jeu le Nom-du-Père qui « permet la mise en place du réel ».

Pierre-Henri Castel soutient une thèse, certes plus solidement articulée, qui affirme aussi le lien essentiel de l'identité au Nom-du-

2. Cf. *supra*, IV – « Le symptôme abolit le symbole », p. 83.
3. Cf. Frignet H., *Le transsexualisme*, Paris, Desclée de Brouwer, 2000, p. 120-121 et Castel P.-H., *La métamorphose impensable. Essai sur le transsexualisme et l'identité personnelle*, Paris, Gallimard, 2003, resp. p. 396, 302-303, 309, 461 et 404-405.

Père : il traite des fondements philosophiques de l'identité personnelle en prenant en compte le transsexualisme, ce qui est original en philosophie et n'est pas le moindre mérite de son ouvrage encyclopédique. L'évidence de la distinction du sexe et du genre y est mise sérieusement à l'épreuve des affirmations d'un « je » qui ne peut témoigner de son expérience privée qu'en « citant » celle à laquelle l'Autre l'a assigné mais qu'il n'éprouve justement pas (celle du sexe qu'on lui attribue). Une thèse de Castel est qu'aucune identité personnelle n'est concevable sans l'identité sexuelle et que le « moi » est ce qui reste invariant dans toute permutation sexuelle, proposition qu'il démontre à partir de certaines expérimentations littéraires (Gautier, Michaux, Beckett) ou philosophiques (la machine à téléporter les corps de Parfit). C'est seulement en touchant aux « dispositifs d'arrière-plan » qui régissent secrètement la pratique « apparemment asexuée du je » que l'on sollicite vraiment « les nœuds qui lient le je, le corps et le langage ». Que sont ces dispositifs d'arrière-plan ? C'est tout ce qui permet qu'on suive des règles et qu'on en change éventuellement : « l'inaperçu » qui borde silencieusement nos jeux conventionnels, la « toile de fond » des certitudes muettes du corps qui est préalable à toutes nos affirmations identitaires et les encadre à notre insu – celles contre lesquelles se cogne le transsexualiste quand il doit changer non seulement son corps mais aussi tout son rapport au monde. Contre le constructivisme relativiste qui croit que changer les noms suffirait à changer les choses, Castel renoue ici avec un essentialisme, non métaphysique toutefois dans la mesure où, selon lui, cet arrière-fond n'est pas un savoir articulé et transmissible. Ce serait l'arrière-plan qui ancre notre être, et qu'il faut mettre en parallèle avec la manière dont le nom propre nous désigne à la façon d'un désignateur rigide (Kripke) : un arrière-fond dont nous ne pourrions rien savoir, « un réel hors description », comme celui qu'on peut déduire de la doctrine wittgensteinienne de la certitude. La différence sexuelle serait de cet ordre, mais ne fonderait pour autant aucune norme puisque cette certitude d'arrière-plan ne recèlerait nul savoir. Le Nom-du-Père de Lacan serait alors comme un désignateur rigide qui veut « capter cette assurance *formelle* de l'existence, par quoi l'identité personnelle est nécessaire ». Et l'auteur en déduit que « la différence sexuelle est plus solide qu'on ne croit » face à la « contre-évidence savante du genre ». Ainsi s'établit finalement une équivalence entre Nom-du-Père, identité sexuelle (ou personnelle) et réel.

Le terrible corrélat de la thèse liant rigidement l'identité sexuelle au Nom-du-Père est qu'il n'y en aurait pas dans la psychose puisque le Nom-du-Père (celui de 1958) y est forclos. Certes, le sujet rejette en ce cas le phallus et la castration, mais, on l'a vu, cela ne lui interdit pas pour autant une sexuation qui s'appuie sur d'autres fonctions (cf. le cas de Paul). Or ce qui vaut dans la psychose n'a aucune raison d'être invalidé dans les autres structures mais doit au contraire nous pointer du doigt le réel. Le Nom-du-Père et la signification phallique, à cause de l'importance qu'ils prennent pour le névrosé et le pervers, nous voilent peut-être l'essentiel, à savoir la singularité du sujet. Certes, ils sont l'instrument privilégié de sa sexuation, comme on le lit dans « les formules de la sexuation[4] » de Lacan où ils servent à écrire *comment* se situer comme fille ou garçon. Mais ne s'agit-il pas, justement, de la réponse à la question du « comment » ? Alors que la question du « pourquoi », qui la précède logiquement, est ainsi gommée ? Le « choix » du sexe est en effet à situer au niveau, plus fondamental que celui du Nom-du-Père et de la signification phallique, où s'accomplit une décision inconsciente causée par une rencontre contingente du sujet avec le réel. Et étudier ce moment crucial nous ramène à l'ambiguïté sexuelle sur laquelle il se détache (bien sûr, il ne s'agit pas ici d'un point de vue chronologique, puisque l'ambiguïté sexuelle peut perdurer toute la vie).

Au lieu de la nomination univoque par le Nom-du-Père, nous avons été conduits dans *Le sinthome* vers une nomination équivoque par des signifiants, souvent prélevés dans le discours maternel, que j'ai appelés des « équivoques imposées ». Ce sont de telles équivoques qui donnent son « enveloppe formelle » au symptôme du sujet, éventuellement par le biais d'un fantasme intermédiaire, comme dans le cas de Mme P. Tant dans la névrose que dans la psychose, l'ambiguïté sexuelle se loge d'abord à la place où le sujet interprète le désir maternel : la rancune de Mme P. contre les hommes et son phallicisme en résultaient. On entrevoit ce même lien de la position sexuelle à l'énigme maternelle dans l'anecdote de Violette Leduc rapportée dans mon « introduction ». Voici

4. Cf. ch. IV, note p. 92.

l'histoire de John, dont j'ai entendu parler dans la procédure de la passe, et qui en donne un exemple particulièrement significatif.

Tourne sept fois ta langue dans ta bouche !

Jusqu'à sa seconde analyse, John pensait n'avoir jamais eu de symptôme. Un « trait de perversion » était apparu à l'âge de 12 ans : une compulsion à se rendre dans des lieux publics pour y regarder des hommes uriner. Son analyse l'amena à imputer à sa mère le désir de le féminiser. Une expression qu'elle utilisait fréquemment, « Tourne sept fois ta langue dans ta bouche avant de parler ! », devint la matrice d'une injonction féminisante. Il fallait à John, qui interpréta ainsi cette phrase énigmatique, d'une part, se taire en incarnant un « silence féminin », et d'autre part, se servir de sa langue pour des fellations à des hommes (ce dernier point resta cependant à l'état de fantasme). La phrase maternelle s'avérait donc une source d'équivoques. Elle recélait en effet, pour John, au moins trois significations : se taire comme une femme, être agile de la langue (au sens de la capacité à faire des fellations) et savoir jouir de la langue. Très tôt, John déconcertait son entourage par son ironie : il se montrait ingénu, puis disait soudain quelque chose de sexuel et d'inattendu qui désarçonnait son auditoire.

Le trait de perversion s'appuyait aussi sur le souvenir d'avoir surpris à 5 ans son grand-père en train d'uriner, et de l'avoir observé d'un regard de femme.

John avait lutté contre la féminisation en adoptant une série d'insignes paternels. Mais si ces traits le soutenaient socialement, ils ne remettaient pas en cause le noyau symptomatique qu'enveloppait la phrase maternelle.

Les choses bougèrent dans son analyse lorsqu'il put faire la part entre le désir répressif et abusif de sa mère à son endroit, et le sien propre. Il y avait bien eu, chez lui, une demande d'être féminisé. Le fantasme de fellation et la contemplation des hommes en train d'uriner, qui lui étaient d'abord apparus dans son analyse comme une façon « virile » de soutenir la position masculine (aller « voir » le phallus pour s'en conforter), laissèrent bientôt transparaître l'idée insupportable qu'il occupait au contraire une position féminine. Ce fantasme et ce trait voyeuriste disparurent à ce moment d'*insight*.

Le pas suivant fut son changement de position face à sa compagne. Jusque-là, il avait traité les femmes comme des semblables, des garçons. Il avait avec elles des relations de style « homo », basées sur un échange de savoir. La compagne de John devint son nouveau symptôme. Celle-ci, qu'il jugeait mystique, avait fait une expérience de lévitation qu'elle lui avait racontée : elle avait perdu la sensation d'avoir un corps. Ce récit fit entrevoir à John les abîmes de la jouissance féminine. Les femmes lui apparurent munies d'un plus-de-savoir enviable sur la jouissance, dont l'aperçu dans son enfance l'avait pétrifié. Il se situa dès lors différemment face à elles. Il devint *un homme qui étudiait la jouissance féminine* – celle de sa femme et celle de ses patientes hystériques dans les cures qu'il menait (il était en effet psychanalyste). Il définissait le désir de l'analyste par ce désir de savoir sur la jouissance féminine : une jouissance épistémique s'était substituée à la jouissance perverse.

L'invention d'un nouveau rapport

Dans le cas de John, l'analyse a conduit à une réduction formelle, dans le sens où il a pu produire, à la fin, la « formule » de son symptôme en la référant à la maxime maternelle ; d'autre part, il est arrivé à une identification avec son symptôme : celui-ci ne le dérange plus et il contribue même, avec succès, à son métier.

Tout au long de sa vie, l'enveloppe formelle du symptôme est restée la même phrase maternelle. Le sujet y est resté enfermé : la polarisation sur un certain usage de la langue et la signification féminine continuent à centrer sa vie. Mais la signification homosexuelle du fantasme a disparu en même temps que changeait la localisation de la féminisation. La femme, ce n'est plus lui : elle est maintenant en face, incarnée par sa partenaire dont il scrute la jouissance. L'étude de la jouissance féminine a pour lui une double fonction : elle supplée à l'absence du rapport sexuel en soutenant le couple qu'il forme avec sa compagne, et elle soutient son désir d'analyste. Le sujet a donc appris à se débrouiller avec son symptôme qui, de plus, établit un nouveau rapport au sexe. Il y a eu un effet thérapeutique et un gain de savoir que démontre d'ailleurs la construction fine et précise que fait John de son propre cas.

Qu'en est-il du transfert à la fin de cette analyse ? John eut envie de quitter son analyste après cette opération réussie de substitution du masculin au féminin dans sa position dans le fantasme. Il éprouvait cependant une grande difficulté à se séparer de lui parce qu'il le trouvait intelligent et érudit, et qu'il jouissait d'un pouvoir institutionnel important. L'analyste traita le premier point en lui renvoyant : « C'est vous qui avez le savoir. » Après un cauchemar qui fut qualifié de rêve de fin d'analyse, et dont l'interprétation par John fut qu'avait chuté la nécessité de soutenir à tout prix la position masculine, l'analyste lui demanda s'il voulait faire la passe. Il proposa à John de revenir un mois après lui exposer son cas, après l'avoir condensé en une séance. John le fit en trois fois. Il éprouva ensuite une profonde tristesse et souffrit d'insomnie : il se levait la nuit et écrivait son cas pour le transmettre lors de la procédure de la passe. Après sa dernière séance d'analyse, il avait pensé : « Adieu amour, laissez-moi partir ! » et éprouvé un sentiment de comique à l'idée de dire une phrase aussi sentimentale à son analyste. Mais, à ce moment de départ, se produisit un « phénomène de franchissement » qui se concrétisa par le surgissement d'une image : celle de « l'analyste ultra-comique ». Il évoqua à ce propos le rire de la hyène : le rictus horrible, hors sens, de l'animal solitaire qui dévore des charognes. Cette conclusion transférentielle paraît assez énigmatique et John ne pouvait que témoigner de son opacité. Elle mettait en évidence un point d'identification imaginaire à ce point d'« ultra-comique », situé d'abord chez son analyste, et ensuite chez lui-même (il revendiquait toujours sa position ironique, mais l'assumait autrement que dans son enfance), et qui n'était pas sans évoquer, dans ses associations, le désir maternel et ses énigmes ramassés en une seule maxime.

Ni la réduction formelle du symptôme, ni l'identification du sujet au symptôme n'ont donc séparé John du désir maternel que l'analyste a incarné à son insu, d'une façon horrible et énigmatique pour le sujet. Il n'y a pas eu, ici, de réduction transférentielle de l'analyste à un objet *a* cause du désir dont le sujet aurait pu se séparer, mais plutôt une réactivation intense et imaginaire du désir maternel, une flambée de l'énigme maternelle, supportée finalement par l'analyste sous un mode dévorant. Il est logique que le sujet ait voulu le quitter précipitamment.

Dans le cas de John, une fois encore, la loi de la mère s'avère déterminante : une phrase équivoque a été la matrice du symptôme et a délimité ses choix de vie. Le Nom-du-Père semble avoir eu fort peu d'incidence. Et pourtant un autre choix possible que la féminisation de départ est apparu comme une nouvelle signification possible de l'équivoque : le sujet a alors changé de position dans l'analyse pour se situer comme un homme face à sa partenaire – certes d'une façon fragile et labile.

La maxime équivoque « tourne sept fois ta langue dans ta bouche avant de parler » a d'abord induit une féminisation, faute d'une barrière à la demande maternelle qui était interprétée par le sujet comme une exigence de féminisation. Mais il n'y a pas consenti, oscillant, sa vie durant, dans une ambiguïté sexuelle pénible qui résultait de sa prise totale dans l'opacité du désir maternel : il s'agit bien ici d'une nomination maternelle équivoque. On pourrait considérer cette phrase énigmatique comme l'écriture d'une fonction symptôme dont le point fixe est le lien à la femme – une fonction de féminisation, donc. Mais divers signifiants représentant le sujet, des variables, s'inscrivent tour à tour dans cette fonction : regarder les hommes uriner, se taire comme une femme, pratiquer une fellation, être agile de la langue (avoir la langue bien pendue comme sa mère ?), étudier le corps mystique féminin ou la jouissance féminine en sont les significations successives. La sexuation du sujet est donc définitivement cadrée par cette phrase. Cependant, malgré ce déterminisme serré, il lui reste quand même un certain degré de liberté, à savoir le sens qu'il donne à la phrase et la position subjective que détermine ce sens. Dans son analyse, il considère, on l'a vu, avoir quitté la position « féminine » pour atteindre une position « virile » – celle où il contemple la jouissance féminine. Pas plus qu'avant, sa nouvelle solution ne s'articule avec la fonction phallique. Il n'en reste pas moins que ce « bricolage » de son invention lui sert de sinthome qui établit *un nouveau rapport* à sa partenaire sexuelle, à l'autre sexe et à la psychanalyse.

D'un tel cas, on déduit que l'ambiguïté sexuelle provient de l'équivoque désir maternel qui a pris force de loi. Il sera donc important, dans chaque cas clinique, de se demander si une « nomination maternelle » a déterminé la sexuation et comment le sujet a répondu à l'équivoque imposée qu'elle recèle par un symptôme singulier qui a fixé (ou pas) son identité sexuelle, et qui s'appuie (ou pas) sur la fonction phallique.

II. Ambiguïtés de la loi séparatrice

Un autre point essentiel pour l'ambiguïté sexuelle concerne la séparation. Le sujet tente de se séparer du désir maternel par un symptôme : les premiers symptômes apparaissent de ce fait, on l'a vu, comme des « pathologies de la loi ». Or, chez l'adolescent ou le jeune adulte, certaines ambiguïtés sexuelles inquiétantes semblent ressortir à une telle tentative, difficile voire inaboutie, de *séparation.*

Pour en donner un aperçu, je partirai des difficultés que me confient des jeunes en analyse. Certains manifestent, à travers leurs symptômes, l'exigence que certains « mondes » restent bien délimités et séparés ; d'autres montrent, par l'éclosion d'un délire, que la sexuation, si elle n'est pas seulement affaire d'anatomie, ne repose pas uniquement sur des identifications sociales ou familiales. Autre chose, plus intime, est en jeu : le rapport du sujet à la jouissance encombrante de l'Autre. Les cas d'Hanna et d'Alba illustrent ce point.

Les mondes séparés et l'interdit de l'inceste

Hannah a 19 ans. Elle est venue me voir parce qu'elle souffre de quelque chose qu'elle nomme « homosexualité ». Elle a le sentiment d'être suivie par le regard intrusif des femmes de sa famille. Sa mère, ses sœurs regardent son sexe. Elle-même a des sensations génitales lorsqu'elle aperçoit le sexe de l'une d'elles, et l'idée lui vient alors qu'elle pourrait leur sauter dessus pour avoir une relation sexuelle et même être violente. La conviction *d'être forcée à devenir homosexuelle* a surgi récemment, exactement depuis qu'elle sort avec son petit ami actuel. Or, elle n'a aucune envie d'avoir des relations avec des femmes, elle aime son ami et rejette avec horreur ces idées à elle-même étrangères. Son récit est centré sur une sexualité trop insistante. À 13 ans, elle eut son premier orgasme en répétant une leçon d'histoire (on ne peut pas ne pas faire le lien avec le fait que son père est historien). À 17 ans, ses premières relations sexuelles furent suivies de fortes nausées qui s'installèrent avant de s'étendre à toutes les circonstances de sa vie sociale : école, amitiés, famille. Elle s'isole alors et supporte de moins en moins la présence d'autrui.

Elle fait état de fantasmes masturbatoires bisexuels dans l'enfance. Elle s'imaginait être un vieillard lubrique qui la séduirait elle-même comme une belle jeune fille. Dans ce scénario, elle occupait alternativement les deux places. À la même époque, elle aimait à se déguiser, dans le style *Halloween*, en un homme méchant et terrible. On pourrait considérer son angoisse de devenir homosexuelle comme un simple prolongement de ses fantaisies bisexuelles infantiles qu'on interprèterait dans le cadre d'une hystérie. En 1908, Freud a en effet caractérisé l'hystérie par la signification bisexuelle de ses symptômes. « Un symptôme hystérique est l'expression d'une part d'un fantasme sexuel inconscient masculin, d'autre part d'un fantasme sexuel inconscient féminin », écrit-il[5]. On pourrait appliquer cela à l'« homosexualité » d'Hannah, qui ne serait alors que l'expression de ses anciens fantasmes virils infantiles refoulés. Le problème, pour soutenir une telle interprétation, est que l'on n'aperçoit aucune trace de refoulement, lequel devrait se manifester par l'oubli ou du moins la censure d'une part de ces fantaisies infantiles.

Par ailleurs, elle a le sentiment qu'*On* la force à avoir des pensées homosexuelles – ce « On » précise-t-elle, serait le diable ou quelqu'un de très puissant (elle appartient à une famille catholique). Le côté intrusif de ces pensées envahissantes évoque le début d'une psychose. Irait aussi dans ce sens l'impression que ses mains ne lui appartiennent plus (sentiment qui pourrait être lié à la masturbation infantile) et que son corps n'est pas vraiment un corps de femme, impression pour le moment vague que je ne l'ai pas poussée à préciser de peur de précipiter un délire de transformation corporelle.

Or, l'angoisse d'Hannah se renforce dans des circonstances bien précises. Si son petit ami parle à sa mère, elle a une impression qu'elle qualifie d' « incestueuse ». Pour la même raison, elle ne peut pas faire l'amour avec lui dans son ancienne chambre d'enfant, chez sa grand-mère. Il apparaît ainsi que certains mondes doivent rester bien séparés : celui des enfants et celui des adultes (c'est sensible dans l'anecdote de la chambre d'enfants) ; le sien et celui de sa mère (c'est en la présence de cette dernière qu'est survenue l'idée de l'homosexualité) ; le sien et celui de son père (cf. l'orgasme en lisant le livre d'histoire). Pour Hannah, l'interdit de l'inceste qui régit nos sociétés selon Levi-Strauss n'a pas été bien

5. Freud S., « Les fantasmes hystériques et la bisexualité » (1908), *Névrose, psychose et perversion*, Paris, PUF, 1985, p. 153-154.

intériorisé. Sa mère n'a pas fait l'objet d'un interdit symbolique (qui est, dans la règle, attribué au père ou à un substitut de celui-ci). De ce fait, la présence maternelle, et par extension celle des autres femmes de la famille, est grosse d'un acte sexuel « incestueux », sentiment diffus qui la menace tout le temps. C'est la source de l'idée d'Hannah qu'elle est contrainte à ce qu'elle appelle « homosexualité ».

Je lui ai dit qu'elle n'était pas homosexuelle mais qu'elle ne supportait pas que certains mondes ne soient pas bien séparés. Un soulagement évident a suivi cette interprétation. Elle a d'ailleurs décidé à ce moment-là de quitter l'appartement où elle vivait en fait dans l'ombre de sa mère, et de prendre une chambre à elle.

Son ambiguïté sexuelle, à savoir le fait qu'elle se sente homme *et* femme, est l'effet réel d'un ratage de la séparation d'avec la mère. Elle est l'ébauche d'un symptôme, le signe de ce qui ne va pas dans le réel mais qui n'est pas devenu une suppléance. Faute d'une séparation primordiale (l'interdit symbolique de l'inceste qui aurait dû se matérialiser dans un symptôme séparateur), tout se mêle d'une façon angoissante en elle, y compris les sexes.

Édifier une barrière de pudeur

Alba elle aussi est venue me voir avec la hantise d'être homosexuelle, consécutive à la lecture d'un livre sur l'homosexualité et à l'évolution ambiguë d'une relation avec une femme, son professeur. Élève de terminale au lycée, elle souffrait surtout d'une obsession du lavage qui avait pris des proportions inquiétantes et alarmait sa famille.

Le déclenchement de ces pratiques datait de ses 13 ans. « On » disait alors d'un garçon de sa classe que son père fréquentait des prostituées. Comme elle avait serré la main de ce garçon, elle imagina la possibilité d'une contamination sexuelle. Elle se mit alors à se laver frénétiquement, puis à nettoyer les cahiers qu'elle avait touchés avec ses mains « sales », etc. On dut la changer d'établissement car elle ne voulait plus retourner au collège. Un processus infini avait débuté. Il se généralisa bientôt à tous les hommes, y compris son frère et surtout son père. Puis la contamination se fit aussi par l'air, en respirant, puis par le regard et même par l'oreille. En fait, il apparut que la peur de la contamination sexuelle datait de la naissance de sa sœur, lorsqu'elle avait 10 ans : elle eut d'abord une phobie des seringues et se crut enceinte de son père. Un souvenir précoce la montre assise dans la baignoire sur le sexe de son père lui demandant de mettre un gant entre eux. La peur de l'homosexualité est apparue lors d'une relation proche avec une femme professeur, qu'elle avait recherchée à la suite de la naissance de sa deuxième petite sœur, pour « se restaurer » de cet événement qui l'avait brisée.

Jusqu'ici, le symptôme du lavage semble relever d'une équation qui s'établit entre le sexuel et toute forme de contact, de toucher. Cette équation n'est pas rare dans les théories sexuelles infantiles, mais elle succombe en général au refoulement après la petite enfance. Ici, elle a flambé d'une façon délirante à la naissance de la sœur d'Alba. Il semble que l'idée d'un contact incestueux avec le père en soit l'origine. Mais on retrouve aussi des plaintes analogues à l'égard de sa mère qui, selon Alba, ne voile rien de sa féminité provocante. Alba se plaint des mœurs trop libres, un peu naturistes, de sa famille. On y parle trop librement du sexe, on s'y promène nu, etc. Alba en viendra à nommer elle-même pendant ses séances d'analyse la fonction de son symptôme de lavage : elle veut édifier *une barrière de pudeur* entre elle et les autres. Barrière, ajouterons-nous, qui lui délimite un corps par rapport à un dehors intrusif. En effet, la contamination signifie que tous les orifices de son corps sont ouverts à l'autre, que toute relation à l'autre est potentiellement sexuelle et qu'il ne reste aucun quant à soi possible. Ici se vérifie que les limites du corps ne sont pas pour l'être parlant une donnée de la nature, mais nécessitent une séparation symbolique de l'autre qui peut ne pas advenir.

D'autres problèmes de limites et de frontières hantent Alba. Fille de deux familles d'origines différentes, elle vit entre trois langues. « Je suis entre deux mondes », comment puis-je concrétiser le fait d'être française ? Comme en écho à cette phrase, elle se dédouble, se voit agir de l'extérieur, sortie d'elle-même, comme un regard détaché de tout support. Et elle se sent de deux sexes à la fois, garçon et fille.

Elle esquisse une solution : assumer de mettre elle-même de l'ordre dans ce monde morcelé dont les frontières sont trop mobiles. Avec sa mère, qu'elle accompagnera dans le pays de son père pour la défendre contre les « regards étrangers », et dont elle sera le chevalier servant. Avec ses sœurs, qu'elle éduquera mieux que ne le fait son père en leur apprenant la pudeur. Avec son père, qu'elle remettra à sa place lorsqu'il étalera trop sa sexualité. Cette triple mission, où pourrait se dessiner un avenir paranoïaque, ne la met malheureusement pas à l'abri de mauvaises rencontres (celle de la vue contaminante d'un exhibitionniste dans le métro par exemple) qui déchaînent de nouveau le symptôme du lavage, dont la fonction, nous l'avons déjà dit, est de lui permettre d'avoir un corps à elle.

Pour Alba, comme pour Hannah, certains mondes, qui devraient être symboliquement séparés, ne le sont pas, et elles tentent d'y remédier par des symptômes qui, même s'ils sont invalidants, leur sont utiles. Elles pourront s'en passer lorsqu'elles auront inventé, grâce à leur analyse, une autre façon de mettre en place ces limites qui leur manquent. En attendant, leur entourage, leur famille, leurs amis, doivent accepter ces symptômes et les respecter. Remarquons au passage qu'il serait vain de chercher la causalité de leur trouble dans leur éducation, par exemple. D'une part, ce sentiment incestueux qui habite leurs relations à leurs proches (dont le foyer d'origine est la relation à la mère pour Hannah, au père pour Alba) ne semble pas être la cicatrice d'un inceste réel. D'autre part, la première a été élevée dans une famille catholique aux principes très stricts, la seconde au contraire avec les idées « libérées » des générations d'après 1968. Ce ne sont pas ces styles de vie familiaux différents, voire opposés, qui comptent, puisque leurs symptômes sont assez voisins, mais quelque chose de beaucoup plus opaque et difficile à mettre au jour. Il s'agit de l'accrochage du sujet au désir de ses parents dans lequel il s'est embrouillé. Il a bien sûr sa partie personnelle à y jouer, celle-là même que nous visons à lui faire apercevoir dans la psychanalyse pour qu'il puisse, s'il le souhaite, la modifier.

Jean-Pierre Vernant a montré la fonction et la place de la déesse Artémis dans la mythologie grecque[6]. Artémis, l'étrangère, est une figure de l'altérité. Elle réside dans les zones qui marquent les confins des territoires, les bordures de mer, là où les limites entre la terre et l'eau sont indécises ou dans les zones limitrophes entre l'individu et l'Autre, là où sauvagerie et culture se côtoient nécessairement. L'une de ses fonctions est d'accompagner les

6. Vernant J.-P., *La mort dans les yeux*, « Artémis ou les frontières de l'Autre », Paris, Textes du XXe siècle, Hachette, 1990, p.15 *sq*. puis p. 19.

enfants au seuil de l'adolescence qu'ils doivent franchir grâce à elle pour accéder, par des rituels initiatiques, à la société des adultes. Vernant souligne qu'avant ce franchissement, « les jeunes occupent, comme la déesse, une position liminale, incertaine et équivoque, où les frontières qui séparent les garçons des filles, les jeunes des adultes, les bêtes des hommes, ne sont pas encore nettement fixées ». Il en donne pour exemple Atalante, élevée par une ourse et si virile qu'elle terrifie tout le monde. Elle refuse de franchir « la frontière qui sépare l'altérité juvénile de l'identité adulte », pour devenir une femme. En elle tout se brouille, l'enfant et l'âge mûr, le garçon et la fille, l'humain et l'animal.

Une intervention d'Artémis pourrait peut-être séparer ces jeunes filles de l'Autre. En attendant qu'elles inventent en analyse une autre solution, leurs symptômes d'ambiguïté sexuelle tentent, malheureusement au prix d'une grande souffrance, de jouer le rôle antique de la déesse des frontières en matérialisant les mondes séparés qui leur permettent de vivre. Assez fréquemment à l'adolescence, l'ambiguïté sexuelle est le premier signe d'une difficulté avec le sexe et peut être le prodrome d'une entrée dans la psychose à l'âge adulte. Dans tous les cas, on doit la considérer comme l'emblème d'un embrouillement subjectif sérieux et non comme une prétendue « crise d'adolescence » qui « passera » avec le temps, explication à tout faire peu satisfaisante. Pour Hannah et Alba, elle est le signe d'une séparation non accomplie et en même temps, avec la valeur double qui caractérise le symptôme, d'un premier pas, d'une transition vers la séparation dont elle dénonce justement le défaut. On pourrait évidemment penser ici à la théorie, exposée par Freud en 1911 à propos du Président Schreber, de l'homosexualité refusée comme cause de la paranoïa, hypothèse contestée par Lacan qui lui substitue en 1958 une causalité signifiante (la forclusion du Nom-du-Père), et met alors l'homosexualité sous le chef des « relations d'agression érotique » imaginaires avec le semblable et en différencie tant la jouissance transsexualiste de Schreber que son futur asymptotique d'épouse de Dieu, qu'il englobera plus tard dans le pousse-à-la femme. Dans les cas d'adolescentes exposés ici comme dans d'autres, ce qui m'a frappée est le lien établi par ces jeunes filles entre « l'homosexualité » comme idée à elles imposée et le lien incestueux qu'elles supposent exister dans leur famille. « L'homosexualité » forcée est alors le symptôme du défaut d'une séparation symbolique avec les parents et le premier pas vers une solution encore à élaborer.

Mettre l'ambiguïté sexuelle à cette place structurale évitera au praticien de s'embrouiller lui aussi et d'authentifier de façon prématurée une position sexuelle mal nommée par le sujet, au prix de l'y fixer. J'espère l'avoir démontré, le mot d'« homosexualité » ne signifie ici que la tentative de ces adolescentes pour nommer leur malaise sexuel d'un terme que leur milieu réprouve : c'est le nom d'un problème et pas encore l'énoncé d'une solution. Ces cas confirment en outre le lien structural entre l'ambiguïté sexuelle et l'équivocité de la jouissance maternelle (la loi de la mère), traduite par le sujet en « homosexualité » imposée.

Dans la suite de ce travail, je serai donc conduite à faire attention aux différentes valeurs possibles de l'ambiguïté sexuelle comme signe clinique : si elle peut être le signe d'un brouillage ou d'une étape transitoire vers autre chose (Hannah et Alba), elle peut conduire aussi, après quelques pérégrinations, à une solution stable (cf. John). On retrouve le côté double du symptôme : signe de ce qui ne va pas dans le réel mais aussi solution possible à ce trouble.

Le sinthome peut aussi consister en une pratique artistique, comme le démontre le cas *princeps* de Joyce. Dans la quatrième partie, j'essaierai de lire Gide dans l'optique du sinthome comme *création*, pour inaugurer l'étude du sinthome dans d'autres cas d'ambiguïté masculine.

QUATRIÈME PARTIE

L'HOMME AMBIGU, SA MÈRE ET SON SINTHOME

CHAPITRE IX

Gide : masques et sinthome

I. Gide avec Lacan : l'insuffisance de la métaphore paternelle

> « *De semblables discussions étaient soulevées parfois au sujet de l'obéissance, ma mère restant d'avis que l'enfant doit se soumettre sans chercher à comprendre, mon père gardant toujours une tendance à tout m'expliquer. Je me souviens fort bien qu'alors ma mère comparait l'enfant que j'étais au peuple hébreu et protestait qu'avant de vivre dans la grâce il était bon d'avoir vécu sous la loi. Je pense aujourd'hui que ma mère était dans le vrai ; n'empêche qu'en ce temps je restais vis-à-vis d'elle dans un état d'insubordination fréquente et de continuelle discussion, tandis que, sur un mot, mon père eût obtenu de moi tout ce qu'il eût voulu.* »
>
> André Gide[1]

La loi de la mère et la jouissance mortifiée

« Que fut pour cet enfant-là sa mère[2] ? » Le cas Gide se prête particulièrement à notre interrogation non seulement sur le désir mais aussi sur la loi de la mère et le sinthome séparateur. Juliette Rondeaux, la mère de Gide, était issue d'une famille de riches négociants, normands et catholiques, dont les hommes avaient

---

1. Gide A., *Si le grain ne meurt, Journal, 1939-1949. Souvenirs*, Paris, Gallimard, La Pléiade, 1954. Sauf mention contraire, les citations provenant de ce livre sont resp. aux p. 354, 410, 432 434, 430, 565, 594-595, 593, 349, 469.
2. Lacan J., « Jeunesse de Gide ou la lettre et le désir » (1958), *Écrits*, *op. cit.*, p. 739-764. Sauf mention contraire, les citations de Lacan dans ce chapitre proviennent de ce texte.

épousé des femmes protestantes depuis deux générations. Lacan insiste sur l'ambiance de « maternage moral » qui régna dès lors dans la famille et influença profondément la jeune Juliette, ainsi que sur le côté « falot » des hommes. Juliette n'était, semble-t-il, guère portée vers l'autre sexe et, bien qu'elle fut un brillant parti, on dut arranger son mariage avec Paul Gide, professeur agrégé de droit, rejeton d'une famille protestante d'universitaires et de juristes originaire d'Uzès. Si Juliette aimait son mari, il n'est pas sûr que cela ait été réciproque (les anecdotes dont on dispose montrent plutôt un mari qui se défendait pied à pied de sa femme en se réservant un abri privé dans son bureau) ni qu'elle l'ait désiré. Il semble qu'elle ait été passionnément attachée à sa gouvernante, Anna Shackleton, qu'elle mettait en avant à sa place, de toutes les façons possibles.

L'issue « normale » de la métaphore paternelle implique, on le sait, que l'enfant soit d'abord investi par le désir de la mère puis qu'il soit débouté par le père de sa position d'objet de la mère : le désir de la mère prend alors une signification phallique orientée par le Nom-du-Père. Or, dans le cas d'André Gide, l'objet du désir de la mère *n'est pas phallique*, telle est la thèse de Lacan. À l'inverse de tout caprice, la mère identifie l'amour aux « commandements du devoir ». Elle couve son enfant d'un amour uniforme qui se renforce après la mort de son mari, lorsque André a près de 11 ans : « Et je me sentis soudain tout enveloppé par cet amour, qui désormais se refermait sur moi », commente Gide. L'écrivain désigne souvent sa mère (ou sa femme Madeleine qu'il lui superposera) comme l'agent de l'« inhibition » : effet de la loi maternelle qui ne cessera jamais de peser sur lui comme sur un gisant le couvercle d'un sarcophage

D'où sa mortification par cet amour sans désir, sensible lorsqu'il caractérise son état infantile comme « larvaire » ou « pas encore né », visible dans l'apparence sans grâce de l'enfant qu'un camarade baptisera cruellement « Ci-Gide », mais déductible aussi des cauchemars terrifiants et des crises d'« angoisse indéfinissable », les *Schaudern* qui vont bientôt l'assaillir. L'absence de signification phallique du désir maternel se traduit en effet par un défaut du rapport du sujet à la vie, puisque le phallus imaginaire est le point où « le sujet s'identifie [...] à son être de vivant ». Le manque de cette signification – qui n'est pas, cependant, de l'ordre d'une forclusion psychotique chez Gide – se traduit par « un désordre provoqué au joint le plus intime du sentiment de la vie chez le sujet[3] ». En termes freudiens, on parlerait d'une déliaison ou d'une désintrication des pulsions de vie et de mort.

À cette mortification, Lacan relie aussi l'« abîme [...] qui s'ouvre dans sa jouissance primaire », à savoir les thèmes d'excitation sexuelle infantiles liés à la destruction d'un objet aimé, à l'évocation d'un « saccage » ou à l'idée, inspirée d'un conte de George Sand, *Gribouille*, d'un enfant qui se transforme en végétal au fil de l'eau où il s'est jeté pour échapper à la méchanceté de ses frères. Son père ne sut pas arracher André à cet enfermement dans l'amour maternel, confondu avec la loi et la voix du devoir : il appelait son fils « mon petit ami » et semble avoir entretenu avec lui une relation d'égalité et de complicité contre le dragon maternel, sans toutefois y objecter ni donner à l'amour maternel les couleurs du désir. De ce fait, conclut Lacan :

> « L'enfant Gide entre la mort et l'érotisme masturbatoire, n'a connu de l'amour que la parole qui protège et celle qui interdit ; la mort a emporté avec son père celle qui humanise le désir. C'est pourquoi le désir est pour lui confiné au clandestin. »

Cet amour aura de fait inhibé tout désir ultérieur pour une femme. La loi de la mère trouve son efficace dans cette interdiction définitive. Il y a donc échec de la métaphore paternelle, lecture lacanienne de l'œdipe. Plus intéressant encore, c'est le schématisme même de cette métaphore que met en échec le cas Gide.

La métamorphose désirante : Madeleine et sa mère

Une métamorphose désirante du sujet se produira cependant, après la mort de son père, lors de deux scènes auxquelles Gide donne une valeur de réveil :

> « Ce fut la révélation totale et brusque d'un monde insoupçonné, sur lequel tout à coup mes yeux s'ouvrirent, comme ceux de l'aveugle-né quand les eut touchés le Sauveur. »

3. Lacan J., « D'une question préliminaire à tout traitement possible de la psychose », *op. cit.*, p. 552 et 558.

Il s'agit de deux rencontres, la première avec sa tante, à 12 ans, relatée seulement dans *La porte étroite*[4], la seconde avec sa cousine Madeleine, à 13 ans, rapportée également dans ses mémoires.

La première est une scène de séduction d'André par sa tante Mathilde Pochet, mariée avec son oncle maternel Émile dont elle eut cinq enfants. Madeleine est l'aînée. Mathilde, belle créole sensuelle recueillie par des Normands, amis de la famille Rondeaux, pallie comme elle peut l'ennui dans sa maison rue de Lecat à Rouen. Infidèle, elle s'enfuira peu après la scène avec André, laissant ses enfants à leur père qui en mourra de chagrin. André éprouvait « un singulier malaise » auprès d'elle, « fait de trouble, d'une sorte d'admiration et d'effroi ». Un jour, elle l'interpelle au salon, le trouve mal habillé, rajuste son col en l'ouvrant grand sur sa poitrine, l'attire à elle devant le miroir : « Tiens, regarde si tu n'es pas mieux ainsi ! ». Puis, elle le chatouille et le caresse. « Le visage en feu », le garçon s'enfuit et, horrifié, essaie d'effacer les traces de ces caresses féminines.

La seconde scène est relatée dans le roman comme la suite de la première. André vient de quitter ses cousines pour rentrer chez lui lorsque, saisi d'une impulsion liée à son « goût du clandestin », il y retourne, ayant probablement senti qu'il y avait là quelque chose à surprendre, un « je-ne-sais-quoi » à voir. Retenu à l'entrée, il insiste pour monter chez Madeleine. Au rez-de-chaussée, le bureau de son oncle est vide ; au premier, personne dans les salles communes ; au second, la chambre de sa tante est entrouverte et André voit la jeune femme, languissamment étendue sur un sofa et entourée de ses enfants les plus jeunes (la version de *La porte étroite* est plus explicite : « derrière elle, un inconnu jeune homme en uniforme de lieutenant », et tout ce monde s'amuse). André se précipite chez Madeleine qu'il trouve prostrée et en larmes : « C'est en sentant ses larmes sur ma joue que tout à coup mes yeux s'ouvrirent. [...]. » L'adolescent saisit confusément la cause de la

4. Gide A., *La porte étroite, Romans*, Paris, Gallimard, Bibliothèque de la Pléiade, NRF, 1990, p. 500. Pour Gide, comme pour Lacan, la vérité a structure de fiction : « Mon intention pourtant a toujours été de tout dire. [...] Les Mémoires ne sont jamais qu'à demi sincères, si grand que soit le souci de vérité : tout est toujours plus compliqué qu'on ne le dit. *Peut-être même approche-t-on de plus près la vérité dans le roman.* » « Si le grain ne meurt », *op. cit.*, p. 547. Je souligne. La fiction de *La porte étroite* a donc valeur de vérité.

peine de sa cousine, très attachée à son père ainsi trompé, et dont la rigueur morale était heurtée par cet « abominable secret » qui l'obligeait à juger sa mère.

« Que dirais-je de plus ?... J'avais erré jusqu'à ce jour à l'aventure ; je découvrais soudain un nouvel orient à ma vie. [...] Je cachais au profond de mon cœur le secret de ma destinée. Eût-elle été moins contredite et traversée, je n'écrirais pas ces mémoires. »

Pour Gide, il s'agit d'un « événement d'infiniment modeste apparence, mais important dans ma vie autant que les révolutions pour les empires ».

Amour « embaumé » et « suppliciantes délices »

La conjonction de ces deux scènes, distantes d'un an, provoque un tournant dans la vie de l'adolescent. Avec sa tante, cet enfant, trop aimé par une mère caractérisée par un « je-ne-sais-quoi de totalement élidé dans sa sexualité[5] » qui le laissait « in-situé » quant au désir, est enfin devenu « l'enfant désiré ». À ce moment-là, il aurait pu s'ouvrir au désir des femmes, mais cette rencontre tardive avec le désir féminin fut traumatique parce qu'elle n'était pas médiatisée par un tiers qui aurait humanisé (c'est-à-dire phallicisé) ce désir – rôle normal du père (En fait, Lacan suit toujours le schéma de la métaphore paternelle, qu'il tente d'appliquer cette fois, à la « seconde mère, celle du désir », la tante Mathilde). Cependant, là où il n'y avait qu'un « trou » « abyssal » constitué dans le rapport premier avec la mère, le désir de la tante crée une nouvelle place, celle de « l'enfant désiré ». Mais l'adolescent ne peut malheureusement pas l'occuper, faute de la médiation paternelle qui phalliciserait ce désir (toujours la métaphore paternelle qui « rate », mais différemment de la première fois). En effet, frappé d'horreur, l'adolescent s'est enfui.

Cette première scène, qui a donc créé une place que le sujet n'a pu occuper, ne trouvera sa chute qu'un an après, lors de la seconde scène avec laquelle elle se télescope, lorsque Gide aperçoit sa tante avec un officier. C'est Madeleine, la fille de Mathilde, qui va alors prendre la place, laissée vide un an auparavant, de l'« enfant désiré » : André fait de sa cousine son *idéal du moi*, l'« orient » de toute sa vie. Corrélativement, il refoule tout désir pour les femmes et s'identifie à sa tante, l'agent du désir. Dès lors,

5. S V, p. 259.

sa vie sera écartelée entre son désir pour de jeunes garçons ressemblant à l'enfant désiré qu'il a été un bref instant dans les bras de Mathilde, et l'amour mystique pour sa cousine, qui deviendra sa femme, mais dans un mariage sans chair.

Le schéma de la métaphore paternelle, même redoublé, ne suffit pas à rendre compte de la complexité de cette structure, dans la mesure où il ne suffit pas de dire qu'il y a deux mères en parallèle, l'une de l'amour et l'autre du désir parce que ces relations s'entrecroisent et fusionnent dans le rapport à Madeleine. En effet, l'agent de l'amour est la mère, à laquelle Gide s'identifie dans son rapport « embaumé » à sa femme, mais celle-ci n'est adoptée comme idéal du moi que par le truchement de la tante qui a créé cette place (la scène au miroir, qui transforme l'adolescent ingrat en jeune homme aimable, est emblématique de la constitution de cet idéal du moi) ; la ressemblance physique de la jeune fille avec sa mère, la tante Mathilde, joue aussi son rôle dans son choix comme idéal du moi. Et la relation à Madeleine hérite de la mortification du phallus, venue de la mère :

> « [...] le désir, dit Lacan, n'a laissé ici que son incidence négative, pour donner forme à l'idéal de l'ange qu'un impur contact ne saurait effleurer. »

Il y avait peu de chances que Madeleine, horrifiée par l'attitude frivole de sa mère, répète la séduction originelle et réveille le désir d'André pour les femmes. Comme Gide, bien que pour des raisons inverses, elle avait été mortifiée par sa mère ; objet de l'amour, elle porte la trace de « la mère du désir » : il y a donc duplication de l'objet d'amour par le désir.

Comme idéal du moi, Madeleine est le témoin essentiel de l'œuvre : Gide n'écrit que pour elle, et l'œuvre occupe ce *trou* du désir devenu une *place*, ce qui explique la béance laissée plus tard en lui par la destruction de leur correspondance (et surtout de ses propres lettres) par sa femme. On en connaît l'occasion : l'amour de Gide pour un autre, que Madeleine ressentit comme une trahison amoureuse alors qu'elle acceptait stoïquement qu'il désire ailleurs.

Ainsi s'éclaire le point où Lacan situe la perversion chez Gide. Dans son texte, destiné à la revue *Critique*, le mot n'apparaît pas. Le psychanalyste, qui s'abstient d'employer ce terme aux connotations négatives pour ne pas heurter son public littéraire, n'hésite pas dans son séminaire[6]. Or – et cela ne laisse pas de surprendre – ce n'est pas la pédophilie de l'écrivain qu'il qualifie ainsi, mais la relation, hétérosexuelle, amoureuse et conjugale de Gide à sa cousine Madeleine. Là où quelque chose de symbolique aurait pu se réaliser, l'avènement d'un désir pour une femme marqué par le phallus et la castration, ce désir subit une mutation en un amour infini où se loge la lettre, tandis qu'est promu ailleurs un désir pour l'autre/lui-même enfant, par identification imaginaire à la tante.

Ce désir pédérastique gardera la marque clandestine du début de la vie de Gide, marqué – autre entrecroisement, donc – par l'élision du phallus dans le désir de la mère. L'objet est fixé par la scène avec la tante. C'est celui des « suppliciantes délices » qu'éprouve Gide lors de son voyage de noces avec Madeleine, en palpant les bras de jeunes garçons dans le train[7]. Les garçons choisis ont la peau brune, comme Madeleine et sa mère (« je suis attiré par ce qui reste de soleil sur les peaux brunes »), et Gide les aime

6. C'est l'occasion de s'entendre sur notre emploi du terme de perversion. Il peut être utilisé au sens de l'expertise criminologique ou au sens populaire (sens moral). *J'exclurai absolument ce genre d'emploi du présent travail.* En particulier, je ne vois pas au nom de quelles normes on condamnerait moralement la perversion comme structure, tant qu'elle n'accomplit pas d'actes prohibés par la loi, et même dans ce cas, ne l'oublions pas, la justice n'est pas la morale. Freud lui-même a suffisamment insisté sur la continuité du normal au pathologique en ce qui concerne les perversions. Au sens psychanalytique, il conviendra donc de préciser, à chaque fois de quoi l'on parle : est-ce de la perversion comme structure ou comme trait ? S'agit-il de la perversion polymorphe, de la *Verleugnung* fétichiste (démenti) chez Freud ? Ou de sa reprise par Lacan en termes de phallus, de substitution de l'Imaginaire au Symbolique, de trait ou encore d'« accent de perversion » lié à l'objet *a* ? Enfin, avec Freud, nous exclurons de notre discours des locutions globalisantes comme « les pervers » ou « les homosexuels », groupes ou ensembles qui n'existent pas : « La recherche psychanalytique s'oppose avec la plus grande détermination à la tentative de séparer les homosexuels des autres êtres humains en tant que *groupe particularisé.* » (*Trois essais...*, *op. cit.*, p. 51 et 41) Par contre, Freud insiste sur l'existence d'une série de cas à étudier psychanalytiquement. Il oppose donc de ce fait *la singularité* du cas, mis ensuite en série avec d'autres – notion psychanalytique – à *la classe* que rassemble un trait commun et qui peut former un groupe d'individus identifiables et qui peuvent, de ce fait, être persécutés par le pouvoir politique. On pourrait en rapprocher l'attitude de Foucault lorsque il « refuse[r] l'injonction d'identification à la sexualité, aux différentes formes de sexualité » (*Dits et écrits*, Paris, Gallimard, 1994, T. IV, p. 662), et les classifications qui en résultent.

7. Gide A., « *Et nunc manet in te* », *Journal, 1939-1949*, *op. cit.*, p. 1134.

par-dessus tout en train de se baigner dans la nature, comme une réminiscence de son fantasme infantile de Gribouille transformé en végétal dans l'eau. Les garçons portent souvent la marque d'un défaut ou d'une maladie – ainsi l'épisode avec Bernardino[8] – ce qui pourrait aussi être un résidu de la fantaisie infantile du jouet abîmé. Enfin, l'érotisme reste compulsif ; la jouissance est obtenue d'abord par des attouchements, et ensuite par la masturbation jusqu'à épuisement. Ainsi, l'objet du désir garde la trace du règne mortifère de l'amour maternel qui a précédé la rencontre salvatrice avec la tante, mais cette trace est désormais phallicisée. La loi de la mère consiste en cette marque mortifère déposée sur l'amour et le désir comme dans l'inhibition du désir hétérosexuel.

Le rapport de Gide au phallus, profondément transformé par la séduction exercée par sa tante, subit lui aussi la disjonction de l'amour et du désir : côté amour, il est annulé, embaumé, mortifié, comme dans l'enfance et même davantage, par la soustraction symbolique de la scène deux, tandis que côté désir, fonctionne frénétiquement un phallus hors-la-loi éternellement prêt à l'action. Entre ce phallus annulé et ce phallus récupéré, un clivage escamote la castration. J'y reviendrai en commentant ci-dessous un passage de *L'immoraliste* où ce processus est particulièrement patent.

De la relecture lacanienne du « cas Gide », retenons qu'est mise en échec la métaphore paternelle comme schéma explicatif de l'œdipe. Gide, comme « la jeune homosexuelle », sont des cas limites pour Lacan, si l'on nous permet de détourner ainsi l'usage clinique habituel de cette expression. J'entends par là qu'ils font dérailler la théorie existante, ici celle de la métaphore paternelle, et obligent à la repenser à nouveaux frais, comme nous le proposions au début de cet ouvrage avec le sinthome.

Le masque, secret du désir

Interrogé par un journaliste sur une « formule » de son œuvre et de sa vie, Gide, alors jeune écrivain, lui répondit : « Nous devons

8. Gide A., « *Acquasanta* », *Journal, 1939-1949*, *op. cit.*, p. 1111. Cf. Millot C., *Gide Genet Mishima. Intelligence de la perversion*, Paris, Gallimard, NRF, L'infini, 1996, p. 29.

tous représenter[9]. » Cette formule lui avait été dictée par un changement :

> « La morale selon laquelle j'avais vécu jusqu'à ce jour cédait depuis peu à je ne savais trop encore quelle vision plus chatoyante de la vie. [...] J'étais grisé par la diversité de la vie, qui commençait à m'apparaître, et par ma propre diversité... »

Ce chatoiement et cette « diversité » caractérisent la *persona*, soit, au sens propre, le masque que nous portons à notre insu en croyant que c'est le plus authentique de nous-mêmes. Ce masque est composé d'une *mosaïque d'identifications* : Lacan reprend ici le thème freudien des identifications du moi, qui empruntent des traits aux différents objets sexuels abandonnés au point que puisse parfois en résulter sa dissociation[10]. De même, l'idéal du moi se forme à la fin de l'œdipe par l'identification aux parents auxquels on a dû renoncer amoureusement. Ainsi, la fille, « après avoir dû renoncer au père comme objet d'amour, sort alors sa masculinité et s'identifie, non pas à la mère, mais au père, donc à l'objet perdu. » Pour Lacan, dans une telle situation, une fille ne se transforme pas en homme, mais « devient le père en tant qu'idéal du moi », c'est-à-dire que « le sujet se présente sous le masque des insignes de la masculinité[11] ». Lacan en déduit la thèse générale suivante :

> « L'*idéal du moi*, de Freud, se peint sur ce masque complexe, et il se forme, avec le refoulement d'un désir du sujet, par l'adoption inconsciente de l'image même de l'Autre qui de ce désir a la jouissance avec le droit et les moyens. »

De ce fait, le masque du sujet porte l'histoire de ses désirs passés et refoulés dans la frustration, et c'est en ce sens que « dans ce masque s'offre à nous le secret du désir[12] » (et non pas *sous* le mas-

---

9. Gide A., *Si le grain ne meurt*, *op. cit.*, p. 542. Cf. exergue II – « Critique du fantasme fondamental », p. 39.
10. Freud S., « Le moi et le ça » (1923), *Essais de psychanalyse*, *op. cit.*, p. 241-242 et 245.
11. S V, p. 294.
12. Dans la lignée d'Austin, Foucault et Derrida, la philosophe américaine Judith Butler a avancé, dans les années 1990, une thèse célèbre sur le genre comme « performatif », à l'opposé de toute essence : c'est la performance du genre qui produit rétroactivement l'illusion de l'existence d'un noyau interne du genre, alors que celui-ci est en fait toujours une imitation ; il n'existe donc aucune référence valable à une vraie féminité ou masculinité. Elle a

que comme on pourrait le croire, car il n'y a rien derrière lui). Dans le cas de Gide, la division singulière du désir et de l'amour explique son sentiment tout à fait conscient de n'être jamais là où on l'attend et d'être en revanche toujours à plusieurs endroits à la fois : « fabrication d'un masque ouvert à un dédoublement ». C'est ainsi que Gide s'est « mué » imaginairement en une femme désirante, sa tante séductrice, et que, dit Lacan,

> « La Putiphar se cache sous la Pasiphaé qu'il se dira devenir, mugissante à s'ouvrir à la pénétration de la nature. »

Mais sur le masque gidien se peignent aussi l'austérité et le sens moral et religieux de sa mère et de Madeleine, son idéal du moi. Et la chasse aux garçons « perdus » dans la nature ne doit-elle

---

complété cette thèse d'une « mélancolie du genre », inspirée par les processus de l'identification freudienne aux objets perdus et de la formation du caractère : « une identification mélancolique est essentielle au processus par lequel le moi assume une identité dotée d'un genre ». Il en résulte que dans nos sociétés, le masculin et le féminin sont construits sur une « forclusion » ou un renoncement forcé à des attachements homosexuels : pas de féminité sans le désaveu de la mère comme objet de désir de la fille, et symétriquement pour le garçon. L'interdit de l'homosexualité serait donc plus primordial que celui de l'inceste. Mais cette perte méconnue donnerait lieu à un deuil absent et impossible dont le genre garde la trace, lourde de culpabilité, et qui ferait retour dans les performances du genre, toujours à la limite de la fiction. Le genre se présenterait donc comme une sorte d'*acting out* permanent de la perte désavouée. On peut tout à fait rapprocher cette idée de la *thèse lacanienne du masque comme secret du désir*, qu'illustre particulièrement le cas Gide. On notera cependant l'absence chez Butler de toute théorie corrélative du symptôme et de sa transformation en sinthome : comme si on mutilait le cas Gide en le réduisant à ses identifications féminines, sans prendre en compte le dépassement de l'angoisse (*Schaudern*) en création littéraire, qui a bien, cependant, un rapport avec la sexuation puisqu'il s'agit au départ, on l'a vu, du rapport angoissant à la mort, à la castration et au manque féminin. Voici, selon moi, les limites des théories du genre, si pointues soient-elles : on y privilégie les identifications désirantes et leurs séduisantes métamorphoses, qu'on idéalise en perdant de vue la mise en jeu symptomatique de la jouissance supplétive au non-rapport sexuel, qui est malheureusement beaucoup plus contraignante pour le sujet. Cf. Butler J., *Trouble dans le genre*, Paris, La Découverte, 2005, notamment p. 156, et Butler J., *La vie psychique du pouvoir*, Paris, Éd. Leo Scheer, 2002, ch. 5, p. 199-243.

pas son attrait à l'enthousiasme d'Anna Shackleton pour la chasse aux herbes, papillons et insectes rares[13] ?

L'ambiguïté sexuelle de Gide réside donc dans ce masque complexe aux multiples facettes ou identifications féminines.

L'immoraliste : la récupération du phallus et la fusion avec la nature

Pour Lacan, la perversion de Gide réside donc dans l'adoption de sa cousine comme l'idéal du moi angélique auquel s'adresse toute son œuvre d'écrivain, et particulièrement leur correspondance qui bouche le trou béant du désir, jadis creusé dans la mère de l'amour dont Madeleine a pris la place. De ce fait, les lettres ont la valeur d'un objet fétiche – j'y reviendrai. Mais il ne faut pas pour autant négliger l'autre versant de cette perversion, côté désir, la « chasse » aux petits garçons.

Le canevas de *L'immoraliste*, paru en 1901, est le suivant. À la mort de son père, dont il était très proche depuis la mort de sa mère, Michel épouse Marceline, qu'il n'aime pas mais pour laquelle il éprouve tendresse et pitié. Ils partent en voyage de noces vers le Sud, sans toutefois consommer le mariage. Michel attrape la tuberculose en Tunisie, où il commence à s'intéresser aux jeunes garçons qui les entourent : le roman reste assez allusif sur ce point. Comme l'a dit Gide, « Il ne dit pas, il laisse entendre[14] [...]. » Michel, qui délaisse progressivement ses recherches archéologiques, reprend goût à la vie grâce aux enfants à peau brune : « C'était là ce dont je m'éprenais en lui : la santé. La santé de ce petit corps était belle », dit-il de Bachir, amené nu sous sa gandourah par Marceline. Michel guérit mais il ne peut plus se passer des jeunes garçons. Ayant rejeté le savoir qui lui vient de son père, il a « une

13. Il est possible que l'insistance de Lacan sur le thème du masque gidien où se mêlent les traits des deux mères de l'amour et du désir vienne de l'influence du *Souvenir d'enfance de Léonard de Vinci*. En effet, Freud y accorde une grande importance aux deux mères de Léonard, Catarina et sa belle-mère, et à l'identification de l'enfant à la mère de l'amour. Le sourire énigmatique de la Joconde, présent sur nombre de ses tableaux, reproduirait le sourire tendrement idéalisé de sa mère, comme si le tableau était ici le masque où se peint l'idéal du moi de Léonard.

14. Gide A., *L'immoraliste, Romans*, Paris, Gallimard, La Pléiade, 1990, notice, p. 1517 et p. 382, 405, 431, 394.

curieuse révélation sur [lui]-même ». Après un épisode où il sauve la vie de Marceline emmenée au galop en voiture par un cocher ivre ou fou, il a, une fois qui vaut comme la seule, « un point de l'amour, unique » et indépassable, des relations sexuelles avec sa femme. Lorsqu'ils rentrent en France, Marceline est enceinte mais Michel la délaisse pour s'occuper de ses terres normandes : en fait, il s'intéresse aux jeunes fermiers. Il fait alors la connaissance de Ménalque, personnage inspiré par Oscar Wilde, « un homme de mœurs décriées ». Pendant qu'il discute toute une nuit avec Ménalque, Marceline perd son enfant. À la suite de la fausse-couche, elle souffre d'une phlébite qui dégénère en embolie. Enfin, il s'avère qu'elle a attrapé la tuberculose, probablement en soignant son époux. Michel « enveloppe » Marceline de son amour, mais il s'ennuie avec elle. Il prend prétexte de la maladie de sa femme pour retourner avec elle en Tunisie, mais en fait, c'est pour retrouver les petits garçons. Marceline meurt. Gide a donné à son roman la forme d'une autoconfession, adressée aux amis célibataires de Michel qui sont venus l'écouter à sa demande :

> « Il nous semblait hélas ! Qu'à nous la raconter, Michel avait rendu son action plus légitime. De ne savoir où la désapprouver, dans la lente explication qu'il en donna, nous en faisait presque complices. »

Selon Léo Bersani, un élève de Foucault qui élabore, en s'appuyant sur Freud, une théorie de « l'homoïté », soit d'« une relationnalité fondée sur le même plutôt que sur une hiérarchie de différences antagonistes[15] », l'intérêt le plus profond de *L'immoraliste* réside dans l'homosexualité de Michel, qui crée la confusion, non parce qu'elle est secrète ou qu'il ne l'accepte pas, mais parce qu'il ne sait pas « qui il est en étant pédéraste ». Ainsi, dans ce roman, la pédérastie serait inidentifiable, ce qui en ferait la subversion selon les critères de Foucault.

Les arguments de Bersani sont les suivants. Premièrement, Gide met en scène deux sortes d'homosexualité : celle des *gays* intégrés dans la société ou cherchant à l'être (les amis de Michel qui l'écoutent), dont l'homosexualité est incertaine mais identifiable socialement (même Ménalque, qui devient ambassadeur, fait partie de ce groupe) ; en revanche, la pédérastie de Michel est cer-

15. Bersani L., *Homos*, Paris, Odile Jacob, 1998, resp. p. 16 et 142 puis 144-146.

taine mais non définissable selon les critères identificatoires de la société dominante.

Deuxièmement, cette désidentification irait de pair avec une répudiation de la propriété privée.

Troisièmement, la pédérastie de Michel serait une « préférence sexuelle sans sexe », donc une pédérastie non classique, « une homosexualité sans sexualité » car non fixée sur l'organe sexuel. Examinons ces trois premiers arguments.

La pédérastie de Michel est peut-être originale mais certainement pas désidentifiée, si nous la rapportons à celle de Gide dont les conditions sont très précises, et à son goût du clandestin qui implique une certaine opacité dans sa relation à la jouissance. Encore qu'il suffise de lire *Le Ramier*[16] pour voir que Gide sait mettre les points sur les i en ce qui concerne sa jouissance (et celle de l'autre aussi), non désidentifiée et encore moins, « préférence sexuelle sans sexe ». Ainsi, le nom du « ramier » provient du roucoulement dans la jouissance d'un jeune garçon : son nom de jouissance, sa carte d'identité sexuelle en somme.

Quant à la répudiation des biens et de la propriété privée, un passage du roman, « la naissance de l'Immoraliste », montre que le sacrifice de certains biens est lié à l'espoir de la récupération d'une jouissance supplémentaire. Gide donne de l'argent à la fois à un gamin, Alcide, pour braconner, et, en même temps, à son frère aîné pour surprendre les braconniers ! Ce petit scénario qui est destiné à le rapprocher d'Alcide se termine lorsque Michel se fait morigéner par le fils du métayer :

> « – Vous ne pouvez à la fois protéger le garde et le braconnier.
> – Pourquoi[17] ? »

Dans *Les Nourritures terrestres* déjà, Gide exaltait le sacrifice de soi et de ses biens au service de l'idéal de l'artiste, le nomadisme, et la jouissance du présent[18]. C'est dans la seule perspective d'un bénéfice autre que les biens sont sacrifiés.

En ce qui concerne, encore, « la préférence sexuelle sans sexe », il faut bien noter que, dans *L'immoraliste*, des points de suspension viennent suspendre les descriptions au bord de l'acte, ce

16. Gide, *Le Ramier*, Paris, Gallimard, 2002.
17. Gide A., L'*immoraliste, op. cit.*, resp. p. 452, 449, 562, 441, 399 puis 458. Je souligne.
18. Cf. Delay J., *La Jeunesse d'André Gide*, T. 2, Paris, Gallimard, 1956, p. 612.

qui les suggére d'autant plus, tandis que les rares relations hétérosexuelles sont mentionnées. Ainsi, quand Michel s'éprend d'Alcide, le fils de son métayer :

> « Alcide couchait là, je le savais, tout près des pigeons et des poules ; comme on l'y enfermait le soir, il sortait par un trou du toit ; il gardait dans ses vêtements une chaude odeur de poulaille… »

Les points de suspension suggèrent ici la proximité de l'enfant et de sa couche qui laisse sur son corps une empreinte excitante. Suivent des spéculations sur l'endroit où couche Alcide qui mettent Michel en émoi. Dans le même sens, on peut lire aussi la scène sensuelle du baiser au petit Sicilien. Il est vrai que Gide a affirmé dans ses mémoires ne jamais avoir de relations de pénétration avec les garçons – elles le dégoûtaient à le faire « crier d'horreur » comme s'il voyait « un immense vampire se repaître sur un cadavre » :

> « Pour moi, qui ne comprends le plaisir que en face à face, réciproque et sans violence, et que souvent, pareil à Whitman, le plus furtif contact satisfait, j'étais horrifié tout à la fois par le jeu de Daniel, et de voir s'y prêter aussi complaisamment Mohammed. »

Gide éprouvait un irrépressible rejet de ce genre de relations. Par contre, il obtenait le plaisir d'orgasmes répétés en continuation de la masturbation :

> « […] et bien qu'ayant déjà, près de lui, cinq fois atteint la volupté, je ravivai nombre de fois encore mon extase et, rentré dans ma chambre d'hôtel, en prolongeai jusqu'au matin les échos. »

Voilà tout ce qui est sous-entendu dans les points de suspension de Gide : n'est-ce pas beaucoup pour une « préférence sexuelle sans sexe » ?

Examinons enfin un quatrième argument de Bersani qui touche à un trait décisif de la jouissance gidienne : lui paraît subversif chez Gide sa « pédérastie non relationnelle », c'est-à-dire le fait que soit éliminée du sexuel « la nécessité d'un rapport quel qu'il soit ». Il constate l'indifférence de Michel à l'égard des garçons auxquels il sacrifie Marceline ; il ne s'intéresse ni à eux ni à leur altérité et il ne leur demande rien. Il n'y aurait donc aucune « psychologie du désir » dans ses relations aux garçons – ainsi se libèrerait-il des modes européens de relations qui soutenaient le colonialisme sexuel. Viendrait à leur place « l'expansion narcissique d'une peau désirante » qui « déstabilise le narcissisme d'un moi fortement délimité ». En effet, la relation de Michel aux garçons élimine tout amour et tout intérêt pour leur subjectivité : un trait que Gide reconnaît comme sien lorsqu'il parle de ses « voluptés répétées » et qui va avec la dissociation du désir et de l'amour considérée comme une nécessité de son être. L'intérêt qui est rejeté d'une part va de pair avec une infinitisation de l'autre côté. « L'expansion narcissique d'une peau désirante » est en effet une caractéristique de la jouissance gidienne, trait sur lequel Bersani a raison de mettre l'accent : Gide décrit une étonnante infinitude de sa jouissance, masturbatoire ou avec les garçons, souvent liée à une certaine fusion dans la nature. On a vu que c'était en prolongement avec ce fantasme sexuel infantile appuyé sur le conte de *Gribouille*. Dans *L'immoraliste*, Gide décrit une scène éloquente avec les « gueux » :

> « C'était, dans une sorte de sympathie, pareille à celle qui faisait sursauter mon cœur aux sursauts de celui de Marceline, c'était un immédiat écho de chaque sensation étrangère – non point vague, mais précis, aigu. Je sentais en mes bras la courbature du faucheur ; j'étais las de sa lassitude ; la gorgée de cidre qu'il buvait me désaltérait ; je la sentais glisser dans ma gorge ; un jour, en aiguisant sa faux, l'un s'entailla profondément le pouce ; je ressentis sa douleur jusqu'à l'os.
>
> Il me semblait, ainsi, que ma vue ne fût plus seule à m'enseigner le paysage, *mais que je le sentisse encore par une sorte d'attouchement qu'illimitait cette bizarre sympathie.* »

Dans ce passage, l'identification imaginaire au semblable vire à la jouissance océanique. Le transitivisme, sensible dans le début du paragraphe, est un effet de l'identification à l'autre, fréquente, on le sait, chez le petit enfant : le sujet ressent – imaginairement bien sûr – ce qui se passe dans le corps de l'autre[19]. Au moment du complexe de castration, le garçon doit choisir entre son pénis et l'amour œdipien. La norme est de choisir l'organe investi narcissiquement et de renoncer à la mère incestueuse. Traduit en termes lacaniens rapportés au stade du miroir, lors de cette « transfusion »

19. Lacan J., « Subversion du sujet et dialectique du désir dans l'inconscient freudien » (1962), *Écrits*, *op. cit.*, p. 822-823. « L'image spéculaire est le canal que prend la transfusion de la libido du corps vers l'objet ».

libidinale du corps propre vers l'image de l'autre, se produit corrélativement une négativation de l'image du pénis qui prend une valeur phallique sur l'image spéculaire, notée (- φ). (Cf. schéma 6[20]).

Schéma 6. – **Transfusion libidinale**

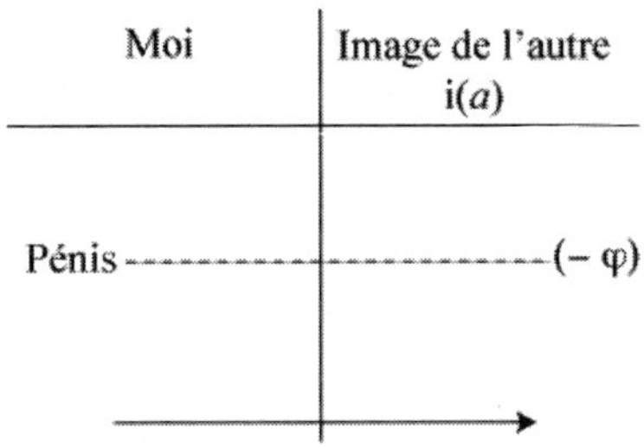

Dans la névrose, l'objet cause du désir (objet *a*) contient ensuite ce manque phallique qui causerait l'horreur de la castration (- φ), s'il n'était voilé par l'image aimable de l'objet (*i*(*a*)). (Cf. schéma 7).

Schéma 7. – **Névrose**

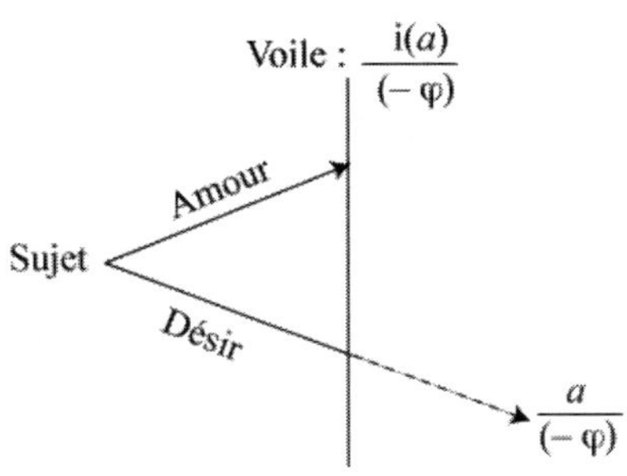

(le trait de « fraction » signifie simplement une superposition)

20. Les schémas 6, 7, 8 sont inspirés par Lacan. I (A) est l'idéal du moi, sur le schéma 8.

La genèse du fétichisme montre autre chose : le voile est placé en avant du manque (bas de la robe, sous-vêtements ou chaussure, entrevus avant le sexe féminin) et devient le support et la cause du désir (objet *a*) en prenant une valeur phallique. (Cf. schéma 8). Dans la névrose, le voile reste connecté avec la castration maternelle qui est acceptée par le sujet. En revanche, dans la perversion, se produit une dissociation réussie entre cet objet-fétiche-voile, l'objet *a*, cause du désir qui vaut pour le phallus maternel ainsi positivé (+ φ), et l'Autre de l'amour, idéalisé, noté *I*(A), mais qui contient l'horrible castration (– φ) : l'objet cause du désir est *complètement détaché* de l'Autre de l'amour, alors que cette séparation échoue dans la névrose. Lacan parle alors de « récupération du φ ».

Schéma 8. – **Perversion fétichiste**

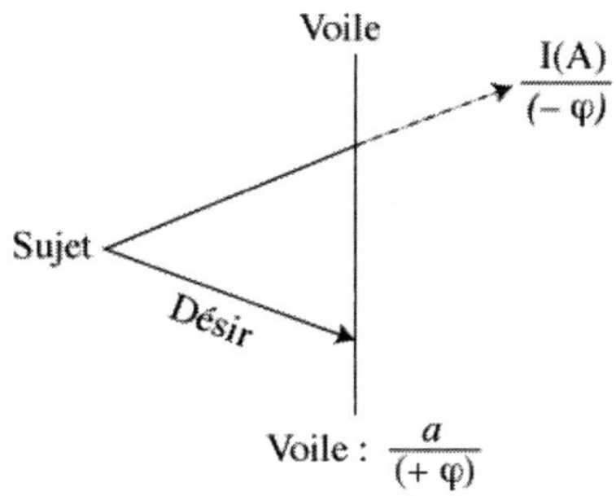

Revenons au passage de *L'immoraliste* plus haut cité. Au transitivisme corporel avec les « gueux » succède l'évocation d'une coupure dans le corps, d'une entaille à laquelle il faut donner toute sa valeur de castration, par identification à l'autre. Puis il est question d'« attouchement », terme que Gide utilise d'habitude pour parler des garçons : le texte opère ici un déplacement de ce terme sur le paysage, puis surgit l'habituelle sensation d'illimité. On peut, je crois, supposer que ce déplacement fait allusion à un « furtif contact » ou à la masturbation qui provoque la jouissance. Celle-ci, donc, n'aurait pas lieu sans cet intermédiaire de la « récupération du φ » caractéristique de la perversion, sur un fond de castration possible. Dans la scène se succèdent donc : transitivisme, castration (– φ), récupération du φ, puis jouissance infinie. L'infinitude doit, dès lors, être corrélée à cette récupération phallique.

Un autre fragment de *L'immoraliste* évoque un passage analogue du narcissisme au « tout » :

> « Laissant donc mon cerveau, non pas à l'abandon, mais en jachère, *je me livrai voluptueusement à moi-même*, aux choses, au tout, qui me parut divin. »

Mais n'est-ce pas encore une allusion à l'onanisme, plus explicite dans cet autre passage :

> « Une énorme réserve d'amour me gonflait ; parfois elle affluait du fond de ma chair vers ma tête et dévergondait mes pensées. »

« L'expansion narcissique d'une peau désirante » n'est donc l'indice ni d'une désidentification ni d'« une préférence sexuelle sans sexe ». Elle est au contraire parfaitement centrée sur le phallus – mais un phallus de structure spéciale, on l'a vu. Gide nous livre la clef de ce qu'il appelle « [s]a normale », soit de son narcissisme homosexuel, qui n'est nullement à concevoir comme l'autisme de la monade mais au contraire comme une « transfusion » libidinale entre les corps, qui récupère le déficit phallique (– φ) sur l'image spéculaire, grâce au pénis d'un jeune garçon, pour en faire surgir la jouissance dans l'infinitude d'une fusion avec le « tout ». Infinitude de la jouissance qui fait « normalement » défaut au névrosé mâle car sa jouissance est barrée et marquée par l'interdiction et la castration : ce qu'on appelle « la petite mort ». Au contraire, Gide réussit une dissociation parfaite entre le fétiche (le jeune garçon) et la castration. Un tel détachement, réussi, du fétiche comme unique objet sexuel et d'une personne déterminée est le critère qui, pour Freud, fait la différence entre le fétichisme « pathologique » et celui, « normal » de l'amour masculin[21]. Or « La pédérastie non relationnelle » que relève Bersani chez Gide est l'expression même de ce détachement du fétiche qui explique l'indifférence sentimentale générique de Gide pour ses multiples objets de désir, par opposition avec l'incroyable surestimation de Madeleine, objet d'amour unique. C'est en elle, son « orient », sa boussole, que réside l'identité de Gide. Bersani a tort de négliger l'omniprésence dans le roman du double de Madeleine, Marceline : ce personnage féminin est la toile de fond indispensable aux aventures sexuelles de Michel.

---

21. Freud S., *Trois essais sur la théorie sexuelle* (1905), *op. cit.*, resp. p. 63 puis 18-19.

II. Gide avec Freud : les clivages

Après ces précisions sur la perversion gidienne, je suivrai une indication de Lacan : « Cette *Spaltung* ou refente du moi, sur quoi la plume de Freud *in articulo mortis* s'est arrêtée, nous semble bien être ici le phénomène spécifique. »

Un dualisme discordant

Dès 1908, Freud parle d'un « clivage psychique » comme le « complexe nucléaire de la névrose ». Il est l'expression d'un conflit entre la croyance, d'origine pulsionnelle, aux théories sexuelles infantiles et le savoir des adultes, l'éducation sexuelle. Au cœur de la *Spaltung* freudienne, il y a toujours la présence de la satisfaction pulsionnelle dont Gide témoigne dès la petite enfance :

> « Pour moi je ne puis dire si quelqu'un m'enseigna ou comment je découvris le plaisir ; mais, aussi loin que ma mémoire remonte en arrière, il est là. »

Gide s'est aperçu assez tôt que son clivage entre l'amour et le désir était la cause d'un conflit psychique. Ainsi, lorsqu'il parle de son amitié avec Lionel, à 15 ans :

> « Si passionnée que fût notre liaison, il ne s'y glissait de sensualité pas la moindre. Lionel, d'abord, était richement laid ; puis sans doute éprouvais-je déjà *cette inhabileté foncière à mêler l'esprit et les sens*, qui je crois m'est assez particulière, et qui devait bientôt devenir *une des répugnances cardinales de ma vie.* »

Dans les *Cahiers d'André Walter*, la première œuvre autobiographique de Gide, publiée en 1891, lorsqu'il a 22 ans, le héros est le théâtre d'une lutte entre l'âme et la chair. À l'instigation de sa mère mourante, André Walter, âgé de 20 ans, a renoncé à la main de sa cousine Emmanuelle qui a accepté d'en épouser un autre. Avant de glisser dans la folie, il écrit son journal et élabore en même temps un roman dont le héros, Alain, son double, est fou lui aussi. Gide qui, certes, n'est pas fou, tente par ce roman d'obtenir la main de sa cousine, et, pour cela, l'autorisation de sa mère qui lui sera alors refusée. Mais Juliette Gide changera d'avis, sur son lit de mort, non sans avoir pris connaissance des penchants homosexuels de son fils. Dans *Les cahiers*, Gide trace le portrait d'un jeune homme exalté par un amour pur et séraphique, mais en lutte contre « les revendications de la chair ». S'appuyant sur Pascal, il oppose en lui deux entités, l'ange et la bête ou l'âme et la chair. Conçu comme un « théorème », le roman montre l'interdépendance entre « un amour pieux, amour pour Elle » et « l'ardeur de la chair insoumise » qui « se révèlent l'une à l'autre et s'éclairent réciproquement comme par un mutuel reflet[22] ». Il s'agit en fait d'une lutte contre la masturbation, « cette lente et coutumière besogne », associée, on l'a vu, aux pratiques pédérastiques. Les fantasmes, toutefois, sont déjà présents dans cette première œuvre : sujets artistiques de prédilection comme « le tireur d'épine » du Capitole ou le « David » de Donatello ; on y trouve aussi une rêverie gidienne typique :

> « Et dans les rivières je revoyais les enfants aperçus de ***, qui s'y baignent et plongent leur torse frêle, leurs membres brunis de soleil dans cette fraîcheur enveloppante. — Des rages me prenaient de n'être pas des leurs, un de ces vauriens des grandes routes, qui tout le jour maraudent au soleil, la nuit s'allongent dans un fossé sans souci du froid ou des pluies ; et, quand ils ont la fièvre, se plongent, nus tout entiers, dans la fraîcheur des rivières... Et qui ne pensent pas. »

Tout y est déjà : la nature enveloppante, la baignade, la peau nue et brune, les vauriens...

Avant de le revendiquer plus tard comme nécessaire, Gide a d'abord espéré que ce « dualisme discordant pourrait peut-être bien se résoudre en une harmonie[23] ». C'est avec cette idée qu'il s'embarque en 1893 pour son premier voyage en Algérie avec son ami, le peintre Paul Laurens. Bien qu'habité « d'un amour quasi-mystique » pour Madeleine qui a refusé sa demande en mariage, il la laisse... Il ne la désirait pas tout en refusant d'en tirer les conséquences :

> « Et si le diable me dupait en me faisant considérer comme une injure l'idée d'y pouvoir mêler quoi que ce fût de charnel, c'est ce dont je ne pouvais encore me rendre compte. »

22. Gide A., *Les cahiers et les poésies d'André Walter*, Paris, Gallimard, NRF, Poésie, 1986, resp. p. 105, 115, 70, 145, 284-285, 70.
23. Gide A., « Si le grain ne meurt », *op. cit.*, resp. p. 550-552, 560, 564, 561, 568, 594.

Et pourtant ne le savait-il pas déjà ?

> « Aussi bien je ne te désire pas. Ton corps me gêne et les possessions charnelles m'épouvantent. »

écrit-il dans *Les cahiers*. Prenant congé du Christ, Gide accepte donc son dualisme, et part en Algérie pour une initiation au plaisir – mais il ne sait pas encore très bien lequel :

> « [...] toujours est-il que j'avais pris mon parti de dissocier le plaisir de l'amour ; et même il me paraissait que ce divorce était souhaitable, que le plaisir était ainsi plus pur, l'amour plus parfait, si le cœur et la chair ne s'entr'engageaient point. Oui, Paul et moi, nous étions résolus, quand nous partîmes... »

On connaît la suite : à Sousse, André a sa première expérience homosexuelle, qu'il dissimule à son ami, avec « un tout jeune Arabe à peau brune ». Il se laisse tout de même entraîner par Paul à une initiation par une jeune prostituée, Meriem.

> « Par sympathie pour Paul, j'allais jusqu'à m'imaginer des désirs ; c'est-à-dire que j'épousais les siens ; tous deux nous nous encouragions. »

Mais Gide le sait déjà :

> « Mon penchant naturel, que j'étais enfin bien forcé de reconnaître, mais auquel je ne croyais encore pouvoir donner assentiment, s'affirmait dans ma résistance ; je l'enforçais à lutter contre, et, désespérant de le pouvoir vaincre, je pensais pouvoir le tourner. »

Gide a des relations avec la jeune fille :

> « si, dans cette nuit auprès de Meriem, je fus vaillant, c'est que, fermant les yeux, j'imaginais serrer dans mes bras Mohamed. »

Cette première (et pour longtemps unique) relation hétérosexuelle le libéra de ses maux corporels multiples. Selon ses biographes, il fit alors venir sa mère à Biskra où il se fit surprendre par elle avec Meriem. Juliette Gide en pleura de honte et Gide se sentit alors définitivement inhibé par les femmes. Si Jean Delay attribue à cette expérience ratée l'échec et l'impuissance ultérieurs de Gide avec les femmes, André Lepape, plus justement, affirme que Gide « trancha d'un coup l'embrouillement » de son désir avec le jeune arabe de Sousse et monta ensuite cette mise en scène avec Meriem pour que sa mère, tout en constatant qu'il était capable de coucher avec une femme, en même temps l'en empêche. Toujours la loi maternelle inhibante. À partir de ces événements, Gide insiste encore davantage sur la dissociation amour/désir dont il fait une désormais une « éthique ».

L'année 1895 est cruciale. Gide retrouve Oscar Wilde et Lord Douglas à Blida. Il est, on l'a vu, terrifié par la sexualité de Lord Douglas (le « vampire ») et affirme sa différence : une homosexualité « face à face, réciproque et sans violence », thème qu'il reprendra en 1911-1914 dans son *Corydon*, où il plaide pour sa « pédérastie normale », contre l'inversion et la sodomie. À 60 ans, Gide disait encore son dégoût devant à un jeune égyptien qui s'offrait nu et de dos[24]. En 1895, il accepte d'aller dans son « sens » ; il a enfin trouvé sa « normale » après une période de lutte impuissante contre la masturbation pendant laquelle il a pensé devenir fou :

> « Ma joie fut immense et telle que je ne la puisse imaginer plus pleine si de l'amour s'y fut mêlé. Comment eût-il été question d'amour ? Comment eussé-je laissé le désir disposer de mon cœur ? Mon plaisir était sans arrière-pensée et ne devait être suivi d'aucun remords. »

On peut repérer la séquence suivante :

Premier acte de 1895 : un choix décidé pour la pédérastie.

Deuxième acte : un événement, la mort subite de Juliette Gide qui, juste auparavant, a autorisé le mariage d'André et Madeleine.

Troisième acte : deux semaines après les obsèques, Gide se fiance avec sa cousine. Mariage d'amour « désincarné[25] » : « Que de fois, Madeleine étant dans la chambre voisine, je l'ai confondue avec ma mère », dit Gide s'adonnant aux « suppliciantes délices », et encore, « La force spirituelle de mon amour inhibait tout désir charnel ». Selon Delay, Gide fut impuissant. C'était, selon Lacan, le vœu inconscient de Madeleine, fixée à son père et haïssant la sexualité épanouie de sa mère.

Après avoir lutté contre elle et l'avoir ressentie comme un conflit, Gide a donc admis et affirmé fortement la disjonction de l'amour et du désir comme celle de l'amour et de la jouissance sexuelle. Il en a fait une éthique qu'il a revendiquée jusqu'à la

24. Gide A., *Carnets d'Égypte, Journal, 1939-1949, op. cit.*, p. 1054.
25. Gide A., « *Et nunc manet in te* », *Journal, 1939-1949, op. cit.*, p. 1128.

veille de sa mort[26]. Les deux relations homosexuelles où Gide, incontestablement, a aimé et désiré à la fois, que ce soit Maurice Schlumberger ou Marc Allégret, ne remettent pas en question ce postulat du clivage parce que Madeleine est toujours restée en arrière-fond l'unique *femme* aimée. C'est ce clivage-là qui commande les autres.

Afin d'éclaircir davantage la structure de ces clivages, penchons-nous de plus près sur le concept freudien de *Spaltung* et son évolution entre 1908 et 1931.

Die Spaltung, au pluriel

En 1908, Le clivage est la conséquence éventuelle d'un « conflit psychique » des croyances chez l'enfant, entre les théories qu'il élabore sous l'influence de ses pulsions, et les « fables » des adultes (du temps de Freud, la cigogne, mais l'éducation sexuelle « scientifique » d'aujourd'hui a le même statut). Ce type de clivage se produit donc entre une croyance consciente officielle et une croyance réprimée et inconsciente à laquelle le sujet adhère pour des raisons pulsionnelles. Même si Freud ne fait pas explicitement le lien, c'est dans cet article qu'il insiste sur la première théorie sexuelle infantile, la croyance en un pénis maternel, féminin et universel. Si cette représentation se fixe chez l'enfant, dit-il, il « deviendra nécessairement un homosexuel ». Anticipant sur la suite, on peut en induire que cette première théorie sexuelle est l'enjeu d'un possible clivage.

Le terme de clivage réapparaît dans « Un type particulier de choix d'objet chez l'homme » (1910) où est établie l'importance de l'équation inconsciente « mère = putain » pour la sexualité du garçon. Quatre traits caractérisent ce « type » : la condition du « tiers lésé » (un homme possède déjà l'aimée), l'amour de la « putain », le désir de la sauver et la surestimation de l'objet sexuel. L'étiologie en est une fixation inhabituellement longue à la mère qui amène l'adolescent pubère à la désirer. Ces fantasmes incestueux entrent alors en conflit avec l'idée de la pureté de la mère, d'où le clivage mère/putain, clivage conscient qui repose en fait sur l'équation inconsciente. *Il ne s'agit pas ici d'un conflit de croyances comme en 1908, mais d'un conflit entre deux représentations d'un même objet.*

26. Gide A., « Ainsi soit-il », *Journal, 1939-1949*, *op. cit.*, p. 1242.

Donc, l'utilisation du même terme de *Spaltung* peut être trompeuse ; cependant, dans les deux cas, l'enjeu est pulsionnel. Pour Freud, l'équation « mère = putain » est en elle-même salutaire car elle permet au garçon d'être libre sexuellement après avoir surmonté « le respect pour la femme ». Or, bien peu de sujets y arrivent, d'où le refoulement, le clivage névrotique et la nouvelle solution qu'est le type de choix d'objet en cause. La réussite ou la normale est donc l'acceptation de l'équation inconsciente « mère = putain », dont la signification est la castration de la mère : cette femme n'est que l'objet sexuel du père. La dominante, dans ce clivage, est la mère châtrée, pas seulement anatomiquement, mais aussi dans son statut ravalé d'objet du père. À cet égard, ce « type » de choix d'objet est fondamentalement hétérosexuel et semble à l'opposé de la croyance au phallus maternel qui subsiste dans le fétichisme ou l'homosexualité. Ce cas de figure n'en est pas moins pathologique pour autant, puisque l'équation, qui reste inconsciente et problématique, n'est pas vraiment assumée par le sujet qui en fait une sorte de symptôme : sa partenaire est bien une « femme-symptôme ». La « solution » de 1910 peut donc se résumer en trois temps. *Premièrement*, fantasme incestueux du garçon et équation « mère = putain » ; *deuxièmement*, refoulement puis clivage mère/putain ; *troisièmement*, de nouveau, transformation de la putain en mère (la sauver) pour tenter d'abolir le clivage. Bref, d'abord, abaisser la mère pour, ensuite, mieux relever la putain – logique absurde de la névrose ! Notons enfin la chronologie ou la logique établie par Freud entre le premier temps et ce qui le précède : un mélange d'attirance et d'horreur à l'égard des prostituées.

Le texte de 1912 qui prend la suite est plus sombre que le précédent. Freud y affirme que « quelque chose dans la nature même de la pulsion sexuelle n'[est] pas favorable à la réalisation de la pleine satisfaction[27] » et que les revendications pulsionnelles sont inconciliables avec les exigences de la civilisation. D'où la nécessité du symptôme sexuel ou, dit autrement, du sexe comme symptôme. Le symptôme qui apparaît quasi normalement chez l'homme est, de ce fait, soit l'impuissance psychique due à la proximité incestueuse de l'objet, soit le rabaissement de l'objet pour éviter l'impuissance. La fixation incestueuse, déjà relevée en

---

27. « Sur le plus général des rabaissements de la vie amoureuse » (1912), *La vie sexuelle*, *op. cit.*, p. 64.

1910, aboutit cette fois à un clivage installé de l'amour et du désir entre l'amour terrestre et l'amour céleste. Mais l'impuissance survient si le clivage n'est pas étanche : qu'un trait de la maîtresse évoque la mère, alors survient la catastrophe parce que l'équation « mère = putain » fait irruption. Donc la solution de 1912, le clivage de l'amour et du désir, réalise en fait l'opération inverse de celle de 1910. Dans le second cas (1912) en effet, le sujet sépare et isole au maximum les termes de l'équation, alors que dans le premier (1910), il essaie au contraire de les réunifier. Dans les cas extrêmes de 1912, le sujet reste totalement fixé à la mère de l'amour et, parallèlement, se masturbe en remplaçant fantasmatiquement la mère par une image, tandis qu'il est impuissant avec toutes les femmes réelles.

On voit donc que l'hétérosexuel, dans la mesure où il doit affronter la représentation de la mère châtrée, est sévèrement menacé d'impuissance. Par contre, l'homosexuel et le fétichiste, qui évitent cette équation, le sont beaucoup moins – ce que confirme la clinique. Ils détachent complètement l'objet sexuel des représentations de la castration maternelle et de la mère de l'amour : forme « réussie » du clivage, par opposition aux « ratages » névrotiques précédents. On opposera donc un clivage « réussi » dans les perversions, où le détachement est total, à un clivage « raté » névrotique, où subsistent des connexions.

L'article sur le fétichisme (1927) prend la suite de *Un souvenir d'enfance de Léonard de Vinci* (1910) : le fétiche n'est pas un symptôme car le sujet ne s'en plaint pas mais un « substitut du phallus de la femme (la mère) auquel a cru le petit enfant et auquel, nous savons pourquoi, il ne veut pas renoncer[28] ». Il s'agit donc de nouveau, comme en 1908, d'un conflit de croyances. Le fétichisme est caractérisé par une forme particulière du refoulement, la *Verleugnung*, concept traduit par « déni » ou « démenti » (Lacan). Le refoulement implique l'affect et la représentation : pour le fétichisme, on parlera encore de refoulement en ce qui concerne l'affect mais, concernant la représentation et son destin inconscient, de démenti. Il s'agit d'un compromis inconscient (processus primaire) relatif à la castration féminine, qui laisse subsister côte à côte sans conflit le « oui » et le « non ». Le fétiche, dans sa construction même,

28. Freud S., « Le fétichisme » (1927), *La vie sexuelle*, *op. cit.*, p. 134. Pensons à l'extase de Gide devant la statue du petit garçon (un fétiche gidien, on le verra), dite « le tireur d'épine » du Capitole

reflète cette « scission » et fait allusion à la castration : par exemple, dans le cas du coupeur de nattes ou du porteur de gaine pubienne. Lacan parle d'une « refente » de l'objet. Freud établit une disjonction entre fétichisme et homosexualité : l'existence du fétiche garantit le sujet contre l'horreur de la castration et rend la femme « supportable comme objet sexuel ». La « stupeur » du sujet devant les organes génitaux féminins est cependant « un *stigma* indélébile du refoulement qui a eu lieu ».

Schéma 9. – **Destins freudiens de la fixation du garçon à la mère**

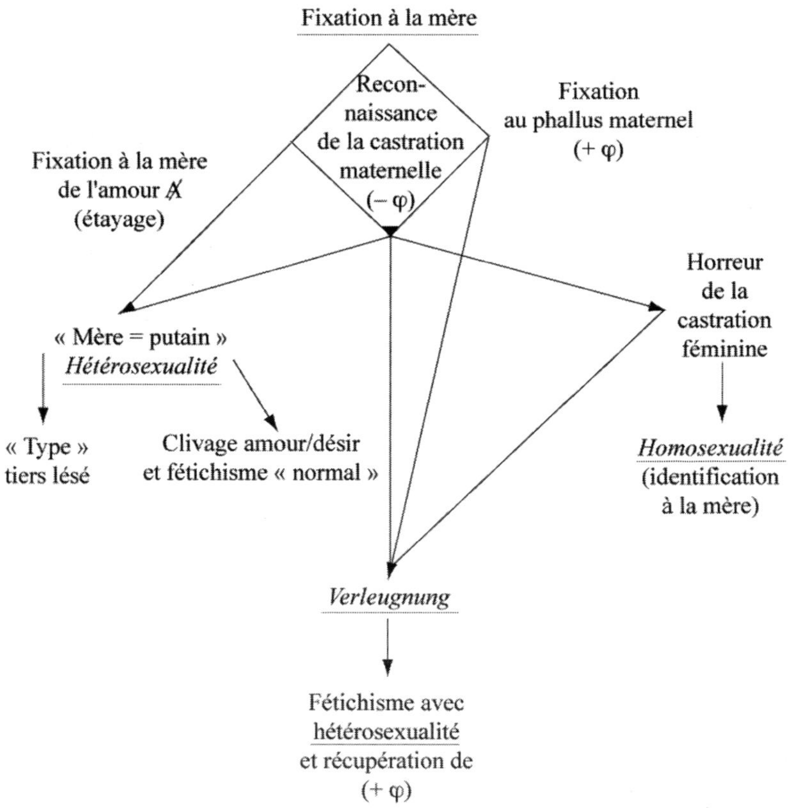

On notera donc que Freud ne parle nullement de *Verleugnung* pour l'homosexualité mâle, qu'il oppose donc au fétichisme : *l'homosexualité masculine n'implique en soi ni* Verleugnung *ni perver-*

sion. L'homosexualité masculine n'est pas forcément un démenti de la castration maternelle mais elle peut être, au contraire, une identification à celle-ci. L'identification à la mère y est alors une identification à la mère châtrée de l'amour (« elle manque de moi, donc elle est châtrée ») où le pénis du partenaire sert de réassurance narcissique contre la castration du sujet (et non pas contre celle de la mère) : « il est comme moi, il l'a gardé ». Cela dit, la mère châtrée de l'homosexuel n'est pas celle de l'équation « mère = putain », car le sujet ne la perçoit pas comme l'objet sexuel du père. Lacan a d'ailleurs donné, on l'a dit, comme une condition prédisposant à l'homosexualité que le père, trop amoureux de la mère, ne soit pas en position de la châtrer. On peut alors récapituler en un tableau ces résultats freudiens. (Cf. schéma 9).

L'article inachevé de 1938, « Le clivage du moi (*Ichspaltung*) dans les processus de défense[29] » met l'accent sur la castration comme « rencontre traumatisante » et ses conséquences. Le sujet peut reconnaître le danger et renoncer à la satisfaction ; une seconde solution est le déni de la réalité. Mais il en existe encore une troisième, qui est de faire les deux à la fois, au prix d'une « déchirure dans le moi, inguérissable et qui s'accroîtra ». Ces deux réactions opposées se maintiennent comme le « noyau d'un clivage du moi ». L'exemple clinique de Freud montre un sujet qui, à la suite de la conjonction d'une menace de castration et de la perception du manque féminin anatomique qui vient perturber sa satisfaction masturbatoire, est saisi « d'effroi ». D'une part, il se crée un fétiche de démenti, d'autre part, il développe un symptôme par lequel il « reconnaît » la castration féminine. L'apport du texte est de montrer que le fétiche ne dispense pas le sujet d'une part névrotique et symptomatique qui coexiste avec lui : la victoire reste à la castration, dit Freud.

Revenons maintenant à Gide. Quelles sont pour lui les conséquences de l'existence de ces différentes sortes de *Spaltung* freudiennes ? Si Gide insiste sur le clivage de l'amour et du désir il n'entrevoit pas clairement sa *Ichspaltung*, qui est d'une toute autre teneur. Il nous reste à préciser comment sa disjonction, tout à fait consciente, de l'amour et du désir, s'articule avec cette part ignorée de lui-même. Il ne s'agit pas, en effet, chez lui, à proprement parler,

29. Freud S., « Le clivage du moi dans le processus de défense » (1938), *Résultats, idées, problèmes*, tome II, 1921-1938, Paris, PUF, 1985, p. 283-286.

d'homosexualité mais bien de fétichisme et de *Verleugnung* avec clivage du moi. Son fétiche est double : il y a d'un côté la fétichisation du pénis du petit garçon ou de son corps entier phallicisé – Gide, on l'a vu, différenciait lui-même sa pratique, qu'il nommait « sa pédérastie normale », de celles de l'homosexualité et de l'inversion. Et il existe un second fétiche qui se loge dans sa relation à Madeleine : la lettre. On sait que le fétiche peut être un objet étrange et lié au langage comme le fameux « brillant sur le nez » du patient de Freud qu'une homophonie translinguistique ramène au phallus de la mère : alors pourquoi pas la lettre ? En ce point, il existe peut-être même chez Gide un « au-delà du phallus » qui excède la signification phallique du fétiche. J'étudierai d'abord le premier fétiche, celui des garçons, en établissant la *Verleugnung* attenante, avant d'établir son lien avec le second fétiche, la lettre.

Les trois Schaudern

Souvenons-nous du voyage de noces de Gide et de ses « suppliciantes délices » : les petits garçons sont métaphoriquement projetés sur le voile de mariage de sa femme. Décrivant son expérience sexuelle antérieure avec Meriem, Gide confie avoir imaginairement substitué son frère à la jeune fille pour arriver à la pénétrer. Dans *L'immoraliste*, sur le cadavre encore chaud de sa femme, Michel préfère Ali à sa sœur prostituée[30]. La seule évocation de l'acte sexuel avec une femme entraîne systématiquement la présence imaginaire d'un petit garçon comme fétiche. Malgré cet artifice, l'acte reste problématique. À 54 ans, en 1923, Gide eut une fille, Catherine, avec Élisabeth van Rysselberghe, une jeune femme qui venait de perdre son amant à la guerre et qui voulait avoir un enfant « seule ». D'après la mère d'Élisabeth, « la petite dame » qui écrivit, à l'insu de Gide, ses observations quotidiennes sur l'écrivain, celui-ci aurait déclaré à Élisabeth :

> « Je n'aimerai jamais d'amour qu'une seule femme ; je ne puis avoir de vrais désirs que pour de jeunes garçons. Mais je ne me résigne pas à te voir sans enfant et à n'en avoir pas moi-même[31]. »

30. Gide A., *L'immoraliste*, Romans, *op. cit.*, p. 472.
31. Van Rysselberghe M., *Les cahiers de la Petite Dame, 1918-1929, Cahiers André Gide* n° 4, Paris, Gallimard, 1973, T. 1, 1918-1929, 29 août-13 septembre 1922, p. 150.

Sur ce, il lui envoie son neveu « Domi », puis son amant Marc Allégret – soit les deux jeunes hommes les plus proches de lui – pour lui faire un enfant. Une liaison s'engage entre Marc et Élisabeth. Mais l'enfant n'arrive toujours pas et c'est Gide qui s'en chargera quatre ans plus tard. Encore une fois, il a dû interposer un jeune garçon, en guise de voile, devant la « castration » d'une femme.

Revenons sur l'épisode avec Meriem qui est le plus typique pour montrer le recours au garçon-fétiche placé devant la femme ; il nous introduira à l'interprétation des *Schaudern*. Dans un premier temps, Gide est avec son ami Paul Laurens attendant Meriem qui ne vient pas :

> « Le couvercle trop lourd qu'un instant avait entrebâillé l'espoir, se refermait ; et sans doute il en irait toujours de même : j'étais forclos[32]. »

Meriem arrive enfin et Gide évoque le frère de la jeune fille : « Fermant les yeux, j'imaginais serrer dans mes bras Mohamed. » « Forclos » signifie ici « mis dehors », « exclu d'une façon définitive ». C'est le même mot qu'utilise Gide à propos d'un autre épisode de ses 15 ans, également en relation avec des prostituées. La mère de Gide s'inquiète du trajet mal famé qu'emprunte Bernard, un ami d'André, lorsqu'il se rend au lycée. Elle n'est pas très explicite, mais Gide imagine :

> « Je voyais, par exemple, mon pauvre Tissaudier orgiastiquement lacéré par les hétaïres. »

Gide interroge son ami qui, surpris, lui fait comprendre qu'il sait très bien de quoi il retourne. Gide s'effondre alors :

> « Soudain quelque chose d'énorme, de religieux, de panique, envahit mon cœur, comme à la mort du petit Raoul, ou comme le jour où je m'étais senti séparé, forclos [...]. »

Il s'agit de ces accès de suffocation profonde, de ces « éclairs » que Gide nomme *Schaudern*. Ce verbe, qui signifie frissonner ou trembler, est emprunté à Gœthe. Gide note dans son *Journal* une

32. Gide A., « Si le grain ne meurt », *op. cit.*, resp. p. 566-567, 483-484, 439, 485, 483, 486, 470, 362-363, 613. La phrase de Schopenhauer est dans Martin C., *André Gide ou la vocation du bonheur*, Paris, Fayard, 1998, tome 1, p. 61.

maxime de Faust : « Le tremblement (*das Schaudern*) est le meilleur de l'homme. » Gœthe a eu sur l'écrivain, on le sait, une grande influence que sa mère avait qualifiée de « mauvaise influence »[33]. Gide dit avoir ensuite reconnu la description de son *Schaudern* dans Schopenhauer :

> « Nous avançons à tâtons dans le labyrinthe de notre vie et les ténèbres de nos recherches ; des moments de clarté, semblables à des éclairs, illuminent parfois notre route ! »

Il considère alors ces éclairs comme la visite de Dionysos, inspiratrice de délire et de folie créatrice.

Gide a eu trois *Schaudern* dans son enfance : le premier, à la mort d'un cousin dont ses parents ont parlé devant lui ; le deuxième, à la mort de son père où il avait ressenti qu'il n'était pas pareil aux autres ; le troisième, donc, avec Bernard. Pour Lacan, il s'agit de « la voix pure » de la mort[34]. Mais le troisième *Schaudern* n'a pas de rapport apparent avec la mort sinon avec l'introduction d'un semblable à la relation hétérosexuelle. En voyant le calme de Bernard, André a senti que celui-ci était de l'autre côté, de ceux qu'il voit « tournés », ceux qui « connaissent » les femmes :

> « [...] j'entrevis aussitôt qu'il en savait aussi long ou plus long que moi sur ces matières ; [...] mais c'est précisément là ce qui me renversait : que le dragon que je m'étais fait de *cela*, on le pût considérer de sang-froid et sans frissonner d'épouvante. »

« *Cela* » : la chose, l'innommable. Gide suppose un savoir auquel a accès son semblable et dont il est exclu. On l'a vu, le terme « forclos » reviendra lorsque Gide pense qu'il ne sera pas initié à la relation avec Meriem par Paul Laurens.

Être forclos signifie donc ici être exclu du rapport sexuel avec les femmes, alors qu'un semblable y a accès. Cette « forclusion » n'évoque-t-elle pas l'effroi (l'« épouvante », la « panique », dit Gide) suscité par la castration féminine, cause de démenti et de clivage ? Freud donne comme autre exemple de démenti celui qui peut se produire à la mort d'un proche. Le phénomène du *Schaudern* appa-

33. Gide A., *Correspondance avec sa mère, 1880-1895*, Paris, Gallimard, 1988, p. 653-657.
34. La mort signifie pour Lacan l'exclusion de la signification phallique. C'est pourquoi le troisième *Schaudern* peut être envisagé comme la voix de la mort (phallique).

raît alors comme l'indice du côté « symptôme » de la *Ichspaltung*, de cette part de phobie qui coexiste, selon Freud, avec le fétichisme, et qui témoigne de la reconnaissance horrifiée et inconsciente de la castration. N'oublions pas que, pour Freud, la reconnaissance de la mort équivaut à celle de la castration[35].

L'originalité de Gide est d'avoir accueilli ses *Schaudern* pour les transformer en principe de création, point de départ du sinthome :

> « Je compris vite que l'ivresse sans vin n'est autre que l'état lyrique, et que l'instant heureux où me secouait ce délire était celui que Dionysos me visitait. »

Même si les deux sont les supports initiaux du sinthome, le *Schaudern* gidien n'est pas du même ordre que l'épiphanie joycienne. En effet, l'épiphanie consiste, on l'a vu, à transmettre une énigme grâce à une nouvelle forme d'écriture – énigme qui a un rapport avec la forclusion de la signification phallique. En revanche, les *Schaudern* témoignent de l'effroi devant la mort et la castration, cause de la *Verleugnung* et condition de la *Ichspaltung* Pourtant, outre le fait d'être la source de la création littéraire, il existe un point commun entre les deux : les voix – « écrire une voix » pour Joyce, entendre « la voix de la mort » pour Gide.

Curiosité/Incuriosité

Il y a donc un savoir sur les femmes dont le jeune Gide, contrairement aux autres hommes, ses semblables, est « forclos ». Or, avant son troisième *Schaudern*, il passait ses matinées à visiter des appartements avec son professeur qui souhaitait déménager. Souvent, il surprenait des choses indécentes qui l'« éberluaient ». Il affirme cependant :

> « Malgré mes explorations à travers les appartements des cocottes, j'étais demeuré, à 15 ans, incroyablement ignorant des alentours de la débauche ; tout ce que j'en imaginais n'avait aucun fondement dans le réel. »

Il confirme ce refus du sexe féminin :

35. Freud S., *Inhibition, symptôme, angoisse* (1926), trad. Tort M., Paris, PUF, 1973, p. 53.

> « Mon incuriosité à l'égard de l'autre sexe était totale ; tout le mystère féminin, si j'eusse pu le découvrir d'un geste, ce geste je ne l'eusse point fait. »

Il avait déjà fait la même constatation avec son ami Lionel, passionné de fouilles dans les dictionnaires qui le laissaient « plus ahuri qu'excité ». Le terme d'« incuriosité » dénote un point de non-savoir volontaire devant le sexe féminin. Cette « incuriosité » contraste avec le désir de savoir infantile, par ailleurs fort développé, du jeune Gide. Comme le notait sa mère dans une lettre à Paul Gide, André passait son temps à observer « les jeux de la matière vivante[36] » : insectes, herboristerie avec Anna, curiosité pour les dames un jour de bal. Et, en même temps, nous confie Gide,

> « mes privautés avec les garçons ne descendaient jamais plus bas que la ceinture ; avec les filles j'y allais d'une totale indiscrétion[37]. »

Il ajoute que sa pudeur devant les hommes était excessive et y voit l'indice de sa future « pente » homosexuelle. À l'en croire, il serait passé d'une « totale indiscrétion » sexuelle infantile avec les petites filles à une « incuriosité » tout aussi totale à l'adolescence : un tel renversement n'est possible que s'il y a eu, entre-temps, une rencontre traumatique. Une première hypothèse est que ce trauma serait la mort du père qui a refermé sur lui la présence enveloppante et inhibitrice de sa mère (On note en effet sa présence dans les trois *Schaudern*) ; une seconde est que le trauma qui aurait provoqué ce rejet décidé soit la séduction par sa tante, l'année qui a suivi la mort du père. La disjonction des deux mères du désir et de l'amour, qui se met en place à 13 ans, irait dans ce sens. Freud, on l'a vu, notait l'existence de ce mélange d'attirance et de répulsion de l'adolescent face aux prostituées avant que ne s'établisse dans l'inconscient l'équation « mère = putain ». Pour Gide, cette équation ne s'est jamais établie : le clivage est total et la « castration » féminine lui fait doublement horreur, dans sa réalité anatomique et comme caractéristique de l'objet sexuel de l'homme. Anatomique ou imaginaire, on en a le témoignage dans un cauchemar de sa jeunesse :

---

36. Martin C., *André Gide ou la vocation du bonheur*, *op. cit.*, p. 46-47.
37. Gide A., « *Et nunc manet in te* », *op. cit.*, p. 1131.

> « Et j'avais peur de voir [sous son manteau soulevé par un singe] ; je voulais détourner les yeux, mais, malgré moi, je regardais. Sous la robe, il n'y avait rien ; c'était noir, noir comme un trou ; je sanglotais de désespoir[38]. »

Quant à la femme comme objet sexuel, si rien n'est jamais clairement évoqué, on sait bien que Gide avait en horreur toute possession charnelle (vampirique) et toute pénétration. Terreur devant le sexe féminin, horreur de la possession charnelle : cela n'évoque-t-il pas une version de l'« enveloppement », non plus plaisante comme celle de la nature, mais mortifère et castratrice comme celle de ses deux mères superposées depuis ses cauchemars infantiles où « la crique » le croque[39] ?

La sincérité renversée

Gide ne concevait pas l'écriture sans une sincérité absolue qu'il élève à la dimension d'une « sincérité renversée[40] ». D'Oscar Wilde, il citait cette phrase : « J'ai mis tout mon génie dans ma vie ; je n'ai mis que mon talent dans mes œuvres. » Gide a plutôt l'ambition que sa vie obéisse à son œuvre. D'abord de façon wildienne, « toute notre vie s'emploie à tracer de nous-mêmes un ineffaçable portrait », puis « [L'artiste] doit, non pas raconter sa vie telle qu'il l'a vécue, mais la vivre telle qu'il la racontera. » Cette sincérité élevée en dogme, cette horreur du mensonge poussée jusqu'à l'indiscrétion dans l'écriture ne seraient-ils pas *l'envers du démenti* ? Comme si la *Verleugnung* impliquait l'effort perpétuel, ininterrompu, de se dire, et surtout de se dire vrai et tout entier, puisqu'un pan de soi, toujours, reste en contradiction avec un autre ? Gide développe en effet une éthique de la sincérité :

> « Redécouvrir, au dessous de l'être factice, le naïf, n'était point, à ce qu'il m'apparaissait, tâche si facile ; et cette *règle de vie* nouvelle, qui devenait la mienne : agir selon la plus grande sincérité, impliquait une résolution, une perspicacité, *un effort où toute ma volonté se bandait*, de sorte que jamais je ne m'apparus plus moral qu'en ce temps où j'avais décidé de ne plus l'être, je veux dire : de ne

38. Gide A., *Les cahiers d'André Walter*, *op. cit.*, p. 157 et 214.
39. Gide A., *Ainsi soit-il*, *op. cit.*, p. 1200.
40. Gide A., *Journal, 1889-1939*, Paris, Gallimard, Bibliothèque de la Pléiade, NRF, 1982, resp. p. 29, 389, 29.

l'être plus qu'à ma façon. Et j'en vins à comprendre que la parfaite sincérité [...] ne s'obtient qu'avec *l'effort le plus constant*[41]. »

On retrouve ici la contrainte d'une nécessité propre au symptôme.

La seconde réalité

Le sentiment d'une double réalité est encore un phénomène lié à la *Verleugnung*. Il remonte à cette anecdote d'un bal à la maison où le petit enfant ressent une intense curiosité à la vue des dames bien habillées. Couché, il s'imagine « une seconde réalité » :

> « La croyance indistincte, indéfinissable, à je ne sais quoi d'autre, à côté du réel, du quotidien, de l'avoué, m'habita durant nombre d'années ; et je ne suis pas sûr de n'en pas retrouver en moi, encore aujourd'hui, quelques restes. »

Gide distingue alors la réalité, les rêves, et une seconde réalité qui n'a rien à voir avec les contes de fées. À la mort de son père (il avait alors 11 ans) il imaginait que celui-ci « n'était mort qu'à notre vie ouverte et diurne, mais que de nuit, secrètement, alors que je dormais, il venait retrouver ma mère ». Dans *Les cahiers*, il parle « d'un monde autre, de ce monde intime et caché qui à peu près m'allait prendre tout entier ». Il s'agit d'une allusion à sa relation à sa cousine et à Dieu, qui suit l'évocation du second *Schaudern*, à la mort de son père. Le sentiment de la facticité de la réalité accompagne cette réflexion : le monde extérieur apparaît comme un « panneau trompeur que j'aurais voulu crever ». Il retrouve cette « seconde réalité » comme « l'invisible réalité » à laquelle il doit « un bouleversement de tout son être », le soir de la fameuse scène avec sa cousine, rue de Lecat. Il témoignera ensuite à plusieurs reprises de ce sentiment étrange :

> « [...] un certain *sens de la réalité* [qui] me manque. Je puis être extrêmement sensible au monde extérieur, mais je ne parviens jamais parfaitement à y croire[42]. »

Il se rappelle son absence de peur lors d'un accident à 18 ans en « assistant à tout cela comme à un spectacle *en dehors de*

41. Gide A., *Journal*, t. I, *1887-1925*, *op. cit.*, p. 1239. Je souligne.
42. Gide A., *Journal*, t. I, *1887-1925*, *op. cit.*, resp. p. 1269-1270, 1273, 1196.

la réalité. » Il ajoute qu'enfant, il faisait des cauchemars affreux, et que maintenant, à l'âge mûr, les contenus horribles sont toujours là mais qu'il n'a plus peur : « c'est le sentiment de sa réalité [du monde extérieur] que je n'ai pas ». Ce curieux phénomène n'est pas sans rappeler un trait fétichiste – sans qu'il s'agisse pour autant d'une psychose :

> « [...] un morceau certainement significatif de la réalité [peut recevoir] un déni (*Verleugnung*) du moi, tout comme chez le fétichiste la désagréable réalité de la castration de la femme[43]. »

Freud parle ici du déni de la mort du père pour l'enfant : un événement traumatique provoque un clivage en deux courants de croyance contradictoires. Le sujet accepte les deux et oscille de l'un à l'autre. Dans le cas de Gide, on peut mettre en série les *Schaudern* et la croyance en une invisible réalité, deux phénomènes liés à la mort et à la castration féminine. Cette seconde réalité se cristallise à 13 ans autour de Madeleine et de Dieu. À plusieurs reprises, Gide a dit de Madeleine qu'elle était « sa réalité », surtout après sa mort :

> « Depuis [sa mort], il me semble souvent que je n'ai fait que semblant de vivre : elle était ma réalité[44]. »

Pour elle, ajoute-t-il, la réalité était un Dieu auquel il ne pouvait pas croire. Souvent, Madeleine et Dieu se confondent :

> « Dans le christianisme, et chaque fois qu'à nouveau j'y replonge, c'est elle encore que je poursuis. »

Madeleine a servi de relais à Gide dans sa recherche tourmentée de Dieu, parfois même elle l'a remplacé. Une remarque de Lacan sur Kierkegaard ne vaudrait-elle pas aussi pour Gide ? Grâce à Régine Olsen, le philosophe aurait eu accès à « un bien au second degré, un bien qui n'est pas causé par un petit *a*[45] », soit un bien au-delà du phallus, une jouissance Autre. Lacan évoque par là une jouissance nouée au langage à laquelle seraient plus particulièrement portées les femmes. Dans le cas de Gide, le versant pervers du désir est noué à l'organe tandis que la relation à Madeleine, impré-

---

43. Freud S., « Le fétichisme » (1927), *op. cit.*, p. 136.
44. Gide A., *Journal, 1939-1949, Souvenirs, op. cit.*, p. 1164.
45. S XX, p. 71.

gnée de leur correspondance quasi-quotidienne, vise cet accès à un au-delà, cet absolu que Lacan appelle l'Autre : « Toute mon œuvre est inclinée vers elle », écrivait-il en 1924. Le deuil des lettres brûlées par Madeleine au moment de son voyage avec Marc Allégret fut impossible. D'où Lacan déduit leur valeur d'objet *a*, de cause du désir dans la relation avec Madeleine et donc de support de toute réalité pour André.

« *L'écartelé* » : *clivage et écriture*

L'écriture reflète le clivage amour/désir de l'auteur : les œuvres sont écrites successivement ou simultanément en suivant les deux tendances opposées du clivage (par exemple, *L'immoraliste*, côté désir, et *La porte étroite*, côté amour angélique). Mais avec un redoublement interne à chaque œuvre (Marceline dans le premier, la séduction par la tante dans le second). Gide a décrit :

> « [...] cette diversité d'humeur qui me force, aussitôt délivré d'un livre, *de bondir à l'autre extrémité de moi-même* (par besoin d'équilibre aussi) et d'écrire précisément le moins capable de plaire aux lecteurs que le précédent m'avait acquis[46]. »

Gide, on l'a dit, a évolué depuis le refus de ce clivage amour/désir, quand il écrivait *Les cahiers d'André Walter* et cherchait à réaliser lui-même son idéal angélique au prix d'effacer sa sensualité et son esprit critique[47]. Ensuite, il pensa arriver à une nouvelle harmonie en se mariant avec Madeleine, support de son idéal angélique, et en se débarrassant du désir :

> « C'était le ciel que mon insatiable enfer épousait ; mais cet enfer je l'omettais à l'instant même... »

Enfin, il accepta le désir et prit le contre-pied de son attitude antérieure, faisant de la sensualité la vertu cardinale de l'artiste et « désirant céder à vous, désirs, et d'être vaincu sans bataille ». Dans *Thésée*, il considère même comme une pure folie tout ce qui relève d'une croyance ou d'une adhésion à l'Un pour échapper au multiple. Il écrit dans son journal :

46. Gide A., *Journal, 1939-1949, Souvenirs*, *op. cit.*, p. 526. Je souligne.
47. Marty É., *André Gide*, Tournai, La Renaissance du livre, 1998, resp. p. 133, 147 et 126.

« Je n'ai jamais rien su renoncer ; et protégeant en moi à la fois le meilleur et le pire, *c'est en écartelé que j'ai vécu*. Mais comment expliquer que cette cohabitation en moi des extrêmes n'amenât point tant d'inquiétude et de souffrance, qu'une intensification pathétique du sentiment de l'existence, de la vie[48] ? »

Contrairement aux névrosés qui cherchent à effacer leur division, Gide l'a exacerbée, la transformant en source permanente de création :

« Cet état de dialogue qui, pour tant d'autres, est à peu près intolérable, devenait pour moi nécessaire. C'est parce que, pour ces autres, il ne peut que nuire à l'action, tandis que, pour moi, loin d'aboutir à la stérilité, il m'invitait au contraire à l'œuvre d'art et *précédait immédiatement la création*, aboutissait à l'équilibre, à l'harmonie. »

L'éthique gidienne a donc consisté à accueillir l'effroi des *Schaudern* et l'écartèlement de la *Spaltung* de l'amour et du désir, pour les plier à la création littéraire. À la fin, tel un funambule, il récupère l'équilibre qui se dérobait vainement lorsqu'il cherchait à supprimer l'une ou l'autre tendance.

Revenons sur le clivage. Au sens freudien du terme, on peut distinguer deux sortes de clivages : d'une part, *le clivage du sujet* par des croyances antagonistes, dont l'une est le refus de céder sur le phallus maternel, développé de 1908 jusqu'à la *Verleugnung* du fétichiste en 1927, avec sa conséquence de 1938 en clivage « fort » ou *Ichspaltung* symptôme (phobie)/fétichisme ; d'autre part, *le clivage de l'objet* entre amour et désir de 1910-1912, plutôt névrotique, qui, certes, s'articule à la problématique du précédent dans la mesure où il suppose la reconnaissance inconsciente de la castration maternelle, mais qui, justement, en est plutôt l'accusé de réception symptomatique. Or dans le cas de Gide, ces deux sortes de clivages ne se recouvrent pas exactement. On pourrait être tenté de superposer amour et symptôme d'une part, et désir et fétichisme d'autre part, mais, on l'a vu, l'amour pour Madeleine comporte aussi le fétichisme (des petits garçons et des lettres), et le désir impliquait conflit et symptômes. Il semble dès lors judicieux de respecter la structure gidienne en distinguant les deux sortes de clivages, même s'ils s'entrecroisent (cf. schémas 10 et 11).

48. Gide A., *Journal*, t. I, *1887-1925*, *op. cit.*, p. 1100. Je souligne.

Schéma 10. – **Le démenti et ses conséquences chez Gide**

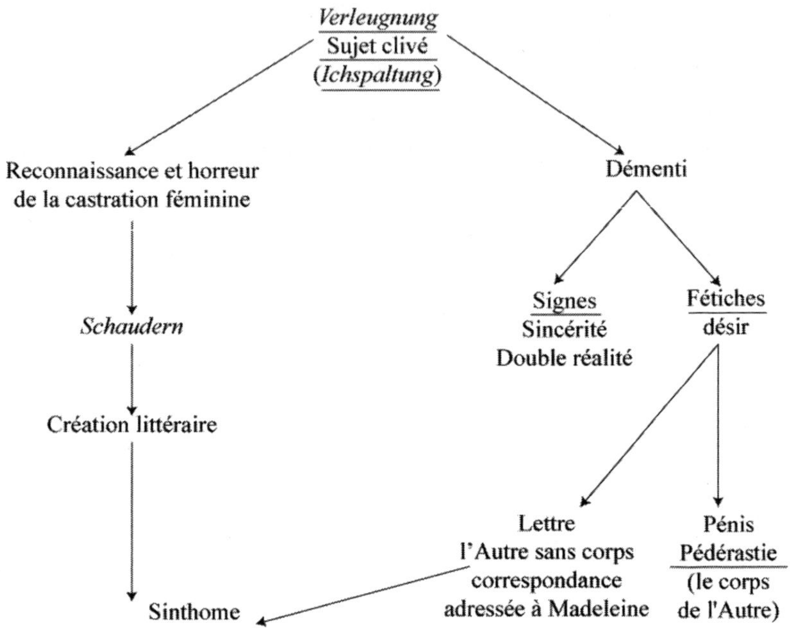

Schéma 11. – **Le clivage de l'amour et du désir chez Gide**

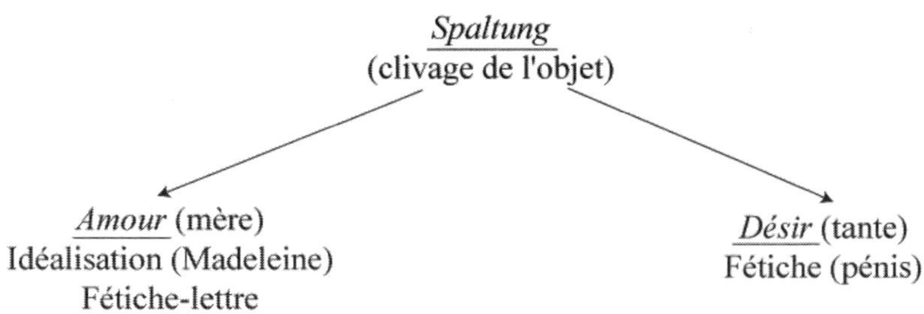

Quant au clivage du moi relatif à la *Verleugnung* (troisième *Schaudern*), le refus de la castration amène à la constitution d'un double fétichisme, de la lettre dans le rapport amoureux et asexué à l'Autre (Madeleine) *et* du jeune garçon dans les relations corporelles et sexuelles. La sincérité renversée et la double réalité sont des signes, des indices du démenti. Le versant de la reconnaissance de la castration induit l'effroi qu'on reconnaît dans les *Schaudern* face à la mort et au sexe, et qui évolue ensuite en création. De ce côté-là s'inscrit aussi le rapport symptomatique à Madeleine intriqué avec l'œuvre.

Pour le clivage amour/désir, on distinguera, côté amour, la mère mortifère puis Madeleine, idéalisée et supportée par le fétiche lettre et, côté désir, la tante traumatique puis le fétiche « petit garçon ».

La création littéraire s'appuie à la fois sur le désir (fétichisme de la lettre) et sur le rapport à Madeleine, adresse et témoin de l'œuvre. Il existe cependant un nouage des deux sortes de fétiche (lettres et garçons), sensible dans la relation de Gide à un ami, l'écrivain Henri Ghéon (de son vrai nom Henri Léon Vangeon), que j'étudierai maintenant.

III. Un rêve bouleversant

Peut-on interpréter un rêve littéraire? Non, à suivre Freud – et pourtant, lui-même s'y est essayé avec la *Gradiva* de Jensen. Car manquerait la parole du rêveur qui, seule, conduirait à l'ombilic du rêve. Mais, s'il s'agit d'un rêve d'André Gide, écrit dans un *Journal* où il prétend « tout dire », on pourrait croire, cependant, à l'équivalence de son récit et de l'association libre. Or il n'en est rien : les « petits papiers » de Gide ressortissent à un calcul. Ils étaient d'emblée écrits pour prendre place dans le corps de son œuvre et adressés à ses biographes. Gide prônait de plus la sincérité renversée de l'artiste dont on a vu l'ambiguïté. Son rêve du 17 janvier 1916[49] illustre ce principe : il est rapporté non pas à la date où il fut fait, mais un an plus tard, nous verrons pourquoi. Donc, il s'agira, dans ce qui suit, d'un commentaire et d'une avancée sur la structure fétichiste de Gide.

49. Gide A., *Journal*, t. I, *1887-1925*, *op. cit.*, p. 915.

Deux fétiches : des garçons et des lettres

Dans le cas de Gide, il existe deux sortes de fétiche. Voici où nous en sommes arrivés.

Le fétiche le plus apparent est le jeune garçon ou le pénis de celui-ci, condition absolue du désir et de la jouissance sexuels. Refusant l'inversion, synonyme pour lui de la sodomie dont il avait horreur comme d'ailleurs de toute forme de pénétration sexuelle, Gide revendiquait d'être un « pédéraste normal ». Freud oppose le fétichisme à l'homosexualité caractérisée par la fuite devant la castration féminine. Grâce à la *Verleugnung*, le fétiche garantit en effet l'existence du phallus de la femme et la rend sexuellement désirable. Le cas de Gide, si on le range dans l'homosexualité, paraît donc en contradiction. Mais il ne l'est pas, si l'on se souvient de ce que nous avons dit précédemment : le jeune garçon comme fétiche est présent lors de ses (rares) tentatives d'approche sexuelle d'une femme ; la structure de fétiche des jeunes garçons est mise en évidence dans *L'immoraliste,* en arrière fond de la présence de sa femme Marceline, à laquelle l'unit un amour idéal voire mystique, et qui meurt au cours du roman. Un passage de celui-ci montre comment, par le biais de la castration d'abord évoquée dans la chair d'un ouvrier, se produit « une récupération du φ » grâce à un « attouchement ». La jouissance obtenue va bien au-delà de celle de l'organe, jusqu'à la sensation d'une fusion voire d'une confusion avec la nature comme totalité, que Gide enfant associait déjà à la masturbation. Le fétiche fait exister l'Autre, évoqué soit par « l'enveloppement d'un paysage qui [...] absorbe » la volupté et où le sujet « paraisse [s]e résorber[50] », soit par le silence énigmatique de Madeleine.

L'autre version, plus atypique, du fétiche est la lettre. Lacan a qualifié de fétiche les lettres de Gide à Madeleine. Elle brûla cette correspondance en 1918 pour se venger du départ en voyage de son mari avec Marc Allégret, dont il était amoureux. La « nature de fétiche » de cette correspondance apparaît, selon Lacan, dans le rire dont les contemporains de Gide accueillirent la nouvelle de cette perte, proclamée tragiquement être « celle du legs le plus précieux qu'il destinait à la postérité ». L'effet de comique serait dû au dévoilement de la signification phallique de ces lettres. Leur disparition laisse leur auteur dans le même désarroi qu'Harpagon

50. Gide A., *Ainsi soit-il ou les jeux sont faits*, *op. cit.*, p. 1223.

devant celle de sa cassette. Deux traits de cette correspondance relèvent du fétichisme freudien. D'abord le fait qu'on puisse la considérer comme une partie du corps de Madeleine : elle gardait toujours ces lettres avec elle et Gide, qui n'en conservait pas de double, les consultait parfois pour vérifier un détail. Ensuite, leur nature langagière évoque l'exemple freudien du « brillant sur le nez » élu comme fétiche par un jeune homme à partir d'une homophonie translinguistique. Mais, contrairement à ce qui serait attendu d'un fétiche freudien, cette correspondance, logée au cœur d'un amour qui évoque à Delay et à Lacan « les nœuds mystiques de l'amour courtois », ne prêtait pas « à la femme ce caractère par lequel elle devient supportable en tant qu'objet sexuel ». Le clivage de l'amour et du désir, reconnu et décrit tout au long de sa vie par Gide lui-même, semble s'être concrétisé en la disjonction de ces deux versions du fétiche : côté amour, les lettres et, côté désir sexuel, les jeunes garçons.

Ghéon, l'homme trait d'union

D'où l'intérêt de la conjonction des deux fétiches dans l'amitié qui unit, vingt ans durant, Gide et Ghéon. Médecin et critique littéraire, puis poète et écrivain, Ghéon rencontra Gide, de six ans son aîné, en 1897. Il attira l'attention de Gide par ses articles, parus dans la revue *L'ermitage*, sur *Le voyage d'Urien* et *Paludes*. Ils découvrirent alors la communauté de leurs goûts sexuels qui créa un lien plus intime entre eux : les deux hommes prirent l'habitude de « balades » dans la campagne normande et de sorties parisiennes à la piscine, lors desquelles ils « partageaient » de jeunes garçons. Une correspondance régulière relatait minutieusement ces expériences, alors secrètes. Si Ghéon était le disciple littéraire de Gide, celui-ci développa une forte dépendance affective à l'égard de son camarade – à prendre au sens whitmanien du terme. Ghéon, « le viveur », était le seul devant qui Gide se dévoilait vraiment, et avec lequel il osait réaliser ce que, sans lui, il n'aurait fait que rêver. Peut-être Ghéon fut-il, contrairement à son père, capable d'« humaniser le désir » de Gide.

> « Soupçonnais-je, avant de te connaître, tout ce qui manquait à ma vie[51] ? »

écrit Gide et :

> « Tu auras été mon premier ami. La correspondance est une chose précieuse, elle permet d'écrire ce qu'on ne dirait pas, par pudeur, car il est difficile de s'avouer trop lyriquement l'un à l'autre face à face. »

lui répond Ghéon.

S'entremêlent alors les expériences pédérastiques, leur récit dans la correspondance, et la création littéraire. Parallèlement à leur correspondance privée, les deux amis s'échangeaient, dans *L'ermitage*, des lettres ouvertes sur leurs conceptions littéraires. Gide les intitulait « Lettres à Angèle » et Ghéon « Lettres d'Angèle » (Angèle était l'héroïne de *Paludes*). Leurs identifications à ces travestissements sont sensibles dans tel propos de Ghéon répondant à Gide qui lui reproche son silence : « En somme, quoique Angèle, je croyais pour de bon t'écrire ». C'est dans ce contexte que s'élabora *L'immoraliste*, dédié à « Henri Ghéon, mon franc camarade » : « *L'immoraliste* est ton livre », déclara Gide. Dans son roman, Gide a réutilisé ses lettres à Ghéon, celles de 1898 où il contait les détails de leur aventure avec un garçon de ferme B., ainsi que des descriptions de leur voyage à trois avec Madeleine en Afrique du Nord. À la même époque, Ghéon écrivait aussi un roman, *L'adolescent*, où il faisait le portrait – visiblement inspiré de Gide – d'un veuf pédéraste. Il le détruisit partiellement après sa conversion au catholicisme, le jugeant sans doute trop compromettant.

Cette articulation entre les deux fétiches gidiens, les jeunes garçons et les lettres, fut poussée très loin, en 1905, lors de leur liaison commune avec Maurice Schlumberger. Gide fut le meneur du jeu, d'abord séduit par le jeune homme, puis se faisant l'entremetteur de Ghéon auprès de lui jusqu'à ce que l'écrivain en tombe amoureux. Gide, coutumier de ces jeux de masque et de ces dédoublements, considérait leur aventure à trois comme une « histoire » ou un « roman » qu'il était en train de créer dans sa vie pour l'écrire un jour. Mais il en faisait déjà le récit quotidien dans ses lettres à Ghéon. Son exaltation fut telle que Madeleine, visi-

51. Ghéon H. et Gide A., *Correspondance*, tomes I et II, Paris, Gallimard, 1976, resp. p.188, 192, 594 et 928, 896, 990, puis « Introduction », p. 39.

blement au courant, s'alarma et écrivit à Ghéon pour le supplier de laisser Gide, très fatigué selon elle, se reposer. L'aventure laissa Ghéon meurtri, avec un besoin de garantie et de croyance que l'art ne satisfaisait plus et qui anticipait sur son destin ultérieur, tandis que Gide se lançait dans la rédaction de *La porte étroite.*

Le chapelet-cauchemar

La rupture entre Gide et Ghéon peut être datée d'un rêve de Gide, en 1915, au moment du départ de Ghéon pour le front. Mais il ne le rapporte dans son journal qu'au début de 1916, après avoir reçu une lettre de Ghéon qui lui annonçait sa conversion au catholicisme :

> « Ghéon m'écrit qu'il a 'sauté le pas'. On dirait d'un écolier qui vient de tâter du bordel... Mais il s'agit ici de la table sainte[52]. »

commente-t-il. Voici un extrait de ce rêve qui le bouleversa tant :

> « Je marchais ou plutôt *flottais* aux côtés de quelqu'un, d'un compagnon que je reconnus bientôt être Ghéon. Tous deux nous avancions dans un paysage inconnu, une sorte de vallée bocagère ; nous avancions avec ravissement. La vallée devenait toujours plus étroite et plus belle et mon ravissement atteignait son comble lorsque mon compagnon s'arrêta tout à coup et, me touchant l'avant-bras, s'écria : "Pas plus loin! Désormais entre nous il y a *cela...*" Il ne me désignait rien, mais moi, baissant les yeux, je distinguai, pendant à son poignet, un chapelet, et m'éveillai soudain dans une angoisse intolérable. »

Cette dernière notation peut sembler énigmatique : Gide a affirmé que les cauchemars, si nombreux dans son enfance, ne lui faisaient plus grand effet à l'âge adulte[53].

De même, il avait réussi, on l'a vu, à transformer ses « *Schaudern* » en élan créateur. Le rêve du 17 janvier 1916 signe donc le retour d'une angoisse révolue, que Gide avait su métamorphoser en création littéraire. Dans le contexte de ce récit de rêve, quelque chose évoque d'ailleurs le troisième *Schaudern,* provoqué chez Gide adolescent par la crainte que l'un de ses copains n'aille au bordel. C'est l'évocation, d'une ironie amère, à propos de

52. Gide A., *Journal,* t. I, *1887-1925, op. cit., resp.* p. 915, 916, 919.
53. Gide A., « Ainsi soit-il ou les jeux sont faits », *op. cit.,* p. 1200.

Ghéon et de « la table sainte », de « l'écolier qui vient de tâter du bordel ». Le bordel, les relations sexuelles avec les prostituées dont Gide adolescent se sentait « forclos ». Le troisième *Schaudern* était causé par l'horreur de la castration féminine, dont on sait qu'elle conduit le fétichiste à la *Verleugnung*. Un phénomène analogue se reproduit ici : le lendemain du jour où il a noté son rêve dans le *Journal*, Gide cite des paroles de *L'Évangile* qui, dit-il, « s'éclairent soudain pour moi d'une lumière affreuse ». Et il ajoute qu'il se sent « jeté dehors ». On retrouve donc le sentiment intolérable, propre au *Schaudern*, « d'être exclu de la relation au semblable », qui advient lorsque l'autre a accès à quelque chose d'impossible pour le sujet : la prostituée jadis, la foi catholique maintenant. Il y a rupture de la cohésion du couple imaginaire Gide-Ghéon. De son ami, Gide dira plus tard qu'il a été « confisqué » par la religion catholique.

Dans le rêve, l'objet de l'angoisse est désigné par le mot « cela », et précisé par un autre objet, le « chapelet[54] ». Sur le fond d'un ravissement à deux et d'une volupté enveloppée dans le paysage, caractéristiques de la jouissance gidienne, le « Désormais entre nous il y a *cela* », proféré par Ghéon, évoque l'objet qu'il y avait auparavant entre eux : un autre genre de « chapelet », une collection de jeunes garçons, la complicité dans la jouissance à la fois pédérastique et littéraire. L'équivoque « chapelet » s'est substitué à la conjonction des deux fétiches (garçons-lettres) qu'il représente dans le rêve. D'ailleurs, le terme « *cela* » est repris peu après dans le *Journal* pour qualifier « l'horreur du mal » exprimée dans la religion par « la figuration du Malin ». Il s'agit, pour Gide qui en fait souvent état, du démon du désir, essentiel à la création littéraire[55]. L'équivoque liée à « chapelet » ponctue donc la métamorphose de la jouissance fétichiste en angoisse insupportable. Le double fétiche que Gide situait en Ghéon, parfois féminisé en Angèle comme destinataire de ses lettres, est dorénavant arraché : surgit alors la castration d'un Ghéon mutilé, causant le désarroi horrifié de Gide. « Il me serait moins pénible de le pleurer mort », dira-t-il plus tard devant une amie. Ghéon l'a doublement trahi. En

54. Dans une version postérieure du rêve, Gide parle d'« un énorme rosaire ». Cf. Ghéon H. et Gide A., *Correspondance*, *op. cit.*, en note p. 896, puis p. 976 et « Introduction » p. 122-123

55. *Cf. in* Marty É., *André Gide, Entretiens Gide-Amrouche*, *op. cit.*, p. 89 : « Il n'y a pas d'œuvre d'art sans la collaboration du démon. »

devenant chaste, en choisissant la « table sainte » et le « chapelet », il a rejeté le premier fétiche, pédérastique. En devenant un écrivain catholique, en mettant l'art au service de la religion, il devient un « déserteur », un traître aux idéaux de leur jeunesse qui plaçaient l'art au-dessus de tout : Ghéon excluait ainsi le deuxième fétiche, la lettre que Gide n'avait jamais cessé de lui adresser.

À propos de la place de la lettre dans la relation de Gide à Madeleine, Lacan dit que « la lettre vient à prendre la place même d'où le désir s'est retiré ». Or, dans la relation de Gide à Ghéon-Angèle, la lettre venait à la place même du désir pédérastique mis en commun entre les deux hommes : précieuse et unique conjonction des deux fétiches, dont l'abolition désespère Gide. A la mort de Ghéon, Gide viendra le pleurer chez une amie, en serrant pathétiquement sur son cœur les lettres de Ghéon, mille fois relues.

L'accès à Dieu

Mais le chapelet, objet du culte catholique, figure aussi un intermédiaire, l'Église, entre l'homme et Dieu, que Gide, élevé dans la religion protestante, a toujours refusé. Après le récit de ce rêve commence pour lui une crise mystique, la dernière, qui durera toute l'année 1916 et l'amènera, non à se convertir au catholicisme, mais à écrire un nouveau carnet, intitulé « *Numquid et tu ?* ». Il s'agit d'une lecture de *L'évangile selon Saint Jean*, où Gide « fait de Dieu le vecteur de la présence et non comme son ami Ghéon, un gardien dogmatique de l'âme[56] ». Dans le rêve, Ghéon ne désigne rien à Gide, et surtout pas Dieu. Peut-être y a-t-il là, en plus de la double trahison que nous avons déjà commentée, un autre élément important du rêve, un reproche ou une déception qui concerne la relation du sujet à Dieu. En effet, par l'intermédiaire de Madeleine, sa « réalité », femme et profondément croyante, Gide a pu espérer une sorte d'accès à Dieu qu'on pourrait qualifier de transitiviste. Madeleine, épousée comme le « ciel », poursuivie par Gide à travers le christianisme, avait certainement un rapport à

56. Marty É., *in* « Introduction », Gide A., *Journal*, t. I. *1887-1925*, *op. cit.*, p. 36-37. On lira aussi son commentaire, différemment orienté, du rêve de Gide dans Marty É., *L'écriture du jour. Le Journal d'André Gide*, Paris, Le Seuil, 1985, p. 108 *sq*.

Dieu supporté par une jouissance « au-delà du phallus ». Du moins sa vie nous laisse-t-elle supposer cette dimension, corrélée d'ailleurs à un certain rejet de la jouissance phallique. Le rapport de sa femme à l'Autre jouissance donnait à Dieu une consistance, une « réalité », à laquelle Gide pouvait donc espérer un accès par procuration. Par contre, la divination inconsciente de Gide – en matière de fétichisme, il était bien placé – lui fait saisir que la conversion de Ghéon ne permettra pas la même opération : Ghéon, dans le rêve, se contente du fétiche catholique de la religion attaché à son poignet, le chapelet, sans désigner rien au-delà, et surtout pas le ciel ou Dieu.

Pourquoi Gide n'a-t-il pas noté à la date où il l'a fait ce rêve prémonitoire de la conversion, un an après, de Ghéon ? Parce qu'il a reculé devant l'angoisse, certes, mais probablement aussi à cause du sentiment d'une faute. Pressentant obscurément la faiblesse de son ami, au moins depuis leur liaison commune avec Maurice Schlumberger, et son inclination vers l'idéal d'une alliance du patriotisme et du catholicisme, il l'a poussé vers ce catholicisme que lui-même refusait. Pousse au crime, Gide l'incita même à aller communier, ce que fit Ghéon à Noël 1915. Ultérieurement, Gide qualifiera d'« abjecte » la position religieuse et littéraire de Ghéon qui évoluera vers l'Action française : mais il n'y était pas pour rien.

Le commentaire de ce rêve de Gide éclaire la singularité de sa structure fétichiste, à savoir l'articulation entre les deux versions du fétiche (les petits garçons côté désir et les lettres côté amour). L'angoisse est provoquée par la menace de la disparition des fétiches, seuls recours possibles contre la castration de l'Autre. Le rêve fait ressortir l'opposition de deux modes de rapport à l'Autre, incarnés dans deux attitudes religieuses. L'une, fétichiste, interpose un objet – représenté ici par le chapelet – entre le sujet et Dieu : c'est la position prêtée à Ghéon. L'autre, mystique par procuration, essaie de se soutenir du rapport à l'Autre jouissance d'une femme pour faire « exister » Dieu : c'est la tentative de Gide dans son amour pour Madeleine. À mon avis, il y échoue. En effet, la conversion de Ghéon précipitera André dans une crise religieuse et un commentaire très personnel de *L'Évangile* – fétichisme de la lettre dont il est coutumier. Gide vivra ensuite une crise décisive dans sa relation avec Madeleine, entraînée par sa liaison avec Marc Allégret. On en connaît la suite : la destruction de la correspondance-fétiche adressée à Madeleine, et le désespoir de Gide.

Le rêve nous oriente toujours vers le réel le plus intime. Celui d'André Gide le confirme par l'aperçu fulgurant sur le fétichisme de l'écrivain.

IV. Le sinthome gidien

Peut-on qualifier de sinthome le rapport de Gide avec la littérature ? Il affirmait qu'écrire le vivifiait, et que, sans cela, il se serait suicidé. Son symptôme primaire consistait en une mortification de tout son être, sensible jusque dans son apparence de « Ci-Gide ». Cette mortification, due à l'enveloppement de l'amour maternel, fut redoublée par la mort de son père. Les premiers fantasmes de jouissance en portaient déjà la marque : saccages, décomposition, noyade, retrouvailles muettes et fusionnelles avec le végétal. Les deux premiers *Schaudern* soutiennent cette « voix de la mort » que l'on peut considérer comme son symptôme de départ.

L'adolescent rencontre tardivement et fugitivement, en la personne de sa tante, le désir féminin qui s'était absenté de sa mère : traumatisé, il réagit alors par la fuite. L'horreur du sexe féminin le hantera désormais et va s'associer étroitement à l'angoisse de la mort dans le troisième *Schaudern*, à l'âge de15 ans. Le sujet s'est définitivement clivé face à la castration féminine. D'un côté, dans le prolongement de son érotisme masturbatoire infantile, il revêt le masque désirant de sa tante pour avoir des relations multiples avec des petits garçons fétiches. De l'autre, il voue à sa cousine Madeleine un amour unique et idéalisé dont la lettre est un autre fétiche, logé à la place où fait désormais défaut tout désir pour l'autre sexe. Sa relation avec l'écrivain Henri Ghéon montre que Gide cherchait à nouer ces deux fétiches dans la littérature. L'écriture n'opère aucune réunification du clivage. Mais l'écrivain transforme ce clivage, assumé comme un écartèlement artistique, en savoir-faire avec le symptôme primaire de la mortification.

Pour Gide, l'écriture est un sinthome qui « coiffe » le Nom-du-Père en lui servant de médiation entre le désir, l'amour et la jouissance. Se substituant au Nom-du-Père, elle humanise le désir qui lui fut traumatique. Dès lors, Gide transforme les *Schaudern*, emblèmes de la mort et de la castration, en pouvoir créateur : voilà pourquoi écrire le vivifie. La présence quotidienne du *Journal* trouve ainsi, selon moi, sa raison, voire sa nécessité. La réussite d'une telle métamorphose du symptôme primaire en une pratique

« qui ne cesse pas », l'écriture, qui signifie le contraire de la mortification et qui change radicalement le rapport à soi-même et aux autres, peut être qualifiée de sinthome. En termes borroméens, le sinthome gidien de la création littéraire noue le réel de la pulsion de mort (les *Schaudern*), le symbolique de l'idéal du moi (Madeleine, l'ange) et l'imaginaire du phallus (les petits garçons).

Dans le prochain chapitre, j'articulerai en terme de sinthome des cas d'hommes analysés où la *Verleugnung*, accompagnée d'ambiguïté sexuelle, connaît un destin singulier.

CHAPITRE X

Trois cas masculins d'ambiguïté sexuelle

« *Il ne s'agit pas seulement de parler des interdits, mais simplement d'une dominance de la femme en tant que mère, et mère qui dit, mère à qui l'on demande, mère qui ordonne, et qui institue du même coup la dépendance du petit homme. La femme donne à la jouissance d'oser le masque de la répétition. Elle se présente ici en ce qu'elle est, comme institution de la mascarade. Elle apprend à son petit à parader. Elle porte vers le plus-de-jouir, parce qu'elle plonge ses racines, elle, la femme, comme la fleur, dans la jouissance elle-même.* »

Jacques Lacan [1]

« [...] *en quoi se confirme que ce qui resurgit dans l'inconscient du sujet c'est le désir de l'Autre, soit le phallus désiré par la mère.* »

Jacques Lacan [2]

Alors que le Nom-du-Père y échoue, le sinthome de Gide le soustrait à la loi de la mère qui est mortification de l'amour sans désir. En effet, le *Schaudern* une fois métamorphosé en inspiration, l'écriture revivifie le sujet en s'appuyant sur l'écartèlement du désir, donnant à l'œuvre son aspect contrasté.

L'ambiguïté sexuelle est le point commun aux trois cas masculins que je vais exposer maintenant. Si celle-ci revêt pour eux

1. S XVII, p. 89.
2. Lacan J., « Propos directifs pour un congrès sur la sexualité féminine » (1958), *Écrits*, *op. cit.*, p. 733.

d'autres masques que chez l'écrivain, ils n'en sont pas moins toujours liés à la loi maternelle dont ils ont tenté de se retrancher au prix de lourds symptômes. Aucun de ces hommes n'a présenté de symptôme psychotique ni avant ni pendant les années d'analyse et, dans la nosographie freudienne, ils passeraient pour des névrosés avec des traits de perversion importants, voire pour des pervers. Comme pour Mme P. ou pour Gide, le sinthome montre particulièrement son intérêt dans ces cas où la métaphore paternelle, même si on la repère, ne sépare pas l'enfant de la mère. Le sinthome peut donc renouveler la clinique de ces cas compliqués en élargissant considérablement notre point de vue au-delà de l'œdipe.

J'ai rappelé, à propos de Gide, les versions freudiennes du clivage. Lacan reprend cette thématique en des termes légèrement différents. Le clivage de l'amour et du désir provoque, dit-il, une sorte de bigamie, c'est-à-dire la « divergence rémanente vers "une autre femme[3]" ». Pour que sa partenaire puisse satisfaire la demande d'amour de l'homme, il faut en effet qu'il la considère comme « châtrée » (donnant dans l'amour ce qu'elle n'a pas). Il cherchera le phallus comme signifiant du désir dans une série d'autres femmes qui lui serviront de fétiches pour jouir de sa partenaire en masquant, par leur présence, la castration d'origine maternelle dont la première est porteuse[4]. D'où la stabilité du dispositif (et donc la justification théorique de l'infidélité masculine !). Cette « tendance centrifuge de la pulsion génitale dans la vie amoureuse » masculine proviendrait de la marque, éternisée dans l'inconscient du garçon, du *désir de la mère pour le phallus*.

Il y a donc là une nuance importante par rapport à la théorie freudienne qui imputait le clivage au désir incestueux non résolu *pour* la mère : il existerait en fait une identification fondamentale et indélébile du fils au désir *de* la mère *pour* le phallus, voire au *penisneid* de la mère. Les « séquelles » de la relation primordiale à la mère seront donc multiples, même dans les cas où la métaphore paternelle a fonctionné : d'une part, la loi de la mère laisse une trace destinale et surmoïque et, d'autre part, la relation du garçon au phallus, même « transmutée » par le père dans le complexe de castration, reste marquée par l'inconscient maternel dont provient

3. Lacan J., « La signification du phallus » (1958), *Écrits*, *op. cit.*, p. 695.
4. Les *girl-phallus*. Cf. Fenichel O., « The Symbolic Equation: Girl = Phallus », *Collected Papers*, Second Series, NY, W. W. Norton, 1954.

le désir du phallus. L'axiome lacanien « pas de virilité que la castration ne consacre » évoque pourtant l'inscription inconsciente définitive de la loi de la castration, due à l'intervention paternelle qui sépare le fils de la mère : d'où, à la fin de l'œdipe, l'identification virile au père, constituante de l'idéal du moi, qui fera du Nom-du-Père un composant essentiel du symptôme névrotique – voilà la normale, la « norme-mâle ». Mais ce qui y objecte structuralement, est *le désir du phallus de la mère*, à entendre avec son équivoque (croyance du fils en une mère phallique et/ou identification au désir nostalgique de la mère pour le phallus « perdu »). Une certaine ambiguïté sexuelle en résulte nécessairement, même chez l'homme le plus « viril », puisque le signifiant du désir mâle, le phallus, est un signifiant originairement transmis par les femmes, et que sa « transmutation » par le père est toujours imparfaite. Idéalement, ce complexe subsiste comme une simple cicatrice dans l'inconscient du garçon, mais il peut aussi s'incarner sous différentes formes : *girl-phallus*, objets fétiches, pénis des partenaires dans l'homosexualité, masques féminisants du désir, transvestisme, etc. D'où la thèse du phallus comme pivot de l'ambiguïté sexuelle, soit qu'il soit forclos dans la psychose (ce qui n'empêche pas son image d'être parfois prévalente), soit qu'il y ait un excès de signification phallique, dans la névrose et la perversion[5]. Dans les cas où l'ambiguïté sexuelle fait question voire devient un problème, on retrouvera donc souvent ce phallus maternel qui a pris force de loi dans la relation à l'autre. Chacun des trois hommes dont je rapporte le cas a éprouvé l'urgence de trouver en analyse une solution qui le soustraie à la tyrannie de cette loi.

I. La fascination du phallus

L'obstacle du phallus peut se manifester très concrètement au cœur même de l'acte sexuel sous les espèces de l'éjaculation précoce. Claude en souffrait dans sa relation à sa femme, Ana, son unique partenaire féminine. Pas de *girl-phallus* à l'horizon pour soutenir son désir défaillant, mais un fantasme encombrant qui surgissait au moment de la pénétration : il contemple un phallus érigé, et cette image lui évoque la phrase « voir des hommes nus ». Si l'image a d'abord la vertu de causer l'érection, elle engendre

5. Développée dans Morel G., *Ambiguïtés sexuelles*, *op. cit.*, cf. « Introduction ».

presque en même temps une angoisse qui fait tourner court l'acte sexuel.

Suis-je un homme véritable ?

J'étais la seconde analyste de Claude. Nous verrons pourquoi il m'avait choisie en tant que femme. Les péripéties de sa première « tranche » l'avaient conduit à mettre en acte son fantasme « voir des hommes nus ». Quasiment impuissant avec Ana, il se précipitait au sauna pour « voir des hommes nus » et rendre possible une érection. Lors de la grossesse d'Ana, son premier analyste avait interprété ses visites au sauna en lui affirmant que « le problème des femmes était réglé » et qu'il n'y allait que pour « soulager son trop plein d'excitation sexuelle ». Du coup, Claude intensifia ses visites au sauna (puisqu'elles étaient la preuve de sa virilité) et se mit alors à y pratiquer des masturbations réciproques. Malheureusement, cela ne changea rien à ses problèmes sexuels avec sa femme et il quitta son analyste.

Il se présenta chez moi avec les questions : « Suis-je homosexuel ? » et « Suis-je un homme véritable ? » Je commençai par prendre le contre-pied de l'analyste précédent en affirmant que « ce n'était nullement réglé avec les femmes, même s'il était mari et père ». Claude espaça alors ses visites au sauna et son angoisse diminua.

Une interprétation modifia la tournure de sa question. « C'est difficile de vivre avec une femme lorsqu'on a des désirs homosexuels », me dit-il. J'inversai simplement la causalité : « On a parfois des désirs homosexuels parce qu'il est difficile de vivre avec une femme. » Cette inversion produisit une floraison de rêves articulant en images la question hystérique : « Qu'est-ce qu'une femme ? » Ainsi, la vision d'hommes avec des seins d'où jaillissait du lait engendrait-elle du dégoût et la constatation :

> « Les hommes, on sait que ce sont des hommes, même s'ils ont des caractères sexuels ambigus, tandis que les femmes, on ne sait jamais si elles en sont vraiment. »

Dans un autre rêve, des hommes sans sexe suscitaient le commentaire suivant : « Ainsi la question ne se posait pas », ce que je réfutais. Dans d'autres encore surgissait un obstacle à la pénétration : une tenaille sortait du sexe d'Ana pour le châtrer, ou bien son pénis se décomposait devant sa mère, etc. Angoisse de castration, certes. Mais pas seulement, car pour Claude, l'essence de la femme ne se réduisait nullement à la castration, ce en quoi il avait raison. Ne disposant pas, dans son inconscient, du signifiant de la femme qu'il recherchait vainement, elle restait pour lui un objet étrangement inquiétant et réel. D'où le recours à « l'homme nu », le porteur de phallus, pour affronter la femme. Cette structure est analogue à celle que Freud décrit dans le cas Dora : la jeune fille doit s'identifier au moi viril de M. K. pour approcher une femme, Mme K. Le détail du cas de Claude nous montrera la matrice singulière de son scénario fantasmatique.

L'identification à la castration maternelle

Un nouveau fantasme, qui apparut par le biais d'un rêve, précisa son identification à sa mère : « Être le Christ pour supporter la souffrance du monde. » Selon Claude, sa névrose venait de sa famille, qu'il rendait responsable de son destin : son père, alcoolique et insuffisant sous tous rapports, était mort du *delirium tremens.* Sa mère, insatisfaite et « castratrice », refusait et méprisait le père. Elle préférait les filles aux garçons et adorait les sœurs de Claude. Elle se faisait beaucoup de souci pour le frère de Claude, un garçon à la santé fragile, atteint d'un phimosis. Placé entre un frère au pénis blessé et une sœur élue *girl-phallus* par la mère, Claude se sentait « le cul entre deux chaises » : fille par ses goûts et par ses jeux, mais garçon par l'anatomie. Pour plaire à sa mère, il aurait certainement mieux valu être une fille, et d'ailleurs, le choix de son prénom au genre ambigu n'était-il pas le signe de cette préférence ? Claude goûtait par-dessus tout sa compagnie et la défendait à chaque fois qu'il sentait le regard méchant de son père se poser sur elle, le même regard qu'il sentait peser aussi sur lui. Lors d'une séance d'analyse, un rapprochement lui vint à l'esprit : « Voir des hommes nus », n'était-ce pas ce dont jouissait son inconsolable mère et qu'il aurait inconsciemment repris à son compte ? Ne s'identifiait-il pas à la douleur maternelle, comme un Christ qui prendrait sur lui la souffrance sans fond du *penisneid* féminin ? « Voir des hommes nus » lui évoqua une scène qui l'avait plusieurs fois bouleversé, à 6 ans : à chaque fois que sa mère examinait le pénis douloureux de son frère, elle mettait Claude à la porte. La scène s'était répétée après l'opération du phimosis. Chaque fois,

Claude restait dehors, aux aguets, érigé et figé sur la scène qu'il ne voyait pas, devenu pur regard.

Ainsi l'analyse faisait apparaître une identification hystérique au manque phallique de la mère[6], dont la matrice était cette scène à 6 ans avec son frère. Mais ce matériel ne donnait sûrement pas le dernier mot du symptôme : certes, les visites au sauna avaient cessé et Claude pouvait maintenant supporter les avances d'Ana sans se dérober, mais son talon d'Achille restait l'éjaculation précoce précédée de la même évocation phallique préalable.

Être comme Tirésias : savoir comment elle jouit

Un moment de transfert négatif nous introduisit à un nouvel élément. Claude avait remarqué quelque chose de bizarre : pendant les vacances, lorsqu'il n'avait plus de séances, les relations avec Ana s'amélioraient. Il en déduisit que l'analyse était un obstacle à ses relations conjugales. Ne l'absorbait-elle pas trop, et, à rebours du but recherché, n'accentuait-elle pas son problème ? L'analyse serait-elle, comme l'alcool pour son père, un moyen de se détourner de sa femme ? De plus, cette analyse, comme celle d'avant, l'avait déçu : il espérait « tout savoir sur le sexe » et, finalement, il n'en sortait vraiment pas grand-chose. Quel était ce « tout savoir » qui se dérobait ? Seules les femmes, me répondit-il, savent ce qu'est le sexe, et c'est pour cela qu'il avait choisi une deuxième analyste femme. Et de rajouter : « Je voudrais être une femme pour savoir comment jouissent les hommes. » Il articula alors le raisonnement disjonctif suivant :

> « Soit on veut se mettre à la place de la femme pour savoir, soit on est un homme sans se poser de questions. Moi, je me mets à la première place, et c'est ce qui me rend impuissant. Je dois donc y renoncer. »

Claude est ici l'objet de ce que l'on pourrait appeler « un pousse au Tirésias », expression décalquée sur le pousse-à-la femme, inventé par Lacan pour la psychose du Président Schreber. Le

6. Quand j'utilise cette expression ou celle de « castration » féminine ou maternelle, dans tout ce chapitre, il s'agit évidemment du fantasme infantile de cette castration, qui menace le sujet dans les termes de la théorie de Freud, et non pas d'une vérité scientifique ou d'une réalité à laquelle on devrait adhérer.

pousse-à-la-femme force le sujet à jouir comme une femme. Le pousse au Tirésias inciterait le sujet à abandonner la référence phallique pour savoir ce qu'est la jouissance féminine au-delà du phallus, à l'instar de Tirésias qui savait ce qu'il en était pour avoir été changé en femme pendant sept ans. On peut considérer le pousse au Tirésias comme une forme pernicieuse du surmoi : « Châtre-toi et tu sauras alors comment elle jouit, pour faire mieux la prochaine fois ! », ou « Il y a beaucoup mieux que la jouissance phallique, c'est celle de la femme : châtre-toi, et ainsi, de plus, tu échapperas à la castration par la femme ! » Pour savoir ce qu'*elle* éprouve, Claude se met ainsi à la place d'une femme qui jouirait de voir s'ériger un sexe d'homme : voilà qui expliquait aussi la persistance du fantasme du phallus érigé au moment de l'acte. Son fantasme s'était emparé du dispositif analytique et logé dans le transfert : il racontait sa vie sexuelle à l'analyste et s'érigeait en quelque sorte sous son regard qui lui évoquait celui de sa mère. Ainsi, il pourrait l'intéresser autant que son frère avec son pénis « blessé ». Il espérait en récupérer en retour un savoir sur la jouissance féminine. D'où le renforcement du symptôme pendant les périodes d'analyse. La progression de l'analyse l'avait débouté de cette position, provoquant sa déception et son transfert négatif, mais aussi un aperçu nouveau sur son fantasme.

Pour la première fois aussi, Claude saisissait la part qu'il prenait à son symptôme : un savoir sur la femme lui importait plus que d'être un homme. On voit en quoi son hystérie venait en contradiction avec sa position sexuée d'homme. Celle-ci subsistait cependant sous une forme symptomatique : il jouissait de son organe dans l'éjaculation précoce, les yeux rivés à un phallus mental. La partenaire était réduite à un regard sur sa détumescence : le regard de sa mère.

Le père impuissant et « l'homme louche »

Malgré l'exploration du désir féminin et maternel dans l'analyse, le symptôme tenait bon. Claude n'avait pas levé le voile sur ses choix infantiles de jouissance. Le silence sur son père était lourd de refoulement. Le rideau s'ouvrit alors sur une nouvelle scène – la scène primitive – grâce à un rêve :

« – Je suis sur une scène de théâtre avec Ana ; mes parents et mon frère assistent à la représentation. Mais ni Ana ni moi n'arrivons à jouer notre rôle. Nous n'avions pas appris notre texte. D'ailleurs, y a-t-il un texte ? Les masques tombent, nous sommes dévoilés, c'est la fin du spectacle. Je suis seul devant le vide et je dois maintenant inventer quelque chose.

– Et qu'avez-vous donc inventé ? »,

lui demandé-je. Sa réponse fut la construction de sa névrose infantile, dont le pivot était son rapport au père.

D'abord lui revint en mémoire une série de cauchemars infantiles semblables : des « hommes louches » entraient dans la maison et voulaient le « poignarder ». Dans une version, le père le sauvait ; dans une autre, il passait un compromis « louche » avec les intrus auquel le sort de son fils était suspendu. Le signifiant de « l'homme louche » évoqua à Claude le nom d'un sien collègue, objet de rêveries érotiques et d'intrigues professionnelles pendant une partie de la cure. Claude associa sur loucher et regarder (Claude Lelouch). Il établit ensuite un parallèle entre le cauchemar infantile et son éjaculation précoce actuelle. La menace du poignard suspendu sur lui était l'équivalent de l'image phallique au moment du coït, promesse excitante qui s'avérait finalement castratrice.

Un fantasme infantile

Une fois le symptôme relié à ce cauchemar infantile, et finalement à son père, un souvenir essentiel lui revint. Le père était viticulteur et employait des commis pour l'aider pendant les vendanges. Ceux-ci, des « hommes sales » selon la mère, couchaient à la ferme, ce qui suscitait régulièrement une scène de ménage. Un jour, le père avait suggéré, en guise de plaisanterie, que l'un d'eux dorme entre sa femme et lui. Furieuse, la mère protesta et le père répliqua : « Je le tuerai alors. » Les enfants étaient terrifiés. Le lendemain, le frère de Claude questionna : « L'a-t-il tué ? » C'est à ce moment-là que Claude commença à rêver des « hommes louches ».

Claude put alors reconstruire ce qu'il avait inventé, face à l'impossible du rapport sexuel que matérialisait si bien le couple infernal de ses parents. Il avait imaginé que la condition de jouissance de son père, qu'il supposait impuissant face à sa mère à la fois frustrée et castratrice, était d'introduire un « homme sale » à la maison. Cela aurait excité le père et lui aurait permis d'avoir des relations sexuelles avec sa mère.

Quel est le sens de cette construction infantile ? Pour Claude, le Nom-du-Père comme instance de la loi a fonctionné : même s'il lui est resté des séquelles importantes de ces positions infantiles, il a été détourné à la fois de satisfaire à l'exigence phallique de sa mère (puisque de ce point de vue elle ne s'intéressait pas à lui mais à son frère) et aussi d'être l'objet sexuel de son père (cf. l'enfant sous le poignard de l'homme louche). Mais le père lui est apparu comme carent dans sa relation aux femmes et à la mère. Il préférait boire de l'alcool avec d'autres hommes plutôt que de jouir de sa femme. C'est à partir de cette carence phallique du père et de la jouissance « sale » qui y suppléait (l'alcool) que le sujet a bâti son symptôme, par l'intermédiaire d'un fantasme. À partir d'un événement contingent, les vendanges, il devine que son père a besoin d'une compagnie masculine – mais pourquoi faire, pour boire ou pour aborder sa femme ? C'est bien là l'équivoque que tranche le sujet : il fallait au père un autre homme pour pouvoir s'approcher de sa femme. Par cette hypothèse, il attribue au père sa propre hystérie, tout en le dénonçant comme un père impuissant. En effet, l'hystérique ne peut aborder une femme que par le biais d'un homme qui lui sert de procuration, d'homme de paille. Par l'artifice du fantasme, le sujet offre à son père un phallus imaginaire, non pas sous les espèces avenantes et conventionnelles d'une maîtresse, d'une *girl-phallus*, mais sous la forme de l'homme « sale », « louche » qui soutiendra le désir défaillant du père tout en incarnant sa jouissance mauvaise (l'alcool). D'ailleurs, le sujet n'a-t-il pas deviné, derrière ses plaintes, la convoitise phallique de la mère pour ces saisonniers qui visitaient sa maison ? Nous l'avons vu, le rapport du sujet au phallus garde la marque de l'origine maternelle de ce signifiant. Mais, d'un même geste, le sujet fait aussi de ce phallus, qu'il offre fantasmatiquement à son père, la condition de sa propre jouissance, qu'il croit ensuite avoir héritée de lui. Las, ce phallus imaginaire ne cesse de l'encombrer à chaque coït, véritable mémorial de ce qui ne cesse pas non plus, l'impuissance supposée de son père qu'il a réellement faite sienne.

Le cas de Claude fait apparaître ici une troisième contradiction entre être hystérique et être homme (les deux premières venaient respectivement de l'identification hystérique au manque féminin et du pousse-au-Tirésias). L'hystérique « fait l'homme », dit

Lacan, commentant l'identification imaginaire de Dora à M. K. Mais *avoir un moi viril* ne suffit pas à *être un homme* au sens de la position sexuée : l'habit ne fait pas le moine, comme on dit. Être un homme hétérosexuel implique davantage : accepter que son organe devienne l'instrument de la jouissance d'une femme, soit une certaine forme de castration. C'est ce que signifie aussi l'aphorisme « pas de virilité que la castration ne consacre ».

Une phrase qui vient à Claude en séance : « *Une femme regarde le pénis d'un homme louche* », condense la construction de son fantasme depuis le début de l'analyse. Le sujet y prend tour à tour la place du regard louche de la femme en attente ou celle du propriétaire châtré du pénis sur lequel elle louche (frère, père), voire la place du phallus qui manquait à la mère et qu'elle trouva dans sa fille, ou enfin celle du phallus de l'homme louche, prothèse phallique du père. Les élucubrations analytiques de Claude et, surtout, la mise au jour de la dénonciation symptomatique de l'impuissance paternelle, soit le lien de son symptôme à la jouissance de son père, l'ont ébranlé : son symptôme d'éjaculation précoce a cédé et, comme il se sentait mieux, il a souhaité arrêter son analyse peu après.

Hystérie masculine

Voilà un sujet hystérique aux prises avec la question que lui serine, sous diverses formes, son inconscient : Qu'est-ce qu'une femme ? Il y trouve des réponses sans vouloir pour autant renoncer à être un homme. La question sur le sexe l'attendait d'origine : né « entre deux chaises », comme il dit, entre garçons châtrés et mal aimés et filles-phallus désirées. Sa question est intriquée au désir d'une mère avide du phallus.

Claude s'est identifié à ce manque féminin. Mais ce qui aurait été tolérable pour une fille ne l'est pas pour un garçon à cause de la nécessité de l'investissement narcissique du pénis et de la menace de castration qui en résulte. En effet, sa position féminine par rapport à un père « louche » et jouisseur, visible dans son cauchemar infantile, est dénoncée par le père de la loi (dans la version où il sauve son fils du poignard mâle et phallique). De même, vouloir trop en savoir sur la jouissance des femmes, modalité de sa question hystérique, s'est avéré ruineux pour sa virilité.

Claude a cru trouver une solution de compromis, un symptôme, en offrant le phallus imaginaire à son père défaillant pour faire exister un rapport sexuel entre ses parents. Le père est en même temps dénoncé comme impuissant, un classique de l'hystérie. Cette solution avait l'avantage de présenter le signifiant phallique de son désir à la mère. La partenaire est alors mise à la place du regard louche.

Mais il peut arriver à un homme qu'une femme veuille autre chose que ce que veut sa mère, en cela bien réelle de trouer l'écran de son fantasme, dont la structure est ici celle d'un regard féminin sur un phallus idéalement érigé, cache-misère de la castration du sujet. Ana n'accepta pas d'être l'objet du fantasme de son mari qui faisait d'elle un pur regard sur sa castration. Ce fut pour lui l'heure de la vérité : on pourrait dire aussi que la « guérison » de l'éjaculation précoce de Claude marque le moment où Ana est vraiment devenue sa partenaire et en cela son sinthome. En effet, dès lors s'est créé entre eux un lien plus réel, où elle n'était plus seulement l'objet *a*, bouchon de la castration de son mari, mais celle dont il pouvait supporter la jouissance dans ce qu'elle avait d'inconnu et d'insupportable : le réel qui débordait le cadre de son fantasme.

L'ambiguïté sexuelle de Claude se manifestait à travers les positions féminines qu'il a tour à tour adoptées et où se déchiffrait sa question hystérique : identification au manque maternel, pousse au Tirésias, objet passif livré au poignard phallique d'un homme, etc. Son étiologie en est la fixation imaginaire au phallus de la mère, non pas le phallus *qu'avait* sa mère mais au contraire celui *qui lui manquait* et dont elle exigeait sans fin qu'on le lui donnât. La loi de la mère consiste en cette fascination phallique transmise au fils. Le symptôme du fils prolonge celui de la mère : l'image phallique héritée de l'imaginaire maternel est transformée en érection fantasmatiquement présentée aux femmes pour objecter au rapport sexuel. Mais il prolonge aussi celui du père parce que cette image « louche », censée rendre le père puissant, ôte de fait tous ses moyens au fils. Dans le cas de Claude, la solution est venue du déchiffrage de la question hystérique qui a décollé le sujet de son fantasme infantile, au prix, certainement, d'un assujettissement à sa femme qui est devenue son sinthome, plus réel que la loi de sa mère à laquelle il échappait ainsi.

II. Hector ou le regard de la loi

Je l'ai appelé Hector à cause de l'excitation incontrôlable qui le saisissait devant une « académie d'homme » de David où Hector gît nu à terre, le sexe voilé d'une étoffe rouge, si ambiguë qu'on croirait y voir une blessure.

Hector a fait cinq ans d'analyse avec moi, ponctuées d'interruptions motivées par son angoisse incoercible devant « la castration féminine » que l'analyse ne lui a pas permis de surmonter. C'est pourquoi j'ai construit le récit de son cas en suivant le mouvement de la cure et de ses interruptions afin qu'apparaisse, à la fois, ce qui ne cesse pas et ce qui, au contraire, change.

Une phobie infantile

Hector est venu au monde dans une famille dominée par la stature de sa grand-mère maternelle, héritière d'une longue lignée de culottières (*i.e.* tailleuses de culottes pour hommes) qui remontait à la Révolution française. Le père d'Hector et son épouse lui étaient entièrement soumis et elle incarnait aux yeux d'Hector « la légitimité de la famille ». La mère d'Hector, qui ne désirait pas d'enfants, fit de sa grossesse une maladie ; elle aurait voulu être danseuse ou professeur de mathématiques – idéaux dont nous verrons l'importance pour Hector – et ne se résignait ni à son mariage ni à l'obligation de gagner sa vie comme culottière dans l'atelier de sa mère. Cependant, elle se convertit en « mère poule » à la naissance d'Hector, guérie subitement de sa dépression par le jet d'urine du nouveau-né qui, en atteignant l'œil paternel, les convainquit tous deux de l'exceptionnelle virilité de leur fils. Hector appelle « l'ogresse » cette figure de la mère complétée par son enfant, phallique donc, et ainsi consolée de toutes ses déceptions antérieures.

Hector répondit d'abord à ce désir maternel trop exclusif par une phobie, qui semble avoir été aiguë, des serpents et de l'eau de mer avec ses algues dangereuses. Il y parait par une série d'objets contra-phobiques, ainsi l'oreiller maternel qu'il traîna avec lui jusque tard, des chaussons à semelles tressées et le martinet de sa mère dont il avait tressé les brins. Il s'adonnait également à des rituels : il obligeait sa mère à vérifier chaque soir le contenu de toutes les armoires et à le border étroitement dans un drap. Un cauchemar, qu'il intitulait « l'homme à la mitraillette », hantait ses nuits. Le père d'Hector fut vite écarté de l'éducation de son fils, menée dès lors par les deux femmes. Il ne leur opposa guère de résistance parce qu'il ne voulait pas que son fils devienne comme lui un peintre en bâtiment, « un manuel » : « je le préfèrerais curé », disait ce communiste convaincu. La mère d'Hector le voyait plutôt intellectuel, ce qu'elle n'avait pu être. Ils ne croyaient pas si bien dire. Nous verrons la « correction », pour reprendre le titre du roman de Franzen, à laquelle Hector plia les idéaux de ses géniteurs : en devenant expert en contrefaçon et en portant (dans certaines occasions) la robe !

Transvestisme et homosexualité

Dès l'âge de 6 ans, Hector, qui était doué pour la couture, se confectionnait des costumes féminins dans l'atelier de sa grand-mère, notamment une robe à crinoline de Marie-Antoinette et une robe de mariée, sous l'œil bienveillant des deux femmes et malgré « l'effarement » de son père qui, cependant, ne réussit pas à l'en empêcher. Il se déguisait ensuite en revêtant ces costumes féminins.

Parallèlement, il payait des petits garçons, ses camarades d'école, pour se déshabiller devant lui sous une tente qu'il avait dressée dans le jardin de sa grand-mère. Il garde le souvenir délicieux, comme d'un « plus », de l'appréhension qu'il avait d'être surpris, comme si un regard menaçant (celui de la grand-mère) planait sur cette scène.

Il existe une structure commune à ces deux activités infantiles : un phallus (le sien ou celui d'un autre) voilé (par une robe ou la toile d'une tente), scène sur laquelle plane un regard qui pourrait être menaçant (père ou grand-mère). *Un phallus voilé sous un regard figurant la loi*, tel est donc le scénario commun qui soutenait à ses débuts tant son transvestisme que son homosexualité. Mais la différence entre les deux – que le temps ne démentira pas – est que le transvestisme d'Hector va de pair avec une idéalisation asexuée de la femme, en la faisant exister comme phallique derrière son voile. Il ne s'accompagne d'aucune excitation sexuelle, au contraire de l'homosexualité qui, en revanche, cause l'érection.

Ces deux pratiques évoluèrent parallèlement tout en restant clivées : jamais Hector, qui cultivait une apparence virile, ne se travestit pour draguer. Sa mère, qui avait de la suite dans les idées, inscrivit Hector, âgé de 15 ans, à un cours de danse folklorique où il devint danseur et maître de ballet amateur. Il utilisa dès lors ses dons en couture pour fabriquer, amoureusement, à chaque danseuse, et « en exclusivité pour chacune », une coiffe compliquée qui nécessitait une technique ancienne et délicate, le tuyautage de la dentelle. Lui-même dansait habillé en homme mais, chez lui, n'hésitait pas à se costumer en danseuse devant la glace avec des costumes faits maison, ou bien, mais alternativement, à se masturber en érection, nu face au miroir, voire même à se photographier dans ce simple appareil. Un peu plus tard se mit en place une homosexualité qu'il qualifie de « frénétique ». Si Hector n'a jamais, malgré quelques tentatives, pu avoir de relations hétérosexuelles, il a toujours recherché la compagnies de femmes qu'il idéalisait.

Deux masques maternels : la danseuse et l'ogresse

Son identification à la mère est clivée en deux figures : la danseuse ou la midinette, et l'ogresse. La danseuse, c'est la mère jeune fille avant son mariage. Une photo, qu'il m'offrit, la montre voilée le jour de ses noces, vierge phallique dont Hector adopte le côté « fleur bleue » : c'est ainsi, costumé mentalement, habillé d'« une peau de femme » qu'Hector drague ses partenaires, avec « l'esprit d'une midinette ».

L'ogresse, c'est la mère, phalliquement complétée par son enfant. Hélas ! Hector a incorporé cette ogresse qui le pousse à « bouffer », voire à « dévorer » ses partenaires sexuels. Il serait atteint de cette même « névrose tactile » qui lui était si insupportable chez sa mère, qui ne cessait de l'embrasser, de l'étreindre d'un amour mortifère. De ce fait, le couple « d'amour véritable » qu'il rêve de former avec un autre homme s'avère impossible.

Entre ces deux figures maternelles, toutes deux phalliques (la danseuse du côté de l'être, l'ogresse du côté de l'avoir), Hector oscille : il occulte ainsi, parce qu'ils lui sont insupportables, et le moment et l'acte qui séparent ces deux versions du personnage maternel, à savoir la défloration inacceptable de la vierge danseuse par le père, l'intrusion de l'homme dans la vie de sa mère. Ce moment condense et symbolise la castration féminine ; ce qui est ainsi exclu (forclos ?) par le sujet, c'est la mère comme objet sexuel du père, soit l'équation « mère = putain », qui doit s'établir normalement, selon Freud, dans l'inconscient du garçon, à la puberté, et qui subit des destins divers[7]. La « solution » d'Hector pour refouler cette équation est de sauter d'une identification à l'autre : il revêt soit le masque de la danseuse, soit celui de l'ogresse. Ainsi, le passage entre les deux reste toujours en blanc, censuré, supprimé. L'agent de cette castration féminine déniée est le père qui revient le hanter.

L'homme à la mitraillette

Ce père est en effet « l'homme à la mitraillette » de son cauchemar infantile, présenté à la fois comme un héros de la dernière guerre ayant tué beaucoup d'Allemands mais aussi comme un homme cruel, « ayant un goût certain du meurtre ». Par ailleurs, jouisseur et grand amateur de femmes, il aurait même, après la guerre, aimé en Allemagne une certaine Nora à laquelle il aurait bien pu, selon la légende familiale, faire un enfant. Repoussé sexuellement par sa femme après sa grossesse, il se consola avec la politique. Ce père avait aussi abdiqué toute prétention à l'éducation de son fils en faveur de sa belle-mère et de sa femme. À la mort de son père, le père d'Hector avait renié sa propre mère parce qu'elle n'avait pas voulu assister à l'enterrement de son époux et il s'était fait adopter solennellement par sa belle-mère, devenue donc le vrai chef de famille.

Cette figure paternelle qui hantait les rêves d'Hector enfant se retrouve, inchangée, dans sa vie d'adulte : il est terrifié par ses chefs. À chaque fois que menace un conflit avec un patron, il se jette, pris de panique, dans des orgies avec « des hommes du peuple », ce qui, au contraire de la drague bien rôdée « midinette-ogresse », l'angoisse mortellement. Il va rôder autour de « camionneurs brutaux » avec l'idée absolument insupportable de se faire maltraiter sexuellement par eux. Dans ce moment-là fait retour en force la figure qui lui fait le plus horreur, celle de la mère comme objet sexuel du père, dont *il prend alors la place*. En revanche, du père comme une figure de la loi qui humaniserait le désir, selon le mot de Lacan à propos de Gide, il n'est pas question.

---

7. Cf. IV, 2 – *supra*, « Gide : masques et sinthome », p. 233.

L'entrée en analyse et la première interruption : « c'est la castration »

Hector m'avait choisie comme analyste à cause de ma formation de mathématicienne, un idéal auquel sa mère avait dû renoncer. Il était venu me voir au sortir d'une maladie grave dont sa mère avait pris prétexte pour venir le couver à domicile. Cela lui avait rappelé la période, vers 7 ans, où il avait attrapé, dans le jardin de sa grand-mère, un virus handicapant. Sa mère l'avait sauvé par son dévouement, mais non sans qu'il ne se sente déjà complètement étouffé par « l'ogresse ». Hector voulait faire une analyse parce qu'il ne supportait plus d'être enveloppé par cet amour maternel et qu'il voulait s'en sortir : il voulait se débarrasser de « cette femme » qui avait l'impudence de déclarer à son mari devant son fils, « quand tu seras mort, je viendrai vivre ici, avec Hector ». Il voulait en finir avec « la redevance » infinie dont elle le créditait. « Redevance » qui n'a rien à voir avec la dette de l'obsessionnel envers son père, laquelle prend sa valeur sur le plan de l'articulation du désir à la loi, comme dans le cas de « L'homme aux rats ». Dans le cas d'Hector, « la redevance » est liée à l'amour maternel et elle est *infinitisée* par l'absence de toute barrière paternelle, ou autre, contre cet amour.

De plus, Hector était assailli par des ennuis professionnels qui le jetaient dans les « orgies » angoissées et mortifères plus haut décrites. On a vu que cette conduite symptomatique s'articulait à sa relation à son père.

Enfin, ne pas arriver à bâtir une relation amoureuse stable le déprimait. Il me fit part de la curieuse comptabilité de sa jouissance : il tenait à jour un fichier de tous ses amants – plus de 4 000 – qui contenait leurs photos et un échantillon de leur voix, enregistrée à leur insu au téléphone. J'appris rapidement que je faisais partie de cette collection, exception féminine qui confirmait la règle !

Tout en me contant son histoire infantile, il m'exposa sa stratégie pour s'assurer une place dans la société : elle consistait à « ramener l'harmonie entre les parties divisées pour ensuite, par son départ, semer de nouveau la zizanie » ; il s'agissait ainsi d'« entourlouper l'autre » pour arriver à se vendre. Il avait des comportements assez discutables avec ses amants. En voici un exemple. Il chercha une fois à séduire un jeune homme qui n'avait jamais eu d'expérience homosexuelle. Celui-ci le repoussa en lui disant qu'il regrettait, mais qu'il voulait avoir une femme et des enfants. Et Hector de le mettre en confiance en approuvant bruyamment son choix, tout en commençant à le caresser, en même temps, afin de susciter sa jouissance. Ainsi, tout à fait conscient de ce qu'il faisait, il divisait le jeune homme entre sa jouissance et son idéal.

Très vite, survint un premier rêve de transfert qui consistait en une simple image :

> « Des serpents verts écarlates ».

Hector associa sur sa phobie infantile des serpents, le vert de l'oreiller du divan analytique et l'écarlate de l'érection : on pouvait en déduire que l'oreiller maternel étouffant était de retour, mais dans la cure cette fois. Un autre rêve suivit :

> L'analyste porte un uniforme et tient un fouet à la main. Elle est inatteignable, une « dame » idéale et impressionnante.

On peut en déduire que si le premier rêve mettait en place « l'ogresse », le second installait le modèle travesti, type « danseuse », de la femme phallique. Survint alors un troisième rêve qui mettait en scène la castration maternelle :

> Dans un paysage dévasté, la mère d'Hector est blessée au sexe ; Hector sauve son père lui aussi en danger en abandonnant sa mère blessée. Il croise alors un cortège de jeunes mariées.

Hector associe en évoquant l'image de sa mère jeune fille, « danseuse » phallique à laquelle il s'est précocement identifié grâce à son transvestisme. La succession des trois rêves montre qu'après les deux figures connues de la mère (l'ogresse angoissante et la danseuse phallique) survient inexorablement la castration maternelle que tente en vain de suturer le collage de ces deux figures. Le troisième rêve est l'ultime tentative pour l'effacer, en montrant le cortège des jeunes mariées, mais c'est en désespoir de cause.

Et de fait, la première crise transférentielle éclata à ce moment-là. Je venais de déménager et Hector, curieusement, en était déprimé au point de m'accuser de trahison. Cela aurait pu sembler hors de proportion, si deux rêves n'avaient éclairé sa dépression. Dans le premier :

> Les talons « bobines » de l'analyste se cassent et elle tombe devant lui dans un escalier.

Dans le second rêve :

> Il vient en séance et trouve que l'analyste a mauvais genre ; il s'aperçoit alors qu'elle dissimule un homme dans une chambre de derrière.

Jusqu'alors, commenta-t-il, il avait pensé que je vivais seule avec mes enfants. Mais mon déménagement lui avait ouvert les yeux : j'étais mariée, et non la mère seule complétée de l'enfant qu'il me croyait être, certes ogresse en puissance, mais tout de même figure non châtrée (parce que sans homme). Après avoir lui-même commenté ces rêves d'un laconique « c'est la castration » qui prouvait un certain *insight* de son impasse subjective, il s'enfuit cependant. Non sans m'avoir fait part auparavant d'un *acting out*. Alors qu'il avait, depuis son entrée en analyse, cessé les « orgies » angoissantes, il s'était à nouveau précipité dans un *back room* près de mon nouveau domicile pour « faire l'amour avec la mort ». « Mais, ajouta-t-il, j'y allais pour parler ». Mon invitation à ce qu'il le fasse plutôt en séance s'avéra vaine : « Je reviendrai peut-être », conclut-il.

Vers une femme et seconde interruption : « c'est la castration »

Deux mois plus tard, Hector était de retour, toujours aussi déprimé. J'exigeai le paiement des séances ratées, ce qui était contestable dans la mesure où le paiement pouvait symboliser l'effacement de la coupure qui représentait, pour lui, l'insupportable (mais on pouvait aussi bien penser, à l'inverse, que faire payer les séances soulignait l'existence de cette coupure). Il inventa alors un système de remboursement si compliqué que, méfiante, je vérifiai soigneusement. Je m'aperçus alors qu'il était en train de m'« entourlouper », pour reprendre son mot. Du coup, et sans plus d'explications, j'exigeai le paiement en une seule fois de la totalité de la somme qu'il me devait. Il en fut surpris, mais nullement gêné, et me paya sans faire aucun commentaire. En fait, il était revenu en analyse avec une nouvelle question. Il envisageait d'avoir un enfant, de devenir « un papapoule », selon son expression, plutôt que de continuer à faire « la mère poule » (l'ogresse) avec d'autres hommes. Le problème était d'arriver à désirer une femme. Il voulait en effet, avoir cet enfant par la voie « naturelle ». Je manifestai une certaine réserve, d'autant que ses rêves le montraient, à ce moment-là, incapable de se servir de la mitraillette de son père. Il m'offrit alors la photo de mariage de ses parents et inventa une « solution ». Il établit un contrat écrit avec l'une de « ses » danseuses du groupe folklorique, Nora, portant le prénom de la supposée fiancée allemande de son père. Si, à 35 ans, elle ne s'était toujours pas mariée, le contrat stipulait qu'elle ferait un enfant avec Hector. La jeune femme, qui connaissait bien Hector, lui objecta qu'il faudrait pouvoir... Hector lui proposa d'essayer immédiatement, mais, comme c'était prévisible, il fut saisi d'horreur à la vue de son sexe. La chose fut alors remise *sine die*. Après cette expérience-choc revinrent les rêves de paysage dévasté, puis un rêve de transfert où, de nouveau, l'analyste perdait ses chaussures devant lui : « C'est la castration », commenta-t-il de nouveau, et, une fois de plus, sans que je puisse rien faire contre, il interrompit l'analyse.

L'épisode avec cette jeune femme montre que le fétichisme d'Hector est, en quelque sorte, raté. On peut en effet, qualifier de fétichiste son rapport aux danseuses de sa troupe : les longues coiffes en dentelle tuyautée sont à proprement parler des fétiches qui prennent la suite de l'oreiller-serpent-phallus maternel contraphobique de sa petite enfance. Ce fétichisme est étroitement articulé avec son transvestisme : dans les deux cas, il s'agit de réaliser à nouveau, soit sur une femme soit sur lui-même, la figure de la « danseuse » qui évoque la mère phallique idéalisée. Le fétichisme est pour Freud, on s'en souvient, ce qui

> « épargne [...] au fétichiste de devenir homosexuel en prêtant à la femme ce caractère par lequel elle devient supportable comme objet sexuel ».

Dans le cas d'Hector, cette maxime freudienne s'avère doublement fausse : le fétichisme ne suffit pas à lui rendre une femme sexuellement supportable et Hector est à la fois fétichiste et homosexuel. C'est pourquoi il s'agit d'un fétichisme « raté » : en ce qui concerne le rapport aux femmes, la victoire reste à la castration, comme le disait Freud.

Avoir consenti à la volonté maternelle : un prix exorbitant

Hector revint trois mois après, le temps nécessaire pour restaurer l'image idéale de l'analyste, toujours menacée par l'horrible castration. Cette fois, j'apparaissais dans ses rêves comme la Reine de la nuit, tandis que l'analyse était envisagée comme l'initiation à un impossible amour. C'était toujours la même chose ! Cependant, Hector allait beaucoup mieux : il ne se livrait plus à ces « orgies à mort » dont il sortait effondré, car il sentait maintenant mon regard sur lui aux moments de tentation, et, à la différence du regard de sa grand-mère sur la tente de ses ébats infantiles, ce regard n'était plus du tout un « plus » délicieux mais, au contraire, un facteur d'inhibition. Hector avait par ailleurs trouvé une solution radicale à ses problèmes récurrents avec ses patrons : il s'était arrangé pour avoir maintenant une patronne. Sa vie sexuelle se dédoublait harmonieusement entre deux pôles : il avait, d'une part, un lointain amoureux allemand (toujours l'impossible identification au père) avec lequel il n'y avait pas de sexe, et, d'autre part, une drague mesurée quotidienne, style « midinette-ogresse ».

Revenant sur sa position infantile, Hector reconnaissait maintenant sa responsabilité dans ce qu'il appelait sa « féminisation » par sa mère : il avait consenti au vouloir maternel. Lorsqu'elle l'appelait « ma bichette » après l'avoir costumé en fillette (et elle avait continué longtemps à l'affubler de ce sobriquet), Hector n'avait jamais protesté. Or cette auto-rectification subjective le soulageait parce qu'elle lui permettait de ne plus occuper passivement la place de l'objet de la volonté maternelle, ce qui était par-dessus tout angoissant : il y avait mis du sien. La loi de la mère est ici la volonté féminisante venant de la lignée maternelle, à laquelle ni le père, ni d'ailleurs le sujet, ne purent s'opposer. D'où la « redevance » infinie et les masques féminisants du désir, issus de l'idéal du moi.

Mais, inexorablement, l'impasse transférentielle fit retour, avec un nouveau rêve :

> « L'analyste lui présente une boîte à chaussures, vide et recouverte d'un papier de soie. Au lieu de lui en montrer l'intérieur qu'elle a ôté, elle retourne la boîte sur le fond de laquelle est inscrit un prix exorbitant : "Que je ne vous revoie plus !", profère-t-elle alors. »

J'eus beau démentir avoir jamais eu pareille pensée, Hector s'échappa de nouveau après avoir rapproché ce rêve des rêves de castration qu'il avait faits avant ses précédentes interruptions d'analyse.

Les limites de la contrefaçon et la loi paternelle

Hector revint une troisième fois. Pourquoi ? Cette fois, prétendait-il, il voulait aller jusqu'au bout. Il s'étonna que je ne lui réclame aucun paiement pour cette nouvelle interruption :

> « – Vous n'avez pas de redevance envers moi »,

lui répondis-je, en reprenant l'expression qu'il avait eue à son entrée en analyse pour parler du poids trop lourd de l'amour maternel, et en me souvenant aussi du rêve de la boîte vide au prix « exorbitant », fait juste avant son précédent départ.

> « – Il y a eu une coupure, c'est comme ça, ça ne se rattrape pas »,

poursuivis-je.

Hector répondit à mon intervention par une série de rêves.

Dans le premier :

> Il s'achète une robe et vole le commerçant sur le prix.

Il associa à ce rêve que, contrairement à son contenu, son père se fâchait quand il trichait aux cartes :

> « – Vous aussi, vous vous êtes aperçue que je voulais vous voler, la première fois que je vous ai quittée. »

C'était la première fois qu'apparaissait dans l'analyse une figure paternelle symbole de l'autorité pacifiante, à laquelle j'étais d'ailleurs associée. Auparavant, j'étais soit la femme castrée horrible soit la femme phallique magnifique sous les apparences de la Reine de la nuit, ou de la mère phallique avec enfant, c'est-à-dire les deux prototypes phalliques de l'histoire d'Hector. Jusqu'alors, la seule figure paternelle avait été celle de « l'homme à la mitraillette », un père terrifiant et jouisseur.

Dans le second rêve :

> Il se débarrasse des « souvenirs » hérités de sa grand-mère, la culottière, notamment de ses patrons féminins (Hector était sensible à l'équivoque de l'expression « patrons féminins »).

Enfin, dans un troisième rêve :

> Il se déshabille. Un policier le surprend et il se cache dans la mer. Puis, il en sort mais ne retrouve plus ses vêtements. Heureusement, une femme qui passe avec un enfant vient le rhabiller.
> « – La femme avec l'enfant, c'est vous. »
> « – Vous croyez ? »

ai-je répondu. Dans ce rêve, l'analyste a toujours la même place : celle de la mère phallique (car complétée de l'enfant) dont on voit bien que la fonction est de voiler le sexe du sujet pour le dérober à la castration paternelle. D'où le transvestisme. Mais tandis que le sujet se débarrasse des vieux « patrons » féminins de sa grand-mère (qui était, je le rappelle, la seule figure familiale de la loi voire de la « légitimité » selon les termes d'Hector), une autre dimension, plus symbolique et jusqu'ici occultée de la loi, apparaît dans les associations du premier rêve : celle d'un Autre de la loi qui ne laisse pas le sujet tricher. Cette limite à la contrefaçon (le métier d'Hector est de lutter contre la contrefaçon) est clairement associée au père.

On pourrait dire qu'il y a eu alors une mutation de la loi dans cette analyse. Le sujet est passé de l'autorité féminine de la grand-mère (loi féminisante de la mère) à une autre loi, celle du père, avec laquelle on ne triche plus, et cela fait une grande différence.

De la phobie à la perversion et retour : la solution par le sinthome

L'analyse s'est conclue peu après. Hector considérait en effet ses principaux symptômes comme suffisamment guéris : ses rapports difficiles avec ses patrons s'étaient améliorés, il était satisfait de sa vie sexuelle, harmonieusement répartie entre amour et désir, et, surtout, il avait réussi à se séparer de sa mère sans se fâcher. Je n'ai pas insisté pour qu'il poursuive, parce que je ne pensais pas que nous pourrions aller beaucoup plus loin.

L'analyse avait commencé par la réouverture de la problématique phobique qui était là depuis toujours. Souvenons-nous : Hector avait répondu aux terrifiants cauchemars infantiles de « l'homme à la mitraillette » en se faisant un rempart de l'oreiller phallique de sa mère. La constellation familiale, coiffée par la grand-mère, détentrice de la loi, avait permis à l'enfant d'entretenir l'illusion de la femme phallique qui le protègerait du père castrateur. Hector avait alors inventée une « formule » fantasmatique qui s'incarnait dans son transvestisme et dans son homosexualité puis, plus tard, dans son fétichisme : *le phallus voilé de la mère y est érigé sous le regard de la loi* (regard supposé mi-menaçant, mi-complice qui cause un plus-de-jouir).

Les choses étaient restées en l'état jusqu'à l'analyse, mais la terreur de la castration avait survécu dans divers symptômes : la peur du patron, les « orgies » qui signifiaient son identification à la mère-objet, finalement châtrée et livrée en pâture aux hommes. Par ailleurs, le prix de la croyance en la mère phallique était très lourd : masques « midinette-ogresse » empêchant tout accès à l'amour, et assujettissement définitif à la « redevance » à la mère. La cure montre, de son début jusqu'à sa dernière interruption, le retour inexorable de l'angoisse de castration par le biais du transfert, et donc la réouverture de la même problématique qui avait, jadis, conduit à la phobie. Dans le cas d'Hector, la castration maternelle est en effet un réel qu'il n'a pu affronter que voilé, et, à la fin, il est clair qu'il a choisi de continuer à masquer cette « chose » grâce aux deux figures idéales de la vierge danseuse et de la mère ogresse : cette solution perverse (au sens freudien du terme) n'a donc pas été modifiée par l'analyse. Le sujet a entrevu et identifié le problème mais n'a pu (ou voulu ?) céder sur la *Verleugnung*. La mère comme objet sexuel du père reste le point inabordable, forclos. En ce sens, on peut parler d'un trajet de la perversion à la phobie avec retour à la perversion.

Mais ce retour décidé à la perversion s'accompagne tout de même, dans la dernière partie de l'analyse, d'une résolution de la terreur devant le père. La guérison symptomatique est due à un travail analytique et transférentiel sur la loi, centré sur la question de « se laisser entourlouper » ou pas par l'Autre, et de cesser de « tricher » sous le regard d'un Autre qui ne se laisse plus faire. La figure du père s'est transformée : « l'homme à la mitraillette » de jadis terrifiant et jouisseur, est maintenant un père qui ne ferme plus les yeux et qui fait savoir à son fils qu'il refuse ses entourloupes. Il s'agit donc d'une nouvelle issue à l'angoisse de castration, qui n'est plus la phobie mais une confrontation à la loi, sans que soit pour autant acceptée la castration symbolique. Il y a bien reconnaissance du Nom-du-Père mais pas de la signification phallique et de la castration qui lui sont associées dans la métaphore paternelle[8]. Pour Hector, le phallus est resté maternel. Comme dans le cas de Gide, le schéma de la métaphore paternelle peine à rendre compte du cas. En somme, puisqu'il rouvre la question de la loi, le trajet analytique d'Hector est à l'inverse de celui du cas de perversion transitoire de Ruth Lebovici, où la problématique phobique débouchait sur une issue perverse[9]. D'un point de vue structural, le cas d'Hector frôle la psychose par la prégnance imaginaire maternelle, si forte. Mais le choix homosexuel décidé du sujet et son rapport, certes difficile, à la loi paternelle, lui ont évité la folie : la dominance de la *Verleugnung* conduit à parler ici de perversion ou plutôt de *suppléance perverse à la carence paternelle.* Si l'on se réfère au Freud de la *Ichspaltung*, on constate que le côté fétichiste du clivage n'a pas été modifié par l'analyse, tandis que le côté de la symptomatologie phobique a été décisivement remanié.

Le clivage des deux identifications alternatives à la mère phallique donne la clef des masques désirants du sujet et de son ambiguïté sexuelle dont il ne souffre plus à la fin de l'analyse.

Peut-on parler d'un sinthome ? On peut l'évoquer à propos du choix professionnel d'Hector, d'abord remis en cause et ensuite réaffirmé dans l'analyse, de travailler dans le champ de la contrefaçon. En effet, c'est le regard, présenté dans un premier temps comme un plus-de-jouir essentiel au scénario pervers, puis dans un

---

8. Soit $(-\varphi)$. Ce cas montre que l'avènement du Nom-du-Père ne produit pas nécessairement la signification phallique présente dans la formule de la métaphore paternelle. Il peut donc y avoir forclusion phallique (Φ_0) sans qu'il y ait forclusion du Nom-du-Père (P_0). Lacan avait envisagé que ces deux forclusions soient disjointes mais pas que l'une puisse exister sans l'autre. Il s'agit donc d'un contre-exemple. Cf. Lacan J., « D'une question préliminaire à tout traitement possible de la psychose » (1958), *op. cit.*, p. 571.

9. Lebovici R., « Perversion sexuelle transitoire au cours d'un traitement psychanalytique », *op. cit.* Le patient de Ruth Lebovici fait un cauchemar répétitif où il est attaqué par un homme en armure, figure qui est interprétée par l'analyste comme un avatar de la mère phallique. Lacan attribue à cette interprétation, qui fait l'impasse sur le père, le virage de la phobie à une forme transitoire de perversion pendant la cure, avec exhibitionnisme et voyeurisme du sexe féminin en train d'uriner.

second temps comme une instance de la loi qui ne se laissera plus « entourlouper », c'est donc ce regard devenu un signifiant de la loi qui soutient le choix du métier d'Hector. Il est remarquable que cette métamorphose du regard survienne après un épisode transférentiel où l'analyste incarne ce deuxième regard. Hector a donc transformé en point d'appui le point où jadis il défaillait de terreur face à la menace de castration. Ce retournement n'est pas sans évoquer, dans un tout autre contexte certes, le retournement gidien du *Schaudern* en création.

En termes borroméens, ce regard de la loi, qu'Hector s'est finalement incorporé, noue l'*imaginaire* des masques de la mère phallique (danseuse ou ogresse), le *réel* de la castration maternelle insupportable (la mère comme objet sexuel du père) et le *symbolique* des débris d'histoire dont Hector est l'héritier (l'histoire de héros militaire de son père, nouée à celle de son pays, et la dynastie des culottières depuis la Révolution française).

Le rapport d'Hector à la contrefaçon est une pathologie de la loi, au sens où je l'ai développé sur trois niveaux dans le premier chapitre de ce livre. En effet, le symptôme qui a séparé le sujet assujetti à la loi féminisante de sa mère, matérialisée en tricherie et contrefaçon sur le sexe féminin (premier niveau)[10], a d'abord été la phobie et la terreur devant le père (deuxième niveau) ; l'étape ultérieure (troisième niveau), celle du sinthome, a consisté non seulement à assumer la première position, mais, à l'opposé, à la dénoncer aussi en se mettant à la place du père, ce qui permettait au sujet d'échapper à sa colère en même temps qu'à la loi de la mère.

10. Freud a décrit la dérivation du fétichisme vers une occupation intellectuelle ou philosophique (ici juridique). Dans les *Minutes* retrouvées de la société psychanalytique de Vienne du 24 février 1909, il rapporte le cas d'un fétichiste des vêtements, qui quittait une femme dès qu'il la trouvait mal habillée. Cet homme devint un philosophe spéculatif pour lequel les noms jouaient un rôle important. « Chez ce patient, dit Freud, quelque chose de semblable à ce qui s'était mis en place dans le domaine érotique arriva dans le domaine intellectuel. Il détourna son intérêt des choses sur les mots, qui sont, pour ainsi dire, les habits des idées ; ceci contribua à son intérêt pour la philosophie. » Cf. Rose L., (1988), « Freud and Fetishism: previously Unpublished Minutes of the Vienna Psychoanalytic Society », *Psychoanal Q.*, 57:147-166.

III. Le jeune homme au *Bombers*

Bill, un étudiant en histoire et en égyptologie âgé de 20 ans, est venu me consulter pour des crises de panique qui étaient apparues à la suite d'un voyage à Amsterdam. Il était en proie à des croyances et à des superstitions qu'il critiquait rationnellement mais auxquelles il ne pouvait s'empêcher d'adhérer : ayant écrit le nom d'un « Soudanais » sur un morceau de papier, il fut persuadé que cet homme pourrait l'ensorceler. Sujet dès lors à une sensation de « fourmis dans les bras », il fut convaincu que c'en était bien la preuve. De même, ayant cassé un carreau, il s'imagina que cela signifiait qu'un jour ou l'autre il tuerait quelqu'un.

Ensorcellements

À ces obsessions s'ajoutait le souci grandissant d'être vierge, de n'être pas encore arrivé à avoir de relations avec une femme et, d'ailleurs, de ne même pas avoir envie d'essayer. Il me confia d'emblée un fantasme masturbatoire qui envahissait sa vie : s'imaginer revêtu d'un *bombers* était sa seule façon de « bander ».

En anglais, *bomber* signifie bombardier ou pilote de bombardier. Par le génitif *bombers*, Bill désignait le blouson des aviateurs américains pendant la seconde guerre mondiale. L'analyse mit ultérieurement en évidence l'événement qui semblait être la première occurrence du *bombers* dans sa vie : à 13 ans, revenant seul un soir à pied du collège dans un quartier difficile d'une grande métropole, il avait croisé une bande de jeunes gens habillés de ces blousons, alors fort à la mode, qui l'avait malmené. Cette agression se produisit peu avant que son père, qui avait été absent pendant huit ans pour des raisons professionnelles, ne revienne définitivement à la maison. Peu après cette mauvaise rencontre, Bill, alors en pleine puberté, commença à se masturber en s'imaginant revêtu d'un *bombers*. Ce fantasme masturbatoire devint rapidement obsédant. Bill précisa que la vue ou l'imagination d'un autre, garçon ou fille, en *bombers* ne provoquait en revanche nulle excitation.

Un rêve montra, après quelques entretiens, que le sujet supposé savoir, condition du transfert, avait pris place dans ce début de cure :

> L'analyste l'emmène chez un antiquaire pour lui montrer une inscription en hiéroglyphes où il déchiffre « *noura* », ce qu'il associe à « dénouer ».

Le *bombers* se présenta d'emblée comme le signifiant énigmatique à déchiffrer.

Variations sur le bombers

Une série de rêves permit de tirer un certain nombre de fils. Il était question, dans l'un d'eux, d' :

> un bébé mort dans un corbillard et d'un bébé vivant qu'il cherche à sauver d'un danger en lui substituant le bébé mort.

Un autre rêve mettait en évidence :

> un long vêtement égyptien.

Enfin, dans un rêve qui clôturait la série :

> Il essaie d'entrer dans un cercueil américain dans lequel gît une femme vivante dont les jambes sont bandées de plastique et qui a l'air morte.

Le propriétaire des pompes funèbres avait, dans ce rêve, le même nom qu'un égyptologue. Il y associa des souvenirs : sa cousine était morte d'une maladie « génitale » (*i.e.* « génétique ») lorsqu'il avait 10 ans, et il se rappelait avoir vu, à 5 ans, sa grand-mère morte dans son cercueil qui lui avait semblé comme une « mort vivante ». Il se demanda s'il éprouvait du plaisir à s'imaginer à la place d'un mort. On pouvait penser en effet à la stratégie de la névrose obsessionnelle qui consiste à s'imaginer déjà mort dans le but inconscient d'échapper à une menace effective. Il y avait aussi une équivalence entre « être femme » et « être mort » qui évoquait la castration.

Un souvenir de castration par le père complétait le tableau. À 3 ans, alors qu'il se masturbait sur les genoux de son père et conseillait à son frère aîné d'en faire autant, le père rétorqua que c'était sale et interdit. Se dessinait ainsi le portrait d'un petit garçon né par accident dans une famille très catholique. Il était le petit dernier, en butte à une mère étouffante et intrusive. Dans un rêve, son frère aîné, qui avait 22 ans de plus que lui, expliquait à leur père comment il fallait « faire un homme » de Bill, occupé à cuisiner un *risotto*. La mère ne le laissait jamais choisir seul ses vêtements. Le thème du vêtement s'associait au *bombers*, à la longue tunique égyptienne et au cercueil.

Une opposition simple se dessinait entre le *bombers*, attribut viril qui fait bander, et le cercueil qui enveloppe le garçon mort et châtré. Le thème du long vêtement égyptien, plus ambigu, s'éclaira ultérieurement.

Le phallus perdu d'Osiris et la mère phallique

La légende d'Osiris fournissait un appui à l'idée que le *bombers* était une défense ou une protection contre la mort. Le corps d'Osiris, dépecé par son frère Seth qui en avait dispersé les morceaux, avait été reconstitué par sa femme Isis, mais sans son sexe perdu dans l'opération. D'après Bill, Osiris ressuscite grâce au « bandelettage » par lequel Isis entoure et reconstitue habilement son corps. La légende illustre la victoire de la femme sur l'homme. Une équivalence se dessine entre le *bombers*, le bandelettage et la momie qui peuvent être des attributs de la « femme méchante », susceptible de voler son sexe à l'homme. Ainsi, le *bombers*, un attribut viril, n'est pas forcément celui de l'homme mais pourrait aussi être celui d'une femme puissante et phallique. Bill développa ensuite ce thème. La mère devenait la propriétaire des *bombers*. Dans un rêve se déroulant au musée, sa mère faisait exploser une boîte aux lettres et lui en jetait les morceaux au visage. Bill se revêtait alors d'une armure pour se protéger de ces jets de métal. On voyait apparaître une double fonction du *bombers*, à la fois organe phallique qui menace le sujet et armure protectrice contre les attaques de la mère.

Les thèmes phobique et transvestiste étaient omniprésents. Dans les rêves apparaissait parfois un substitut maternel qui était :

> une méchante bibliothécaire dans un camion (la mère avait jadis travaillé comme bibliothécaire dans un bus itinérant en ville).

Cette problématique culmina dans un rêve montrant :

> une femme morte dans un sarcophage. Bill se substitue à la défunte après un échange de regards. Il pose ensuite sur lui les deux planches peintes du couvercle du sarcophage qui représente, comme c'est la règle, le personnage vivant et vêtu, ici la femme.

À ce moment-là il avait, dans le rêve, une forte érection. Il associa sur son travail d'égyptologue qui le menait souvent en Égypte où il « profanait » des tombes, ce qui revenait à ouvrir des *bombers*, dit-il. Dans le rêve suivant :

> Il est chez son oncle et revêt une tunique en soie, collant sur son sexe, ce qui cause l'érection.

La tunique évoqua celle d'un magicien et le début de l'analyse avec ses angoisses d'être ensorcelé. Par ailleurs, il se rappela les débuts de sa vocation d'égyptologue : un livre sur les pharaons trouvé à la cave l'avait fasciné à l'âge de 6 ans. Il se souvenait de la coiffe en tissu d'un pharaon qui l'avait tellement intéressé qu'il avait dû s'en fabriquer une.

Il souligna alors l'ambiguïté sexuelle des pharaons : Hatchepsout, représentée en homme pour des raisons politiques, est en fait une femme et Akhenaton qu'on croyait féminisé serait, selon certaines interprétations, une femme, Néfertiti. Les disques solaires sur leur tête figurent la différence sexuelle d'une façon ambiguë, selon qu'ils sont convexes ou concaves. Autant de doubles narcissiques idéaux du sujet. Enfin le *bombers* est clairement un équivalent phallique. Dans un rêve :

> En miroir avec un homme, ils parlent de leurs pénis. Le sien est détaché mais non mutilé. Il le tient dans sa main et il est en érection.

Le thème du sexe, détachable comme une pièce vestimentaire, était illustré dans un autre rêve où :

> il « met » son sexe comme il enfilerait son slip.

Le *bombers* devenait « un symbole mobile » comme « un avion qui s'envole », et « le substitut de ce qui me manque », disait-il.

Le bombers, *signifiant de l'ambiguïté sexuelle*

Le *bombers* apparaît jusqu'ici comme un symbole ambigu, un signifiant équivoque qui renvoie à des significations opposées deux à deux.

En effet, il est d'abord un ornement viril de *séduction*, ce qui s'oppose à sa valeur d'*obstacle* auprès des femmes (il empêche de les approcher en confinant le sujet à la masturbation). Il est ensuite un instrument d'*agression* (la bande de garçons, les jets de métal maternels) mais aussi une *protection* (une armure contre la mère). Mais cette *protection* peut devenir une *prison* (un sarcophage). S'il signifie la *vie* (d'Osiris) il renvoie aussi à la *mort* (bandelettes, sarcophage, cercueil). Il peut être un attribut *féminin* (la coiffe d'Aménophis, de Néfertiti ou d'Akhénaton) ou *masculin* (la forme concave ou convexe de la nuque). Il peut représenter la *castration* (il est « choisi » au moment du retour du père en tiers entre Bill et sa mère, ou Osiris encore) ou encore l'*érection* phallique (toujours la « bande » de voyous), l'*avoir* ou *le manque à avoir*. Il est aussi un voile ou un paravent qui cache un vide ou un rien, comme un autre rêve le mettait littéralement en scène. Et finalement, au lieu d'être l'attribut qui transformerait le sujet en homme, comme il l'espérait, il s'avère rester une prérogative maternelle, la mère pouvant l'acheter, le donner voire s'en faire une arme d'attaque.

La demande du sujet, à ce stade de l'analyse, était de cesser d'être « une fille morte qui a besoin d'un *bombers* pour bander ». Sa position sexuée était donnée par un rêve assez explicite :

> « Je participe à un voyage et je pénètre dans un bombardier où il y a sept ou huit hommes. Je suis là en plus. Je suis Émilia Érard, une femme qui est obligée de participer à un voyage transatlantique (histoire extraite d'un roman que Bill avait lu auparavant) et qui est humiliée d'être obligée de rester avec des hommes : elle ferait mieux seule. Mais la seule façon, pour elle, d'être intégrée est de faire partie du voyage. »

Bill interpréta ce rêve comme :

> « la mise en valeur de mon statut à part dans le monde des hommes. Pour être un homme comme les autres, il me faut un substitut avion-*bombers*, une prothèse, car je ne le suis pas à l'intérieur de moi. »

Il se comparait donc à une femme qui serait *en plus* dans un monde d'hommes et qui regrette nostalgiquement son phallus perdu. Mais en voulant s'intégrer dans ce monde masculin avec le *bombers*, loin de devenir un homme, il ne pouvait que s'identifier à la mère phallique, ce que l'on constate dans ses fantasmes transvestistes.

D'où l'impasse constitutive de sa position : sans *bombers*, Bill était mort et châtré, mais avec *bombers*, il n'était qu'une femme phallique et ne serait jamais un homme, – ce qu'il aurait voulu être et dont il cherchait l'attribut véritable.

Le tournant transférentiel

À un tel point de clarification de son inconscient, il était prévisible que survienne une crise analytique. Elle fut précédée de deux souvenirs datant de ses 5 ans, évoquant clairement le complexe de castration. Dans le premier, sa sœur aînée lui apprenait à se décalotter le pénis dans la baignoire. Dans le second, il surprenait une conversation à son sujet entre ses parents. Il leur demandait de quoi il retournait : « on disait que tu avais les bras fragiles », répondait le père. Il était à ce moment de son analyse en conflit aigu avec son professeur, une femme, pour des questions de poste et de stage. Il s'était aussi disputé avec la bibliothécaire de l'Université qui l'avait finalement mis à la porte. Il faisait de nombreux cauchemars. Dans l'un, sa mère lui proposait de manger des testicules d'agneau ; dans un autre, elle veillait l'un de ses frères, qui était mort, et s'affairait autour du cadavre. Il souligna son action comme néfaste.

Le premier indice de la crise fut un rêve transférentiel. Il est en séance d'analyse et, au moment de prendre congé, a lieu ce curieux dialogue :

> « – Vous allez évoluer vers la transsexualité.
> Angoissé, il réplique :
> – Vous plaisantez !
> – Non !
> – Alors, je ne reviendrai plus ! », conclut-il, au paroxysme de l'angoisse. Il entend alors en voix *off* sa sœur qui lui parle en anglais et il se touche le sexe avec inquiétude pour vérifier qu'il est toujours là. Il va aux toilettes pour uriner et s'aperçoit alors que son pénis est tombé dans la cuvette.

Fou de douleur, il se dit qu'il n'a plus envie de venir en séance :

> « – C'est la chose la plus terrible que j'aie jamais abordée dans mon analyse.
> Je crains de perdre mon sexe comme dans le rêve et de me transformer en femme. Cela pourrait démarrer simplement parce que vous le dites. »

Il me dit ne pouvoir s'empêcher d'y croire, comme dans l'épisode du début de l'analyse où il pensait, malgré toute sa rationalité, avoir été ensorcelé.

> « – C'est l'Autre qui décide, je crois en sa parole. C'est de la magie. »

J'eus beaucoup de mal à le calmer et à le persuader de poursuivre l'analyse.

Deux souvenirs infantiles cruciaux confirmèrent, s'il était besoin, la prégnance de la mère phallique et ses tendances transvestistes. Celui de sa grande sœur qui lui affirmait qu'elle avait un os à la place du sexe, et le lui faisait même toucher, et celui de sa mère se promenant simplement vêtue d'une gaine, le matin, avant de s'habiller : elle portait une gaine « momiforme » me dit-il, soulignant ensuite l'équivoque momie-*mummy* (maman et momie en anglais). C'est seulement à ce moment-là, après presque six ans d'analyse, qu'il me précisa que sa mère avait été bibliothécaire. Il me confia aussi son horreur de l'acte sexuel qu'il avait pourtant prétendu jusque-là désirer par-dessus tout. Il rêva :

> d'une femme momifiée avec des tentacules de pieuvre à la place des jambes, qui gît dans un cercueil.

L'horreur de l'acte sexuel provenait de ce que la femme était à la fois phallique et châtrée, conclut-il.

La crise se cristallisa autour de deux rêves. Dans l'un, métaphorique :

> Il essaie d'escalader un monticule de terre effondré pour chercher le petit garçon en lui. Il attrape une corde pour grimper et se demande : est-ce que je lâche ou non ?

La question concerne l'analyse, commenta-t-il. Dans un autre rêve :

> Il retrouve un amour perdu, une fille qu'il n'a pas vue depuis dix ans et l'embrasse en pleurs. Elle le repousse et lui dit qu'elle est morte.

C'était toujours la même question et la même réponse : il se cherchait en tant que garçon vivant et ce qu'il trouvait était une fille morte (équivalent de châtrée). Quant à la différence des sexes, il la caractérisa après un nouveau rêve :

Il contemple deux homosexuels habillés d'un fourreau blanc ; ils sont tous les deux en érection : on voit dépasser le sexe de l'un comme celui d'une divinité ithyphallique tandis qu'on devine seulement celui de l'autre en relief sous son *body* moulant.

Il se demandait :

« Serait-ce là le maximum de différence sexuelle auquel j'ai accès ? »

« D'un côté, les hommes sont ceux dont le sexe est visible ; de l'autre, les femmes ont le même sexe, mais invisible, voilé sous le vêtement. Il n'y a pas de place pour une absence. »

Sa recherche semblait sans issue, d'autant que j'occupais maintenant dans le transfert la place inquiétante d'une personne aux puissances occultes, évidemment prise dans la série des femmes phalliques. Et pourtant, c'est à ce moment-là que les choses pivotèrent.

La perte du bombers *et la jouissance d'écrire*

Pour ses recherches, Bill faisait des séjours réguliers en Égypte, où il participait à des fouilles dans les tombeaux des pharaons :

> « Lorsque j'ai compris la disposition des dessins sur les piliers osiriaques, je me suis mis à écrire frénétiquement pendant plusieurs jours. Je buvais du coca comme si c'était l'encre du stylo. C'était une véritable éjaculation d'encre, un orgasme divin, comme la semence d'un Dieu »,

Le phallus perdu d'Osiris était retrouvé !

Dans le même temps, le *bombers* perdit sa valeur phallique. En effet, Bill n'avait jamais cessé de se masturber avec le fantasme d'être revêtu du *bombers*, sans jamais s'en acheter un, d'ailleurs. Et il avait continué à produire régulièrement des rêves où le *bombers* était toujours associé aux sarcophages et avait gardé la valeur ambiguë de fétiche que j'ai décrite plus haut. Dans un rêve, contemporain de cet « aveu » de sa jouissance à écrire, Bill fait face à une armoire contenant de vieux vêtements usés. Il y a là un *bombers* usé, en croûte de cuir :

> « Je veux le porter mais ce n'est plus mettable, je ne ressens plus que le poids d'une vieille habitude. »

Le *bombers* avait perdu son lustre. Bill ne se sentait même plus attiré par le détail du *bombers* qui l'avait jadis le plus fasciné, sa « facture », une large couture qui lui évoquait le sexe féminin.

> « J'ai dans la tête une femme type, idéale, inatteignable et interdite qui m'empêche d'établir des relations avec des femmes réelles. C'est pour la rejoindre que je m'imaginais revêtu du *bombers*. Je voulais la rejoindre pour être comme elle, pour être puissante comme elle, mais tout ce que j'obtenais, c'est de la culpabilité mêlée à la jouissance de la masturbation. »

La perte de la valeur phallique du *bombers*, de sa quasi-valeur de fétiche, s'accompagna d'un jugement définitif sur le couple parental. Sa mère avait toujours été au centre, le père gravitait autour mais s'est longtemps absenté réellement et, en tout cas, absolument de son éducation. Un rêve montrait le sujet face à une commission universitaire qui devait décider de l'attribution d'un poste :

> « Un homme de loi intervient pour garantir la bonne marche des choses et contrecarrer l'arbitraire féminin incarné par ma professeure d'égyptologie ».

L'arbitraire féminin avait dominé sa vie, commenta-t-il, avec ce pouvoir matriarcal et sororal oppressant à la maison et un père faible et absent :

> « Il m'a manqué un "homme de loi" dans mon enfance, c'est sûrement pour cela que je rêvais tout le temps de robots terrifiants quand j'étais petit. »

Il est cependant vraisemblable que le père a tout de même incarné peu ou prou la loi, ce qui explique que son retour à la maison après des années d'absence ait « déclenché » l'obsession du *bombers*.

Retour sur le transfert et la structure

Peu de temps après, Bill prit congé de moi et arrêta son analyse qui avait duré sept ans. Certes, il avançait des raisons matérielles objectives : pour poursuivre ses recherches, il partait pour un long séjour en Égypte. Mais ce n'était sûrement pas son seul motif. En effet, il venait de faire un rêve où il était « téléguidé » par moi, juste après ses constatations sur l'arbitraire féminin et son aspiration insatisfaite à la présence d'« un homme de loi » dans son enfance. Il commenta ce dernier rêve en disant qu'il ne pouvait pas y échapper : c'était ce qui le faisait marcher, d'être « sous la coupe » d'une femme. Il n'aurait pas pu faire son analyse avec un homme. Lors de sa dernière séance, il me conta encore un rêve :

> Il part en bateau avec un capitaine très dur. Mais cette dureté paternaliste « juste » lui plaît. Le capitaine sort pour « contrôler » quelqu'un et revient changé en femme, avec une personnalité inversée, arbitraire et injuste. Bill perd ses chaussures devant le capitaine et se déshabille devant la femme, comme s'il avait perdu toutes ses protections.

Le *bombers* avait vécu.

C'est donc la femme phallique idéale et puissante qui est restée dominante dans son inconscient. Si l'on suit à la trace l'évolution du transfert, on voit qu'il m'attribuait au départ le pouvoir, teinté de magie, de déchiffrer les hiéroglyphes (premier rêve de transfert). Ensuite, il avait fait un parallèle explicite entre l'analyse et la recherche : dans l'analyse, il cherchait ce qu'il y avait derrière le *bombers*, alors que dans ses études, il cherchait ce qu'il y avait derrière les images égyptiennes, leur sens (et il s'intéressait particulièrement à tout ce qui concernait le phallus perdu d'Osiris). Avaient suivi le progrès de l'analyse et la mise à plat, si je puis dire, de la signification phallique du *bombers*. Le problème est que derrière le *bombers*, pour parler comme Bill, s'ouvrait la béance insupportable du complexe de castration que le *bombers* avait justement pour mission de recouvrir d'un voile. Un rêve où il cessait de « boucher les trous avec du mastic » avait d'ailleurs suivi la « chute » du *bombers*.

Avaient alors surgi l'idée onirique inquiétante que je voulais le transformer en femme ainsi que le thème du pouvoir maternel. Notons d'ailleurs que ce pouvoir était décrit comme *un pouvoir causal de la parole* : *Elle le dit* et cela peut arriver parce qu'*Elle l'a dit*. Y a-t-il meilleure description de la loi de la mère comme loi de la parole dont l'équivoque est structuralement grosse d'ambiguïté sexuelle ? Il ne pouvait s'empêcher d'y croire. On voit le pouvoir de persuasion de cette loi. Il était entré en analyse avec une croyance de ce genre qui le paniquait au-delà de toute expression. Ce pouvoir de la parole allait jusqu'à la mort et la castration traitées, par son inconscient, d'une façon très freudienne, comme des équivalents. Ce pouvoir avait, pour emblème phallique mortifiant, l'image du *bombers*. Il s'agissait chez Bill d'un véritable nœud *du réel et du symbolique*.

Ce nœud est-il simplement de l'ordre fantasmatique de la « pensée magique » qu'on trouve chez l'enfant et parfois tardivement chez l'obsessionnel ? Ce nouage n'est-il pas plutôt à considérer d'une façon analogue au symptôme joycien des « paroles imposées » qui noue aussi réel et symbolique, et que Lacan, on l'a vu, associe à la croyance en la télépathie de l'écrivain ? Quand Bill est sorti de l'analyse, cette croyance ne suscitait plus la panique du début, mais il constatait qu'il avait toujours tendance à y croire et il avait peur, comme le signalaient les diarrhées dont il souffrait avant de venir à ses séances.

Il n'existait chez Bill aucun signe de psychose, mis à part ce nouage du réel et du symbolique tout de même inquiétant. Dans son enfance, il y avait l'ébauche d'un épisode phobique qui resta sans suite (les rêves de robots) sur le fond d'une croyance en la mère phallique habillée de sa gaine momiforme. Mais la phobie n'avait pas abouti à une issue normative avec renoncement à la mère phallique et assomption de la castration par peur du père (ce qui explique l'effet traumatique que lui fit son retour à l'adolescence). Bien au contraire, la croyance en la mère phallique, que sous-tendait un déni de la castration, n'avait pas cédé d'un pouce. Elle fournit ultérieurement la substance du *bombers* et sa relation à l'égyptologie. Pour ce qui concerne la structure, on peut déduire, de l'anamnèse et des symptômes, l'existence d'une métaphore paternelle atypique : une phobie infantile ratée, qui a débouché, après le retour inquiétant du père et la rencontre de la bande de jeunes loubards, sur cette sexualité compulsive et masturbatoire.

Le *bombers* est-il un fétiche ? Peut-être le serait-il devenu sans l'analyse : Bill affirmait avoir préféré faire l'analyse plutôt que de s'en acheter un. Le *bombers* n'est pas un fétiche freudien au sens où il reste *une image* contenue dans un fantasme masturbatoire et n'est pas un accessoire vestimentaire qui permet les relations sexuelles à l'autre sexe. Cependant cette image prégnante a la double fonction d'affirmer et de voiler la castration maternelle, on l'a vu. Qu'est-ce qui a remplacé le *bombers* après la perte de son pouvoir ?

Du bombers, *signifiant de l'ambiguïté sexuelle, au sinthome*

Le *bombers* est un signifiant ambigu qui renvoie à des couples de signifiés opposés. Emblème imaginaire du phallus maternel, il s'accompagnait d'un déni (*Verleugnung*) de la castration maternelle et s'articulait à une sorte de perversion sublimée. En effet, la recherche du sujet consistait, selon son expression, à profaner des tombes, non pour en jouir sexuellement comme un nécrophile sinon pour en déchiffrer les hiéroglyphes. On se souvient que la vocation d'égyptologue de Bill était venue très tôt, suscitée par l'ambiguïté sexuelle des images pharaoniques et de leurs coiffes phalliques à l'époque de sa prime enfance où il s'intéressait aux gaines momiformes de sa mère.

C'est pourquoi sa perversion apparaissait, du moins jusqu'à l'époque de sa vie où je l'ai rencontré, comme sublimée en désir de savoir. Et l'analyse elle-même a été entièrement absorbée par ce processus de recherche de ce qu'il y avait derrière l'image. Cependant cet équilibre instable n'a pas survécu à l'analyse dans laquelle le *bombers* a perdu sa valeur, dévoilant l'horreur de la castration. Mais non sans un gain de savoir qu'on retrouve aussi du côté de la recherche universitaire : Bill découvre alors « ce qu'il y a » derrière certaines images osiriaques. C'est au même moment, on l'a vu, que se met en place la jouissance d'écrire avec l'idée que l'encre est comme du sperme divin. Ce processus n'est pas sans rappeler la douloureuse mise en place de l'écriture gidienne à partir de son *Schaudern* d'enfant et de jeune homme.

S'agit-il dans le cas de Bill d'un sinthome transformé dans l'analyse à partir d'un nœud symptomatique initial du réel et du symbolique incarné dans sa croyance dans les pouvoirs magiques de la parole ?

Du côté de l'imaginaire on a, au départ, un sexe qui « se casse » (les bras fragiles) et une image fétiche qui tente d'y remédier (le *bombers*) en soutenant une identification à la femme phallique. Les trois registres ne sont donc pas noués ensemble dans cette première phase (mais le réel et le symbolique le sont).

Plus tard, le fétiche cesse de fonctionner, ce qui provoque la crise transférentielle. C'est alors un nouage des trois registres qui prend place grâce au quatrième rond du sinthome que serait *l'écriture*. C'est elle qui noue le *réel* de la jouissance, le *symbolique* du déchiffrage et l'*imaginaire* des images pharaoniques énigmatiques, objets de la recherche de sens. On passe donc d'une perversion sublimée à un sinthome qui pallie l'absence du rapport sexuel dans la mesure où *ce sinthome exprime un rapport sexuel de Dieu avec lui-même*, soit l'identification du sujet avec la jouissance de l'Autre : jouissance d'écrire avec du sperme divin. Le sujet serait passé d'une identification transvestiste à la mère (incarnée par l'image fascinante du pharaon qui serait en fait une femme), articulée à la jouissance masturbatoire, à une pratique d'écriture sur l'image fascinante qui le fait jouir « autrement[11] », comme un Dieu.

Bénéfice certain qui maintient cependant sous une forme atténuée la croyance en l'Autre primordial et en sa parole, donc la loi de la mère. Le sinthome permet de se tenir à distance de la loi de la mère (nœud du réel et du symbolique) mais ne la supprime pas pour autant. Est maintenue également l'impossibilité de la différence sexuelle à laquelle Bill s'est confronté pour en conclure qu'elle relevait d'un regard sur l'invisible et d'une instabilité foncière, un sexe pouvant à tout moment se transformer en l'autre. Bill conserve une position asexuée : il n'est ni homme ni femme ou plutôt l'un ou l'autre, selon, littéralement, le point de vue. Il ne tranche pas : l'ambiguïté sexuelle reste définitivement constitutive de son être.

Destins contrastés de l'ambiguïté sexuelle masculine

Dans ces trois cas, l'analyse a mis en relief le destin de l'ambiguïté sexuelle de ces hommes. Ils avaient en commun *une fixation massive au phallus transmis par l'inconscient maternel.* Bien qu'il n'y ait pas eu forclusion du Nom-du-Père, le père n'a pas suffisamment fait barrière à l'avidité phallique – manifeste dans ces cas – de la mère, qui a pris force de loi pour le fils et entrait en conflit avec l'interdit de l'inceste. Le père n'a pas été le moyen d'un symptôme séparateur et la métaphore paternelle est restée inaccomplie dans la mesure où la signification phallique qui a

11. Je renvoie ici à la différence faite par Lacan entre la « jouissance de l'Un » ou de « l'idiot », masturbatoire et autiste, et la « jouissance de l'Autre », caractérisant les femmes en tant qu'elles ont un rapport à un Autre pour ainsi dire divin, en ce qui concerne leur jouissance pastoute. Cf. S XX, p. 86 et 78.

envahi le fils dès l'enfance semble déconnectée de la loi symbolique de la castration. Le fils a dû alors prendre en charge tout seul le poids de l'équivoque phallus maternel et il en est résulté des symptômes à tonalité phobique et fétichiste par lesquels il a tenté de se séparer de la loi maternelle, et qui étaient, au sens où je l'ai défini au départ de ce travail, des pathologies de la loi.

Ainsi, Claude a imaginé une icône phallique logée dans un fantasme auto-castrateur, interposé entre sa partenaire et lui, qui le menait, contre sa volonté, aux hommes. Face aux femmes, Hector a fabriqué un fétiche inefficace. Devenu homosexuel, il a revêtu, face à ses partenaires, des masques féminisants insatisfaisants. Bill s'inquiétait d'une sexualité confinée à la masturbation avec une image-fétiche qui représentait le phallus momifié de sa mère.

La normalité virile œdipienne implique que le père ait « châtré » la mère de ce phallus. On s'aperçoit, en effet, d'une part que ce phallus d'origine maternelle féminise ces garçons, soit qu'ils s'identifient à la mère phallique (cas de Bill et d'Hector, côté *Verleugnung* perverse), soit qu'ils s'identifient plutôt à la mère manquant de ce phallus (cas de Claude, hystérique[12]). Or cette féminisation entre d'autre part en contradiction avec leur aspiration à la virilité et avec la dominance phallique de leur jouissance sexuelle, d'où l'ambiguïté sexuelle.

Dans sa singularité, le destin analytique de leur ambiguïté sexuelle peut à chaque fois s'interpréter en termes de sinthome : Claude la résout et se marie avec une femme qui devient son sinthome. Hector, homosexuel, invente un nouveau savoir-faire dans sa vie amoureuse, avec ses masques maternels et transforme en sinthome professionnel son rapport fort équivoque à la loi paternelle. Bill reste dans l'indétermination de sa sexuation, mais transforme en sinthome (l'écriture) son rapport sublimé à l'énigme de la différence sexuelle.

12. Cette problématique existe aussi dans la névrose obsessionnelle, pour les mêmes raisons.

CONCLUSION

Le sinthome est sexuel

Avant de rassembler les avancées de ce livre sur la loi de la mère et le sinthome, je prendrai, une dernière fois, la question de l'ambiguïté sexuelle par son envers : peut-on parler du sexe en psychanalyse sans faire référence à la différence des sexes ? J'examinerai cette question successivement dans la pratique de la psychanalyse, puis du point de vue de sa théorie, pour revenir ensuite à la définition psychanalytique de l'identité sexuelle.

I. De la différence des sexes dans la pratique analytique

Imaginons la fiction suivante, inspirée du « test de Turing[1] ». Un(e) analyste reçoit quelqu'un(e) dont l'apparence ne lui permet pas de deviner s'il s'agit d'un homme ou d'une femme : voix déguisée tenant un discours où les accords de genre sont aléatoirement masculins ou féminins. Cet(te) analyste reconnaîtrait-il(elle), à seulement écouter cette personne, s'il s'agit d'un homme ou d'une femme ? Oui parfois, mais pourquoi et en quel sens ? En voici deux courts exemples :

1. Turing A., Girard J.-Y., *La machine de Turing*, trad. de l'anglais Basch J., et Blanchard P., Paris, Le Seuil, 1995. Le test de Turing est un test d'intelligence artificielle destiné à répondre à la question « une machine peut-elle penser ? ». Il consiste en une conversation entre un humain d'une part et, d'autre part, un ordinateur avec un autre être humain, tous deux hors de la vue du premier. Si celui qui engage les conversations n'est pas capable de dire qui est l'ordinateur et qui est l'homme, l'ordinateur a passé le test avec succès. Le test a été inspiré d'un jeu d'imitation dans lequel un homme et une femme vont dans des pièces séparées et les invités tentent de discuter avec les deux protagonistes en écrivant des questions et en lisant les réponses qui leur sont renvoyées. Dans ce jeu l'homme et la femme essayent de convaincre les invités qu'ils sont tous deux des femmes.

Exemple 1. Un jeune homme me consulte parce qu'il a très envie de relations sexuelles avec la meilleure amie de sa partenaire, qu'il aime pourtant sincèrement. En soi, rien de pathologique, mais il souffre le martyre à cause de cette tentation qu'il s'interdit de satisfaire car elle heurte ses idéaux familiaux et sociaux. Élevé aux Antilles, dans une famille très unie, il n'est guère sorti à Paris du cercle de la communauté créole dont font partie aussi ses deux objets d'amour. Ce désir pour l'amie fait obstacle à ses projets de mariage et de retour au pays. Lors du premier entretien, il raconte une anecdote : un jour où sa fiancée était absente, il se précipita chez l'amie pour discuter de la situation et ils faillirent faire l'amour. Or, malgré son désir, il s'arracha à l'étreinte et retourna chez lui en courant, au prétexte que son grand frère qui y séjournait alors aurait pu s'apercevoir de son absence nocturne. Par ailleurs, il est le petit dernier de la famille après un grand frère et une grande sœur plus âgés que lui de quinze ans : « J'ai eu deux mères et deux pères », commente-t-il. Voilà une situation qui paraît incontestablement masculine et inscriptible dans l'œdipe freudien : le jeune homme rencontre la mère comme obstacle à l'investissement d'une autre femme (dédoublement de l'objet) ; le couperet de la castration lui tombe dessus et l'inhibe au moment de l'acte sexuel (le frère est le substitut du père castrateur). On est dans le cadre de la psychologie freudienne du choix d'objet chez l'homme.

Exemple 2. Une femme belle, mariée plutôt heureusement, mère de trois enfants et satisfaite de sa profession comme de sa vie sociale, vient me voir parce qu'elle souffre malgré tout d'un vide inexplicable qui la hante et qu'elle distingue finement de l'angoisse. Elle ne peut y associer, en riant d'elle-même, qu'un amour qui serait transcendant à ce qu'elle a connu jusqu'ici (elle n'a jamais hésité à tromper son mari), un amour divin en quelque sorte. Il n'est pas difficile de repérer dans ce cas la féminité pas-toute de Lacan, dont le signe typique est l'horizon illimité d'une jouissance que le phallus, pourtant manifestement présent, ne comble pas.

Dans ces deux exemples, je pouvais savoir, uniquement à partir de leur discours, dès le premier entretien et sans avoir à m'appuyer sur d'autres indices, que j'avais affaire à un homme (freudien) et à une femme (lacanienne). Je les reconnaissais comme homme ou femme à partir de la façon dont leur désir et leur jouissance s'inscrivaient dans un cadre référentiel pour la psychanalyse, que ce soit l'œdipe freudien ou les « formules de la sexuation » de Lacan. Il s'agit donc de cas « classiques ». Mais nombre de sujets, dont la sexuation (pour eux problématique ou non) ne s'appuie pas forcément sur le phallus, sont difficiles à ranger dans ces paradigmes – justement centrés sur le phallus. Dans ces cas, l'ambiguïté sexuelle ne s'est construite ni sur le phallus ni sur son envers, la castration. Ainsi pour Paul (I, 1) ou John (III, 3). C'est pourquoi mon test inspiré de Turing ne marcherait pas toujours : il y a des sujets socialement conformes à ce que l'on appelle leur genre que je serais bien en peine, après des années d'analyse, de ranger d'un côté ou de l'autre en suivant ces lignes cliniques.

C'est ce qui m'a incitée à en chercher d'autres...

II. De la différence des sexes dans la théorie psychanalytique

D'un point de vue freudien, on peut difficilement parler de la sexualité sans se référer à la différence des sexes, sauf à traiter les filles comme des garçons, comme l'a fait Freud jusqu'en 1925. Si l'on tient compte de ses apports depuis « Quelques conséquences de la différence anatomique entre les sexes », on doit s'y référer en articulant le développement à l'anatomie. Chez Freud, certains concepts, *a priori* universels, sont sexués, comme la libido « masculine ». Cependant, on le sait, il n'accordait pas grand sens ni contenu aux notions de masculin et de féminin.

D'un point de vue lacanien, il est certain que nombre de concepts (dont beaucoup sont repris de Freud), ne sont pas sexués, bien qu'ils servent d'outils théoriques pour cerner le lieu où compte la sexualité. Il en va ainsi bien entendu des quatre concepts fondamentaux que sont l'inconscient, la répétition, le transfert et la pulsion, mais aussi des mathèmes tels que le sujet du signifiant, l'objet *a* cause du désir ou plus-de-jouir, ou encore le symptôme, le fantasme, le désir, l'amour, la jouissance. Il arrive pourtant à Lacan d'accoler aux quatre derniers l'adjectif féminin ou masculin. Il faut noter que ces qualificatifs sont toujours médiatisés par le phallus : même si la jouissance féminine est dite « au-delà » du phallus, celui-ci en reste la référence. Il n'y a donc de masculin et de féminin que par rapport au phallus, progressivement décollé de sa référence anatomique (le pénis) pour devenir un signifiant, puis une fonction propositionnelle. Mais, même sous sa forme « mathématisée » (dans le séminaire *Encore*), la fonction phallique est aussi la fonction de la castration et on ne pourra s'en servir cliniquement qu'en cherchant sa connexion, dans l'histoire du sujet, avec le complexe de castration. Sinon, on perd toute la spécificité de la fonction phallique comme manque ou perte.

C'est précisément ce qui amène à une première aporie logique dans les « formules de la sexuation » de Lacan (la « logique » consistant ici en *une écriture* de la distribution des jouissances, du côté homme et du côté femme, déduite de leurs discours). En effet si, comme l'affirme Freud, l'anatomie est le destin, il n'y a que deux sexes (Freud refusait, on le sait, l'idée d'un troisième sexe). Mais comment admettre, du point de vue d'une logique de la jouissance, ce qui est fort différent, qu'il n'y ait que deux modes de jouissance dans la référence au phallus – ce qu'affirme Lacan ? À moins de conserver la référence au pénis dans la fonction phallique pour un moment anatomique incontournable du développement du sujet. Mais alors, loin de la pure logique, les formules de la sexuation restent dépendantes de l'anatomie chère à Freud.

Une deuxième aporie concerne l'approche clinique des formules de la sexuation, si on prend au sérieux les nuances linguistiques, psychologiques et sociales subtiles qu'elles tentent de capter. Ces formules définissent les contours logiques de la jouissance de chaque sexe par des propriétés caractéristiques : la jouissance d'une femme, dit Lacan, est illimitée quant à sa prise dans la fonction phallique, tandis que celle d'un homme rencontre une limite sur laquelle elle bute – c'est son point d'exception, le père castrateur. Lacan entendait ainsi se démarquer de la logique aristotélicienne des classes définies par un trait commun, qui débouche sur une classification naturaliste (pour les sexes, le trait anatomique). Il ne s'agit pas non plus, dans les formules de Lacan, de classes « performatives », c'est-à-dire convoquées par un signifiant qui les rassemble en les nommant, comme « les patrons » pour le syndicalisme ou « les femmes » pour le féminisme (pour de telles classes, aucune propriété ne préexiste à la nomination). On a plutôt affaire à des multiplicités réelles, ou à ce que Jean-Claude Milner appelle des « classes paradoxales[2] », c'est-à-dire à des « amas » de cas qui

2. Milner J.-C., *Les noms indistincts*, Paris, Le Seuil, 1983, p. 116-119.

résistent à toute communauté de propriétés, dans la mesure où ce qui nous intéresse en chacun – sa jouissance – est justement ce par quoi il est « radicalement dissemblable d'aucun autre ». Or, dès que l'on essaie de caractériser concrètement, et en général, ce qui fait la nouveauté de ces formules, à savoir la jouissance pastoute, on retrouve inévitablement des types : la femme mystique, la femme frigide sans le savoir – autant d'exemples de Lacan transformés en traits communs fort restrictifs. Bref, on bute précisément sur ce qu'on était censé éviter. Si l'on veut au contraire rester fidèle à l'intention de cette « logique » de la sexuation non-anatomique, on doit se tourner vers une clinique du cas qui mette en relief sa singularité, non sa communauté avec les autres.

De là l'intérêt du tardif concept lacanien de « sinthome », qui tient ensemble les deux extrêmes de la singularité du cas et de l'universalité d'une structure à laquelle tous peuvent prétendre. Ainsi peut-on, à mon avis, parler du sexe sans se référer primordialement à la différence des sexes (et donc, classiquement, au phallus).

III. Du symptôme au sinthome

Le sinthome, on l'a vu, est un terme néologique que Lacan, en 1975, applique à l'art de Joyce, à la suite d'une nouvelle conception du symptôme qu'il avait introduite l'année précédente dans son séminaire *RSI*. Le sinthome s'oppose à la multiplicité *des* symptômes dont souffre tout un chacun et dont on vient éventuellement se plaindre en analyse. Le sinthome est ce qui noue ensemble R, le réel (la jouissance), S, le symbolique (le langage, le signifiant, la parole), I, l'imaginaire (le corps propre, le sens, les images), et qui soutient donc, pour un sujet, la réalité dans sa consistance. Il est ce qui évite la folie, ou bien encore, dit autrement : s'il y a une erreur dans le nouage, il peut donner lieu à une crise de folie. Le sinthome implique donc une nouvelle théorie de la folie. Il s'agit, avec R, S, I et le sinthome, d'une quadriplicité nouvelle à vocation universelle, puisque les trois registres du réel, du symbolique et de l'imaginaire sont universels. Cependant l'instance qui les noue, le sinthome, a un statut plus complexe. Si le nouage par le sinthome peut exister pour chacun, son existence doit être pointée dans chaque cas d'une façon singulière : il n'existe pas de sinthome « générique ». Le sinthome nécessite donc un recours à ce qui tient lieu d'empirie en psychanalyse, c'est-à-dire la clinique.

Or cette idée, si spéculative (c'est la métapsychologie ultime de Lacan), est au cœur de la question du sexe en psychanalyse : est-ce qu'« avoir un sexe » se réduit, voire s'écrase sur le dimorphisme des apparences corporelles ou sur une dichotomie dualiste de la jouissance dans son rapport au phallus, ou bien, au contraire, tient-on compte de la subjectivation du sexe, soit de l'« être sexué » de chacun dans ce que sa jouissance a de plus singulier ? Selon la réponse qu'on y apporte, la question contemporaine de savoir si « mon corps sexuel est à moi » prend un autre sens. Il en va de même pour les tentatives théoriques (au nom du *Gender*) ou pratiques (les réassignations de sexe des intersexuels et des transsexuels), qu'il s'agisse de rectifier, de « remettre aux normes » le sexe et le genre, ou, à l'inverse, de contester ces normes. À cet égard, la psychanalyse de Lacan apporte une contribution d'autant plus originale qu'on l'invoque volontiers aujourd'hui pour soutenir un ordre sexuel rigoureusement bipolaire, censé parer à l'éventuel danger d'une disposition-invention de soi et de sa sexualité jugée menaçante.

Quels sont donc les composants conceptuels et cliniques de l'idée de sinthome que le travail qui précède a mis en évidence ?

Le minimalisme

Le sinthome s'obtient par réduction à partir de la multiplicité des symptômes et non par construction (au sens des « Constructions dans l'analyse » de Freud, III). Il est le minimum qui fait tenir ensemble le réel, le symbolique et l'imaginaire, ou encore ce qui rend la réalité subjectivement consistante. Voilà pourquoi il peut se déduire des réductions symptomatiques successives obtenues dans une analyse par le déchiffrage et l'interprétation, et aussi bien apparaître à ciel ouvert dans certains cas sans psychanalyse, comme chez Joyce, (V). Il est unique, mais résulte des symptômes initiaux par transformation et création, comme l'ont montré le cas Gide et tous mes cas cliniques.

La loi de la mère : le pastout et l'équivoque du sinthome

Le sinthome est enraciné dans la langue maternelle. L'enfant qui apprend à parler reste marqué à vie et par les mots et par la jouissance de sa mère (ou de son substitut). Il en résulte un assujettissement à sa demande, à son désir et à sa jouissance, « la loi de la mère », dont il devra se séparer (I). Cette loi de la mère hérite des propriétés de la jouissance féminine pastoute : c'est une loi illimitée. Ce caractère pastout est redoublé par le fait que la langue maternelle, dans laquelle sont proférés ces dits primordiaux, est elle aussi pastoute, car uniquement constituée d'équivoques, et illimitée[3] (IV). Soulignons l'importance de ce point théorique : le pastout ne concerne pas que les femmes puisque ces deux sortes de pastout, celui de la jouissance féminine et celui de la langue maternelle, se superposent et s'imbriquent dans le symptôme de l'enfant. Le sinthome de chacun est donc lui aussi pastout.

Le sinthome est séparateur

Se séparer d'un autre, au premier chef de la mère primordiale, implique de faire la part de sa propre jouissance et de son propre désir, enracinés pourtant au départ dans cet Autre. C'est un processus difficile pour lequel Freud ne propose que l'identification comme seul moyen de faire un deuil ou d'assumer une perte : on introjecte l'objet perdu pour s'en séparer ensuite en gardant certains de ses traits. L'instance freudienne séparatrice de la mère est le père œdipien. Lacan le reprend dans les années 1950 avec son « Autre de l'Autre », le Nom-du-Père. La théorie du sinthome propose une alternative au Nom-du-Père en généralisant le pouvoir séparateur qui lui avait été conceptuellement réservé au départ. Le sinthome est ce qui permet à l'enfant de se dégager de la loi de la mère en prenant appui sur un élément contingent. Ce peut, certes, être le père (sa loi ou un trait prélevé sur lui), mais aussi un élément beaucoup moins « familialiste » ou œdipien,

---

3. La langue est illimitée parce que rien n'en trace le bord en constituant une exception à une règle commune qui la définirait. Il n'existe, en effet, pas de principe supérieur, de métalangage qui permette de trancher *a priori* sur les équivoques. Il n'existe pas non plus, on l'a vu, de nomination univoque du réel par le symbolique.

emprunté en un large sens à la vie sociale. L'insertion originelle dans la loi de la mère implique des symptômes coûteux. La séparation d'avec la mère ne s'obtient que par leur transformation en sinthome (cf. Paul, et Mme P. en II ; mais aussi Hanna et Alba en VIII ; enfin tous les cas de X).

La transmission entre les générations

Depuis Freud, la transmission entre les générations est pensée en terme d'identification de l'enfant aux parents. D'où de multiples problèmes mal posés sur l'homoparentalité. Mais, je l'ai développé en m'appuyant sur la relation de Carine à son fils (VI), la théorie du sinthome met en évidence que l'identification n'est pas seule en jeu dans la transmission, y compris pour la sexuation. À propos de Joyce et de sa fille Lucia, schizophrène, Lacan parle de « prolongement du symptôme » : Lucia fabrique un symptôme différent de celui de son père (elle se croit télépathe alors que Joyce fait d'un noyau de « paroles imposées » la matrice de son art-sinthome dans *Finnegans Wake*), mais dans sa suite logique et aggravé d'un point de vue psychiatrique. On peut rapprocher ce « prolongement du symptôme » de ce que l'écrivain Jonathan Franzen décrit dans son roman *Les corrections* : les enfants perçoivent les symptômes de leurs parents et veulent y échapper. Ils sont bien obligés pourtant de s'appuyer sur eux pour les modifier, et fabriquer un nouveau symptôme, inattendu : ils subissent ce que l'auteur appelle « une correction » (cf. Hector, X). Cette possibilité de transmission, bien distincte de la transmission freudienne, interdit de tirer de la psychanalyse des normes identificatoires entre les générations : hors du cadre freudien de l'identification aux parents, se tissent d'autres liens en continuité avec les traits saillants de la vie sociale, y compris dans le registre sexuel.

Le sinthome « coiffe » le Nom-du-Père

Les deux propriétés précédentes (séparation de la mère, transmission entre les générations) font du sinthome un concept qui « coiffe » théoriquement le Nom-du-Père conçu comme une loi transcendante pour le sujet appartenant à « l'ordre symbolique », en lui faisant perdre la place éminente qu'il avait dans la théorie.

Même si, de façon contingente, le père et la loi paternelle peuvent servir à fabriquer un symptôme séparateur (cf. le cas freudien du petit Hans), ce n'est plus ni la règle ni une norme. Le Nom-du-Père garde surtout un intérêt clinique : *il n'est plus qu'une modalité particulière de sinthome*. Seul demeure l'interdit de l'inceste, dans la mesure où il est cliniquement avéré (et confirmé par nos cas) que l'assujettissement à la loi de la mère est pathogène et que le sujet cherche à s'en dégager. La notion de « prolongement du symptôme » s'impose à côté de celle du Nom-du-Père, qui n'est plus le seul vecteur possible de la transmission entre parents et enfants par identification primordiale au père. Le phallus, dont l'avènement accompagnait le Nom-du-Père dans la métaphore paternelle (réécriture lacanienne de l'œdipe freudien), devient lui aussi un signifié *contingent* de la jouissance. Plus d'obligation pour un sujet de s'inscrire dans la fonction phallique pour subsumer son rapport au sexe et à la sexuation : le transsexualisme n'en est-il pas un exemple éminent ? Ici même, les cas de Paul ou de John (VIII) le montrent aussi.

Cette théorie, en proposant une nouvelle approche de la folie, bouleverse évidemment notre façon de penser les structures cliniques en psychanalyse (névrose, psychose et perversion). Ce n'est pas dire que ces structures soient inutiles ni qu'il faille remplacer le « vieux » paradigme phallique du Nom-du-Père par le « nouveau » paradigme du sinthome. Les premiers repères freudiens de Lacan restent précieux, on l'a vu dans les cas d'ambiguïté masculine (Claude, Hector, Bill en X). Mais la contingence *ponctuelle* de ces repères impose parfois de privilégier la singularité des symptômes et leur transformation en sinthome, à rebours des classifications générales (cas de Bill). Si l'on refuse d'attribuer une valeur absolue à ce cadre classique de référence et aux préjugés idéologiques qui l'accompagnent, on voit apparaître un grand nombre de cas qui s'y logent fort mal. Ils exigent une attention soutenue aux éléments contingents, sociaux et familiaux, qui contribuent à la formation du sinthome (cf. Mme P. ou Hector).

La différence des sexes, mesurée depuis Freud à l'aune du phallus, doit être elle aussi tout autrement considérée.

IV. Le sinthome est sexuel : quelques perspectives pour conclure

L'impossibilité du rapport sexuel signifie d'une part, on le sait, que nulle harmonie naturelle préétablie n'est à attendre entre les sexes, comme le serait un instinct animal, mais aussi, d'autre part, qu'aucune loi humaine conventionnelle ne suffirait à ce que chacun s'y retrouve comme homme ou comme femme (grâce au mariage, à la filiation ou à quelque autre sorte de contrat privé). Ni nature ni convention ne font ici l'affaire. Le sinthome devient alors l'unique terme qui fasse lien : lien entre R, S et I qui fait consister subjectivement la réalité au lieu de la folie, mais aussi lien à l'autre, lien social et enfin lien avec le partenaire sexuel (cf. Mme P. ou Claude). Du fait que le sinthome unit des termes disparates et hétéroclites, on peut le dire en lui-même « *hétéros* », y compris lorsqu'il établit un lien entre des sujets homosexuels (parler de dictature de la mêmeté dans les liens homosexuels n'est que confusion pseudo-psychanalytique !). Enfin, encore plus troublant, il ne rend plus nécessaire le recours au phallus pour caractériser la sexuation.

C'est beaucoup, ce n'est pas ce qu'on s'imagine déduire de la psychanalyse dans le débat intellectuel contemporain.

En revenant maintenant aux enjeux de cet ouvrage, on pourrait en tirer plusieurs conclusions.

Dire qu'il n'existe pas de nomination univoque du réel par le symbolique conduit à réfuter radicalement l'affirmation selon laquelle *la sexuation d'un sujet serait fixée une fois pour toutes par le Nom-du-Père*. Et pourtant, certains psychanalystes lacaniens soutiennent cette dernière thèse, avec son corrélat que la sexuation ne serait jamais bien établie dans la psychose puisque le Nom-du-Père n'y fonctionne pas. Ainsi la psychose serait-elle hors-sexe. Or, s'il est clair que le phallus et la castration n'y jouent aucun rôle symbolique, cela n'empêche nullement le sujet de se choisir une position sexuée par d'autres biais sinthomatiques, souvent novateurs. Au reste, même en ce qui concerne la névrose et la perversion considérées du point de vue de la théorie lacanienne de 1958, la signification phallique engendrée par la métaphore paternelle ne détermine nullement *à elle seule* la position ou l'identité sexuelle du sujet, d'ailleurs toujours empreinte de « mascarade féminine » ou de « parade virile ». Tel est le prix d'irréalité à payer pour qui a choisi le camp du phallus. Même si le névrosé, dont la subjectivité est profondément nouée à la castration, fait du phallus l'instrument logique de sa sexuation, cet outil n'indique que *le moyen* avec lequel il se situe comme fille ou garçon (la réponse à la question : *comment ?*), mais pas *pourquoi* il se range (ou ne se range pas) de l'un ou de l'autre côté. Il faut bien supposer une décision inconsciente du sujet (« décision » au sens freudien), soit un « choix » du sexe non réductible, on l'a vu, à l'anatomie ou au « discours sexuel » qui nous assigne, dès notre naissance, comme homme ou comme femme en nous imposant ses catégories phalliques. Ainsi, la sexuation ne relève pas d'une nomination univoque par le Nom-du-Père – théorie simpliste souvent promue pour des raisons idéologiques. La clinique nous conduit plutôt à en distinguer l'inscription sexuelle, celle des « équivoques imposées » souvent prises ou imputées au discours maternel, et qu'il incombe au sujet d'interpréter. Ce sont de telles équivoques qui donnent son enveloppe formelle au symptôme, souvent par le biais d'un fantasme intermédiaire, et colorent d'ambiguïté le « choix » d'une identité sexuelle. C'est l'exemple de Violette Leduc, les cas de la mère infanticide, de John ou de Mme P. On ne retrouve pas toujours le souvenir de telles paroles maternelles équivoques, mais cela revient au même parce l'analyse permet de reconstituer alors « un discours sans paroles », fort éloquent et surmoïque, que l'enfant a interprété pour forger fantasme et symptôme. Dans nos cas masculins, la fixation massive au phallus désiré par la mère était bien aussi ce qui, en féminisant ces garçons qui aspiraient à la virilité et dont la jouissance était par ailleurs toute phallique, faisait loi, créant conflit et ambiguïté sexuelle.

Comment concevoir une telle « décision » inconsciente, un tel « choix » de la sexuation ? Il ne s'agit ni d'une décision du libre arbitre ni d'un choix autonome de l'individu. C'est pourquoi il est si important de donner la plus grande précision à ce que l'on entend cliniquement par ces termes, d'un usage courant dans la philosophie, la sociologie et la politique. La décision du sujet quant à sa sexuation intervient dès l'enfance (et jusqu'à l'adolescence) pour trancher dans un ensemble de figures proposées par son inconscient en réponse à ce qui lui a été imposé au départ (les « équivoques imposées » maternelles). Le choix du sujet est contraint par les premières interprétations-réponses de son inconscient, auxquelles il est dès lors arrimé. Le sujet – il s'agit du sujet de la jouissance[4] – doit donc être distingué ici de l'inconscient qui interprète primordialement ces équivoques. On peut résumer ainsi le procès de ce choix de la sexuation, intimement lié à la constitution du symptôme (sans pour autant le réduire à une chronologie) :

Premièrement, le sujet (ou plutôt l'« assujet ») est assujetti à « la loi de la mère », soit à des équivoques imposées.

Deuxièmement, l'inconscient fournit des interprétations de ces équivoques parmi lesquelles le sujet fait le choix de celle qui donnera son enveloppe formelle à son symptôme. Celui-ci le sépare de la loi de la mère (avec ou sans le Nom-du-Père). Ce choix peut laisser subsister voire impliquer une certaine ambiguïté sexuelle. Il peut se faire en plusieurs temps, en fonction de circonstances contingentes, parmi lesquelles la rencontre du non-rapport sexuel des parents joue un rôle crucial.

Troisièmement, grâce à une psychanalyse (ou à son seul savoir-faire), le sujet peut desserrer la contrainte de ces équivoques imposées et de leurs premières interprétations : au lieu de s'y soumettre comme à des injonctions fatales, il les cerne en tant qu'équivoques, il les rend à l'Autre en quelque sorte, et s'en sépare ainsi en mettant un terme à son aliénation. Il peut être alors éventuellement conduit à d'autres choix, avec une liberté gagnée sur (et grâce au travail de) l'inconscient[5].

Précisément, dans nos différents cas cliniques, l'ambiguïté sexuelle a été transformée en un sinthome[6]. On a vu, dans le cas de Joyce du moins, que l'une des caractéristiques du sinthome est de réparer la faute du nœud en la redoublant à l'endroit même où

4. Lacan J., « Présentation des Mémoires d'un névropathe » (1966), *Autres écrits*, *op. cit.*, p. 215.
5. Parmi tous les cas ici rapportés, celui de John est un exemple particulièrement clair de ce processus : *premièrement*, équivoque maternelle, « tourne sept fois ta langue dans ta bouche avant de parler » ; *deuxièmement*, série d'interprétations de l'équivoque et symptômes associés (se taire comme une femme, être agile de la langue au sens de la capacité à faire des fellations, savoir jouir de la langue), corrélés au choix d'une position sexuée féminine ; *troisièmement*, travail psychanalytique sur l'équivoque, changement de position sexuée et nouveau sinthome (étude de la jouissance féminine dans sa vie conjugale et professionnelle). Cf. VIII.
6. Sauf dans le cas d'Arno (I), exception dans notre série, qui montre que la transformation du symptôme en sinthome n'a rien d'automatique. J'avais caractérisé sa féminisation comme un « masque du symptôme ».

elle s'est produite. Nous avons constaté une tendance du sinthome à se fixer autour de l'ambiguïté sexuelle, devenue une question subjective aiguë, et à la « soigner » en y apportant une réponse. De là l'effet thérapeutique du sinthome. Ainsi, certains sujets se forgent une identité sexuelle grâce au sinthome, comme Claude qui y trouve la virilité. Ce processus peut être douloureux, comme le fait d'accepter d'être « une femme vieillissante » plutôt qu'un homme pour Carine, ou de se réconcilier avec des identifications maternelles haïes pour Hector. Parfois, le sinthome stabilise l'ambiguïté sexuelle sans la trancher : c'est le cas de Bill qui reste dans l'indécidable mais transforme en sinthome (l'écriture) sa question sur la différence des sexes.

La variété des sinthomes est étonnante : on y trouve toujours *une part d'invention et de création qui excède largement l'identification*, même dans le cas des sinthomes de sujets qui ne sont pas des artistes comme Gide ou Joyce. Pensons à Hector qui transforme en un métier lié à la contrefaçon son rapport équivoque à la loi paternelle et à l'identification de Bill à un Dieu égyptien. Les sinthomes conduisent même à l'invention de nouvelles normes de vie. Ces sinthomes profondément singuliers et originaux forment une collection, au sens d'une collection d'œuvres d'art : on peut les mettre en série, mais ils ne forment pas pour autant une classe d'objets identifiables les uns aux autres. Autant de sujets, autant de sinthomes.

Nous ne pouvons pas conclure ici la discussion que nous avons menée précédemment sur le sens de la phrase de Lacan, « le sinthome coiffe le Nom-du-Père (IV) », sans noter que le père reste très présent dans les sinthomes, y compris dans des structures psychotiques. Ce n'est pas alors du Nom-du-Père qu'il s'agit mais d'un élément contingent emprunté au père comme la peau bronzée des adolescents dans le cas de l'homosexualité de Paul. En revanche le phallus, lui, y est mis hors-jeu. Dans les cas de névrose ou de perversion masculine, si la loi paternelle compte, éventuellement pour être contournée, le phallus semble en être déconnecté et rester une possession maternelle qui tyrannise le sujet. Un autre discours, comme le discours médical dans le cas de Mme P, peut aussi coiffer le Nom-du-Père et donner son enveloppe formelle au sinthome. L'alternative entre les deux théories de Lacan – celle du Nom-du-Père en 1958 et celle du sinthome en 1975 – ne se situe donc pas entre une position « pour » et une position « contre » le père. Elle réside plutôt dans la façon dont on pense le rôle du père dans le symptôme. L'avantage de la deuxième théorie est d'élargir la première et d'enrichir la lecture des phénomènes cliniques contemporains.

La psychanalyse a les moyens de penser la différence des sexes et l'identité sexuelle autrement qu'en s'appuyant sur le phallus. La théorie lacanienne du symptôme ouvre à cet égard une autre voie, en articulant une nouvelle quadriplicité (R, S, I et le sinthome) permettant de penser les relations entre les sexes et les générations sans se référer nécessairement au Nom-du-Père ou au phallus comme à des normes transcendantes d'un ordre symbolique assimilé à une nouvelle « loi naturelle ». Grâce à cette théorie, on peut sans doute s'éviter bien des préjugés moraux et politiques qui parasitent certaines questions de société brûlantes se posant à l'orée du XXIe siècle : celle du statut de la « santé mentale », celle des limites de la propriété revendiquée sur son corps, mais aussi celles posées par les législations relatives au mariage, à la filiation et à l'adoption. Reste à voir si ces réflexions peuvent éclairer les acteurs directs de ces débats, en brisant des préventions erronées quant à la contribution respective à attendre de la théorie et de la clinique en psychanalyse.

INDEX RAISONNÉ

Les références des ouvrages cités de S. Freud et de J. Lacan figurent dans la bibliographie placée en bas de page.

- G -

- H -

- I -

- J -

- K -

TABLE DES MATIÈRES

Dans la même collection

(extraits)

François Ansermet et Maria-Grazia Sorrentino, *Malaise dans l'institution – Le soignant et son désir*. Postface de Paul-Laurent Assoun, 2e éd.

Paul-Laurent Assoun, *Le couple inconscient. Amour freudien et passion postcourtoise*, 2e éd.

Paul-Laurent Assoun, *Le regard et la voix – Leçons de psychanalyse*, 2e éd.

Paul-Laurent Assoun, *Frères et sœurs – Leçons de psychanalyse*, 2e éd.

Paul-Laurent Assoun, *Corps et symptôme – Leçons de psychanalyse*, 2e éd.

Jean-François Chiantaretto, Anne Clancier et Anne Roche (sous la direction de), *Autobiographie, journal intime et psychanalyse.*

Alain Delrieu, *Sigmund Freud – Index thématique*, 3e éd. (en prép.).

Colette Duflot, *Le psychologue clinicien – L'invention d'une profession*, (en prép.).

Solange Faladé, *Clinique des névroses*, suivi de *Repères structurels des névroses, psychoses et perversions*. Séminaires transcrits par Emmanuel Kœrner et Marie-Lise Lauth ; avant-propos de Bernard Mary.

Solange Faladé, *Le Moi et la question du sujet*, (en prép.).

Jacques Ferrand, *Traité de l'essence et guérison de l'amour ou de la mélancolie érotique (1610).* Edité par Gérard Jacquin et Eric Foulon, postface de Michel Gardaz.

François Flahault, *La pensée des contes.*

Henry Krutzen, *Jacques Lacan. Séminaire 1952-1980. Index référentiel*, 2e éd.

Henry Krutzen, *Sigmund Freud. Correspondance 1871-1939. Index référentiel des lettres publiées enfrançais.*

Marie-Claude Lambotte, *Le discours mélancolique*, 2e éd.

Marie-Claude Lambotte, *La mélancolie – Etudes cliniques.*

Geneviève Morel, *Ambiguïtés sexuelles.*

Yves Nougué, *L'entretien clinique.* Postface de Michel Lapeyre.

Yves Nougué, *Clinique psychanalytique de l'alcoolisme.*

Hélène Oppenheim-Gluckman, *La pensée naufragée. Clinique psychopathologique des patients cérébro-lésés.* Préface de Philippe Azouvi, postface de Georges Lantéri-Laura, 2e éd.

Psychanalyse Poche

Paul-Laurent Assoun, *Leçons psychanalytiques sur le masochisme*, 2e éd.

Paul-Laurent Assoun, *Leçons psychanalytiques sur l'angoisse*, 3e éd.

Paul-Laurent Assoun, *Leçons psychanalytiques sur les phobies*, 2e éd.

Paul-Laurent Assoun, *Leçons psychanalytiques sur masculin et féminin*, 2e éd.

Paul-Laurent Assoun, *Leçons psychanalytiques sur le transfert*, 2e éd.

Paul-Laurent Assoun, *Leçons psychanalytiques sur le fantasme.*

Nathalie Charraud, *Lacan et les mathématiques.*

Michel Lapeyre, *Clinique freudienne.*

Michel Lapeyre, *Complexe d'Œdipe, complexe de castration.*

Michel Lapeyre, *Au-delà du complexe d'Œdipe.*

Conrad Ferdinand Meyer, *Les souffrances d'un enfant* (trad., notes : A.S. Petit-Emptaz) suivi de *Conrad Ferdinand Meyer ou le dévoilement mélancolique* par F. Sauvagnat.

Erik Porge, *Freud et Fließ. Mythe et chimère de l'auto-analyse.*

Composé par Economica, 49, rue Héricart, 75015 PARIS
Imprimé en France. - JOUVE, 11, bd de Sébastopol, 75001 PARIS
N° 460859E. - Dépôt légal : Juin 2008